이한우의 지인지감 06

이한우의
사기
9

이한우의 사기

9 열전(列傳) 권99 - 권116

『사기집해』『사기색은』『사기정의』
삼가주 완역 해설판

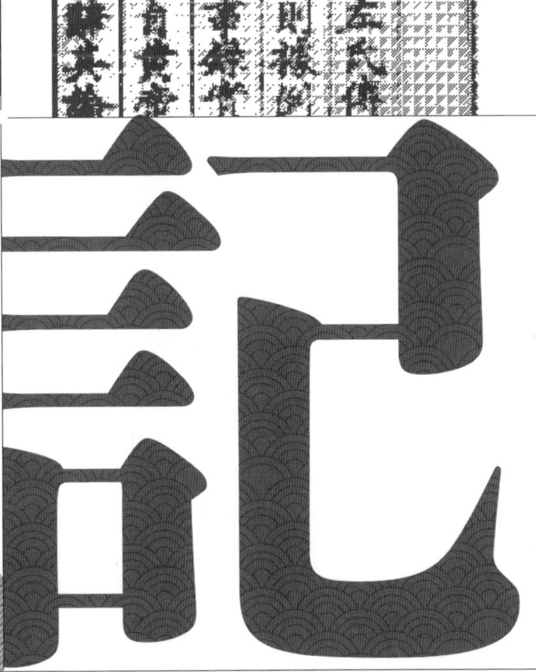

21세기북스

일러두기

1. 삼가주(三家注)는 원칙적으로 모두 번역하되 발음을 풀이한 것이 기존 발음과 같은 경우에는 대부분 생략했다. 또 중복되거나 지금 상황과 동떨어진 주는 생략했다.

2. 삼가주란 배인(裴駰)의 『사기집해(史記集解)』, 사마정(司馬貞)의 『사기색은(史記索隱)』, 장수절(張守節)의 『사기정의(史記正義)』를 뜻하며, 삼가주의 번역은 각주 앞에 각각 【집해(集解)】, 【색은(索隱)】, 【정의(正義)】로 표시해 구분했다.

3. 【 】표시로 시작하지 않는 주석은 옮긴이의 주이며, 삼가주와 다른 서체로 표기했다. 삼가주에 옮긴이의 주를 단 경우에도 마찬가지이다.

4. 발음 풀이 중에 간단한 것은 주(注)로 처리하지 않고 대부분 본문에 포함해 [○-○]이라는 식으로 표현했다. 또 역자가 뜻을 분명히 하기 위해 [○=○]이라는 표현을 쓰기도 했다.

5. 지나치게 미세해 지금의 독자에게 불필요한 주는 생략했고, 번역문에 녹였을 때는 따로 주(注) 표시를 하지 않았다.

6. 번역 원전은 인터넷사이트 '한천초려(漢川草廬)'를 기본으로 삼았다.

차례

열전(列傳)

권99 ── 유경숙손통열전(劉敬叔孫通列傳) 제39

권99 유경숙손통열전(劉敬叔孫通列傳) 제39

유경(劉敬)[1]은 제(齊)나라 사람이다. 한(漢)나라 5년에 농서(隴西-감숙성)에 수(戌)자리를 살러 가면서 낙양(雒陽)을 지났는데, (마침 거기에) 고제(高帝)가 있었다. 누경(婁敬)은 짐수레의 가로지른 막대를 내던지고 양가죽 옷을 입은 채 같은 제나라 사람 우장군(虞將軍)을 만나서 말했다.

"신은 바라건대 상을 만나뵙고 도움이 될 만한 일[便事]에 관해 드리고 싶은 말씀이 있습니다."

우장군이 그에게 (갈아입을) 좋은 옷[鮮衣=美服]을 주려고 하자 누경이 말했다.

"제가 비단옷을 입고 있으면 비단옷을 입은 채로 뵐 것이고, 베옷을 입고 있으면 베옷을 입은 채로 뵐 것이니 끝내 감히 옷을 바꿔 입지는 않겠습니다."

이에 우장군이 안으로 들어가서 상(上)에게 아뢰었다. 상이 불러서 들어오게 해 만나보고서 음식을 내려주었다.

---

1) 【색은(索隱)】 경(敬)의 본래 성은 누(婁)이고 그래서 『한서(漢書)』에서는 누경(婁敬)이라고 했다.

이윽고 누경에게 묻자 누경이 설득해 말했다.

"폐하께서 낙양에 도읍하신 것[都]은 혹시[豈] 주(周)나라 왕실과 견주어 누가 더 융성한지를 보이시려는 것입니까?"

상이 말했다.

"그렇다."

누경이 말했다.

"폐하께서 천하를 차지하신 것은 주나라[周室]와 다릅니다.

주나라 조상은 후직(后稷)으로부터 시작하는데, 요(堯)임금이 후직을 태(邰)[1] 땅에 봉해준 이후로 다움을 쌓고 좋은 일을 더해서[積德累善] 10여 세대를 거쳤습니다. (그리고) 공류(公劉)가 (하나라의 마지막 임금이자 폭군인) 걸왕(桀王)을 피해 빈(豳) 땅으로 가서 살았습니다. (공류의 9세손인) 태왕(太王-고공단보)은 융적(戎狄)의 공격을 받자 빈 땅을 떠나 말채찍[馬箠][2]을 지팡이 삼아 기산(岐山)으로 가서 살았는데, 나라 사람들[國人]이 다퉈 태왕을 따랐습니다. (태왕의 손자인) 문왕(文王)이 (상나라 천자의 제후들에 대한 정벌권을 갖는) 서백(西伯-서패)이 되어 우(虞)와 예(芮) 두 나라의 분쟁을 결단해냄으로써 비로소 천명을 받았고[3], 여망(呂望-강태공)과 백이(伯夷)도 (그동안 숨어 지내던) 바닷가에서 나와 문왕에게 귀부(歸附) 했습니다[4]. (문왕의 아들인) 무왕(武王)이 (은나라의 마지막 임금이자 폭군인) 주왕(紂王)을 토벌하려 하자 미리 기약하지 않았는데도 맹진(孟津) 가에 모여든 제후만 800여 명이었는데, 모두 말하기를 주왕을 토벌해야 한다고 했고 드디어 은나라를 멸망시켰습니다.

(무왕의 아들인) 성왕(成王)이 자리에 나아가자 (무왕의 아우인) 주공(周公)과 같은 (뛰어난) 사람들이 성왕을 보필하면서 마침내 성주(成周)의 낙읍(洛邑)을 건설했는데 이곳은 천하의 중심이어서 제후들이 사방에서 공물을 바치기에 거리가 골고루 비슷했으며, (왕에게) 다움[德]이 있으면 쉽게 왕 노릇을 할 수 있는 반면에 다움이 없으면 쉽게 망하는 곳이었습니다.

무릇 이 낙읍을 도읍으로 삼은 뜻은 모두 주나라로 하여금 다움으로써 사람을 다스리는 데 힘쓰게 하려는 것이었지, 험준한 기형에 기대어 후손들이 교만과 사치[驕奢]로써 백성을 학대하지 못하도록 하려는 것이었습니다.

(그래서) 주나라가 번성했을 때는 천하가 기꺼이 하나가 되었고[和洽] 사방의 오랑캐들도 중국의 풍속을 따라서 의로움을 흠모하고 다움을 마음속에 품었으니[慕義懷德], 모두 기대고 붙어[附離=相近] 함께 천자를 섬겨서 병졸 한 명도 주둔시키거나 싸움하지 않았으며 여덟 오랑캐[八夷]와 큰 나라들의 백성도 빈객의 예를 갖춰 복종하지[賓服] 않는 자가 없었고 공직(貢職)을 바치지 않는 나라가 없었습니다.

(그러나) 주나라가 쇠퇴했을 때는 천하가 나뉘어 둘이 되니5), 아무도 조회하러 오지 않았는 데도 주나라는 그들을 통제할 수가 없었습니다. 이는 (천자)다움이 엷어져서가 아니라 형세가 약해진 탓이었습니다.

지금 폐하께서는 풍(豐)에서 일어나 패(沛)를 치시고 병졸 3,000명을 거둬서 그들을 이끌고 샛길로 가서 촉(蜀)과 한(漢)을 석권하고 삼진(三秦)6)을 평정하셨으며, 항우(項羽)와 형양(滎陽)에서 싸우고 성고(成皐)의 요충지[口]를 차지하기 위해 다투시어 큰 전투 70번, 작은 전투 40번을 해서 천하 사람들로 하여금 간과 뇌가 땅에 떨어지고 아버지와 자식의 뼈가 들판 한가운데 뒹구는 한 일은 이루 다 헤아릴 수 없어서, 곡하고 우는 소리가 끊이지를 않고 다친 사람들은 아직 일어서지도 못하고 있는데 (그런데 주나라의 번성기인) 성왕(成王)과 강왕(康王)의 시대와 그 융성함을 비교하시니, 신은 남몰래 그들과 나란히 해서는 안 된다[不侔]고 생각합니다.

또 무릇 진(秦)나라 땅은 산이 둘러싸고 있고 황하가 띠를 두르는 형상이라서 사방이 견고한 요새이므로 설사 갑자기 위급한 사태가 생기더라도 얼마든지 100만 대군을 갖출 수가 있었습니다. (따라서) 진나라의 옛 수도를 차지하신다면 심히 아름답고 기름진 땅을 자산으로 삼을 수 있으니, 이것이 이른바 천부(天府)7)라는 것입니다. 폐하께서 관(關-함곡관)으로 들어가시어 그곳을 도읍으로 삼으신다면 산동(山東-효산 동쪽 황하 유역)이 비록 어지러워진다고 해도 진나라의 옛 땅을 온전하게 보전해 소유하실 수 있습니다.

　무릇 다른 사람들과 싸우면서 그 사람의 목을 조르고 그 사람의 등을 치지 않는다면 아직 그 승리를 온전하게 할 수가 없습니다. 지금 폐하께서 함곡관으로 들어가시어 그곳을 도읍으로 삼아서 진나라의 옛 땅을 차지하신다면[案], 이것이야말로 실로 천하의 목을 조이고 그 등을 치는 일이 될 것입니다."

1) 【정의(正義)】 옹주(雍州) 무공현(武功縣) 서남쪽으로 23리에 있는 옛 태성(鮐城)이 이곳이다. 태(邰)는 강원(姜嫄)의 나라다.

2) 【집해(集解)】 장안(張晏)이 말했다. "말채찍은 곧 약속을 지키겠다는 뜻을 보여준 것이다."

3) 실제로 천명을 받은 것은 아니니, 문왕이 주나라를 개국한 것은 아니기 때문이다. 후대에 와서 이 분쟁 해결이 마침내 제후들 사이의 주도권을 잡는 계기가 되었기 때문에 그렇게 해석한 것이다.

4) 【정의(正義)】 여망의 집과 사당은 소주(蘇州) 해염현(海鹽縣) 서쪽에 있고 백이의 고죽국(孤竹國)은 평주(平州)에 있으니, 둘 다 동해 바닷가에 있다.

5) 【정의(正義)】 『공양전(公羊傳)』에서 말하기를 "동주(東周)란 어디인가? 성주(成周)다. 서주(西周)란 어디인가? 왕성(王城)이다"라고 했다. 살펴보건대, 주나라가 평왕(平王) 때 동천한 뒤로 열두 왕이 모두 왕성에 도읍했고, 경왕(敬王)에 이르러 마침내 성주로 천도했다가 왕 난(赧) 또한 왕성에 머물렀다.

6) 중국의 관중(關中)을 달리 이르는 말로, 오늘날의 섬서성(陝西省) 일대를 가리킨다. 항우(項羽)가 진(秦)나라로 쳐들어가서 관중을 셋으로 나눈 뒤 장한(章邯)을 옹왕(雍王)으로, 사마흔(司馬欣)을 새왕(塞王)으로, 동예(董翳)를 적왕(翟王)으로 봉함으로써 한때 진나라가 세 나라로 나눠졌는데, 이후 이 지역을 뜻하는 말로 사용되었다.

7) 안사고(顔師古)가 말했다. "부(府)는 '모인다[聚]'는 뜻으로, 천하의 좋은 것들이 다 모여드는 곳이라는 뜻이다."

고제가 여러 신하에게 물었는데, 신하들은 모두 산동(山東) 사람들인지라 다퉈 말했다.

"주나라는 수백 년 동안 왕 노릇을 했으나 진나라는 2세 황제 때 곧장 망했으니, 주나라(-낙양)에 도읍을 정하는 것만 못합니다."

상(上)은 망설이며[疑=猶豫] 결정하지 못했다. 유후(留侯-장량)가 관중으로 들어가는 것이 좋겠다고 분명히 말하자, 그날로 거가(車駕)를 내어 서쪽으로 가서 관중(-함곡관 내 장안)을 도읍으로 정했다.

이에 상이 말했다.

"본래 진나라 땅에 도읍하자고 말한 것은 바로 누경이다. 누(婁)라는 글자의 음은 곧 유(劉)와 통한다."

누경에게 유씨(劉氏) 성을 하사하고 제배해 낭중(郎中)으로 삼았으며 칭호를 봉춘군(奉春君)[1]이라고 했다.

1) [색은(索隱)] 살펴보건대, 장안(張晏)이 말했다. "봄은 한 해의 시작이니, 가장 먼저 관중에 도읍할 것을 권했기 때문에 봉춘군이라고 한 것이다."

한나라 7년에 한왕(韓王) 신(信)이 반란을 일으키자, 고제(高帝)가 몸소 가서 쳤다. 진양(晉陽)에 이르렀을 때 신이 흉노(匈奴)와 함께 한나라를 치려 한다는 소식을 듣고 상은 크게 노해 흉노에 사신을 보냈다. 흉노는 그들의 장사(壯士)와 살진 소와 말을 숨겨둔 채 단지 노약자와 야윈 가축[羸畜]만을 보여주었다. (이렇게) 사신들이 10명이나 흉노에 갔다 왔는데, (다녀온 사신들이) 모두 흉노를 쉽게 칠 수 있을 것이라고 했다. 상이 유경을 사신으로 삼아 다시 흉노에 보내니, 돌아와서 이렇게 보고했다.

"두 나라가 서로 싸우려 할 때는 장점을 과시하고 자랑하는 것이 마땅합니다. (그런데) 이번에 신이 흉노에 가서 단지[徒=但] 여위고 지쳐 보이는 노약자만을 보았으니, 이는 반드시 단점을 드러내면서 기습을 위한 정예병[奇兵]을 숨겨두었다가 승리를 얻으려는 것입니다. 어리석은 신이 생각건대 흉노를 쳐서는 안 됩니다.”

이때 한나라 군대는 이미 구주산(句注山)[1]을 넘어 군사 20만여 명이 행군하고 있었다.

상은 화가 나서 유경을 꾸짖으며 말했다.

“제나라 포로 놈아! 혓바닥을 놀려 벼슬을 얻더니, 이제는 마침내 망령된 말로써 나의 군대를 가로막는구나[沮=止].”

경을 형틀에 채워 광무(廣武)[2]에 가두었다[械繫]. 드디어 계속 행군해 평성(平城)에 이르렀는데, 흉노는 과연 기습부대를 내보내 백등산(白登山)에서 고제(高帝)를 에워쌌고 7일이 지난 뒤에야 포위를 풀 수 있었다. 고제는 광무에 이르러 경을 용서하면서 말했다.

“내가 공(公)의 말을 쓰지 않았다가 평성에서 곤욕을 겪었다. 나는 이미 예전에 흉노를 공격해도 좋다고 말한 사신 10명을 모두 목 베었다.”

마침내 경을 2,000호에 봉하고 관내후(關內侯)로 삼았으며 칭호를 건신후(建信侯)라고 했다.

1) 【정의(正義)】 구주산은 대주(代州) 안문현(鴈門縣) 서북쪽으로 30리에 있다.

2) 【색은(索隱)】 「지리지(地理志)」에 따르면, 현(縣)의 이름이며 안문(雁門)에 속한다.

고제(高帝)가 평성 포위에서 벗어나 돌아오고 한왕 신이 도망쳐 오랑캐(-흉노)로 들어갔다. 이때 묵특(冒頓)이 선우(單于)가 되었는데, 군사들이 강해 강한 활을 잘 쏘는 병사[控弦=引弦] 30만 명을 거느리고 자주 북방 변경을 괴롭혔다. 상이 이 일을 근심해 유경에게 물었다.

유경이 대답했다.

"천하가 막 평정된 때라 군사들이 전쟁에 지쳐 있으므로 무력으로는 흉노를 복종시킬 수는 없습니다. 묵특은 자기 아비를 죽이고 스스로 선우가 되어 아비의 많은 첩을 아내로 삼고 무력으로 위세를 떨치고 있으니 어짊과 마땅함[仁義]으로는 설득할 수 없습니다. 다만[獨] 계책으로는 그의 자손들을 영원히 한나라 신하로 만드는 것뿐인데 그러나 아마도 폐하께서는 그렇게 하시지 못할 것입니다."

상이 말했다.

"정말로 가능하다면 무엇인들 할 수 없겠는가? 생각건대[顧=念] 어떻게 해야겠는가?"

유경이 대답해 말했다.

"폐하께서 만일 본처(-여후) 소생의 장공주(長公主)를 묵특에게 시집보내고 두터운 예물을 보내주신다면 그는 한나라가 본처 소생의 공주를 시집보내고 예물이 두터운 것을 알고는 비록 오랑캐라고 할지라도 반드시 공주를 존중해 연지(閼氏-흉노 왕후의 칭호)로 삼을 것이고, 공주께서 아들을 낳으면 반드시 태자로 삼을 것이며 선우의 자리를 잇게 할 것입니다. 어째서 이겠습니까? 그는 한나라의 많은 예물을 탐내기 때문입니다.

폐하께서 해마다 한나라에서는 남아돌지만 저들에게는 드문 귀한 물건들을 자주 보내 위문하시고 그때마다 변사(辯士)를 보내 은근하게[風=諷] 예절을 가르치십시오. (그렇게 되면) 묵특이 살아 있는 동안에는 (그가) 폐하의 사위가 되고 죽으면 외손자가 선우가 되는 것입니다. 폐하께서는 혹시라도 일찍이 외손자가 감히 외할아버지와 대등한 예[抗禮=亢禮]를 주장했다는 말을 들어보신 적이 있으십니까? (이렇게 하면) 군대로 싸우지 않고서도 점차[漸] 신하로 만들 수 있습니다. 만일 폐하께서 장공주를 보내실 수 없어 종실과 후궁의 딸을 공주라고 속여서 보내신다면 그도 눈치를 채고서 귀하게 여기거나 가까이하지 않을 터이니, 아무런 이익이 없습니다."

고제가 "좋다"라고 말하고 장공주를 보내려고 했다. 여후(呂后)가 밤낮으로 울면서 말했다.

"첩에게는 오로지 태자와 딸 하나밖에 없는데, 어찌해서 흉노에다 내다 버리려 하십니까[棄]?"

상은 결국 장공주를 보내지 못하고 가인(家人)의 딸 중 한 사람을 장공주라고 속여서 선우에게 시집보냈다. 유경을 사신으로 보내 화친을 맺게 했다.

유경이 흉노에서 돌아와 그 참에 말했다.

"흉노의 하남(河南)에 있는 백양주(白羊主)와 누번주(樓煩主)는 장안(長安)과 거리가 가깝게는 약 700리밖에 떨어져 있지 않아서 경기병(輕騎兵)으로 하루 밤낮을 달리면 진중(秦中-관중)에 도달할 수 있습니다. 진중은 최근 전쟁으로 파괴되어 백성이 적지만 토지가 비옥해 백성을 더 채울 수 있습니다. 저 제후들이 처음에 일어났을 때 제나라의 전씨(田氏), 초나라의 소씨(昭氏), 굴씨(屈氏), 경씨(景氏) 같은 유력 가문들이 아니었다면 일어날 수 없었을 것입니다. 지금 폐하께서는 비록 관중에 도읍을 하셨으나 사실 사람이 적습니다. 북쪽으로는 흉노[胡寇]와 가까이 접해 있고 동쪽으로는 세력이 강한 육국의 종족이 남아 있어 그들 종족이 강해져서 하루아침에 변란이라도 일으키는 날에는 폐하께서도 베개를 높이 베고 편안하게 누워계실 수 없을 것입니다.

신이 바라건대, 폐하께서 제나라의 전씨, 초나라의 소씨·굴씨·경씨, 연·조·한·위 나라 왕족들의 후손, 호걸과 명문가의 사람들을 관중으로 이주시켜 살게 하십시오. 이렇게 하면 나라에 아무 일이 없을 때는 흉노에 대비할 수 있고, 제후들의 변란이 일어나면 그들을 이끌고 동쪽으로 가서 너끈히 정벌하실 수 있습니다. 이것이 바로 (나라의) 근본을 튼튼히 하고 말단을 약화하는 방법[彊本弱末之術]입니다."

상이 말했다.

"좋다."

마침내 유경을 보내 그가 말한 대로 관중에 10만여 명을 옮겨 살게 했다[1].

1) **[색은(索隱)]** 살펴보건대, 안사고(顔師古-소안(小顔))가 말했다. "지금의 고릉(高陵)과 역양(櫟陽)의 여러 전씨(田氏), 화음(華陰)과 호치(好畤)의 여러 경씨(景氏), 삼보(三輔)의 굴씨(屈氏)·회씨(懷氏)가 아직도 많은데, 모두 이때 옮겨왔다."

숙손통(叔孫通)은 설(薛) 땅 사람[1]이다. 진(秦)나라 때 유학[文學=儒學]에 뛰어나 부름을 받고 대조박사(待詔博士)[2]가 되었다. 몇 년 뒤에 진승(陳勝)이 산동(山東)에서 일어나자, 사자가 이를 보고하니, 2세(二世-2세황제)가 박사와 유생(儒生)들을 불러 물었다.

"초나라 국경에서 수자리 서던 병사들이 기현(蘄縣)를 공격하고 진(陳)에까지 이르렀다 하니, 공들은 어떻게 생각하시오?"

박사와 유생 30여 명이 앞에 나와서 말했다.

"남의 신하 된 자[人臣]에게는 장차라는 것이 없으니[無將], 만일 장차를 도모한다면 바로 반역이므로[3] 그 죄는 죽어도 용서할 수가 없습니다. 바라건대 폐하께서는 급히 군대를 내어 그들을 치십시오."

2세가 이 말을 듣고 화가 나서 안색이 바뀌었다. 숙손통이 앞으로 나아가 말했다.

"유생들 말은 모두 잘못입니다. (진시황께서는) 천하를 통일해 한집안이 되자 각 군과 현의 성을 허물고 무기를 녹여서 다시는 사용하지 않겠다는 뜻을 천하에 보였습니다. 위로는 밝은 군주가 계시고 아래로는 법령이 갖춰져 있어 사람들이 각자 자기 일에 충실 하자 사방에서 사람들이 모여들고 있는데[輻輳], 어찌 감히 반란을 일으키는 자가 있겠습니까? 이것은 단지 떼도둑들로서 쥐나 개가 물건을 훔쳐 가는 것에 불과할 뿐이니, 어찌 치아 사이에 둘[置之齒牙間] 필요가 있겠습니까[4]? 현재 군수(郡守)들과 군위(郡尉)들이 그들을 잡아들여 죄를 다스리고 있는데, 어찌 걱정하시옵니까?"

2세가 기뻐하며 말했다.

"좋도다."

1) 【집해(集解)】 진작(晉灼)이 말했다. "『초한 춘추(楚漢春秋)』에서는 그 이름을 하(何)라고 했다." 설은 현(縣) 이름이며, 노국(魯國)에 속한다.

2) 대조(待詔)는 전문적 학식을 갖고서 천자의 명을 기다리는 벼슬이다. 일종의 인간 백과사전이라 할 수 있다.

3) 【집해(集解)】 신찬(臣瓚)이 말했다. "장차란 역란(逆亂)을 말한다. 『공양전(公羊傳)』에 이르기를 '임금의 친척들에게는 장차라는 것이 없으며, 장차를 도모하면 반드시 주살한다'라고 했다."

4) 굳이 말할 필요가 없다는 뜻이다.

유생들에게 죄다 물으니, 어떤 유생은 혹 반란이라고 했고 어떤 유생은 혹 도적 떼라고 했다. 이에 2세가 어사(御史)에게 명해 유생들 가운데 반란이라고 말한 사람들을 옥리에게 넘겨 조사하게 했으니 마땅히 말할 바가 아니었다는 이유에서였고, 유생들 가운데 도적이라고 말한 사람은 모두 그대로 두었다. 그러고 나서 2세는 숙손통에게 비단 20필과 옷 한 벌을 내려주고는 제배해 박사로 삼았다. 숙손통이 궁전을 나와 숙사로 돌아오자, 유생들이 말했다.

"선생은 어찌하여 그렇게 아첨하는 말을 하셨습니까?"

통이 말했다.

"그대들은 모르는 것 같은데 나는 하마터면 호랑이 입에서 빠져나오지 못할 뻔했다네."

마침내 달아나 설(薛) 땅으로 갔는데, 설 땅은 이미 초나라에 항복한 뒤였다. 항량(項梁)이 설에 이르자 숙손통은 그를 따랐다. (항량이) 정도(定陶)에서 패하자 (초나라) 회왕(懷王)을 따랐다. 회왕이 의제(義帝)가 되어 장사(長沙)로 옮겨가자, 숙손통은 남아서 항왕(項王)을 섬겼다.

한나라 2년에 한왕이 다섯 제후를 이끌고 팽성(彭城)에 들어오자, 숙손통은 한왕에게 투항했다. 한나라 왕이 (팽성 전투에서) 패해 서쪽으로 가자 그 참에 결국 한왕을 따랐다.

숙손통은 유생의 옷[儒服]을 입었는데 한왕이 싫어하니, 마침내 짧은 옷[短衣]으로 갈아입었는데 초나라 복식이었고, (이에) 한왕이 기뻐했다[1].

1) 【색은(索隱)】 살펴보건대, 공문상(公文祥)이 말했다. "짧은 옷은 일하기에 편할 뿐 유자의 의복이 아니었는데, 고조는 초나라 사람이므로 풍속을 따라 옷을 만들어 입었다."

숙손통이 한나라에 투항했을 때 유생 제자 100여 명이 그를 따랐으나 숙손통은 그들 중 누구도 천거하지 않고 오로지[專] 과거의 도적 떼나 장사(壯士)만 천거했다. 제자들이 모두 몰래 욕하며 말했다.

"선생을 여러 해 동안 섬겼는데, 다행히도 선생을 따라 한나라에 투항할 수 있었지만 그런데 지금 우리를 천거하지 않고 오로지 크게 교활한 자들만을 천거하는 것은 어째서인가?"

숙손통이 이 말을 (전해) 듣고는 마침내 그들에게 일러 말했다.

"한왕께서는 지금 바야흐로 (날아오는) 화살과 돌을 무릅쓰고 천하를 다투고 계신데, 여러분이 어찌 제대로 싸울 수 있겠는가? 그래서 우선 적장을 베고 적기를 빼앗아 올 수 있는 용사들을 천거한 것이다. 여러분이 잠시 나를 기다린다면 내가 잊지 않을 것이다."

한왕은 숙손통을 제배해 박사로 삼고 직사군(稷嗣君)[1]이라고 불렀다.

1) **【집해(集解)】** 서광(徐廣)이 말했다. "대개 그 덕업(德業)이 족히 제나라 직하(稷下)
의 풍류를 따를 수 있어 이렇게 이름 지은 것이다." 『한서음의(漢書音義)』에
서는 직사를 읍 이름이라고 했다.

　　한나라 5년에 이미 천하를 통일하고 나자, 제후들은 정도(定陶)에서 한
왕을 공동으로 높여 황제(皇帝)로 추대했다. 이때 숙손통이 의례와 호칭을
제정했다[就=成]. 고제는 진나라의 복잡한 의례와 법도를 모두 없애고 간
략하고 쉽게[簡易] 만들었다. (그러자) 여러 신하는 술을 마시면 공로를 다
투었고, 취하면 함부로 큰 소리를 지르거나 칼을 뽑아 들고 기둥을 후려치
기도 하니 고제가 이를 걱정했다. 숙손통은 상이 이러한 것들을 매우 싫어
한다는 것을 알고는 상을 설득해 말했다.

　　"무릇 유자(儒者)는 함께 나아가 천하를 얻기는 어렵지만 함께 천하를
지키는[守成] 일은 할 수 있습니다. 신이 바라건대, 노(魯) 땅의 여러 유생
을 불러 신의 제자들과 함께 조정의 의례[朝儀]를 제정할 수 있게 해주십
시오."

　　고제가 말했다.

　　"어렵지 않겠는가?"

　　숙손통이 말했다.

　　"오제(五帝)는 악(樂)을 서로 달리했고, 삼왕(三王)은 예(禮)를 서로 달
리했습니다. 예란 시대와 인정에 따라 줄이고 늘여서 제정하는 예절 규범
[節文]입니다. (공자가) 하(夏)·은(殷)·주(周)의 예는 이전의 예를 따르면서
줄이거나 더했음[損益]을 알 수 있다고 한 것은 바로 중복되지 않았음을 말
하는 것입니다1). 신이 바라건대, 자못 고대의 예와 진나라의 의(儀)를 섞어
서 새로운 예를 만들도록 해주십시오."

　　상이 말했다.

　　"시험 삼아 만들어보되, 사람들이 알기 쉽고 내가 얼마든지 실행할 수

있도록 헤아려서 만들도록 하라."

1) 『논어(論語)』「위정(爲政)」편에 나오는 말이다.

자장이 물었다. "10왕조 이후의 일도 알 수 있습니까?" 공자가 말했다. "은나라는 하나라의 예를 이어받았으니, 은나라에 들어와 사라진 것과 새롭게 생겨난 것[損益]은 하나라와 비교해보면 얼마든지 알 수 있고, 주나라는 은나라의 예를 이어받았으니, 주나라에 들어와 사라진 것과 새롭게 생겨난 것은 은나라와 비교해보면 얼마든지 알 수 있다. 혹시라도 주나라를 계승하는 자가 있다면 비록 100왕조 뒤의 일이라도 그 모습을 알 수 있을 것이다."

이에 숙손통이 사자가 되어 노(魯)에 가서 유생 30여 명을 불렀다. 노 땅 유생 중에 두 사람이 가고 싶지 않다면서 말했다.

"공은 거의 임금 10명을 섬겨 그들 앞에서 아첨해 가깝게 되었고 귀하게 되었습니다. (그런데) 지금 천하가 막[初=新] 평정되어 죽은 사람은 아직 장례도 치르지 못했고 다친 사람은 아직 일어나지도 못했는데, 또 이런 판국에 예악(禮樂)을 일으키려고 하십니다. 예악은 100년 동안 다움을 쌓은[積德] 뒤에야 일으킬 수 있는 것입니다. (따라서) 우리는 차마 공이 하려는 바를 할 수가 없습니다. 공이 하려는 일은 옛 도리[古=古道]에 부합하는 것이 아니니 우리는 가지 않겠습니다. 공은 돌아가시오, 우리를 더럽히지 마시오!"

숙손통이 웃으며 말했다.

"당신들은 참으로 고루한 선비[鄙儒]들이구려. 세상의 변화[時變]를 모르고 있소."

드디어 모집한 선비 30명과 함께 서쪽으로 돌아오니, 상의 좌우에서 평소 학술이 있는 사람들과 숙손통의 제자 100여 명이 함께 야외에 모여서 긴 새끼줄과 풀을 엮어 예법을 제정할 곳을 만들었다. 한 달여 동안 예식을 강

습한 다음에 숙손통이 말했다.

"상께서 시험 삼아 한번 구경하십시오."

상이 이미 구경하러 가서 예식을 행하게 하고는 말했다.

"나도 이것은 얼마든지 할 수 있겠다."

마침내 뭇 신하들에게 예식을 익힌[習肄] 뒤 10월에 모이라고 했다.

한나라 7년에 장락궁(長樂宮)을 완공하자 제후들과 여러 신하는 모두 10월에 조회했다[1]. 의식은 날이 밝기에 앞서 알자(謁者)가 예법을 주관해서 참례자들을 인도해 차례대로 전문(殿門)으로 들어오게 했고 뜰 중앙에는 전차·기병 부대·보병·위병(衛兵)이 포진했으며 각종 병기를 배열하고 휘장과 깃발을 펼쳤다.

큰소리로 (신하들에게) "뛰시오!"라고 말했다. 전(殿) 아래에는 낭중들이 계단을 사이에 두고 양옆으로 늘어섰는데, 계단마다 수백 명씩이었다. 공신·열후·장군·장교는 서열에 따라 서쪽에 늘어선 채 동쪽을 바라보았고, 문관인 승상 이하 관리들은 동쪽에 늘어선 채 서쪽을 바라보았다. 큰 행사[大行]였기에 빈상을 9명[九賓] 뒤 황제의 명을 아래로 전했다[臚傳]. 이때 황제가 봉련(鳳輦)을 타고 방을 나서면 백관은 깃발을 들고 정숙하게 대기했고 제후왕 이하 600석 관리까지는 인도를 받아 차례대로 하례를 올렸다. 이에 제후왕 이하 모든 관리가 두려움에 떨며 엄숙하게 삼가지 않는 자가 없었다. 예가 끝나고 나면 다시 정식 연회[法酒]가 열렸다. 전 위에서 모시는 사람들[侍坐]은 모두 엎드려 머리를 조아리고 있다가, 벼슬의 높고 낮음의 차례에 따라 일어나 만수무강을 비는 술잔을 올렸다[上壽=獻壽]. 술잔[觴]이 아홉 차례 돌고 나자, 알자(謁者)가 "술을 거두시오[罷酒]"라고 말했다. 예법을 집행할 때 의식대로 하지 않는 사람이 있으면 어사는 보는 즉시 끌고 나갔다. 마침내 의식이 끝나고 조정에서 주연이 열렸는데, 감히 시끄럽게 떠들며[讙譁] 예를 잃는 자가 아무도 없었다.

이에 고제가 말했다.

"나는 마침내 오늘에야 황제가 존귀하다는 것을 알게 되었도다."

마침내 숙손통을 제배해 태상(太常)으로 삼고 금 500근을 내려주었다.

1) 【색은(索隱)】 안사고(顔師古)가 말했다. "한나라는 10월을 세수(歲首-한 해의 시작)로 삼았으니, 그래서 조세(朝歲)의 예를 행한 것이다."

숙손통이 이 기회를 틈타[因] 나아가 말했다.

"신의 여러 제자인 유생들이 신을 따른 지가 오래되었는데, 신과 함께 의법을 만들었으니 바라건대 폐하께서는 그들에게도 관직을 내려주십시오."

고제는 그들을 모두 낭관(郎官)으로 삼았다. 숙손통이 궁을 나와 황금 500근을 모두 여러 유생에게 나눠주었다. 유생들은 마침내 모두 기뻐하며 말했다.

"숙손생(叔孫生)은 참으로 빼어나신 분[聖人]이라, 세상의 긴요한 일[要務]을 다 알고 계시는구나!"

한나라 9년에 고제는 숙손통을 옮겨 태자태부(太子太傅)로 삼았다.

한나라 12년에 고조가 태자를 조(趙)나라 왕 여의(如意)로 바꾸려 하자 숙손통이 상에게 간언해 말했다.

"옛날에 진(晉)나라 헌공(獻公)은 여희(驪姬) 때문에 태자를 폐하고 해제(奚齊)를 태자로 세웠다가 진나라는 수십 년 동안 혼란스러워져서 천하의 웃음거리가 되었습니다. 진(秦)나라는 부소(扶蘇)를 일찍이 태자로 정하지 않았기 때문에 (조고(趙高)가 황제의 명을) 사칭해 호해(胡亥)를 태자로 세워서 스스로 조상의 제사를 끊어지게 했으니, 이 일은 폐하께서 친히 보신 일입니다.

지금 태자께서 어질고 효성스러운 것[仁孝]을 천하 사람들이 다 알고 있습니다. 그리고 여후께서는 폐하와 함께 보잘것없는 음식을 드시면서 걱정과 고생을 같이 하셨는데, 어찌[其=豈] 여후를 저버릴 수 있겠습니까? 만약 폐하께서 굳이 적자를 폐하고 어린 여의를 세우려 하신다면, 먼저 신을 죽여 제 목에서 나오는 피로 이 땅을 더럽히십시오.”

고제가 말했다.

“공은 그만하라! 짐이 단지[直=特=只] 농담했을 뿐이다.”

숙손통이 말했다.

“태자는 천하의 근본이니, 근본이 한 번 흔들리면 천하는 진동합니다. 그런데 어떻게 천하를 가지고 농담하십니까?”

고제가 말했다.

“내가 공의 말을 따르겠다.”

상이 술자리를 베풀었는데, 유후(留侯-장량)가 불러온 빈객들1)이 태자를 따라와 알현하는 것을 보고 상은 드디어 태자를 바꾸려는 뜻을 버렸다.

1) 상산사호(商山四皓)를 가리킨다.

고제가 붕(崩)하고 효혜(孝惠)가 자리에 나아가자, 마침내 숙손통에게 일러 말했다.

“선제(先帝-돌아가신 아버지 황제)의 원릉(園陵)과 침묘(寢廟)(의 예법)에 대해 뭇 신하가 잘 모르고 있다.”

그러고는 숙손통을 (태부에서) 옮겨 태상(太常)으로 삼아 종묘의 의법을 제정하게 했다. 이후 한나라의 여러 의법이 점차 갖춰졌는데, 이것들은 모두 숙손통이 태상으로 있으면서 논하고 지은[論著] 것들이다.

효혜제가 동쪽에 있는 장락궁(長樂宮)1)에 조알을 가거나 들를 때마다 매번 통행을 금지하는 바람에[蹕] 백성을 번거롭게 했기 때문에 따로 복도

(複道)를 만들기로 하고, 바야흐로 무기고(武器庫)의 남쪽부터 공사를 시작했다. 숙손통이 정사에 대해 보고할 때, 틈을 타서 이렇게 말했다.

"폐하께서는 어찌해서 복도를 고침(高寢)에 축조하십니까? 고제(高帝)의 사당에 간직되어 있는 의관은 한 달에 한 번 고묘(高廟)로 옮기게 되어 있습니다. 고묘는 한나라의 시조를 제사 지내는 사당인데, 어찌 후손들이 종묘로 가는 길 위로 다니게 할 수 있습니까?"

효혜제가 매우 두려워하며 말했다.

"당장 헐어버리도록 하라."

숙손생이 말했다.

"남의 임금[人君^{인군}] 된 자는 잘못된 행동이 있어서는 안 됩니다. 지금 복도가 이미 만들어지고 있다는 것을 백성이 모두 알고 있는데 이를 허물게 되면 백성에게 폐하의 잘못을 보이는 꼴이 됩니다. 바라건대, 폐하께서는 위수(渭水) 북쪽에 따로 사당[原廟^{원묘}=重廟^{중묘}]²⁾을 만들고 고제의 의관을 매월 그리로 옮기시어 종묘를 더욱 넓히고 많이 짓는 것이 대효(大孝)의 근본입니다."

상(上)은 마침내 유사(有司)에 조서를 내려 사당을 세우도록 했다. 이처럼 사당이 새로 세워진 것은 복도 때문이었다.

---

1) 태후가 거처하는 곳이다.

2) 또 하나의 사당을 더 만들었다는 뜻이 담겨 있다.

효혜제가 일찍이 봄에 이궁(離宮)으로 놀러 나갈 때 숙손생(叔孫生)이 말했다.

"옛날에는 봄이 되면 햇과일을 종묘에 바쳤는데, 마침 지금 앵두가 알맞게 익어 바칠 만합니다. 폐하께서 놀러 나오셨으니, 내친김에 앵두를 가져다 종묘에 바치시기 바랍니다."

상은 마침내 그렇게 하라고 허락했다. 온갖 과일을 종묘에 바치는 일은 이로부터 시작되었다.

태사공(太史公)이 말한다.

"흔히 하는 말 중에 '천금의 갖옷은 여우 1마리의 겨드랑이털만으로 만들어진 것이 아니고, 높은 누각이나 정자[臺榭]의 서까래는 1그루 나무의 가지만으로 만든 것이 아니며, 하·은·주(夏殷周) 삼대의 성세도 선비 한 사람의 지혜만으로 이룬 것이 아니'라고 했는데, 참으로 맞는 말이다!

무릇 고조(高祖)는 미천한 신분에서 일어나 천하를 평정했으니, 계책과 용병술이 더할 나위 없었다고 할 만하다. 그런데 유경(劉敬)은 짐수레의 가로지른 막대를 내던지고 단 한 번 유세해 (천도하게 함으로써) 만세의 안정을 이루었으니, 지혜라는 것이 어찌 한 사람의 전유물이겠는가?

숙손통(叔孫通)은 세상에 쓰이기를 바라고 당대의 긴요한 일이 무엇인지를 잘 헤아렸으니, 의례를 제정하고 진퇴(進退-나아가고 물러남)의 절차를 시세의 변화에 맞춰 바꿈으로써 마침내 한나라 유학의 종사[儒宗]가 되었다.

'가장 크게 곧은 것은 구부러진 듯하니[大直若詘][1], 길이란 원래 꾸불꾸불한 것이다[道固委蛇][2]'라고 했는데, 대개 숙손통을 두고 한 말이리라!"[3]

1) 노자 『도덕경(道德經)』 제45장에 나오는 말이다.

2) 위사(委蛇)는 『장자(莊子)』에 나오는 말이다.

3) 【색은술찬(索隱述贊)】 큰 집이 왁자해도 백성이 지탱하듯[厦藉衆幹]/갖옷 또한 한 마리 여우만으로는 안 된다네[裘非一狐]/짐수레 가로지른 막대 내던지고 유세를 바쳐[委輅獻說]/가슴속에 담은 뜻 풀어냈도다[綿蕝陳書]/황제가 비로소 귀해지니[皇帝始貴]/수레 타고 서쪽에 도읍했네[車駕西都]/이미 태자 지위 편안케 하고[既安太子]/또 흉노와 화친 이루었지[又和匈奴]/봉춘군 직사군[奉春稷嗣]/그 공로는 충분히 그럴 만했도다[其功可圖]!

권100 ─ 계포난포열전(季布欒布列傳) 제40

권100 계포난포열전(季布欒布列傳) 제40

계포(季布)는 초(楚)나라 사람이다. 기운이 세고 임협(任俠)[1]으로 초나라에 이름이 있었다. 항적(項籍-항우)이 그로 하여금 병사들을 이끌게 하니[將兵], 여러 차례 한(漢)나라 왕을 곤경에 빠뜨렸다[窘=困].

1) [집해(集解)] 여순(如淳)이 말했다. "상대방을 서로 믿을 만할 때, 임(任)이라고 한다. 옳고 그름을 함께하는 사람을 협(俠)이라 한다."

항우(項羽)가 멸망하자 고조는 1,000금을 현상금으로 내걸고[購] 포(布)를 잡으려 하면서, 감히 재워주거나 숨겨주는 자에게는 삼족을 멸하는 벌을 내린다고 했다. 계포는 복양(濮陽)에 있는 주씨(周氏) 집에 숨어 있었다. 주씨가 말했다.

"한나라가 장군을 급히 찾고 있으니, 자취를 쫓아 장차 신의 집에 들이닥칠 것입니다. 능히 신의 말을 들어주신다면 신이 감히 계책을 올릴 것이고, 만일[卽] 거부하신다면 바라건대 먼저 스스로 목숨을 끊겠습니다[自剄=自刎]."

계포가 그것을 허락했다. 마침내 계포의 머리를 깎고 목에 칼을 채우고서[髡鉗] 까칠한 베옷을 입힌 뒤 광류거(廣柳車)[1] 안에 넣어 노(魯)나라에 가서는 자기 집 어린 하인 수십 명과 함께 주가(朱家)에게 팔아넘겼다. 주가는 마음속으로 그가 계포라는 것을 알고서도 마침내 그를 사들여 밭에 두었다. 아들에게 타일러 말했다.

"밭일은 이 종[奴]의 말을 들어서 하고, 반드시 그와 함께 식사해야 한다."

1) 진작(晉灼)이 말했다. "요란하게 꾸민 수레로, 마치 장례를 지내는 수레처럼 보인다."

주가는 마침내 초거(軺車)[1]를 타고 낙양(雒陽)에 가서 여음후(汝陰侯) 등공(滕公)[2]을 만났다. 등공이 주가를 자기 집에 머물게 하고서 여러 날 동안 술을 마셨다. 그 참에[因] 등공에게 일러 말했다.

"계포가 무슨 큰 죄를 지어 상께서 그리 급하게 찾는 것입니까?"

등공이 말했다.

"포는 항우를 위해 여러 차례 상을 곤경에 빠뜨렸기 때문에, 상이 그를 원망해서 반드시 잡으려 하는 것입니다."

주가가 말했다.

"군께서는 계포를 어떤 사람이라고 보십니까?"

등공이 말했다.

"뛰어난 자[賢者]이지요."

주가가 말했다.

"신하는 각자 자기 군주를 위해 일할 뿐이니, 계포가 항적을 위해 일한 것도 그 자신이 마땅히 해야 할 일[職]을 한 것일 뿐입니다. 항씨(項氏-항우)의 신하였다고 해서 죄다 주살해야 합니까? 지금 상께서는 비로소 천하를 얻으셨는데, 단지[獨=但] 자기의 사사로운 원한 때문에 한 사람을 찾고 있으니 어찌 천하에 본인의 도량이 넓지 못함[不廣]을 보이시는 것입니까! 또 계포처럼 뛰어난 이를 한나라가 (현상금까지 걸고서) 이처럼 다급하게 찾는다면, 계포 이 사람은 북쪽으로 오랑캐에게로 달려가지 않으면 곧 남쪽으로 월나라로 달려갈 뿐입니다. 무릇 장사(壯士)를 꺼려서 적국을 이롭게 하는 것, 이는 오자서(伍子胥)가 초나라 평왕(平王)의 묘지를 파헤쳐 그 시신을 매질한 것과 같은 일을 빚어내게 될 것입니다. 군께서는 어찌 이 일을 가만히 상께 말씀드리지 않는 것입니까?”

여음후 등공은 마음속으로 주가가 큰 의협심이 있다는 것을 알고 있었기에, 계포가 그의 집에 숨어 있을 것으로 짐작하고서 마침내 허락해 말했다.

“알겠소!”

틈을 보아 (상에게) 과연 주가의 뜻을 말했다. 상은 마침내 계포를 용서했다. 이런 때를 맞아 여러 공은 모두 계포가 능히 자신의 강한 성품을 꺾고서 부드러워진 것을 칭찬했고, 주가 또한 이 일로 당대에 이름이 알려졌다. 계포는 부름을 받고 상을 만나 사죄했고, 상은 그를 제배해 낭중(郞中)으로 삼았다.

1) 영구(靈柩)를 싣는 수레다. 【색은(索隱)】에서는 경거(輕車)로, 말 1마리가 끄는 수레라고 했다.

2) 안사고(顏師古)가 말했다. “하후영(夏侯嬰)이다. 본래는 등령(滕令)이었는데, 드디어 호칭을 등공(滕公)이라고 했다.”

효혜(孝惠) 때 계포는 중랑장(中郞將)이 되었다. 선우(單于)가 일찍이 여후(呂后)에게 지저분한 내용의 편지를 보낸 것이 불손해, 여후가 크게 화가 나서 여러 장수를 불러 이 문제를 상의했다.

상장군 번쾌(樊噲)가 말했다.

“바라건대, 신에게 10만 병력을 주신다면 흉노의 가운데를 마구 휘저어 놓겠습니다[橫行].”

여러 장수가 모두 여후 뜻에 아첨하며[阿=曲] 쾌(噲)의 말이 옳다고 했는데, 계포가 말했다.

“번쾌의 목을 베야 합니다. 무릇 고제께서 병력 40여만을 갖고서도 평성(平城)에서 곤경을 당하셨는데, 지금 쾌가 무슨 방법으로 10만 병력을 갖고

가서 흉노의 가운데를 마구 휘젓겠다는 말입니까? 태후를 면전에서 속이는[面欺] 짓입니다. 또 진(秦)나라는 오랑캐 정벌을 일삼았기 때문에 진승(陳勝) 등이 일어났습니다. 지금 그 상처[創痍=瘡痍=傷處]가 아직 다 아물지도[瘳=差] 않았는데 쾌는 다시 면전에서 아첨하며[面諛] 천하를 뒤흔들어놓으려 하고 있습니다."

이때 전(殿) 위에 있던 사람들이 모두 두려워했고 태후는 (서둘러) 조회를 끝냈다. 결국 두 번 다시 흉노를 치는 일을 상의하는 일이 없었다.

계포가 하동(河東) 군수로 나갔는데, 효문(孝文) 때 어떤 사람이 경포가 뛰어나다[賢]고 하자 효문이 그를 불러 (장차) 어사대부(御史大夫)로 삼으려 했다. 그런데 어떤 사람이 그가 용맹하기는 하지만 술주정이 심해[使酒=酗酒]1) 가까이 두기 어렵다고 했다. (부름을 받고) 장안(長安)에 도착해 숙소[邸]에서 한 달이나 머물렀지만 문제는 그냥 만나보는 것이 다였다. 계포가 그 참에 나아가 말했다.

"신이 아무런 공로도 없이 남몰래 총애를 받아 하동에서 벼슬살이하고 있는데[待罪] 폐하께서 아무런 까닭도 없이 신을 부르셨으니, 이는 반드시 어떤 사람이 신이 뛰어나다며 폐하를 속였기 때문일 것입니다. (또) 지금 신이 장안에 이르렀으나 폐하로부터 아무런 일도 받지 못하고 그냥 돌아가게 되었으니, 이는 반드시 어떤 사람이 신을 헐뜯었기 때문일 것입니다. 무릇 폐하께서는 어떤 사람의 칭찬 때문에 신을 부르시고 또 어떤 사람의 헐뜯음 때문에 신을 돌려보내시니, 신은 천하에 식견을 가진 사람들이 이런 이야기를 듣고 폐하의 속내를 들여다볼까[闚]2) 두렵습니다."

상은 말없이 부끄러워하다가 한참 지나서 말했다.

"하동은 나의 손발과 같은 군(郡)이니, 그래서 틈을 보아 그대를 부른 것뿐이다."

계포가 하직 인사를 하고 하동의 관직으로 돌아갔다.

1) **【색은(索隱)】** 술을 마시고 성질대로 마구 행동하는 것을 일러 사주(使酒)라고
   한다.

2) **【집해(集解)】** 위소(韋昭)가 말했다. "규(闚)란 폐하의 마음 씀씀이의 깊고 얕음을
   엿본다는 뜻이다."

초나라 사람 조구생(曹丘生)은 말솜씨가 뛰어난 변사(辯士)로, 여러 차례
권세에 빌붙어[招] 다른 사람들의 일을 처리해주고 대가로 돈을 받았다. 귀
인(貴人) 조동(趙同)[1] 등을 섬겼는데 두장군(竇長君)[2]과도 사이가 좋았다.
계포가 이런 소문을 듣고는 편지를 보내 두장군에게 간언했다.

'제가 듣건대, 조구생이라는 자는 덕망이 있는 사람[長者]이 아니라고 하
니 그와 통교하지 마십시오.'

조구생이 (초나라로) 돌아가게 되자 두장군의 소개장을 얻어 계포를 만
나보려 했다. 두장군이 말했다.

"계(季) 장군은 족하를 좋아하지 않으니, 족하는 가지 마시오."

굳이 소개장을 얻어 드디어 길을 떠났다. 먼저 사람을 시켜 계포에게 소
개장을 보내니, 계포가 과연 크게 화가 나서 조구(曹丘)를 기다리고 있었다.
조구가 도착해 곧바로 포에게 읍(揖)하며 말했다.

"초나라 사람들이 하는 말 중에 '황금 100근을 얻느니 계포의 허락을 한
번 받는 것[一諾]이 낫다'라는 말이 있습니다. 족하께서는 어떻게 양(梁)나
라와 초나라 사이에서 이런 명성을 얻으셨는지요? 저[僕] 또한 초나라 사람
이고, 장군 또한 초나라 사람입니다. 제가 여기저기를 다니면서 족하의 이
름을 천하에 알린다면[揚] 도리어[顧] 귀하게 되시지 않겠습니까? 어찌 족
하께서는 저를 그다지도 매몰차게 거절하십니까?"

계포가 마침내 크게 기뻐하면서 그를 안으로 들이더니, 여러 달 동안 머
물게 하면서 상객(上客)으로 삼고 두터운 선물들을 주어 보냈다. 계포의 명
성이 더욱 높아진 것은 조구가 그의 이름을 알리고 다녔기 때문이다.

1) 【집해(集解)】 서광(徐廣)이 말했다. "『한서(漢書)』에는 조담(趙談)으로 되어 있다. 사마천은 자기 아버지 이름이 담(談)이어서 이렇게 고친 것이다."

2) 복건(服虔)이 말했다. "경제(景帝)의 외삼촌이다."

계포의 동생 계심(季心)1)은 기개가 관중(關中)을 뒤덮을 만하고 사람들을 대할 때 공손하고 삼갔으며 임협(任俠)이었기 때문에 사방 수천 리나 떨어져 있는 장부와 선비들이 모두 그를 위해 죽음을 다툴 정도였다. 일찍이 사람을 죽이고 오(吳)나라로 달아나 원사(袁絲)2)의 집에 숨어 지냈다. 원사를 윗사람처럼 섬기고 관부(灌夫)와 적복(籍福)의 무리를 아우처럼 돌봐주었다. 일찍이 중사마(中司馬)3)로 있을 때는 (직속 상관인) 중위(中尉) 질도(郅都)조차 그를 예로써 대우하지 않을 수 없었다. 또한 젊은 사람들은 종종 은밀히 그의 이름을 빙자하며 행세하기도 했다. 당시에 계심은 용맹함으로, 계포는 신의[諾=一諾]로 관중(關中)에 이름을 드러냈다.

1) 【집해(集解)】 서광(徐廣)이 말했다. "심은 판본에 따라 자(子)로 되어 있다."

2) 【색은(索隱)】 사(絲)는 원앙(爰盎)의 자(字)다.

3) 【집해(集解)】 여순(如淳)이 말했다. "중위(中尉)의 사마다." 【색은(索隱)】 『한서(漢書)』에는 중위사마(中尉司馬)로 되어 있다.

계포 어머니의 남동생 정공(丁公)1)이 초나라 장수로 있었다. 정공은 항우(項羽)를 위해 고조를 뒤쫓아 팽성(彭城) 서쪽에서 궁지로 몰아넣고[窘] 짧은 병기로 접전을 벌였는데 고조가 다급해지자 정공을 돌아보며 말했다.

"우리는 둘 다 뛰어난 사람들인데, 어찌 서로 힘겹게 싸워야 하는가?"

이에 정공이 군사를 거둬 돌아갔고, 한왕은 드디어 포위에서 벗어나 돌아올 수 있었다. 항왕(項王)이 멸망한 뒤에 정공이 고조를 찾아가 뵈었다. 고조는 정공을 군중에 조리돌림[徇]을 시킨 다음에 이렇게 말했다.

"정공은 항왕의 신하가 되어 충성을 다하지 않았으니, 항왕으로 하여금 천하를 잃게 한 자는 바로 정공이다."

드디어 정공의 목을 벤 다음에 말했다.

"후세에 남의 신하 된 자들에게 정공을 본받지 않게[無效] 하기 위함이었다."

1) 【집해(集解)】 진작(晉灼)이 말했다. "『초한춘추(楚漢春秋)』에 이르기를, 설(薛)나라 사람으로 이름은 고(固)라고 했다."

난포(欒布)는 양(梁)나라 사람이다. 애초에 양왕 팽월(彭越)이 평민[家人][1]이었을 때 일찍이 난포와 사귀었다[游=交遊]. 두 사람은 모두 가난해 제(齊)나라에서 날품팔이를 하기도 하고[賃傭] 술집에서 고용살이[保=保傭]를 하기도 했다. 몇 년 뒤에 팽월은 그곳을 떠나 넓은 들판으로 가서 도적이 되었고, 난포는 어떤 사람에게 납치되어 팔려 가 연(燕)나라에서 노비가 되었다. 그가 주인을 위해 원수를 갚아주자, 연나라 장수 장도(臧荼)가 그를 발탁해 도위(都尉)로 삼았고, 장도는 뒤에 연나라 왕이 되어 포를 장군으로 삼았다. 장도가 반란을 일으키자, 한나라는 연나라를 쳐서 포를 사로잡았다. 양왕 팽월이 이 소식을 듣고 마침내 상에게 말씀을 올려서 포를 위해 속전(贖錢)을 치른 뒤 그를 (데려와) 양나라 대부(大夫)로 삼았다.

1) 【색은(索隱)】 집에 머무는 사람으로, 관직이 없는 사람을 가리킨다.

난포가 제나라에 사신으로 갔다가 아직 돌아오지 않았을 때, 한나라는 팽월을 불러 모반죄로 처벌하고 삼족을 멸했다. 얼마 후에 팽월의 머리를 낙양성 아래에 걸어놓고는 다음과 같은 조(詔)를 내렸다.

"누구든 감히 그의 머리를 거둬 보살피는 사람이 있으면 즉시 체포할 것이다.”

포는 제나라에서 돌아오자마자 팽월의 머리 아래에서 사신으로 갔던 일을 아뢴 다음에 제사를 지내며 곡했다. 관리가 포를 붙잡고서 보고했다. 상이 포를 불러 욕하며 말했다.

“너[若=汝]도 팽월과 같이 모반했느냐? 내가 그 머리를 거둬 보살피지 말도록 금했거늘 너 혼자 그에게 제사를 지내고 곡했으니, 월과 함께 모반한 것이 분명하다. 당장[趣=促] 저놈을 삶아 죽여라[亨]1).”

관리가 그를 잡아서 막 끓는 물로 밀어 넣으려는데[趣]2), 난포가 고개를 돌리며 말했다.

“바라건대, 한마디만 하고 죽겠습니다.”

상이 말했다.

“무슨 말이냐?”

포가 말했다.

“바야흐로 상께서 팽성(彭城)에서 곤경에 처하시고 형양(滎陽)과 성고(成皐) 사이에서 패하셨을 때 항왕이 끝내 서쪽으로 진격할 수 없었던 것은, 오직[徒=獨] 팽왕(彭王)이 양나라 땅을 지키면서 한나라와 연합해 초나라 군대를 괴롭혔기 때문입니다. 그때 만일 팽왕이 한쪽으로 치우쳐[一顧] 초나라와 연합했다면 한나라는 깨졌을 것입니다. 한나라와 연합했기 때문에 초나라가 깨진 것입니다. 또 해하(垓下)의 대전투 때 팽왕이 참전하지 않았더라면[微=無] 항씨는 망하지 않았을 것이니, 천하가 이미 평정되자 팽왕은 부절(符節)을 나눠 받고 봉토를 받게 되어 그 또한 대대손손 전하려고 했을 것입니다. (그런데) 지금 폐하께서는 양나라에서 한 차례 군대를 모을 때 팽왕이 병으로 나가지 못했다고 해서 그가 모반했다고 의심하셨고, 또 모반의 형적이 드러나지 않았는데도 가혹하게 아주 사소한 일로써 그를 붙잡아 주멸하셨으니, 신은 공신마다 스스로 위태롭다고 여길까 봐 걱정이 됩니다. 지금 팽왕도 이미 죽었으니, 신은 살아 있는 것보다 죽는 것이 낫습니다. 청컨대 어서[就] 삶아 죽이십시오."

이에 상은 마침내 난포를 풀어주고서 제배해여 도위(都尉)로 삼았다.

1) 【색은(索隱)】 趣의 발음은 (취가 아니라) 촉(促)이다. 亨의 발음은 (형이 아니라) 보(普)와 맹(盲)의 반절음이다. 서둘러[疾] 가마솥[鑊]에 집어넣으라는 말이다.

2) 【색은(索隱)】 趣의 발음은 (취가 아니라) 추(趨)다. 서광(徐廣)은 판본에 따라 주(走)로 되어 있다고 했는데, 주(走) 또한 '어디를 향해 몰아가다[趣向]'라는 뜻이다.

효문(孝文) 때 그는 연나라 재상이 되었다가 장군에 이르렀다. 포는 마침내 이렇게 말했다.

"곤궁할 때 치욕을 참지 못하면 사람 같은 사람[人]이라 할 수 없고, 부귀할 때 뜻대로 하지[快意] 못하면 뛰어난 사람[賢]이라 할 수 없다."

이에 그는 일찍이 자신에게 은혜를 베푼 사람들에게는 두텁게 보답했고 원한이 있는 사람들은 반드시 법에 따라 파멸시켰다. 오나라 군대가 반란을 일으켰을 때 그는 군공(軍功)을 세워 유후(俞侯)에 봉해지고1) 다시 연나라 재상이 되었다. 연나라와 제나라에서는 모두 난포를 위해 사당을 세웠는데, 이를 난공사(欒公社)라고 했다.

1) 【집해(集解)】 서광(徐廣)이 말했다. "제나라를 쳐서 공을 세웠다."

경제(景帝) 중(中) 5년에 훙(薨)했다. 아들 분(賁)이 뒤를 이었는데, (효무(孝武) 때) 태상(太常)으로 있으면서 종묘제향(宗廟祭享)의 희생을 법령대로 하지 않은 일 때문에 봉국이 없어졌다.

태사공(太史公)이 말한다.

"항우(項羽)는 (무엇보다) 기개를 중시했기 때문에 계포(季布)는 용맹으로 초나라에서 이름을 드날렸고 여러 차례[屢=屢=數] 몸소 군사를 이끌고 적기를 뽑아버렸으니[搴=拔] 장사(壯士)라 할 만하다. 그러나 그는 형벌을 받고 다른 사람의 노비가 되었을 때도 스스로 죽지 못했으니, 얼마나 자기를 낮춘 것인가! 그는 분명 자기 재능을 자부했기 때문에 치욕을 당하고도 부끄러워하지 않았고, 자기가 아직 펼치지 못한 포부를 펼칠 곳이 있기를 바랐기 때문에 끝내 한나라의 명장이 될 수 있었다.

뛰어난 사람은 진실로 자기 죽음을 중하게 여긴다. 저 비첩(婢妾)이나 천인(賤人)이 분격해 자살하는 것은 제대로 된 용맹이라 할 수 없으니, 그들은 자신들의 포부가 실현될 곳을 찾지 못한 것일 뿐이다. 난포(欒布)는 팽월(彭越)을 위해 곡하고 끓는 물에 들어가는 것을 마치 집에 돌아가듯 했으니, 그는 진실로 (삶과 죽음에 대해) 처신해야 할 바를 알았던 것이지 자기 죽음을 중하게 여긴 것이 아니다. 설사 옛날의 열사(烈士)라 하더라도 어찌 이보다 더할 수 있을까?"[1]

1) 【색은술찬(索隱述贊)】 계포와 계심[季布季心]/양나라 초나라에 명성을 날렸다네[有聲梁楚]/백금보다 계포의 허락이 더 낫다 했으니[百金然諾]/10만 군사 이끌고 적을 막았도다[十萬致距]/지방으로 나가 하동 군수가 되었지만[出守河東]/기껏 (문제로부터) 팔다리로만 인정받았네[股肱是與]/난포는 팽월에게 곡하고[欒布哭越]/금법을 어겼다 하여 사로잡혔지[犯禁見虜]/끓는 물 담은 가마솥으로 달려가면서도 원망함이 없었으니[赴鼎非冤]/참으로 처신해야 할 바를 알았다 할 것이로다[誠知所處]!

권101 — 원앙조조열전(袁盎鼂錯列傳) 제41

권101 원앙조조열전(袁盎鼂錯列傳) 제41

원앙(袁盎)은 초(楚)나라 사람으로, 자(字)는 사(絲)다. 아버지는 원래 도둑 떼의 일원이었다가 안릉(安陵)으로 옮겨와 살았다. 고후(高后) 때 앙(盎)은 일찍이 여록(呂祿)의 사인(舍人-가신)이었다. 효문제(孝文帝)가 자리에 나아가자, 앙의 형 쾌(噲)가 앙을 보증하고 추천해[任=保任][1] 중랑(中郎)이 되었다.

1) 보임(保任)이란 신원 보증을 서서 천거한다는 말이다.

강후(絳侯-주발)가 승상(丞相)이 되어 (하루는) 조회를 마치고 빠른 걸음으로[趨] 물러 나오는데, 자신감이 넘쳤다. 상(-문제)은 그를 예로써 대하며 공경했고 늘[常] 몸소[自][1] 전송했다.

원앙이 나아가 말했다.

"폐하께서는 승상을 어떤 사람이라고 보십니까?"

상이 말했다.

"사직(社稷)의 신하[2]다."

앙이 말했다.

"강후는 이른바 공신(功臣)이지 사직의 신하는 아닙니다. 사직의 신하란 군주가 살아 있을 때 같이 살고 군주가 죽을 때 같이 죽어야 합니다[3]. 바야흐로 여후(呂后) 시절 여러 여씨(呂氏)가 정사를 좌우하면서 제멋대로 서로 왕이 되자 유씨(劉氏)는 얇은 띠처럼 겨우 끊어지지 않을 정도였습니다

[不絶]⁴⁾. 이때 강후는 태위(太尉)로서 병권[兵柄]을 잡고 있으면서도 이를 제대로 바로잡지 못했습니다. 여후가 붕(崩)하자 대신들이 서로 힘을 합쳐 여러 여씨에게 반기를 들었고 태위는 마침 병권을 주관하고 있었기 때문에 마침 우연히 성공할 기회를 만났던 것이니 이른바 공신이기는 해도 사직의 신하는 아닙니다. (그런데도) 승상은 마치 교만함이 임금의 얼굴색과 같습니다. 폐하께서는 겸양하시어 신하와 군주가 (서로) 예를 잃은 것이니 가만히 폐하를 위해 생각건대 그리해서는 안 될 것입니다."

그 후 조회 때마다 상이 점점 더 위엄을 갖추었고[莊=嚴] (이에 따라) 승상은 점점 더 두려워했다. 얼마 후에[己而] 강후는 앙을 원망하며[望=怨望] 말했다.

"내가 네[而=汝] 형과 친한 사이인데, 지금 너 따위 애송이[兒]가 조정에서 나를 비방하다니!"

앙은 끝내 사과하지 않았다.

1) 【집해(集解)】 서광(徐廣)이 말했다. "판본에 따라 자(自)는 목(目)으로 되어 있다."["눈으로[目]"란 시야에서 사라질 때까지 줄곧 눈으로 지켜보았다는 뜻이다.]

2) 사직을 지탱해주는 신하로, 최고의 신하라는 말이다.

3) 【집해(集解)】 여순(如淳)이 말했다. "임금이 살아 있을 때는 함께 당대의 정사를 다스리고, 임금이 죽은 후에도 그의 법도를 그대로 따르면서 마땅히 그것을 받들어 행하는 것이다. (예를 들면) 고조(高祖)가 유씨(劉氏)가 아니면 왕이 되어서는 안 된다고 맹세했는데도 주발 등은 여러 여씨(呂氏)를 왕으로 삼으려는 의견을 따랐으니, 이는 살아 있는 임금의 뜻에 맞추기 위해 죽은 임금과는 함께하지 않은 것이다."

4) 안사고(顏師古)가 말했다. "미미했다는 말이다."

(얼마 후) 강후가 승상에서 면직되어 자기 봉국(封國)으로 나아갔는데,

그 나라 사람이 글을 올려 강후가 반란을 꾀하고 있다고 아뢰었고 이에 그를 불러올려 체포해 청실(淸室)[1]에 가두었는데, 종실(宗室)과 여러 공 중 어느 누구도 감히 강후를 위해 (변호하는) 말을 하는 사람이 없었지만, 오직 원앙만이 강후는 죄가 없다고 밝혔다[明]. 강후가 풀려날 수 있었던 것은 앙이 자못 힘을 썼기 때문이다. 강후는 마침내 앙과 친교를 맺게 되었다[結交].

1) 【집해(集解)】『한서(漢書)』에는 청실(請室-취조실)로 되어 있다. 여순(如淳)이 말했다. "청실(請室)은 감옥이다."

회남 여왕(淮南厲王-유장(劉長))이 (경사에 들어와) 조회했을 때 벽양후(辟陽侯-심이기)를 살해하는 등 평소 행동거지가 대단히 교만했다. 원앙이 간언해 말했다.

"제후가 지나치게 교만하면 반드시 우환이 생기게 되니 봉지를 깎아내는 것이 좋겠습니다."

상은 그 말을 쓰지 않았다[不用=不聽]. 회남 여왕은 더욱 기고만장해졌다[橫]. 극포후(棘蒲侯) 시무(柴武)의 태자(太子-시기(柴奇))가 모반하려다가 발각되었는데, 그 사건을 조사하다 보니 회남왕이 연루되어 있어 회남왕은 불려 왔고 상은 그 참에 그를 촉(蜀) 지방으로 옮기기로 하고[遷=流配] 죄수를 호송하는 수레[轞車=檻車]에 실어 보내도록 했다. 원앙이 이때 중랑장(中郎將)으로 있었는데 마침내 간언해 말했다.

"폐하께서 평소 회남왕이 교만해도 조금도 금하지 않으셨기에, 이 지경에 이르렀는데, 지금은 또 갑자기 그를 꺾어버리려[摧折] 하십니다. 회남왕은 사람됨이 굳세어[剛] 만일 가는 도중에 안개와 이슬을 만나 죽기라도 한다면, 폐하께서는 결국 큰 천하를 차지하고 있으면서도 포용력이 없어 아우를 죽였다는 오명을 쓰게 되실 텐데 어찌하시겠습니까?"

상이 듣지 않고 결국 회남왕을 보냈다.

회남왕은 옹(雍)에 이르러 병사하고 말았고, 그 소식이 보고되자 상은 음식을 들지 않고[輟食] 통곡하면서 매우 슬퍼했다. 앙이 들어가서 머리를 조아리며 죄를 청했다[1].

상이 말했다.

"공의 말을 쓰지 않았다가[不用=不聽] 이 지경에 이르렀다."

앙이 말했다.

"상께서는 스스로 마음을 너그럽게 가지십시오[自寬]. 이번 일은 지나간 일이니, 후회하신다 한들 어쩌겠습니까? 그리고 폐하께서는 세상에서 뛰어난 세 가지 행적이 계시니, 이번 일로 명예에 손상을 당하지는 않을 것입니다."

상이 말했다.

"세상에서 뛰어난 내 세 가지 행적이란 무엇인가?"

앙이 말했다.

"(첫째) 폐하께서 대(代)나라에 계실 때 태후께서 일찍이 3년 동안 병을 앓으셨는데, 폐하께서는 제대로 눈도 붙이지[交睫] 않으시고 옷도 벗지 않으신 채로[2] 탕약도 친히 입으로 맛본 것이 아니면 올리지 않으셨습니다. 무릇 증삼(曾參)[3]은 평민의 신분[布衣]이면서도 오히려 이런 일을 하는 것을 어렵게 여겼는데, 지금의 폐하께서는 친히 임금 된 몸으로도 행하셨으니, 증삼을 훨씬 뛰어넘는 것이었습니다.

(둘째) 여러 여씨가 정권을 장악하고 대신들이 제 마음대로 정치를 통제하고 있는데도 폐하께서는 대나라에서 수레 6대를 타고 득달같이 달려와서 깊이를 알 수 없는 연못(-위험한 장안)으로 과감하게 뛰어드셨으니, 설사 맹분(孟賁)과 하육(夏育)[4]의 용맹함이라 해도 폐하께는 미치지 못할 것입니다.

(셋째) 폐하께서는 (경사에 있는) 대나라 왕의 객관(客館)[代邸]에 이르시어 서쪽을 향해 천자(天子)를 사양하신 것이 두 번이었고, 남쪽을 향해 천자의 자리를 사양하신 것이 세 번이었습니다. 저 허유(許由)[5]도 한 번 사양했을[一讓] 뿐인데, 폐하께서는 다섯 번이나 천하를 사양했으니, 유(由)보다도 네 번이나 더 많습니다.

게다가 폐하께서 회남왕을 옮겨 살게 한 것은 그가 마음속의 고통을 견뎌내고 스스로 잘못을 고치게 하려고 하셨던 것인데, 유사(有司)에서 그를 조심스럽게 숙위(宿衛)하지 못해 그 때문에 병이 들어 죽은 것입니다."

이에 상은 마침내 마음을 풀며[解][6] 말했다.

"장차 어찌하면 좋겠는가?"

앙이 말했다.

"회남왕에게는 아들이 셋 있으니, 오직 폐하께서 어떻게 하시느냐에 달렸을 뿐입니다."

이에 문제는 세 아들을 세워 모두 왕으로 삼았다. 앙은 이 일로 말미암아 조정에서 이름이 더욱 무거워졌다[重].

1) 안사고(顏師古)가 말했다. "더 강하게 간언하지 못한 것을 자책한 것이다."

2) 늘 대기하고 있었다는 말이다.

3) 효행이 깊었던 공자의 제자다. 증자(曾子)라고도 한다.

4) 【집해(集解)】 맹강(孟康)이 말했다. "두 사람 다 옛날의 용사(勇士)다."

5) 안사고(顏師古)가 말했다. "옛날의 고결한 선비다. 요(堯)임금이 허유에게 천하를 넘겨주려 했으나 받지 않았다."

6) 스스로를 용서했다는 뜻이다.

원앙은 늘 큰 도리[大體]를 끌어들여 비분강개했다. 환자(宦者) 조동(趙同)[1]이 점술[數=術數]로 총애를 얻게 되자 항상 원앙을 해치려 하니 원앙이 그것을 근심했다. 앙의 형 아들 종(種)이 상시기(常侍騎)가 되어 (늘 천자를 상징하는) 부절을 갖고 황제 곁에서 마차를 탔는데, 앙에게 계책을 말했다[說=謀].

"숙부께서 그와 싸우면서 공개적으로 모욕을 주시고 나면, (설사 뒤에 숙부에 악담을 하게 되더라도) 상께서는 더는 그의 악담을 믿지 않으실 것입니다."

(어느 날) 효문제가 나들이를 하는데 조동이 천자의 수레에 함께 오르니[參乘], 원앙이 수레 앞에 엎드려 말했다.

"신이 듣건대, 천자의 폭 6척짜리 수레에 함께 태우고 가는 사람은 모두 천하의 호걸과 영웅이라고 했습니다. 지금 아무리 한나라에 인재가 모자란다[乏人=乏材]고는 하지만 폐하께서는 홀로 어찌하여 거세한 나부랭이[刀鋸餘人]를 함께 수레에 태우시는지요!"

이에 상이 웃으면서 조동을 내리게 했다. 조동은 눈물을 떨구며 수레에서 내렸다.

1) [집해(集解)] 『한서(漢書)』에는 담(談)으로 되어 있다.[사마천이 아버지의 이름 담(談)을 피휘한 것이다.]

문제가 패릉(霸陵)[1] 위에서 서쪽으로 가파른 산비탈[峻阪]을 치달려 내려가려고 했다. 원앙이 말을 타고 가서 마차 옆에 나란히 가면서 황제의 말고삐[轡]를 잡아당겼다.

상이 말했다.

"장군은 겁나는가?"

앙이 말했다.

"신이 듣건대, 천금을 가진 부잣집 아들은 (혹시 기왓장이 떨어져 다칠지도 모르니) 마루 끝에 앉지 않고 백금을 가진 아들은 난간에 기대지 않으며 빼어난 군주[聖主]는 위험을 무릅쓰면서까지 요행을 바라지는 않는다고 했습니다. (그런데) 지금 폐하께서 준마 6마리가 끄는 수레[六騑]를 빨리 몰아서 험준한 산비탈을 치달려 내려가시려고 하는데, 말이 놀라 수레가 넘어지기라도 하면 폐하께서 자신을 가벼이 여긴 것[自輕]은 그렇다 하더라도[縱] 고조(高祖)의 사당과 태후(太后)는 어찌하시겠습니까?"

상이 마침내 그만두었다.

1) 장안 동쪽에 있는 문제(文帝)의 능으로, 이때 미리 조성 중이었다.

상이 상림원(上林苑)에 행차할 때 두황후(竇皇后)와 신부인(愼夫人)도 따라갔다. 그들은 궁중에 있을 때 늘 같은 자리에 앉았다[1]. 한 번은 자리를 준비하면서 낭서장(郞署長)[2]이 나란히 자리를 만들자, 원앙이 한 자리를 끌어당겨 뒤로 밀쳐놓았다. 신부인이 화를 내며 기꺼이 앉으려 하지 않았다. 상도 화를 내며 일어나 금중(禁中-궁중)으로 들어가려 했다. 앙이 그 참에 앞으로 나아가 말했다.

"신이 듣건대, 높고 낮음[尊卑]에 차례가 있으면 위와 아래가 화목해진다고 했습니다. (그런데) 지금 폐하께서는 이미 후(后)를 세우셨으니 신부인은 곧 첩일 뿐인데, 첩과 본부인[妾主]이 어찌 같은 자리에 앉을 수 있겠습니까? 이것은 바로 높고 낮음[尊卑]의 예를 잃는 것입니다. 만일 폐하께서 신부인을 정녕 총애하신다면 상을 두텁게 내리십시오. 폐하께서 방금 신부인을 위해 하신 행동은 다름 아니라[適] 신부인에게 화를 초래할 수가 있습니다. 폐하께서는 홀로 인체(人彘-사람 돼지)[3]의 일을 보지 못하셨습니까?"

이에 상은 마침내 기뻐하며 신부인을 불러 그 이야기를 해주었다. 신부인은 앙에게 황금 50근을 내려주었다.

1) 안사고(顏師古)가 말했다. "같은 자리에 앉았다는 것은 곧 앉는 자리에 높고 낮음이 없었다는

것이니, 아무런 차등이 없었다는 뜻이다."

2) 【정의(正義)】 낭서는 상림원(上林苑) 내에서 호위를 담당하는 부서다.

3) 척부인(戚夫人)을 가리킨다. 고조(高祖)의 총희(寵姫)로 조왕(趙王) 여의(如意)를 낳았다. 고
   조가 태자를 폐하고 조나라 왕을 세워 태자로 삼으려고 했을 때, 여후(呂后)는 장량(張良)의 계
   책을 써서 상산사호(商山四皓)를 불러 태자의 빈객으로 삼음으로써 결국 태자를 바꾸지 않게
   되었다. 고조가 죽자, 여후는 조나라 왕을 짐살(鴆殺) 했고, 척부인을 투옥해 수족(手足)을 모
   두 자르고 눈알을 뽑으며 귀에 뜨거운 김을 불어 넣고 벙어리가 되는 약을 먹인 뒤 화장실에 던
   져두고는 이를 인체(人彘)라고 불렀다.

그러나 원앙은 또한 곧은 간언[直諫]이 굉장히 잦아서 오랫동안 (중앙)
조정에 머물 수가 없었기에 옮겨서[調] 농서 도위(隴西都尉)가 되었다[1]. 사
졸들을 어질게 대하고 아껴주었기[仁愛] 때문에, 사졸들은 모두 (그를 위해
서라면) 다퉈 목숨을 바칠 각오가 되어 있었다. 승진해 제(齊)나라 상(相-재
상)이 되었다. 옮겨서 오(吳)나라 재상이 되어 작별 인사를 하고 오나라로
떠나려 할 때 (조카) 종(種)이 앙에게 일러 말했다.

"오나라 왕은 교만에 빠진 지 오래되었고, 그 나라에는 간사한 자들이
많습니다. 지금 만일 그들을 각박하게 다스리실[刻治] 경우 그들은 글을 올
려 숙부를 탄핵하지 않고 곧바로 날카로운 칼로 숙부를 찌를 것입니다. 남
방은 지대가 낮고 습한 곳이니, 숙부께서는 그냥 날마다 술이나 드시고 가
혹한 조치는 결코 하지 마십시오[毋苛][2]. 그러면서 때때로 왕에게 결코 반
란을 일으키지 말라는 권고만 하십시오. 이와 같이 하신다면 다행히 화는
면하실 것입니다."

앙은 종의 계책을 썼고, (이에) 오나라 왕은 앙을 두텁게 대우했다.

1) 좌천되어 지방으로 쫓겨났다는 뜻이다.

2) 『한서(漢書)』에는 "무하(無何)"로 되어 있으니, "아무것도 하지 말라"라는 뜻이다.

앙이 휴가를 얻어 고향으로 돌아올 때[告歸] 길에서 승상 신도가(申屠嘉)와 마주쳤는데, (앙이) 수레에서 내려[下車] 절을 올렸지만, 승상은 수레 위에서 원앙에게 답례만 할 뿐이었다. 원앙이 집으로 돌아와서 생각하니 (제대로 답례를 받지 못한 것이) 부하 관리들에게 부끄러워, 마침내 승상의 관사로 가서 명함을 올리고[上謁=通名] 승상을 뵙기를 청했다. 승상이 한참 지나서야 그를 만나주자, 앙이 그 참에 무릎을 꿇고 말했다.

"바라건대 잠시 틈을 내어주십시오."

승상이 말했다.

"그대[君]가 하고자 하는 말이 공적인 일이거든 관청[曹]에 가서 장사(長史)의 아전들[掾]과 상의하시오. 그 내용을 보아 내가 장차 상께 아뢰겠소. 만일 사적인 일이라면 나는 사사로운 이야기는 듣지 않겠소."

앙은 곧바로 무릎을 꿇은 채 말했다.

"그대[君]께서는 승상으로 계시면서 스스로 헤아려볼 때 진평(陳平)·강후(絳侯)와 견줘 누가 낫습니까?"

승상이 말했다.

"나는 그들만 못하오."

원앙이 말했다.

"좋습니다. 그대께서는 스스로 그들보다 못하다고 말씀하셨습니다. 저 진평과 강후는 고제(高帝)를 도와[輔翼] 천하를 평정했고 장상(將相)이 되어 여러 여씨를 주벌함으로써 유씨(劉氏)를 보존했습니다. 그런데 그대는 재관(材官-특수 부대원)으로 쇠뇌를 잘 쏘아 대솔(隊率)[1]로 승진하고 공로를 쌓아서 회양(淮陽)의 군수가 되기는 하셨지만, 기이한 계책으로 성을 공략해서 야전에서 전공을 세운 것이 아닙니다.

또 폐하께서는 대(代)에서 오신 이래로 매번 조회할 때마다 낭관(郎官)들이 글이나 소(疏)를 올리면 일찍이 타고 있던 가마[輦]를 멈추고 그것들을 받지 않으신 적이 없고, 그 말 중에서 쓸 만한 것이 아니면 그냥 내버려두었고 쓸 만한 것이면 일찍이 '좋다'라고 칭찬하지 않으신 적이 없었습니다. 어째서이겠습니까? 천하의 뛰어난 장부와 선비들, 대부들을 불러들이기 위함이셨으니, 이렇게 날마다 그간 듣지 못했던 (새로운) 것들을 들으심으로써 날로 더욱 빼어나고 지혜롭게 되셨습니다[益聖智]. 그런데 그대께서는 지금 스스로를 닫아버리고 천하 사람들의 입에 재갈을 물림으로써[鉗口] 날로 더욱 우매해지고 있습니다[益愚]. 무릇 빼어난 임금[聖主]이 어리석은 재상[愚相]을 문책하시게 되면 그대가 화를 받게 될 날이 머지않았습니다."

승상은 마침내 두 번 절하고 말했다.

"가(嘉)는 비루하고 거친 사람이라 마침내 그것을 알지 못했는데, 장군께서 다행히 가르쳐주셨습니다."

데리고 함께 들어가서는 자리를 마련하고 상객(上客)으로 삼았다.

1) 여순(如淳)이 말했다. "군대 내의 소관(小官-낮은 계급)이다."

앙은 평소 조조(晁錯)를 좋아하지 않아 조조가 앉아 있는 자리에서는 앙이 피했고, 앙이 앉아 있는 자리에서는 조조 역시 피했다. 두 사람은 일찍이 한 번도 같은 자리에서[同堂] 이야기를 나눈 적이 없었다. 효문제가 붕하고 효경제(孝景帝)가 자리에 나아가자, 조조는 어사대부(御史大夫)가 되었는데, 관리를 보내 원앙이 오왕(吳王)으로부터 뇌물을 받은 일을 조사하게 했고 (앙이) 죄에 걸려들자 (천자는) 조서를 내려 사면하고 서인(庶人)으로 삼았다.

오나라와 초나라가 반란을 일으켜 그 소식이 전해지자, 조조는 (부하인) 승(丞)과 사(史)[1]에게 말했다.

"저 원앙은 오나라 왕에게 많은 금전을 받고는 제멋대로 오왕의 죄를 덮고 숨겨주면서[蔽匿] 반란을 꾀하지 않을 것이라고 말했다. (그러나) 지금 과

연 반란을 일으켰으니, 앙이 마땅히 사전에 모반을 알고 있었을 것이므로 그 죄를 청하고자 한다."

승과 사가 말했다.

"일이 아직 터지지 않았을 때 그를 다스렸다면 역모를 중단시킬 수 있었을 것입니다. 그러나 지금은 오나라와 초나라의 반란군이 서쪽을 향해 오고 있으니, 그를 다스린들 무슨 보탬이 되겠습니까? 또 원앙은 마땅히 그런 음모에 가담하지 않았을 것입니다[2]."

조조가 망설이며 결단을 내리지 못하고 있었다. 어떤 사람이 이를 원앙에게 알려주었고 원앙은 두려워서 밤에 두영(竇嬰-두태후 조카)을 찾아가 그에게 오나라가 반란하게 된 까닭을 말한 뒤, 상(上)의 면전에서 친히 대질해 진상을 아뢰고 싶다고 했다. 두영(竇嬰)이 들어가서 상에게 말씀을 올리자, 상은 마침내 원앙을 불러서 만나보았다. 조조도 상 앞에 있었는데, 앙이 주위 사람들을 물려서 조용한 기회를 내려달라[賜閒]고 청하자, 조조도 물러갔다. 조조는 참으로 몹시 한스러워했다. 원앙은 오나라가 반란하게 된 까닭은 조조 때문임을 갖춰 말하고, 오로지 서둘러 조조의 목을 베어 오나라에 사과한다면 오나라 군대는 마침내 해산하게 될 것이라고 이야기했다. 이에 관한 상세한 이야기는 「오왕비열전(吳王濞列傳)」에 실려 있다.

(조조를 목 베고 나서) 상은 원앙을 태상(太常)으로 삼고 두영을 대장군으로 삼았다. 두 사람은 평소에도 사이가 좋았다. 오나라가 반란을 일으키자 여러 능[諸陵][3]의 덕망 있는 사람들[長者]과 장안(長安)의 뛰어난 대부들이 다퉈 두 사람에게 붙으려 했으니, 그 사람들이 타고 온 수레만도 하루에 수백 대나 되었다.

1) 【집해(集解)】 여순(如淳)이 말했다. "「백관표(百官表)」에 따르면 어사대부에게는 두 승(丞)이 있었다. 승사(丞史)란 승과 사를 말한다."

2) 【집해(集解)】 여순(如淳)이 말했다. "앙은 대신이므로 마땅히 간사한 모의에 가담

하지 않았을 것이라는 말이다."

3) 장안 주변을 말하는 듯하다.

　　조조가 이미 주살된 후에 원앙은 태상 신분으로 사자가 되어 오나라에 갔다. 오왕이 앙을 장군으로 삼으려 했으나 앙은 기꺼이 받아들이지 않았다. (그래서) 그를 죽이고자 한 도위(都尉)에게 500명을 거느리고 군중에서 앙을 에워싸서 감시하게 했다.

　　원앙이 오나라 재상으로 있을 때 종사(從史-부하 관리) 한 사람이 일찍이 앙의 시녀와 몰래 정을 통했는데[盜愛=盜私], 앙은 이를 알고서도 누설하지 않고 그를 전과 같이 대해주었다. 어떤 사람이 그 종사에게 말했다.

　　"주군께서는 당신과 시녀가 정을 통한 사실을 알고 있소."

　　마침내 그가 도망쳐 집으로 돌아가니, 원앙은 말을 몰고 직접 그를 쫓아가서 드디어 그 시녀를 그에게 내려주고 다시 종사로 일하게 했다.

　　그런데 원앙이 오나라에 사신으로 나왔다가 붙잡혀 감시를 당하게 되었을 때, 그 종사였던 자가 마침[適] 앙을 감시하는 교위사마(校尉司馬)였기에 마침내 그는 (원앙을 구원하기 위해) 휴대하고 있던 재물들을 모두 팔아서 독한 술 두 섬(-20말)을 구매했다가 마침 날씨가 몹시 춥고 (앙을 감시하던) 병사들이 굶주림과 갈증에 시달리고 있었기에 (교위사마가 술을 주자) 마시고 다들 취했는데, 그중에서도 서남쪽 구석을 지키는 병사들은 모두 만취해서 쓰러졌고 사마가 밤에 원앙을 이끌어 일으키면서 말했다.

　　"군(君)께서는 달아나셔야 합니다. 오왕은 날이 밝으면 공을 베어 죽일 것이라고 기약했습니다."

　　앙은 믿을 수가 없어 물었다.

　　"당신은 누구요?"

　　사마가 말했다.

　　"신은 예전에 군의 종사로 있으면서 군의 시녀와 몰래 사통했던 사람입니다."

앙이 마침내 놀라면서 사양해 말했다.

"그대는 다행히 부모님이 생존해 계시니, 나는 당신까지 연루시키고[縲=
縷] 싶지 않소."

사마가 말했다.

"군께서 일단[弟=但] 도피하시면 저도 장차 달려가서 부모님을 피신시
킬 것이니, 군께서는 무슨 걱정이십니까?"

마침내 칼로 군대의 장막을 갈라서 만취해 쓰러져 있는 병사들 사이로 원
앙을 인도해 곧장 탈출시켰다. 사마는 길을 나눠 앙의 반대 방향으로 달아
났고 원앙이 절모(節毛-임금이 사신에게 주는 표식)를 풀어 품속에 감춘 뒤[1]
나무를 지팡이 삼아 7~8리를 걸어가니 날이 밝아왔고, 양(梁)나라 기병을
만나 말을 얻어 타고[2] 도성으로 돌아와 (그간의 사정을) 보고했다.

1) 【집해(集解)】 여순(如淳)이 말했다. "다른 사람들에게 들키지 않기 위해서였다."
2) 【집해(集解)】 문영(文穎)이 말했다. "양나라 기병은 오나라와 초나라를 공격하는
   쪽이었다."

오나라와 초나라가 이미 격파되자 상은 다시 초원왕(楚元王)의 아들
평륙후(平陸侯) 례(禮-유례)를 초나라 왕으로 삼고 원앙을 초나라 재상으
로 삼았다. (재상으로서 원앙이) 일찍이 글을 올렸으나 (초왕이) 쓰지 않았다
[不用]. 원앙은 병을 핑계로 벼슬에서 물러나 집에서 한가하게 지냈다. 고을
사람들[閭里=鄕里]과 잘 어울려 지내며 서로 따라다니면서 닭싸움이나 개
달리기를 즐겼다. 낙양(洛陽)의 극맹(劇孟-노름꾼)이 원앙을 방문한 일이 있
었는데 앙이 그를 잘 대우했다. 안릉(安陵)의 어떤 부자가 앙에게 일러 말
했다.

"나는 극맹이 노름꾼이라고 들었는데, 장군께서는 어찌 그런 사람과 왕

래하십니까?"

앙이 말했다.

"극맹은 비록 노름꾼이기는 하지만 어머니가 죽었을 때 장례식에 온 손님의 수레가 1,000여 대가 넘었다고 하니, 이는 참으로 그가 평범한 사람을 뛰어넘는 면이 있기 때문일 것이오. 또 급하고 어려운 사정[緩急]은 사람마다 생기게 마련인데, 무릇 만약 어떤 사람이 일단 급한 일을 당해서 문을 두드렸을 때 부모를 핑계 삼아 양해를 구하거나 집에 있으면서도 없다고 핑계 대지 않아서 천하 사람들이 존경하는 사람은 오직 계심(季心-계포(季布)의 동생)과 극맹뿐이오. 지금 당신은 겉으로는 말 탄 시종을 몇 명 거느리고 다니지만, 일단 위급한 일[緩急]이 생기면 정녕[寧] (그들을) 믿고 의지할 수 있겠소?"

그 부자를 꾸짖고서 다시는 그와 왕래하지 않았다. 여러 공(公)이 그 소식을 듣고는 모두 원앙을 존중했다[多=重].

원앙이 비록 집에서 한가롭게 지내고 있었지만, 경제(景帝)는 매번[時時] 사람을 보내 국정 방안[籌策]을 물었다. 양왕(梁王-경제의 동생)이 (두태후의 후원을 업고 경제에게) 억지로 후사가 되기를 구하려 했는데, 원앙이 나아가 설득한 뒤로부터 그런 시도는 막혀버렸다. 양나라 왕은 이 때문에 앙에게 원한을 품고 있다가, 이에[曾=於是] 자객을 보내 앙을 죽이려 했다. 자객[刺者]이 관중(關中)에 와서 앙에 관해 물어보니 사람들이 앙에 대해 칭송만 했는데, 그것들을 입으로 담아낼 수[容口] 없을 정도였다. (이에) 마침내 원앙을 찾아와 말했다.

"신은 양왕의 돈을 받고 당신을 암살하려고 왔으나 당신이 장자(長者)인지라 차마 당신을 찌를 수가 없습니다. 그러나 앞으로 당신을 암살하려는 자가 10여 무리[曹=輩]나 더 있으니 잘 대비하십시오."

원앙은 마음이 편치 못하고 집 안에도 이상한 일들이 많이 발생해, 마침내 배생(掊生)[1]을 찾아가서 점을 보았다. 돌아오는 길에 양나라 왕이 보낸 자객들이 과연 안릉(安陵)의 성곽 밖에서 앙을 가로막더니 칼로 찔러 살해했다.

1) 【집해(集解)】 문영(文穎)이 말했다. "掊는 발음이 (부가 아니라) 배(陪)다. 진나라 때의 뛰어난 선비로서 술수에 밝았다."

조조(晁錯)[1]는 영천(潁川) 사람이다. 지현(軹縣) 사람 장회(張恢) 선생[先=先生]에게 신불해(申不害)와 상앙(商鞅)의 형명학(刑名學)을 배웠고, 낙양의 송맹(宋孟)·유례(劉禮)와 더불어 같은 스승을 섬겼다. 문학(文學-유학)으로 태상 장고(太常掌故)[2]가 되었다.

1) 【색은(索隱)】 살펴보건대, 조씨(晁氏)는 남양(南陽)에서 나왔고 지금의 서악 조씨(西鄂晁氏)이니 자조(子晁)의 후손이다.
2) 【집해(集解)】 응소(應劭)가 말했다. "장고는 100석 관리이며 고사(故事)를 주관한다." 【색은(索隱)】 『한구의(漢舊儀)』에서 말했다. "태상의 박사 제자들이 사책(射策)을 시험 치면 갑과는 낭(郎)이 되고 을과는 장고가 되었다."

조(錯)는 사람됨이 준엄하고 곧으며 각박함이 심했다[峭直刻深]. 효문제(孝文帝) 때 천하에 『상서(尙書)』를 제대로 연구한 사람이 없었고 오직 제남(濟南)에 복생(伏生)이란 사람이 있었는데, 진(秦)나라 박사(博士) 출신으로 『상서(尙書)』에 조예가 깊었으나 나이가 90여 세로 너무 연로해 조정에 부를 수가 없었다. (상이) 이 말을 듣고서 마침내 태상(太常)에게 조서를 내려서 사람을 보내 전수 받아 오게 했다. 태상은 조조로 하여금 복생이 있는 곳으로 가서 『상서(尙書)』를 전수 받도록 했다[1]. (조조가) 마치고 돌아와서 글을 올려 정사에 필요한 것들을 그 배운 바를 바탕으로 설명하니[稱說], 조

서를 내려 그를 태자사인(太子舍人)·문대부(門大夫)·가령(家令)²⁾으로 삼
았다. 조조는 뛰어난 언변으로 태자에게 총애를 얻었으며 태자 가(家)의 사
람들은 그를 '꾀주머니[智囊]'라고 불렀다.

효문제 때 여러 차례 글을 올려 조조는 제후들(의 봉지)를 마땅히 깎아야
한다는 것과 법령 중에서 개정해야 할 것들에 관해 말을 올렸다. 올린 글이
수십 편이었는데, 효문은 비록 그의 말을 들어주지는 않았지만, 재주를 기
이하다고 여겨서 승진시켜 중대부(中大夫)로 삼았다. 이런 때를 맞아 태자
는 조조의 계책을 좋다고 여겼으나 원앙과 여러 큰 공신은 대부분 조조를
좋아하지 않았다.

1) 【정의(正義)】 제나라 말은 영천 말과 크게 달라서, 조조는 열에 두셋은 알아듣지
   못하고 대략 그 뜻만 이해할 뿐이었다.
2) 【집해(集解)】 복건(服虔)이 말했다. "태자를 가(家)라고 칭한 것이다." 신찬(臣瓚)
   이 말했다. "「무릉서(茂陵書)」에 이르기를, 태자가령은 작질이 800석이다."

경제(景帝)가 자리에 나아가자, 조조를 내사(內史)로 삼았다. 조는 항상
한가한 틈을 타서 경제에게 일을 말했는데 경제가 그때마다 들어주었으니,
그에 대한 총애는 구경(九卿)을 넘어섰고 그에 의해 개정된 법령들이 많았
다. 승상 신도가(申屠嘉)는 조조에 대해 마음속으로 언짢게 여겼으나 그를
꺾을 만한 힘이 없었다.

내사부(內史府)는 태상황(太上皇)의 사당 안쪽 담과 바깥담 사이의 공터
[壖]에 있었는데 문이 동쪽으로 나 있어 불편한 까닭에 조는 마침내 남쪽으
로 드나들 수 있도록 문 2개를 만들었는데, 이때 태상황 사당 빈터의 바깥
담을 뚫었다. 승상 가는 이 소식을 듣고서 크게 노해 이번 일을 계기로 조의
과실을 아뢰어 그를 주살할 것을 청하려고 했다. 조는 그 소식을 듣자마자
밤에 한가한 틈을 타서[請閒] 상을 찾아뵙고 그 사건의 전말을 갖춰 말했

다. 승상이 일을 아뢰면서, 그 참에 조조가 제멋대로 태상황 사당의 담을 뚫어 문을 냈으므로 정위(廷尉)에 내려 주살해야 한다고 청했다.

상이 말했다.

"이는 사당의 담이 아니라 그냥 공터의 담이니, 법에 저촉되지 않는다."

승상은 사죄했다[1]. 조회가 끝난 후에 화가 나서 장사(長史)에게 일러 말했다.

"나는 마땅히 먼저 조조를 참수한 후에 보고 했어야 하는데, 마침내 조조를 처형할 것을 먼저 주청했다가 어린놈에게 모욕을 당했으니 실로 내 잘못이다."

승상은 결국 병이 나서 죽었고, 조는 이로 인해 더욱 존귀해졌다.

---

1) 안사고(顔師古)가 말했다. "아뢴 바가 천자의 뜻에 맞지 않았기 때문에 사죄한 것이다."

조조는 승진해 어사대부가 되자 제후 중에 죄나 허물이 있는 자는 봉토를 줄이고 변방에 있는 군들은 몰수할 것을 주청했다. 상주문이 올라가자, 상이 공경(公卿)·열후(列侯)·종실로 하여금 모여서 의견을 내게 했는데, 누구도 감히 반대하지 못했고 오직 두영(竇嬰)만이 조조와 다투었다. 이로 인해 두영은 조조와 틈이 생겨났다. 조조가 고친 법령이 30장(章)에 달했는데, 제후들은 모두 반대해 마구 지껄여 대면서[譴譁=喧譁] 조조를 미워했다. 조의 아버지가 이 소식을 듣고는 영천(潁川)에서 올라와 조에게 일러 말했다.

"상께서 즉위하신 초기에 네[公]가 정권을 장악하자 제후들(의 봉지)를 깎아내고 남들의 혈육 관계를 소원하게 해서 사람들이 들끓듯이 너를 원망하는데, 어째서 그리하느냐?"

조조가 말했다.

"정말 그렇게 했습니다. 그렇게 하지 않으면 천자는 존귀해질 수 없고 종묘는 불안하게 됩니다."

조의 아버지가 말했다.

"유씨는 편안해지겠지만 조씨는 위태로워질 것이니, 나는 너를 떠나 (땅으로) 돌아가야겠다!"

드디어 약을 마시고 죽으면서 말했다.

"나는 차마 재앙이 내 몸에까지 미치는 것을 볼 수가 없다."

조의 아버지가 자살한 지 10여 일 후에 오초(吳楚) 등 7개국이 과연 함께 반란을 일으켰는데, 그들은 조조의 주살을 명분으로 삼았다. 두영과 원앙이 나아와 설득하니, 상은 조조에게 조복을 입힌 뒤 동쪽 시장에서 그의 목을 베게 했다.

조조가 이미 죽고 나서 알자 복야(謁者僕射) 등공(鄧公)¹⁾이 교위(校尉)가 되어 오나라와 초나라를 치는 장군이 되었다. 등공이 전장에서 돌아와서는 글을 올려 군사에 관해 말하고 상을 알현했다.

상이 물었다.

"현지에서 돌아올 때 오초의 반란군들이 조조가 죽었다는 소식을 듣고 싸움을 그만두지 않던가?"

등공이 말했다.

"오나라 왕은 반란을 위해 수십 년간 준비를 해왔으니, 봉지가 깎인 것에 분노가 폭발해 조의 주벌을 명분으로 내세웠을 뿐이지 그들의 본뜻이 조에게 있었던 것은 아닙니다. 또 신은 천하의 선비들이 입을 다물고[噤口^{금구}=拑口^{겸구}=箝口^{겸구}=緘口^{함구}] 감히 더는 폐하께 의견을 (솔직하게) 말하지 않을까 두렵습니다."

상이 말했다.

"무슨 소리인가?"

등공이 말했다.

"무릇 조조는 제후들이 강대해지면 제어할 수 없을까 봐 걱정했기 때문에, 그래서 그들의 봉지를 깎아내기를 청함으로써 경사(京師-한나라 수도)의 존엄을 높이고 만세(萬世)의 이익이 되고자 했던 것입니다. (그런데) 이런 계책이 막 시행되려 할 때 조조가 갑자기 극형[大戮]을 받았으니, 이는 안으로는 충신의 입을 막고[杜=拑] 밖으로는 도리어 제후들을 위해 그들의 원수를 갚아준 꼴입니다. 신이 남몰래 폐하를 위해 생각건대, (원앙의 계책은) 취해서는 안 되는 것이었습니다."

이에 경제가 길게 탄식하면서 말했다.

"공의 말이 옳다. 나도 한스럽다."

마침내 등공을 제배해 성양중위(城陽中尉)로 삼았다.

1) 【정의(正義)】『한서(漢書)』에는 "등선(鄧先)"으로 되어 있다. 공문상(孔文祥)이 말하기를, 이름이 선(先)이라고 했다.

등공은 성고(成固)¹⁾ 사람으로, 기묘한 계책이 많았다. 건원(建元) 연간에 상(-무제)이 현량(賢良)을 부를 때 공경들이 등공을 추천했는데, 등공은 그에 앞서 벼슬에서 물러나 있다가 이때 다시 기용되어[起家] 구경(九卿)에 올랐다. 1년 뒤에 그는 다시 병을 핑계로 벼슬에서 물러나 고향 집으로 돌아갔다.

그의 아들 장(章)은 황제(黃帝)와 노자(老子)의 학문[黃老]을 닦아서 여러 공(公) 사이에서 이름이 높았다.

1) 【정의(正義)】 양주(梁州) 성고현(成固縣)이다.

태사공(太史公)이 말한다.

"원앙(袁盎)은 비록 배우기를 좋아하지 않고 실로 견강부회[傅會=

牽强附會]를 잘했으나 어진 마음을 바탕으로 삼고 마땅함을 이끌어[引義] 비분강개했으니, 효문(孝文)이 막 세워진 때를 맞아 그 재주가 마침 때를 만나서 능력을 발휘할 수 있었다. 그러나 세상이 바뀌면서[1] 오나라와 초나라가 반란을 일으켰을 때는 황제에게 단 한 번 유세함으로써[一說] 그 설이 비록 시행되기는 했지만 더는 뜻을 이루지 못했다. 명성을 좋아하고 뛰어남을 뽐냈으나 결국은 명성을 좋아해 패망했다.

조조(鼂錯)는 가령(家令)으로 있을 때 여러 차례 나랏일에 관해 말했으나 쓰이지 않았는데, 뒤에 권력을 장악하게 되자 바꾸거나 고친 것이 많았다. 제후들이 난을 일으켰을 때는 서둘러 일을 바로잡아 구제하는 데 힘쓰지 않고 사사로운 원수를 갚으려다가 도리어 자기 몸을 잃고 말았다. 옛말에 '옛것을 바꾸고 상도(常道)를 어지럽히면 죽거나 망한다'라고 했는데, 어쩌면[豈] 조조 등과 같은 사람을 두고 한 말이리라!"[2]

1) 【집해(集解)】 장안(張晏)이 말했다. "경제(景帝)가 세워졌음을 말한다."

2) 【색은술찬(索隱述贊)】 원사는 공정하고 곧았지만[袁絲公直]/또한 건강부회도 능했다네[亦多附會]/권력을 쥐자 중함을 받았지만[攬轡見重]/자리에서 물러나자, 힘 잃고 어려움 겪어야 했지[却席翳賴]/조조는 계책을 올려[鼂錯建策]/누차 나라에 이로움과 해로움을 진술했도다[屢陳利害]/임금 높이고 신하 낮추려다[尊主卑臣]/집안은 위태로워졌지만 나라는 태평해졌다네[家危國泰]/슬프도다, 이 두 사람[悲彼二子]/이름은 세웠으나 몸은 망쳤도다[名立身敗]!

권102 ─ 장석지풍당열전(張釋之馮唐列傳) 제42

권102 장석지풍당열전(張釋之馮唐列傳) 제42

장정위(張廷尉) 석지(釋之)는 자양(堵陽)[1] 사람으로 자(字)가 계(季)다. 형 중(仲)과 함께 살았다. 돈을 내고 기랑(騎郎)이 되어[2] 효문제(孝文帝)를 섬 겼으나 10여 년 동안 뽑히지[調=選] 못해 그를 알아주는 이가 아무도 없었 다. 석지가 말했다.

"오랜 벼슬살이[宦]로 형님[仲]의 재산만 축내고 아무것도 이루지 못했 구나."

스스로 벼슬을 그만두고 고향으로 돌아가려고 했다. (이때) 중랑장(中郎 將) 원앙(袁盎)이 그의 뛰어남을 알고 있었기에 그가 떠나는 것을 안타깝게 여겨서 마침내 상에게 청해 석지(釋之)를 옮겨서 알자(謁者)에 보임케[補] 했다. 석지가 들어가서 조회를 마치고는, 그 참에 문제 앞에서 나라와 백성 을 편리하게 하는 일[便宜事]에 대해 말하고자 했다.

문제가 말했다.

"쉽게 말해야지[卑之], 너무 심한 고담준론[高論]을 말하지 말라[3]! 그래 야 지금 당장 시행할 수가 있다."

이에 석지는 진나라와 한나라 사이의 일, 즉 진나라가 나라를 잃게 되고 한나라가 일어나게 된 까닭에 대해 오랫동안 말했다. 문제가 좋다고 칭찬하 더니 마침내 석지를 제배해 알자 복야(謁者僕射)로 삼았다.

---

1) 【색은(索隱)】 위소(韋昭)가 말했다. "堵의 발음은 (도가 아니라) 자(赭)다. 땅 이름 이며, 남양군(南陽郡)에 속한다."

2) 【색은(索隱)】여순(如淳)이 말했다. "한나라에서는 500만 전을 내면 상시랑(常侍郎)이 될 수 있었다."

3) 안사고(顏師古)가 말했다. "당시의 현안에 기반을 두고서 말을 하라는 뜻이다."

석지가 상을 따라 행차에 나서서 호권(虎圈-범 등을 방사한 동물원)에 올라갔다. 상이 상림위(上林尉-상림원 호위, 관리 책임자)[1]에게 금수 명단에 대해 10여 가지를 묻자, 위는 좌우를 쳐다보았는데, 어느 누구도 대답을 하지 못했다. (이때) 호권을 돌보는 색부(嗇夫-잡역부)가 곁에서 위를 대신해 상이 질문한 명단에 대해 남김없이 대답했는데, 그는 이를 계기로 자신의 말솜씨가 마치 메아리처럼 무궁하게 반응할 수 있음을 과시하려고 했다.

문제가 말했다.

"관리란 마땅히 저 색부와 같아야 하지 않겠는가? 위(尉)는 신뢰할 수가 없다."

마침내 석지에게 명해서 그 색부를 제배해 상림령(上林令)으로 삼으라고 했다.

석지가 한참 있다가 앞으로 나와서 말했다.

"폐하께서는 강후(絳侯) 주발(周勃)을 어떤 사람이라고 여기십니까?"

상이 답했다.

"장자(長者-덕망 있는 사람)다."

또다시 물었다.

"동양후(東陽侯) 장상여(張相如)는 어떤 사람입니까?"

상은 다시 말했다.

"장자(長者)지."

1) 【색은(索隱)】『한서(漢書)』「표(表)」에 따르면, 상림원에는 승(丞) 8명과 위(尉) 12명이 있었다. 「백관지(百官志)」에 따르면 위는 작질이 300석이다.

석지가 말했다.

"저 강후나 동양후를 장자라고 하셨는데, 이 두 사람은 일에 관해 말할 때 일찍이 제대로 자기 생각을 표현하지 못했습니다. 그런데 어찌 색부의 수다스러운 말재주를 본받으라고 하시는지요! 그리고 진나라가 도필리(刀筆吏)를 임용하자 아전들은 다퉈 일을 빨리 처리하고 사소한 것을 자질구레하게 따지는 것을 갖고서 서로 뛰어나다고 뽐내곤 했습니다만, 그와 같은 행동들 때문에 일을 형식적으로만 처리할 뿐 백성을 가엾게 여기는 실상이 없는 폐단이 생겨났습니다. 그리하여 (진나라 황제는) 자신의 허물을 들을 수 없었고 나라가 쇠퇴하니, 2세(二世)에 이르러 천하는 흙더미가 무너지듯 허물어지고 말았습니다[土崩].

지금 폐하께서는 색부의 말솜씨가 좋다고 여기시어 파격적으로 승진시키려고 하시는데, 신은 천하의 사람들이 모두 풀이 바람에 흔들려 그 방향으로 쓰러지듯[隨風靡靡] 서로 말솜씨에만 지나치게 힘을 쓰며 다투기만 하고 실제적인 것을 추구하지 않을까 두렵습니다. 또 아랫사람이 윗사람을 본받는 것은 그림자가 형체를 따르거나 메아리가 소리에 답하는 것보다도 신속하니, 폐하께서는 누구를 임용하거나 임용하지 않을[擧措] 때 잘 살피시지[審] 않으면 안 됩니다."

문제가 말했다.

"좋다."

마침내 그만두고 색부를 제배하지 않았다.

상이 수레에 올라서 석지를 불러 곁에 타도록 하고서는 천천히 가면서 석지에게 진나라의 폐단을 물으니, 석지가 갖춰 사실대로[質=誠] 말했다. 궁궐에 도착하자 상은 석지를 제배해여 공거령(公車令-궁중의 사마문을 경비하는 관리)으로 삼았다.

얼마 후에 태자(太子)와 양왕(梁王-문제의 동생)이 함께 수레를 타고 입조했다. 사마문(司馬門)을 지날 때 수레에서 내리지 않자[1] 이에 석지가 따라가서 태자와 양나라 왕이 궁궐 문으로 들어가지 못하게 저지했다. 드디어 그들이 공문(公門-사마문)에서 내리지 않음으로써 불경죄(不敬罪)를 범했다고 탄핵하는 글을 올렸다. 박태후(薄太后)까지 이 일을 듣게 되자 문제는 관을 벗고 사과해 말했다.

"자식을 근엄하게 가르치지 못한 때문입니다!"

태자와 양왕은 박태후가 마침내 사자에게 조서를 받들고 가서 그 죄를 용서하도록 한 다음에야 들어갈 수 있었다. 문제는 이로 말미암아 석지를 뛰어난 인물로 여겨서 그를 제배해 중대부(中大夫)로 삼았다.

1) 【집해(集解)】 여순(如淳)이 말했다. "궁위령(宮衛令)에 따르면, 여러 전문(殿門)을 출입할 때 공거(公車)가 사마문(司馬門)을 지나갈 경우 수레에 탄 자와 수레를 모는 자는 모두 수레에서 내려야 하며, 법령대로 하지 않았을 경우 벌금이 4냥(兩)이었다."

얼마 후에 중랑장(中郞將)에 올랐다. 행차를 따라가 패릉(霸陵)에 이르렀을 때 상이 패릉의 북쪽 언덕 끝에 서서 먼 곳을 바라보았다[1]. 이때 신부인(愼夫人)이 따라갔는데, 상은 신풍현(新豐縣)으로 가는 도로를 가리키면서 말했다.

"이쪽이 (그대의 고향인) 한단(邯鄲)으로 가는 길이오."

신부인에게 비파를 타게 하고 상이 직접 비파의 곡조에 맞춰 노래를 불렀는데, 몹시 처량하고 슬퍼서 고개를 돌려 여러 신하에게 말했다.

"아아! 북산(北山)의 돌로 외관(外棺)을 만들고 모시와 솜을 잘라 그 사이에 채워 넣고서 또다시 옻칠한다면 어찌 파낼 수 있겠는가?"

좌우에 있던 신하들이 모두 말했다.

"좋습니다."

석지가 앞으로 나와 말했다.

"그 안에 사람들이 갖고 싶은 것을 넣는다면 비록 이 남산(南山)을 쇠로 땜질한다[鋸] 해도 오히려 틈이 있을 것이고, 그 안에 사람들이 갖고 싶은 것을 넣지 않는다면 비록 돌로 된 곽이 없다 해도 또 무슨 걱정이 있겠습니까?"

문제는 좋다고 칭찬했다. 그 뒤에 석지를 제배해 정위(廷尉)로 삼았다.

1) 【집해(集解)】 이기(李奇)가 말했다. "패릉 북쪽 정상 부분은 패수(霸水)와 가깝다."

얼마 후에 상이 중위교(中渭橋-위수 중류에 있는 다리)에 행차했는데, 어떤 사람이 다리 아래에서 튀어나오는 바람에 승여(乘輿)를 끄는 말이 깜짝 놀랐다.

이에 기병을 시켜 그를 붙잡아 정위에 넘기니[屬=촉], 석지가 다스려 묻자[治問] 그가 말했다.

"현(縣-장안현) 사람이 와서 길을 치우라[蹕=警蹕]는 소리를 듣고 다리 밑으로 몸을 숨겼습니다. 한참 지나서 어가가 이미 지나가셨을 것이라 여기고 나왔다가 아직 수레와 기병이 있는 것을 보고는 즉시 달아났을 뿐입니다."

정위는 그가 마땅히 받아야 할 처벌에 대해 아뢰었다.

"이 사람은 경필(警蹕)을 범했으니, 벌금형에 해당합니다."

문제는 화를 내며 말했다.

"이자는 내 말을 직접 놀라게 했다. 내 말이 유순했기에 망정이지, 다른 말 같았으면 나는 떨어져서 다쳤을 것이다. 그런데도 정위는 마침내 벌금형에 해당한다고 보는가?"

석지가 말했다.

"법이란 천자가 천하 사람들과 함께 공적으로 지켜야 하는 것입니다. 지금 법에는 이와 같이 되어 있는데, 다시 무겁게 해서 처벌한다면 이런 법은 백성에게 믿음을 줄 수가 없습니다. 또 바로 그때 상께서 그 자리에서 즉각 그를 주살하라 하셨다면 그만이었겠지만, 지금은 이미 그를 정위에 내리셨습니다. 정위는 천하의 법을 공평하게 집행하는 사람입니다. (정위가) 한쪽으로 기울게 되면 천하에서 법을 쓰는 자들[用法]은 모두 임의로 가볍게도 하고 무겁게도 할 터이니, 그러면 백성은 어디에다가 손발을 두겠습니까? 부디 폐하께서는 이 점을 잘 살피셔야 합니다."

한참 뒤에 상이 말했다.

"정위의 판결[當]이 옳다."

그 뒤에 어떤 사람이 고조(高祖-유방) 사당 안의 신주 앞에 놓인 옥가락지를 훔쳤다가 붙잡혔다. 문제가 노해 정위에 내려서 죄를 다스리게 하니, 석지는 종묘(宗廟) 안의 옷과 물건을 훔친 자에 관한 법률에 따르면 기시(棄市)에 해당한다고 판결했다.

상이 크게 노해[大怒] 말했다.

"그 사람은 무도해 마침내 선제의 사당 안에 있는 기물을 훔쳤다! 내가 정위에게 이 일을 맡긴 것은 그 집안을 주살하기[族=族誅] 위함이었는데 그대는 그저 법조문에 따라 처벌할 것만을 아뢰니, 이는 종묘를 공손히 받들고자 하는 내 뜻이 아니다."

석지는 관을 벗고 머리를 조아리면서 사죄해 말했다.

"법에 따르면 이런 처벌만으로 이미 충분합니다. 게다가 죄가 같더라도 무겁고 가벼운 정도에 따라 차이가 있습니다. 지금 그가 종묘의 기물을 훔쳤다고 해서 일족을 주멸한다면, 만에 하나 어리석은 백성이 장릉(長陵-유방의 무덤)에서 한 움큼의 흙을 훔쳤을 때 폐하께서는 장차 어떤 형벌을 내리시겠습니까?"

문제는 태후와 이 일을 이야기했고, 마침내 정위의 판결이 타당하다고 허락했다.

이때 중위(中尉)인 조후(條侯) 주아부(周亞夫)와 양(梁)나라 재상인 산도후(山都侯) 왕염개(王恬開)[1]는 석지가 의견을 내는 데 있어 공평함을 유지하는 것을 보고서 마침내 교결을 맺어 친한 벗이 되었다. 장정위(張廷尉)는 이로 말미암아 천하 사람들에게 칭송을 들었다.

1) 【집해(集解)】 서광(徐廣)이 말했다. "판본에 따라 간(間)으로 되어 있다. 『한서(漢書)』에서는 계(啓)라고 했으니, 계(啓)는 경제의 이름이라 피휘해 개(開)라고 한 것이다."

문제가 붕(崩)한 뒤에 경제(景帝)가 자리에 나아가자 석지는 두려워서[1] 병을 핑계 댔다. 사직하고 떠나려 했으나 더 큰 형벌을 초래할까 겁이 났고, 입조해 사과할까 생각했지만 어찌해야 할지를 몰랐다. (그러다가) 왕생(王生 −왕염개)의 계책을 써서 마침내 만나뵙고 사죄하니, 경제는 허물을 탓하지 않았다[不過=不咎].

1) 안사고(顏師古)가 말했다. "일찍이 경제를 탄핵해 사마문을 통과하지 못하게 한 일이 있었다."

왕생(王生)은 황로(黃老)의 학설에 능한 처사(處士)였다. 일찍이 그가 조정의 부름을 받고 입조했는데, 그때 삼공(三公)과 구경(九卿)들이 모두 그 자리에 모여 있었다. 왕생은 노인이었는데, "나의 신발 끈이 풀어졌구나!"라고 하면서 석지를 돌아보며 "나를 위해 매어줄 수 있겠소?"라고 하니 석지가 무릎을 꿇고 신발 끈을 매어주었다. 그 일이 있은 얼마 후에 어떤 사람이 왕생에게 물었다.

"그대는 유독 어찌하여 조정에서 장정위에게 신발 끈을 매게 하는 모욕을 주었습니까?"

왕생이 말했다.

"나는 늙고 천한 사람이라 스스로 장정위에게 도움을 줄 것이 없다고 생각했소. 정위는 바야흐로 천하의 명신(名臣)이 되었기 때문에, 내가 짐짓 그로 하여금 내 신발 끈을 매게 하는 굴욕을 줌으로써 그가 장자(長者)를 섬긴다는 명성을 듣게 하고자 한 것이오."

여러 공(公)은 그것을 듣고서 왕생을 뛰어나다고 여겼고, 장정위를 더욱 존중했다.

장정위는 경제를 1년 남짓 섬기다가 회남왕(淮南王)의 재상으로 옮겼는데, 이는 지난날에 경제에게 허물을 지었기 때문이다. 오랜 세월이 흘러 석지가 졸(卒)했다.

그의 아들 장지(張摯)는 자(字)가 장공(長公)이었는데 관직이 대부(大夫)까지 올랐다가 면직을 당했고, 권문세가의 뜻에 아첨으로 순종하지[取容^{취용}當世^{당세}] 않았기 때문에 그 후로는 종신토록 벼슬길에 나서지 않았다[1].

1) **【색은(索隱)】** 성품이 공직(公直)해서 자기를 굽혀 권문세가의 뜻에 순종하는 일을 하지 않았던 것이다. 그래서 면직당해 벼슬에 나아가지 않았다.

풍당(馮唐)은 할아버지가 조(趙)나라 사람이다. 아버지 때 대(代)나라로 옮겼다. 한나라가 일어나자, 안릉(安陵)으로 옮겼다. 당(唐)은 효자로 이름이 나서 (효렴(孝廉)으로 천거를 받고) 중랑서장(中郞署長)이 되어 문제(文帝)를 섬겼다.

하루는 문제가 수레를 타고 지나가다가 풍당에게 물었다.

"노인네[父老^{부로}]는 어찌하여 그 나이에 낭관(郞官) 자리에 있는가? 집은 어디인가?”

풍당이 내력을 갖춰서 있는 대로 답했다.

문제가 말했다.

“내가 대(代)나라에 있을 때 내 (식사를 담당하는) 상식감(尙食監) 고거(高祛)가 조(趙)나라 장군 이제(李齊)의 뛰어남에 관해 여러 차례 이야기를 들려주었는데, 특히 거록(鉅鹿) 지역에서의 싸움 이야기는 아직도 기억난다. 그래서 나는 (지금도) 매번 음식을 먹을 때마다 내 마음이 일찍이 거록에 가닿지 않은 적이 없었다. 혹시 노인네[父=父老]는 이제를 아는가?”

당이 대답했다.

“하지만 제(齊)는 염파(廉頗)와 이목(李牧)의 장수다움[爲將]만 못합니다.”

상이 물었다.

“어째서인가?”

당이 말했다.

“제 조부가 조나라 장수를 지냈는데, 이목과 아주 절친했습니다. 또한 제 부친이 대나라에서 벼슬을 지낼 때 조나라 장군 이제와 가까운 사이였기에 사람됨을 잘 알고 있습니다.”

상이 이미 염파와 이목의 사람됨에 관해 듣고 나서는 아주 기뻐하다가, 마침내 손으로 자신의 다리를 치면서 말했다.

“아, 애석하도다! 나만이 염파와 이목 같은 이를 장수로 얻을 수 없다니. (그들만 있었다면) 저 흉노(匈奴)를 어찌 근심하겠는가?”

당이 말했다.

“황송하오나[主臣][1) 폐하께서는 염파나 이목 같은 이가 있다고 해도 쓰실 수 없을 것입니다.”

상이 화를 내며 일어나서 궁궐로 돌아갔고, 얼마 지나고 나서 당을 부르더니 꾸짖어[讓] 말했다.

“그대는 여러 신하 앞에서 나를 모욕했다. 오직 아무도 없는 곳에서 말해야 하지 않겠는가?”

당이 용서를 빌며[謝] 말했다.

“이 미천한 놈이 꺼리거나 피해야 할 말[忌諱]을 몰랐습니다.”

1) 황제가 신하들을 주관한다는 말인데, ‘황공하다’, ‘황송하다’라는 뜻으로 쓰였다.

이런 때를 맞아 흉노가 조나(朝那)[1]에 최근 대거 침입해 북지(北地)[2] 도위(都尉) 손앙(孫卬)을 살해했다. 상은 흉노의 침입을 걱정하고 있다가 마침내 갑자기[卒=猝] 다시 당에게 물었다.

“그대는 어떻게 내가 염파와 이목 같은 이를 쓸 수 없다는 것을 아는가?”

1) 【색은(索隱)】 현 이름이며, 안정군(安定郡)에 속한다.
2) 【정의(正義)】 지금의 영주(寧州)다.

당이 대답해 말했다.

“신이 듣건대, 상고시대에 임금다운 임금[王者]이라면 장군을 (전장에) 보낼 때는 친히 무릎을 꿇고 수레를 밀며[跪而推轂] 말하기를 ‘궁궐 안의 일은 과인이 알아서 할 터이니, 궁궐 밖의 일은 장군이 알아서 해주시오’라고 했다고 합니다. 그리고 전장에서의 공적[軍功]에 따른 벼슬과 포상은 다 궁궐 밖에서 결정한 뒤 돌아와서 보고만 하게 했습니다. 이는 빈말이 아닙니다. 신의 조부께서 말씀하시기를, 이목이 조나라 장수가 되어 변경을 지킬 때는 군시(軍市)에서 걷은 조세를 모두 스스로 병사들을 먹이는 데 썼으며, 상을 내리는 것도 궁궐 밖에서 결정하고 조정에서는 조금도 관여하지 않았다고 했습니다. (조정에서) 모든 것을 그에게 맡겨[委任] 책임을 갖고서 공을 이루도록 하니, 이목은 마침내 자신의 지략과 능력을 남김없이 발휘해서 골라 뽑은 전차 1,300량, 활 잘 쏘는 기병(騎兵) 1만 3,000명, 싸우면 100금을 상으로 받을 만한 정예 병사[百金之士] 10만 명을 보냈습니다. 이렇게 하여 북쪽으로는 선우(單于)를 내쫓았으며, 동쪽으로는 오랑캐[東胡]를 물리치고 담림(澹林)1)을 멸망시켰으며, 또 서쪽으로는 강한 진(秦)나라를 눌렀고, 남쪽으로는 한(韓)나라와 위(魏)나라에 대항했습니다. 이런 때를 맞아 조나라는 거의 천하의 패자가 되었던 것입니다. (그러나) 그 후에 천(遷)이 조나라 임금에 즉위했는데, 그의 어머니는 거리에서 노래를 부르던 여인이었습니다. 천은 즉위하자 곽개(郭開)의 참소를 받아들여서 이목 장군을 죽이고 그 자리에 안취(顔聚)를 대신 앉혔습니다. 이렇게 되자 군대는 패배하고 병사들은 도주함으로써 결국 조나라 왕은 진나라의 포로가 되고 나라는 망했습니다.

지금 신이 남몰래 듣건대, 위상(魏尙)이 운중(雲中) 태수로 있을 때 그는 군시(軍市)에서 걷은 조세로써 병졸들을 남김없이 잘 먹였으며 자신에게 지급되는 수당까지도 내놓고서는 닷새마다 한 번씩 소를 잡아 빈객과 군리들과 심부름하는 사람들을 대접했다고 합니다. 이 때문에 흉노는 멀리 피해 있으면서 운중의 요새에는 접근조차 하지 못했습니다. 오랑캐(=흉노)가 일찍이 한 차례 침입한 적이 있는데, 위상이 거기 부대를 이끌고 가서 그들을 쳐 많은 적을 죽였습니다. (그런데) 무릇 위상의 병사들은 모두 평민 출신으로 밭에서 일을 하다가 종군하게 되었으니, 어찌 척적(尺籍)2)이나 오부(伍符)3) 같은 군법 조항들을 알겠습니까? 하루 종일 힘껏 싸워서 적의 머리를 베고 포로를 잡아서 막부에 보고했는데, 한마디라도 서로 맞지 않으면 (오히려) 사법관[文吏]이 법으로 옭아 넣었습니다. 그리하여 군공을 세운 사람에 대한 포상이 제대로 시행되지 않고, 관리들이 받드는 법만 반드시 쓰였습니다.

신의 어리석음으로 볼 때, 폐하의 법은 지나치게 엄하시어[太明=太嚴] 상은 너무나도 가볍고[太輕] 형벌은 너무나도 무겁습니다[太重]. 또 운중 태수 위상이 위에다 전공을 보고했는데, 적군의 목을 벤 숫자가 여섯 급(級)의 차이가 난다는 이유로 폐하께서는 그를 형리에 내려 작위를 박탈하고 감옥에 가두셨습니다. 이로 말미암아 설령 폐하께서 염파나 이목을 얻는다 하더라도 능히 쓰실 수가 없을 것이라고 말씀드린 것입니다. 신이 참으로 어리석어 꺼리시고 피하시는 바를 건드렸으니, 죽을죄를 지었습니다, 죽을죄를 지었습니다[死罪死罪]."

문제는 기뻐했다. 그날로 풍당으로 하여금 부절을 갖고 가서 위상을 사면해 다시 운중 군수로 삼게 했고 아울러 당을 거기도위(車騎都尉)에 제배해 중위(中尉)와 각 군국(郡國)의 전차부대를 관장하게 했다.

1) 【색은(索隱)】 나라가 흉노 동쪽에 있어서, 그래서 동호(東胡)라고 불렀다.

2) 적군 머리를 벤 공로를 나무판 위에 기록하는 것이다.

3) 부대 병사들로 하여금 5명씩 대오를 지어 서로 감시하게 하는 것이다.

(한나라 문제 후원) 7년에 경제(景帝)가 세워지자, 당을 초나라 재상으로 삼았는데, 얼마 후에 면직되었다.

무제(武帝)가 세워지자, 현량(賢良)을 구했는데, 풍당도 천거되었다. 그러나 이때 당의 나이 90여 세로 더는 관직을 맡을 수가 없어, 마침내 아들 수(遂)를 낭(郎)으로 삼았다. 수의 자(字)는 왕손(王孫)이며 그 또한 걸출한 선비로 나와 사이가 좋았다.

태사공(太史公)이 말한다.

"장계(張季-장석지)가 장자(長者)를 말한 것은 법도를 지키며 아첨하지 않은 것이고, 풍공(馮公-풍당)이 장수를 논한 것은 깊은 맛이 있도다! 깊은 맛이 있도다!

옛말에 '그 사람을 알지 못하겠거든 그 벗을 보라!'라고 했다. 이 두 사람을 칭송하는 말은 낭묘(廊廟)에 기록해둘 만하다.

　『서경(書經)』에 이르기를 '불편부당(不偏不黨)하니 왕도(王道)가 넓고 크게 펼쳐지도다[蕩蕩], 부당 불편하니 왕도가 평안하도다[便便=平平]1)'라고 했는데, 장계와 풍공이 그에 가까웠도다!"2)

1) 「주서(周書)·홍범(洪範)」편에 나오는 말이다.

2) 【색은술찬(索隱述贊)】 장계를 알아주는 이 없었건만[張季未偶]/원앙이 알아주었네[見識袁盎]/태자가 법을 두려워하게 했으나[太子懼法]/색부는 끝내 쓰이지 못했다네[嗇夫無狀]/상의 말을 놀라게 했으나 벌금으로 처리했고[驚馬罰金]/가락지 훔친 자 법대로 처리해 상을 일깨워주었지[盜環悟上]/풍공이 머리 숙여 사뢰니[馮公白首]/깊은 맛이 있도다! 장수를 논함이여[味哉論將]/그 참에 이제를 비판하니[因對李齊]/위상의 공로 인정하며 거두었도다[收功魏尙]!

권103 ── 만석장숙열전(萬石張叔列傳) 제43

권103 만석장숙열전(萬石張叔列傳) 제43

만석군(萬石君)[1]은 이름이 분(奮)이고 아버지는 조(趙)나라 사람[2]으로 성은 석씨(石氏)다. 조나라가 망하자 온(溫)[3]으로 이주했다. 고조(高祖)가 동쪽으로 항적(項籍-항우)을 치고서 하내(河內)를 지나갔는데, 이때 분(奮)은 15세 나이로 하급 관리[小吏 소리]가 되어 고조를 모셨다.

1) 【정의(正義)】 아버지와 네 아들이 모두 2,000석 관리여서 분(奮)의 칭호를 만석군이라고 한 것이다.

2) 【정의(正義)】 낙주(洛州) 한단(邯鄲)은 본래 조나라 수도다.

3) 【정의(正義)】 옛 온성이 회주(懷州) 온현(溫縣)에서 30리에 있다.

고조가 그와 이야기하던 중에, 그의 공손하고 삼가는 태도[恭敬 공경]를 좋아해 물었다.

"너희 집안에는 어떤 사람들이 있는가?"

대답했다.

"제게는 어머니가 계시는데 불행하게도 실명하셨습니다. 집안은 가난합니다. 누나가 있는데, 거문고를 잘 탑니다."

고조가 말했다.

"너는 능히 나를 따를 수 있겠느냐?"

말했다.

"바라건대, 있는 힘을 다하겠습니다."

이에 고조는 그의 누나를 불러 미인(美人-후궁)으로 삼았고, 분(奮)을 중연(中涓-시종관)으로 삼아 문서를 전달하고 알현을 주선하는 일을 관장하게 했고 (또) 그의 집을 장안성(長安城) 안의 척리(戚里)[1]로 옮기도록 했으니, 그의 누나가 미인이 되었기 때문이다.

그의 관직은 효문(孝文) 때가 되자 공로가 쌓여 태중대부(太中大夫)에 이르렀다. 학문을 익히지는 못했으나 공손하고 신중함[恭謹]은 그와 견줄 만한 사람이 없었다.

1) 【색은(索隱)】 안사고(顔師古)가 말했다. "상의 인척들이 다 그곳에 거주하게 해 이름을 척리라고 했다."

문제 때 동양후(東陽侯) 장상여(張相如)가 태자태부(太子太傅)가 되었다가 면직당했다. 태부가 될 만한 사람을 뽑았는데, 모두 분(奮)을 추천해 분이 태자태부가 되었다.

효경(孝景)이 자리에 나아가자, 분을 구경(九卿)으로 삼았으나 너무 공손하게 섬기니, 경제가 (그를 어렵게 여기고) 꺼려서 분을 옮겨 제후의 재상으로 삼았다.

분의 장남은 건(建)이고 밑으로 갑(甲)·을(乙)·경(慶)이 있었는데, 모두 행실이 선하고 효성스러우며 삼가고 신중해 관직이 2,000석에 이르렀다. 이에 경제가 말했다.

"석군(石君-석분)과 아들 넷이 모두 2,000석의 지위에 올랐으니, 남의 신하 된 자로서 존귀함과 총애가 마침내 그 가문에 다 모였구나."

그래서 분을 만석군(萬石君)이라고 불렀다.

효경제 말년[季年=末年]에 만석군은 상대부(上大夫)의 봉록을 받았는데, 늙었다 하여 관직에서 물러나 고향으로 돌아갔지만, 세시(歲時) 때는 조정에 대신(大臣)의 자격으로 참가했다. 궁궐 문을 지날 때면 반드시 만석군은 수레에서 내려 빠른 걸음으로 들어갔고 대로에서 황제의 어가[路馬=路車]를 보게 되면 반드시 예를 갖춰 경의를 표했다[式]. 자손 중에 누군가가 비록 하급 관리가 되었더라도 집으로 돌아와 만석군에게 인사를 드릴 때면 만석군은 반드시 조복(朝服)을 입고 접견했으며, (임금의 관리라는 점을 의식해서) 함부로 그들의 이름을 부르지 않았다.

자손 중에 누군가에게 과실이 있더라도 직접 꾸짖지 않았으니, 한쪽 방에 조용히 앉아서 밥상을 대해도 음식을 먹지 않을 뿐이었다. 그런 다음에 여러 아들이 과실을 저지른 자를 서로 꾸짖고 나서 다시 가족 중에 연장자가 옷을 벗어 어깨를 드러낸 채 굳게 사죄하고 잘못을 고쳤으며, 그런 뒤에야 마침내 용서하고 받아들였다. 이미 성년이 된 자손이 만석군의 주변에 있을 때는 비록 편히 쉬고 있을지라도 반드시 의관을 갖추고 신실한 태도[申申如]1)를 보였다.

하인들에게는 온화하고 즐거운 모습으로 대하면서도 각별히 신중하게 행동했다. 상이 때때로 음식을 그의 집에 내려주면 반드시 머리를 조아리며 몸을 굽혀서 먹었는데, 공손한 태도가 마치 상이 앞에 있는 것과 같았다[如在]2). 그가 장례식에서 상주 노릇을 할 때는 매우 슬프게 애도했다. 자손들도 그의 가르침을 따라 역시 똑같이 하니, 만석군 일가는 효도와 근신함[孝謹]으로 군국에 명성을 떨쳤다. 설령 제(齊)나라와 노(魯)나라3)의 여러 유학자도 만석군의 진중한 행실[質行=重行]에는 모두 스스로 미칠 수 없다고 여겼다.

---

1) 사마천은 만석군의 열전을 지을 때 특히 『논어(論語)』에 나오는 공자에 대한 묘사를 많이 가져와서 활용했다. 신신여(申申如)는 「술이(述而)」편에 나온다. "공자께서는 평소 한가로이 거처하실 때 하시는 말씀이 간절하고 자애로웠으며[申申如] 낯빛은 온화하고 환히 퍼지는 듯했다[夭夭如]."

2) 『논어(論語)』「팔일(八佾)」편에 나오는 공자에 대한 묘사다. "(공자는) 제사를 지낼 때 마치 (조

　상이) 그 자리에 계신 듯이 했다[如在]."

3) 공자의 유풍은 이 두 나라에 가장 많이 남아 있었다.

　　건원(建元) 2년에 낭중령(郎中令)[1] 왕장(王臧)이 문학(文學-유학) 때문에
황태후(-두태후)에게 죄를 얻게 되었다. 황태후는 유학자들이 겉으로 드러
낸 꾸밈이 많고 속으로 본바탕의 질박함이 적은[文多質少] 데 비해 지금 만
석군 일가는 말을 많이 하지 않고 실천에 능하다고 봐서, 마침내 분의 장남
건을 낭중령으로 삼고 막내아들 경을 내사(內史)[2]로 삼았다.

1) [정의(正義)]「백관표(百官表)」에 따르면, 낭중령은 진나라 관직으로 궁전과 문호

　를 담당했다. 무제 태초 원년에 이름을 고쳐 광록훈(光祿勳)이라고 했다.

2) [정의(正義)]「백관표」에 따르면, 내사는 주나라 관직이며 진나라가 그것을 이어

　받았는데, 경사(京師)를 맡아 다스렸다. 경제 때 좌내사(左內史)를 나눠 두었

　으며, 무제 태초 원년에 이름을 경조윤(京兆尹)으로 고치고 좌내사를 좌풍익

　(左馮翊)이라고 했다.

　　건(建)이 늙어서 백발이 되었어도 만석군은 여전히 무탈하게 지냈다
[無恙]. (건은 낭중령이 되었지만) 닷새에 하루씩 집으로 돌아와 목욕하고 부
친 안부를 살폈으니[1], 직접 부친이 쉬고 있는 침실 곁의 작은 방으로 들어
가서는 몰래 시자(侍者)에게 물어서 부친의 속옷과 요강[廁牏]을 꺼내 몸소
깨끗하게 빨고 닦은 뒤 다시 시자에게 건네주었는데, 늘 이와 같이 하면서
감히 만석군이 알지 못하게 했다. 건은 낭중령으로 일하면서 상에게 할 말
이 있을 때는 남들을 물리치고 하고 싶은 말을 곧바로 다 했는데 (말하는 것
이) 매우 간절했지만, 조정에서 평소 알현할 때는 말을 제대로 못 하는 사람
처럼[如不能言者] 행동했다[2]. 이 때문에 상은 마침내 더욱 가까이하고 존중

하면서 예로 대해주었다.

1) 【집해(集解)】 문영(文穎)이 말했다. "낭관(郎官)은 닷새에 하루씩 쉬었다."

2) 『논어(論語)』 「향당(鄕黨)」편이다. "공자께서는 향당(鄕黨)에서는 신실한 모습을 하느라 마치 말씀을 잘할 줄 모르는 사람 같으셨다[似不能言者]."

만석군은 능리(陵里)[1]로 거처를 옮겼다. 하루는 내사(內史) 경(慶)이 술에 취해 마을 외문(外門)을 들어와서도 수레에서 내리지 않았다. 만석군이 그 소식을 듣고는 식사를 하지 않았다. 경이 두려워 웃옷을 벗어 어깨를 드러낸 채 죄를 청했으나 여전히 용서하지 않았다. 그리하여 온 식구와 맏형인 건이 대신 옷을 벗고 어깨를 드러내 죄를 청하니, 만석군이 (그제야 용서하고서) 꾸짖어 말했다.

"내사는 존귀한 사람이므로 마을로 들어오면 마을 안의 어른과 노인들도 모두 황급하게 달아나 숨는다. 그러니 내사가 수레 안에 앉아서 태연자약한 것이 참으로 마땅한 것 아니겠는가!"[2]

마침내 경을 용서하고서 보내주었다.

(그 뒤로) 경과 다른 자식들은 마을 안으로 들어올 때면 (반드시 수레에서 내려) 빠른 걸음으로 집에 들어갔다.

1) 【집해(集解)】 서광(徐廣)이 말했다. "판본에 따라 능이 인(鄰)으로 되어 있다." 【색은(索隱)】 능리는 마을 이름으로 무릉(茂陵)에 있고, 장안의 척리(戚里)는 아니다.

2) 말을 에둘러서 한 것이다.

만석군이 원삭(元朔) 5년에 졸(卒)하니, 맏아들 낭중령 건은 통곡하면서 매우 애달프게 울었다. 지팡이를 짚고서야 겨우 걸을 수 있게 되었다. 1년 남짓 지나서, 건 또한 죽었다. 자손들이 모두 효성스러웠지만 건이 가장 효성이 깊었으니, (심지어) 만석군보다 더했다.

건이 낭중령으로 있을 때 아뢰었던 일이 내려왔는데, 건이 그것을 읽다가 두려움에 떨며 말했다.

"잘못 썼구나! '마(馬)'자는 꼬리를 나타낸 획까지 반드시 5획으로 썼어야 하는데, 지금은 단지 4획만 있고 한 획이 부족하다. 폐하께서 이를 문제 삼아 견책하신다면 나는 죽어 마땅하다!"

그는 매우 송구스러워했다. 그가 매사에 근신하는 것이 비록 다른 일에서도 모두 이와 같았다.

만석군의 막내아들 경이 태복(太僕)으로 있을 때 황제의 수레를 몰고 나갔는데, 상이 수레를 모는 말이 몇 마리냐고 물어보았다. 그러자 경은 말채찍으로 하나하나 다 헤아린 다음에야 손을 들고 말했다.

"6필입니다."

경은 형제 중에서 성격이 가장 대범하고 시원시원했지만[簡易] 그런데도 이와 같았던 것이다. 외방으로 나가 제(齊)나라 재상이 되었는데, 제나라 사람들이 모두 그 집안의 행실을 흠모했기에 따로 말하지 않아도 제나라가 크게 다스려지니[大治] (제나라 사람들은) 그를 위해 석상사(石相祠)를 세워주었다.

원수(元狩) 원년에 상은 태자를 세우고 나서 여러 신하 중에서 태자의 사부가 될 만한 사람을 골랐는데, 경이 패군(沛郡) 태수로 있다가 태자태부가 되었고 7년 후에 승진해 어사대부(御史大夫)가 되었다.

원정(元鼎) 5년 가을에 승상 조주(趙周)가 주금(酎金)으로 죄를 지어 파면되자 어사대부에게 다음과 같은 조서를 내렸다.

“선제께서는 만석군을 존중하셨고 그의 자손들도 모두 지극히 효성스럽다. 이에[其] 어사대부 경을 승상으로 삼고 봉해 목구후(牧丘侯)로 삼는다.”

이때 한나라는 마침 남쪽으로 남월(南越)과 동월(東越)을 토벌하고 동쪽으로 조선(朝鮮)을 치며 북쪽으로 흉노(匈奴)를 몰아내고 서쪽으로 대원(大宛)을 정벌하는 등 중국(中國)에 여러 가지 일이 많았다. 천자는 전국 각지를 순수(巡狩)하면서 상고(上古)시대의 신사(神祠)들을 수리해 복원했고 천지에 봉선(封禪)을 행했으며 크게 예악(禮樂)을 일으켰다. 국가의 재정이 어려워지자, 상홍양(桑弘羊) 등으로 하여금 이익을 도모하게 했으며[致利]1), 왕온서(王溫舒) 등의 무리로 하여금 법을 엄격히 집행하게 했다. (그런데) 예관(兒寬) 등으로 하여금 유학을 진작시켜 관직이 모두 구경(九卿)에 이르게 하자 그들은 교대로 정권을 장악하게 되었으니, 조정의 일은 굳이 승상 경의 결정을 거치지 않아도 되었기 때문에 경은 한결같이 온후하고 신중하게 처신할 뿐이었다.

1) 새로운 재원을 발굴케 한 것이다.

9년 동안 승상으로 재직하는 중에 잘못된 시국을 바로잡을 만한 언행을 하지 않았다. 그는 일찍이 상의 가까운 신하인 소충(所忠)과 구경의 지위에 있었던 함선(咸宣)의 죄상을 올려 처벌할 것을 청했지만, 그들의 죄를 입증시키지 못하고 도리어 징계를 받아 속죄했다.

원봉(元封) 4년에 관동(關東)의 유민 200만 명 가운데 호적 없는 사람[無名]이 40만 명이나 되니, 공경들은 상의해 유민들을 변경의 적당한 곳으로 이주시킬 것을 주청하기로 했다. 상은 경이 연로하고 신중해 이 토의에 참여할 수 없음을 알고는 마침내 휴가를 주어 집으로 돌아가게 한 뒤, 이 안건은 어사대부 이하의 신하들이 토의에 참여해 주청한 것을 조사하도록 했다. 경이 스스로 직무를 다할 수 없음을 부끄럽게 여겨 마침내 글을 올려 말했다.

'신이 다행히 총애를 얻어 승상의 직책을 수행하고 있으나 쓸모없는 둔한 말처럼 재능이 부족해 폐하의 다스림을 제대로 보좌하지 못했습니다. 성곽 창고는 비었고 유랑하는 백성이 많아졌으니 그 죄는 마땅히 엎드려 도끼와 모루를 가지고 처벌을 받아야 하지만, 상께서는 차마 저를 법대로 처벌하지 않으셨습니다.

바라건대 승상(丞相)과 후(侯)의 인(印)을 돌려드리고 고향으로 돌아가기를 청하니, 뛰어난 이[賢者]에게 길을 피해주고 싶습니다.'

천자가 말했다.

"양식 창고는 이미 텅 비었고 백성은 곤궁해져서 정처 없이 유랑하고 있는데, 그대는 그들을 변경으로 옮길 것을 주청한 일로 인해 백성을 동요시켜 위태롭게 만들어놓았다. 그래 놓고는 자리에서 물러나겠다고 하고 있으니, 이 어려움을 누구에게 돌리려는 것인가?"

상이 조서를 내려 경을 꾸짖자, 경은 더욱 부끄러워하며 드디어 다시 조정의 일을 보았다.

경은 (승상이 된 이후로) 법조문에 조예가 깊고 신중하게 일 처리를 했지만, 백성을 위한 원대한 책략은 없었다.

이로부터 3년여가 지난 태초(太初) 2년에 승상 경이 졸(卒)하자 시호를 내려 염후(恬侯)[1]라고 했다. 경의 차남은 덕(德)인데 경이 그를 아꼈으니, 이에 상은 덕을 경의 후사로 삼고 후(侯)를 대신 잇게 했다. (덕은) 뒤에 태상(太常)이 되었으나 법에 연루되어 목이 베일 처지에 놓였는데, 속죄금을 물고서 사형을 면하고 서인이 되었다.

경이 바야흐로 승상으로 있을 때, 그의 여러 자손 가운데 관리가 되어 (훗날) 2,000석 관리에 오른 자가 13명이었다. 경이 죽은 뒤로 자손들은 각종 죄를 범해 점차 관직에서 물러났고 효성스럽고 근신하던[孝謹] 가풍도 점점 사그라졌다.

1) 염(恬)은 편안하고 조용하다는 뜻이다.

건릉후(建陵侯)[1] 위관(衛綰)은 대(代)나라 대릉(大陵)[2] 사람이다. 위관은 수레 위에서 곡예를 잘해 낭관(郎官)이 되어 문제(文帝)를 섬겼고, 공을 세워 차례로 승진해 중랑장(中郎將)이 되었다. 성품이 순박하고 신중했지만[醇謹] 그 밖의 특별난 점은 없었다.

효경(孝景)이 태자로 있을 때 상의 주변 신하들을 불러 술자리를 베풀었는데, 관(綰)은 병을 핑계로 가지 않았다. 문제가 장차 붕(崩)하면서 효경에게 부탁해[屬] 말했다.

"관은 덕망이 있는 사람[長者]이니 잘 대우해주거라."

문제가 붕하고 경제(景帝)가 세워졌으나 한 해 남짓 동안 관에게 아무것도 따지지[譙呵=責讓] 않으니, 관은 날이 갈수록 더욱 조심하며 온 힘을 다해 일했다.

1) 【정의(正義)】『괄지지(括地志)』에서 말했다. "한나라 건릉현 고성은 기주(沂州) 승현(丞縣)과의 경계에 있다."

2) 【색은(索隱)】현 이름으로, 대나라에 있다.

(그런데) 경제가 상림원(上林苑)에 행차하면서 중랑장에게 수레에 동승하기를 명했다가, 돌아오는 길에 물었다.

"군(君)은 함께 타자고[參乘] 한 이유를 아는가?"

관이 말했다.

"신은 대(代)에 있을 때 수레 위에서 곡예를 부려 총애를 얻었고 공로를 쌓아 순차적으로 중랑장으로 근무했을 뿐인지라 알지 못합니다."

상이 물었다.

"내가 태자였을 때 군을 부른 적이 있었는데, 군이 기꺼이 오지 않았던 것은 무슨 까닭이었는가?"

대답했다.

"죽을죄를 지었습니다. 실은 병이 났었습니다."

상이 그에게 검을 내려주자, 관이 말했다.

"선제께서 신에게 내려주신 검이 모두 6자루가 있는데, 감히 또 (검을 받으라는) 조(詔-명)를 받들 수는 없습니다."

상이 말했다.

"검이야 다른 사람에게 선물할 수도 있고 서로 바꿀 수도 있는데, 지금까지 남아 있는 검이 있는가?"

관이 말했다.

"모두 간직하고 있습니다."

상이 검 6자루를 가져오도록 했는데, 검은 완전한 상태로 칼집에 있었고 일찍이 사용한 흔적이 없었다.

(관은) 부하 낭관들이 견책받을 일이 생기면 항상 그들의 죄책을 자기 잘못으로 돌렸고 다른 중랑장과 다툼을 벌이지도 않았으며, 또 공로가 있으면 항상 다른 장수에게 양보했다. 상은 그가 청렴하고 충실하며 다른 마음이 없다[無腸]^{무장}[1]는 것을 알고는 마침내 관을 제배해 하간왕(河間王)의 태부(太傅)로 삼았다.

오나라와 초나라가 반란을 일으키자, 조서로써 명해 위관을 장군으로 삼아서 하간왕(河間王)의 병사들을 이끌고 오나라와 초나라를 치게 했는데, 관이 공로를 세우자 제배해 중위(中尉)로 삼았다.

3년이 지나 효경 전(前) 6년에 그간의 군공으로 관을 제배해 건릉후(建陵侯)로 삼았다.

1) 【색은(索隱)】 마음속으로 아무런 다른 나쁜 마음이 없다는 말이다.

　그 이듬해에 상은 태자(太子)를 폐위시키고 율경(栗卿)[1]의 무리를 주살했다. 상은 위관이 장자(長者)인지라 이 사건을 차마 매정하게 처결하지 못할 것을 알고는 곧바로 그에게 휴가를 주어 집에 가 있도록 한 다음 질도(郅都)를 시켜 율씨(栗氏) 일족을 체포해서 엄정하게 처리하도록 했다. 얼마 후에 상은 교동왕(膠東王-유철(劉徹-후일의 한무제))을 태자로 세운 뒤 관을 불러 태자태부로 삼았고, 뒤에 승진시켜 어사대부로 삼았다. 5년 후에는 도후(桃侯) 유사(劉舍)를 대신해 승상이 되었다.

　(관은) 조정에 있을 때 단지 자기 직분 내에서 처리할 수 있는 일만 보고했을 뿐 처음 관리가 되었을 때부터 승상 반열에 오를 때까지 끝내[終] 이렇다 할 만한 건의를 하거나 중대한 일을 수행한 적이 없었으나[終無可言][2] 천자는 그가 성품이 도타워[敦厚] 어린 군주를 잘 보좌할 수 있다고 여겨 특별하게 총애했으니, 상으로 내려준 물건이 참으로 많았다.

1) 【집해(集解)】 소림(蘇林)이 말했다. "율태자의 외숙부다."

2) 특별히 언급할 만한 것이 없다는 뜻인데, 의역을 조금 했다.

　위관이 승상이 된 지 3년 만에 경제가 붕(崩)하고 무제(武帝)가 세워졌다.
　건원(建元) 연간에 승상은 (예전에) 경제가 병이 났을 때 여러 관서의 죄인 중 무고하게 연좌된 자들이 많았던 것은 자신이 승상 직무를 제대로 감당하지 못했기 때문이라면서 관직을 떠났다. 뒤에 관이 졸(卒)하자 아들 신(信)이 이어받았으나, 주금(酎金)[1]을 제대로 내지 않은 죄에 연루되어 봉국이 없어졌다.

1) 천자가 상제나 종묘에 제사를 지낼 때 제후들에게서 거둬들이던 비용인데, 무제는 이를 적게 낸

열후 100여 명의 작위를 박탈했다.

새후(塞侯)[1] 직불의(直不疑)는 남양(南陽) 사람이다. 낭(郎)이 되어 문제(文帝)를 섬겼다.

일찍이 한방을 쓰던 사람이 휴가를 얻어 집으로 돌아가게 되었을 때 같은 방을 쓰는 다른 낭관의 것을 자기 것으로 착각해 남의 황금을 가지고 갔다. 뒤이어 금 주인이 금이 분실된 것을 알아채고는 엉뚱하게 불의(不疑)가 훔쳐 간 것으로 의심하니, 불의는 분실한 금에 책임이 있다고 사과하면서 금을 사서 보상해주었다. 그 후에 휴가를 얻어서 집에 갔던 사람이 돌아와서는 금을 되돌려주자, 금 주인이었던 낭관이 크게 부끄러워했다. 이 일로 인해 불의는 장자(長者)로 일컬어졌다.

문제가 그를 뽑아 써서[稱擧] 점차 승진해 태중대부(太中大夫)에 이르렀는데, 조회할 때 어떤 사람이 그를 헐뜯어, 이렇게 비방했다.

"불의는 용모가 매우 훌륭하지만, 그러나 남몰래 형수와 사통하고 있으니[盜=私通] 어떻게 처리해야 할지 모르겠습니다!"

이 말을 듣고서 불의는 (혼잣말로) 이렇게 말했다.

'나에게는 형이 없다.'

그러나 끝까지 이를 스스로 변명하지 않았다.

1) 【정의(正義)】 옛날의 새국(塞國)이다.

오초(吳楚)의 반란이 일어났을 때 불의는 200석 관리로서 병사를 이끌고 반란군을 쳤다. 경제(景帝) 후(後) 원년에 제배되어 어사대부가 되었다. 천자는 오초의 반란을 평정한 공로를 표창할 때 마침내 불의를 봉해 새후(塞侯)로 삼았다.

무제(武帝) 건원(建元) 연간에 승상 위관과 함께 과실로 면직당했다.

불의는 노자(老子)의 말을 배웠다. 재임하는 곳에 갈 때마다 늘 (다스림을) 예전과 같이 했으니, 이는 오로지 남들이 자신이 관리로서 남긴 치적만을 알게 될까 두려워했기 때문이다. (이처럼) 명성을 세우는 것을 좋아하지 않았기에 사람들은 그를 장자(長者)라고 칭송했다.

불의가 졸(卒)하자 아들 상여(相如)가 뒤를 이었다. 손자 망(望)에 이르러 주금(酎金)을 제대로 내지 않은 죄에 연루되어 후의 작위를 잃었다[失侯].

낭중령(郎中令) 주문(周文)은 이름이 인(仁)으로, 선조는 원래 임성(任城)[1] 사람이었다. 의술이 뛰어나 황제를 알현했다. 경제(景帝)가 태자로 있을 때 제배해 사인(舍人-가신)으로 삼았고 공로를 쌓아 차츰차츰 승진해[稍遷] 효문제 때 태중대부(太中大夫)에 이르렀다. 경제가 자리에 나아간 초기에 인(仁)을 제배해 낭중령(郎中令)으로 삼았다.

1) [정의(正義)] 임성은 연주(兗州)의 현이다.

인(仁)은 사람됨이 은은하고 중후해[陰重] 남들의 말을 누설하지 않았고, 낡아서 기운 옷이나 때로 찌든 속옷을 입었는데 고의로[期=故] 불결하게 처신했기 때문이다. 이로 인해 경제의 총애를 받아 내실을 지켰는데, 경제가 침실로 들어가 후궁을 은밀하게 희롱할 때도 인은 항상 그 곁을 지키고 있었다. 경제가 붕(崩)하자 인은 여전히 낭중령이었지만 끝내 아무런 말을 하지 않았다. 상이 종종 다른 사람들(의 선악)에 관해 물으면 인은 이렇게 말했다.

"상께서 직접 살피십시오."

그러나 또한 남을 헐뜯는 바도 없었다. 이 때문에 경제는 일찍이 두 번이나 친히 그의 집으로 행차했다.

인은 양릉(陽陵)으로 집을 옮겼다. 황제가 하사한 선물이 매우 많았으나 늘 사양하며 감히 받으려고 하지 않았다. 제후와 여러 신하가 뇌물을 주어 도 끝까지 받지 않았다.

무제는 세워진 후에 인이 선제의 신하임을 감안해 그를 존중했다. 인이 마침내 병으로 인해 조정에서 물러 나오게 되자 2,000석 봉록을 계속 받으면서 고향으로 돌아가 노후를 지내게 해주었고 자손들은 모두 대관(大官)에 이르렀다.

어사대부 장숙(張叔)은 이름이 우(歐)[1]로, (고조의 공신) 안구후(安丘侯) 장열(張說)의 서자(庶子)다. 효문(孝文) 때 형명학(刑名學)을 배워 태자를 섬겼다. 비록 형명가를 배우기는 했지만, 인품은 (법가풍이라기보다는) 도리어 (유가의) 장자(長者)의 풍모를 지니고 있었다. 경제 때 존중을 받아 항상 구경(九卿) 지위에 있었다. 무제 원삭(元朔) 4년에 한안국(韓安國)을 면직하고 조(詔)해 우를 제배해 어사대부로 삼았다.

우(歐)는 관리가 된 뒤로부터 함부로 남들을 징벌하려는 언행을 삼가면서 오로지 성실하게 장자(長者)다운 태도로서 벼슬살이를 했다. 그의 부하 관리들도 그를 장자로 섬겼고, 감히 그를 크게 속이려 하지 않았다. 상이 중대한 범죄 사건을 처결하라고 지시했을 때는 다시 심리할 만한 것이 있으면 되돌려 보냈고, 되돌려 보낼 수 없으면 어쩔 수 없이 처리했는데 이때는 눈물을 흘리면서 그 사건의 문서를 바라보며 친히 밀봉했으니, 그가 남들을 아끼는 것[愛人=仁]이 이와 같았다.

1) 【색은(索隱)】 歐의 발음은 (구가 아니고) 오(烏)와 후(後)의 반절음이다.

뒤에 늙고 병이 심해지자 물러날 것을 청하니 이에 천자 또한 책서를 내려 그만두게 했는데, (그를 총애해) 상대부(上大夫) 봉록을 계속 받으면서 집으로 돌아가 여생을 보낼 수 있게 해주었다. 집은 양릉(陽陵)에 있었다. 자손들이 모두 대관(大官)에 이르렀다.

태사공(太史公)이 말한다.

"중니(仲尼-공자)가 말하기를 '군자(君子)는 말은 어눌하게 하려고 애써야 하고, 일을 실행할 때는 주도면밀해야 한다'[1]"라고 했으니, 이는 아마도 만석군(萬石君), 건릉후(建陵侯), 장숙(張叔) 같은 이들을 가리키는 말일 것이다. 이 때문에 그들의 가르침은 엄숙하지 않아도 이뤄졌고[不肅而成], 엄격하지 않아도 잘 다스려졌다[不嚴而治].

새후(塞侯)는 미묘하게 계책을 잘 세웠고, 주문(周文)은 윗사람의 뜻에 잘 맞추었다[處讔]. 군자들이 그들을 비판했는데, 이는 그들의 언행이 말재간 부리는 데[佞] 가까웠기 때문이리라. 그러나 이들은 행실이 도타운 군자[篤行君子]라고 일컬을 만하다."[2]

1) 『논어(論語)』 「이인(里仁)」편에 나오는 말이다.

2) 【색은술찬(索隱述贊)】 만석군은 효성스럽고 근신해[萬石孝謹]/집안은 물론이고 나라에서도 그 모습 드러냈지[自家形國]/낭중은 말을 헤아렸고[郞中數馬]/내사는 땅바닥을 기었도다[內史匍匐]/위관은 다른 마음 품지 않았고[綰無他腸]/새후는 은은한 다음 갖추었다네[塞有陰德]/장우가 형명학 펼치자[刑名張歐]/눈물 떨구며 옥사를 구휼했구나[垂涕恤獄]/주도면밀하게 일하고 말 어눌하게 하여[敏行訥言]/함께 아름다운 자취 이어가리라[俱嗣芳躅]!

권104 ─ 전숙열전(田叔列傳) 제44

권104 전숙열전(田叔列傳) 제44

전숙(田叔)은 조(趙)나라 형성(陘城)[1] 사람이다. 선조는 제(齊)나라 전씨(田氏)의 후예다. 숙(叔)은 검술을 좋아했고(-혹은 잘했고), 악거공(樂巨公)[2]에게 황제(黃帝)와 노자(老子)[黃老]의 학술을 배웠다.

전숙은 사람됨이 깐깐하고 청렴했으며[刻廉] 스스로를 아꼈고[自喜=自愛] 사람들과 교유하는 것을 좋아했다[憙=好]. 어떤 조나라 사람이 그를 재상 조오(趙午)에게 천거하자 조오가 조나라 왕 장오(張敖)에게 말하니, 조왕은 그를 낭중(郎中)으로 삼았다. 몇 년 동안 그는 매우 곧고 청렴하며 공평하게 일을 처리하니[切直廉平], 조나라 왕은 그를 뛰어나다[賢]고 여기면서도 아직 승진을 시키지는 않았다.

1) **[색은(索隱)]** 현(縣) 이름으로, 중산(中山)에 속한다.

2) **[색은(索隱)]** 본래 연나라 사람인데, 악의(樂毅)의 후손이다.

때마침 진희(陳豨)가 대나라에서 반란을 일으키자, 한나라 7년에 고조(高祖)가 그들을 치러 가다가, 도중에 조나라를 지나게 되었다. 조나라 왕 장오(張敖)가 직접 밥상을 받쳐 들고 음식을 내었는데, 예를 갖춰 공손히 하는 것이 매우 심했다. 그러나 고조는 다리를 키 모양으로[箕] 거만하게 뻗고서[箕踞] 그를 꾸짖었다. 조나라 재상 조오(趙午) 등 수십 명이 모두 화가 나서 장왕(張王)에게 말했다.

"왕께서 예를 다 갖춰 상을 섬기건만 지금 상이 왕을 대우하는 것은 이와 같으니, 신 등은 난을 일으킬 것을 청합니다.”

조나라 왕이 손가락을 깨물어 피를 내더니 이렇게 말했다.

“선인(先人-돌아가신 아버지)께서 나라를 잃으셨을 때 폐하가 아니었다면 우리들 몸에서는 벌레가 나왔을 것이다[1]. 공들은 어찌 그런 식으로 말하는가? 다시는 그런 말을 입 밖에 내지 말라!”

이에 관고(貫高) 등이 말했다.

“우리 왕은 장자(長者)라 은덕을 저버리지 않을 것이다.”

결국 이들이 (조왕) 몰래 상을 시해하려고 모의했다가 일이 발각되니[2], 한나라는 조(詔-명)를 내려 조나라 왕과 여러 신하 가운데 모반한 자들을 체포하게 했다. 이에 조오 등은 모두 자살했고, 오직 관고만 붙잡혔다. 이때 한나라에서 조서를 내렸다.

“조나라에서 감히 왕을 따르려 했던 자들은 모두 삼족을 멸하겠다.”

그러나 맹서(孟舒) · 전숙 등 10여 명은 붉은 죄수복[赭衣(자의)]을 입고 머리를 깎고서 형틀을 차고는 조나라 왕실의 노예라고 일컬으며 조나라 왕 장오를 따라서 장안에 이르렀다. 관고의 일이 명백했기 때문에 조나라 왕 오(敖)는 풀려날 수 있었지만 폐위되어 선평후(宣平侯)가 되었는데, 마침내 숙(叔) 등 10여 명의 일을 진언했다[3]. 상이 그들을 불러 함께 이야기를 나눠보았는데 한나라 조정 신하 중에 재능이 그들보다 뛰어난 이가 없었다. 상이 기뻐하며 그들을 모두 제배해 군수로 혹은 제후의 재상으로 삼았다. 전숙이 한중(漢中) 군수로 있은 지 10여 년이 되었을 무렵 고후가 붕(崩)하고 여러 여씨가 난을 일으키자, 대신들이 그들을 주살하고 효문제(孝文帝)를 세웠다.

---

1) [색은(索隱)] 살펴보건대, 죽어서 몸에서 벌레가 나온다는 말이다. 『좌전(左傳)』에서 말했다. “제나라 환공이 죽었을 때 아직 매장을 하지 않아 벌레가 문밖으로 새어 나왔다.”

2) [집해(集解)] 서광(徐廣)이 말했다. “9년 12월에 관고 등을 체포했다.”

3） 천거했다는 말이다.

효문제가 이미 세워지고 나자, 전숙을 불러 물었다.

"공은 천하에 덕망 있는 이[長者]들을 알고 있는가?"

대답했다.

"신이 어찌 그런 자들을 제대로 알겠습니까?"

상이 말했다.

"공은 덕망 있는 사람이니 마땅히 알 것이다."

숙이 머리를 조아리며[頓首] 말했다.

"예전에 운중(雲中) 군수를 지낸 맹서(孟舒)가 장자입니다."

이 무렵 오랑캐가 변경에 대거 침입해 노략질할 때 운중이 가장 큰 피해를 당했기 때문에 맹서는 마침 면직당한 상태였다.

상이 말했다.

"선제(先帝)께서 맹서를 운중 군수로 두신 지가 10여 년이나 되었는데, 오랑캐가 일거에 침입했을 때 맹서는 굳게 지키지도 못했고 별다른 이유 없이[毋故] 사졸들만 수백 명이나 전사했다. 장자(長者)가 어찌 본래 사람을 죽게 한다는 것인가? 공은 어떤 근거로 맹서가 장자라는 것인가?"

숙이 머리를 조아리며[叩頭] 말했다.

"이것이 바로 맹서를 장자라고 하는 까닭입니다. 저 관고 등이 모반했을 때 천자께서는 밝은 조서를 내리시어 '조나라에서 감히 조왕을 따르는 자들은 삼족을 멸하겠다'라고 하셨습니다. 그런데 맹서는 스스로 삭발하고 목에 쇠칼을 찬 채 장왕 오가 가는 곳마다 따르면서 왕을 위해서라면 자신의 한목숨을 돌보지 않았는데, 어찌 그 자신이 장차 운중 군수가 될 줄 알았겠습니까? (당시에는) 한나라가 초나라와 대치하고 있어 사졸들은 몹시 지치고 힘들어했는데, 흉노의 묵특(冒頓)이 새롭게 흉노의 북쪽에 있는 오랑캐[北夷]의 무리를 복속시키고는 우리의 변경을 침략해 해악을 끼쳤습니

다. 맹서는 장졸들이 굉장히 지치고 힘들어한다는 것을 알고서는 차마 그
들에게 싸우라는 명을 내지 못했는데, 그런데도 사졸들은 다퉈 성을 지키
며 적과 죽기로 싸우기를 마치 아들이 아버지를 위하려는 것과 같이 했습
니다. 이 때문에 전사한 병졸이 수백 명이나 속출했던 것이니, 맹서가 어찌
고의로 그들을 (사지로) 내몰았겠습니까? 이것이 바로 맹서를 장자라고 하
는 까닭입니다."

이에 상이 말했다.

"뛰어났구나! 맹서는."

다시 맹서를 불러 운중 군수로 삼았다.

여러 해가 지난 뒤 숙이 법에 걸려들어 관직을 잃었다. 양나라 효왕(孝王
-경제(景帝)의 동생인 유무(劉武))이 사람을 보내 오나라 재상이던 원앙(袁盎)
을 살해하자 경제(景帝)는 전숙을 불러 양나라로 가서 그 사건을 조사하게
하니[案], 숙은 사건을 샅샅이 조사해 돌아와서 보고했다.

경제가 말했다.

"양나라에 그런 일이 있었던가?"

대답했다.

"죽을죄를 지었습니다. 그런 일이 있었습니다."

상이 말했다.

"그 일의 실상은 어떤 것인가?"

전숙이 말했다.

"상께서는 양나라의 일을 철저하게 조사하지 마시길 바랍니다."

상이 말했다.

"어째서인가?"

말했다.

"지금 양나라 왕을 법대로 사형에 처하지 못하면 한나라의 법이 폐기되

는 것입니다. 그렇다고 만약 그를 사형에 처하게 된다면 태후(太后-두태후로 문제의 황후이자 경제와 양왕의 친모)께서는 식사를 하셔도 맛을 느끼지 못하실 것이고 잠자리에 들어도 편히 주무시지 못할 것이니, 이렇다면 폐하께도 근심이 될 것입니다.”

상은 그를 크게 뛰어나다[大賢]고 여겨 노(魯)나라의 재상으로 삼았다.

노나라 재상으로 부임한 초기에 백성 가운데 왕이 자신들의 재물을 빼앗아 갔다고 호소한 사람이 100여 명이었다. 전숙은 그들 중에서 주동자 20여 명을 붙잡아 각기 태형(笞刑) 50대에 처하고 다른 사람들도 20대에 처한 다음 그들에게 화를 내며 말했다.

“왕은 그대들의 군주가 아니던가? 어찌 감히 너희들의 군주를 헐뜯을 수 있단 말인가!”

왕이 이 소식을 듣고는 크게 부끄러워하다가 재물 창고[中府]에서 돈을 꺼내 재상으로 하여금 그들에게 돌려주도록 하니, 재상이 말했다.

“왕께서 스스로 재물을 탈취하시고 제게 상환하도록 하신다면, 이는 군왕께서 악행을 저지르시고 저는 선행을 베푼 것이 됩니다. 저는 변상하는 일에 관여하지 않겠습니다.”

이에 왕이 마침내 (몸소) 모두 갚아주었다.

노나라 왕[1]이 사냥을 좋아해 재상은 늘 왕을 시종해서 사냥터에 갔는데, 왕은 그때마다 재상에게 관사(館舍)에 가서 쉬라고 했다. (그러나) 재상은 사냥터에 나와 햇볕이 내리쬐는 곳에 앉아서 왕을 기다리며, 끝내 쉬지도 않고서 이렇게 말했다.

“우리 왕께서 햇볕이 내리쬐는 곳에 계시는데, 어찌 나 홀로 관사 안에 가서 쉴 수 있겠는가!”

노왕은 이 때문에 사냥을 자주 나가지 않았다.

1) 【정의(正義)】 노나라 공왕(共王)으로, 경제의 아들이다. 연주(兗州) 곡부현(曲阜
    縣)의 옛 노나라 성을 도읍으로 삼았다.

　몇 년 후에 숙이 재임 중에 졸(卒)했다. 노나라 왕이 황금 100금을 내려
주어 장례비용으로 쓰게 했는데, 막내아들 인(仁)이 이를 받지 않으면서 말
했다.
　"100금으로 선인(先人)의 명예를 손상할 수 없습니다."

　전인(田仁)은 장중하고 건장해 위청(衛靑) 장군의 사인(舍人)이 되었다.
여러 차례 그를 따라서 흉노를 치니, 위 장군이 말씀을 올려[進言=薦擧] 인
을 낭중(郞中)으로 삼았다. 2,000석 봉록을 받는 승상장사(丞相長史)가 되
었다가 관직을 잃었다.
　얼마 후 삼하(三河)에 비밀리에 파견되어 실상을 조사했다[刺擧]1). 상이
동쪽으로 순수(巡狩)할 때 전인이 일에 관해 올린 의견이 이치에 맞자 상이
기뻐하며 그를 제배해 경보도위(京輔都尉)로 삼았다. 한 달여 만에 그를 사
직(司直)으로 승진시켰다. 몇 년 후에 여태자(戾太子)와 관련된 일에 걸려들
었다. 이때 좌승상2)이 스스로 병사를 이끌고 와서 사직 전인에게 성문을
닫아걸고 지키라고 명했는데, (전인은) 태자가 탈출할 수 있도록 해주는 바
람에 옥리에 내려져서 사형에 처해졌다. (일설에는) 전인이 군사를 일으켜
장릉(長陵)에 이르렀는데, 장릉 현령 차천추(車千秋)가 전인의 변란 사실을
보고함으로써 전인 일족이 멸족되었다고 한다. 형성(陘城)은 지금의 중산
국(中山國)3)에 있었다.

1) 【정의(正義)】 「백관표(百官表)」에서 말했다. "감어사(監御史)는 진나라 관직으
    로 감군(監郡)을 담당했는데, 한나라 때 없앴다. 승상이 어사를 나눠 보내
    주(州)를 감사했는데, 늘 설치된 직은 아니다." 삼하(三河)란 하남·하동·하

내다.

2) 【집해(集解)】 서광(徐廣)이 말했다. "유굴리(劉屈氂)가 이때의 승상이었다."

3) 【집해(集解)】 서광(徐廣)이 말했다. "형성은 현 이름이다." 【정의(正義)】 지금의 정주 (定州)다.

태사공(太史公)이 말한다.

"공자는 어느 한 나라에 머물 경우 반드시 그 나라 정치에 관해 들었다고 했는데[1], 전숙(田叔)이 이런 사람이라고 하겠다. 그는 의리상 (맹서 같은) 뛰어난 이를 잊지 않았고, (노나라 왕 같은) 군주의 아름다움을 드러냄으로써 허물에서 구제해주었다.

전인(田仁)은 나와 잘 아는 사이라, 나는 그래서 그를 이 열전에서 아울러 논했다."[2]

1) 『논어(論語)』「학이(學而)」편에 나오는 말이다. 자금(子禽)이 자공(子貢)에게 물었다. "부자(夫子)께서는 찾아간 나라에 이르셔서 반드시 그 정사(政事)를 듣는데, 그분이 (정치에 관심이 많아) 그렇게 하려고 구해서 그런 것입니까, 아니면 (제후가 먼저 공자에게) 청해서 그렇게 된 것입니까?" 자공이 말했다. "공자께서는 온화하고 반듯하고 공손하고 검소하시어, 사양함으로써 정사를 들으실 수 있었네. 공자께서 그것을 먼저 원해서 얻었다고 하더라도 그것은 아마 다른 사람들이 그것을 구하는 것과는 다를 것이네."

2) 【색은술찬(索隱述贊)】 전숙은 덕망 있는 사람이라[田叔長者]/의로움 중시하고 목숨은 가벼이 여겼도다[重義輕生]/조나라 장왕 이미 누명 씻어냈고[張王旣雪]/한중 땅은 이에 영예로울 수 있었지[漢中是榮]/맹서는 폐기되었지만[孟舒見廢]/당당한 해명으로 모든 것 밝혀졌구나[抗說相明]/일의 이치로써 양왕 문제 처리했고[按梁以禮]/노나라 재상이 되어 실상을 얻었도다[相魯得情]/아들 인 일에 걸려들었으나[子仁坐事]/관리 시절 감군한 일로 이름 날렸다네[刺擧有聲]!

저선생(褚先生)은 말한다.

신(臣)이 낭(郎)으로 있을 때 들은 이야기다.

전인(田仁)은 예전부터 임안(任安)과 사이가 서로 좋았다. 임안은 형양(滎陽) 사람으로 어려서 고아가 되어 가난하고 빈곤했으니, 남을 위해 수레를 몰고 장안(長安)에 갔다가 그곳에 눌러앉아 일자리를 구했다. 하급 관리라도 되려고 했지만, 인연이 닿지 않아 그래서 점을 쳐 마음대로 호적을 만들고 무공(武功)에 집을 마련했다[1]. 무공은 부풍(扶風) 서쪽 경계에 있는 작은 읍으로, 산골짜기 입구는 촉(蜀) 땅으로 가는 잔도(棧道-험한 계곡이나 벼랑 같은 곳에 선반을 매듯이 해 만든 길)로 산에 가까웠다. 임안이 생각할 때 무공은 작은 마을에다 호걸도 없어서[無豪] 쉽게 이름을 날릴[易高][2] 수 있을 것 같았기에 거기에 머물기로 하고, 남을 대신해 구도(求盜-도둑 잡는 하급 관리)가 되기도 하고 정보(亭父-문을 여닫고 청소하는 하급 관리)가 되기도[3] 했다가 뒤에 정장(亭長)[4]이 되었다.

마을 인민(人民)들이 사냥하러 나오면 임안은 늘 사람들을 위해 고라니·사슴·꿩·토끼 등을 나눠주었는데, 노인과 젊은이와 장년층을 잘 나눠서 힘든 곳과 쉬운 곳[劇易]으로 안배하니 많은 사람이 기뻐하며 말했다.

"아무 상관도 없건만 임소경(任少卿)[5]이 나눠주는 것은 분별력이 있고 공평하니, 지략이 있는 사람이라 하겠다."

다음 날 다시 사냥을 위해 모였는데, 모여든 자가 수백 명이었다.

임소경이 말했다.

"아무개의 아들 갑(甲)은 어째서 오지 않았습니까?"

사람들은 모두 그가 사람들 이름을 빨리 기억하는 것을 기이하게 여겼다. 그 후에 제배되어 삼로(三老)[6]가 되었고, 친민(親民)으로 추대되었으며, 나아가 300석 장(長)[7]이 되어 백성을 다스렸다.

(그러던 중에) 상이 행차할 때 장막과 휘장 등을 제대로 준비하지 않은 죄

에 걸려 관직에서 쫓겨났다.

1) 【색은(索隱)】 점을 쳐서 스스로 가구 인원수를 정하고 무공에 붙어살았다[隷]는 말이다. 오늘날의 부적(附籍-남의 호적에 얹혀 있는 호적)과 같은 것이다.

2) 【색은(索隱)】 마을이 작아서 호걸이 없으므로 쉽게 이름을 높일 수 있다는 말이다.

3) 【정의(正義)】 응소(應劭)가 말했다. "예전에는 정(亭)에 졸(卒)이 2명 있었는데, 하나는 정보(亭父)로 문을 여닫고 청소하는 일을, 또 하나는 구도(求盜)로 도적을 추포하는 일을 맡았다."

4) 【정의(正義)】 「백관표(百官表)」에서 말했다. "10리(十里)마다 정(亭)을 두었는데, 정에는 장(長)이 있었다."

5) 【정의(正義)】 소경은 임안의 자(字)다.

6) 【정의(正義)】 「백관표(百官表)」에서 말했다. "10정(十亭)마다 향(鄕)을 두었는데, 향에는 삼로 1명이 있어 교화를 담당했다."

7) 【정의(正義)】 「백관표」에서 말했다. "1만 호 이상을 령(令)이라고 하는데, 작질은 1,000석에서 600석까지다. 1만 호가 되지 않으면 장(長)이라고 하는데, 작질은 500석에서 300석까지다. 양쪽 모두에 승(丞)과 위(尉)가 있다."

마침내 위청(衛靑) 장군의 사인(舍人)이 되어 전인과 만나게 되었으니, 둘 다 사인이라 같은 문하에 있으면서 한마음이 되어 서로를 아껴주었다. 이 두 사람은 집이 가난한 탓에 장군의 가감(家監-집사)을 섬기는 데 필요한 돈이 없었고, 가감은 두 사람을 사람을 해칠 정도로 사나운 말들을 기르는 곳으로 보냈다. 하루는 두 사람이 함께 침상에 누워 있었는데, 전인이 가만히 말했다.

"사람을 알아볼 줄 모르는구나, 저 가감은!"

임안이 말했다.

“장군도 오히려[尚] 사람을 알아볼 줄 모르는데, 어찌 마침내 가감이 알아볼 수 있겠는가!”

위 장군이 이 두 사람을 거느리고 평양주(平陽主)[1]의 집에 들렀다[過]. 공주 집에서는 두 사람을 말 모는 종[騎奴]들과 같은 자리에서 밥을 먹게 했는데, 두 사람은 칼을 뽑아 돗자리를 잘라버리고 따로 앉았다. 공주 집 사람들이 모두 기이하게 여기고 싫어했으나 감히 큰소리로 질책하지는[呵] 못했다.

1) 한나라 무제의 누이이자 평양후 조수(曹壽)의 부인이다. 주는 공주다.

그 후에 위 장군의 사인 중에서 (황제를 시종하는) 낭(郎)을 뽑겠다는 조서가 있어 장군은 사인 중에서 부유한 자를 골라서 안장 없은 좋은 말과 붉은 옷, 옥으로 장식한 검을 갖추게 하고서 궁궐로 들어가 아뢰려고 했다. 마침, 뛰어난 대부(大夫)로 알려진 소부(少府) 조우(趙禹)가 위 장군의 집에 들렀는데, 장군은 추천할 사인들을 불러 조우에게 보여주었다. 조우가 차례로[以次] 그들에게 물어보았지만, 10여 명 중에 일에 익숙하고 지략이 있는 자는 한 사람도 없었다.

조우가 말했다.

“내가 듣건대, 장군의 문하에는 반드시 장군과 비슷한 인재가 있다고 했습니다. 전(傳)에 이르기를 ‘그 임금을 알지 못하겠거든 그가 부리는 신하를 보고, 그 자식[其子]을 알지 못하겠거든 그가 벗하는 친구를 보라[1]’라고 했습니다. 지금 장군의 사인 중에서 (낭을) 천거하라는 조서가 있게 된 까닭은, 그들을 통해서 장군이 능히 뛰어난 이들과 문무에 재주 있는 인재들을 얻었는지를 살펴보고자 하시는 것입니다. 그런데 지금 한갓[徒] 부유한 집안의 자제들만 골라서 아뢰고자 하시는데, 이들은 아무런 지략이 없어 마치 나무 인형에다 화려한 비단옷을 입혀놓은 것일 뿐입니다. 장차 어찌하시렵니까?"

1) 『공자가어(孔子家語)』에 나오는 말인데, 조금 섞여 있다.

　공자가 말했다. "그 아들을 알지 못하겠거든 그 아버지를 보고, 그 사람을 알지 못하겠거든 그

　가 벗하는 친구들을 보고, 그 임금을 알지 못하겠거든 그가 부리는 신하를 보라."

이에 조우는 위 장군의 사인 100여 명을 모두 불러 차례로 물어본 끝에 전인과 임안을 얻고는 이렇게 말했다.

"오직 이 두 사람만 괜찮을 뿐 나머지는 쓸 만한 사람이 없습니다."

위 장군은 이 두 사람이 가난하다는 것을 알고는 내심 마음이 편치 않았다. 조우가 떠나자, 위 장군이 두 사람에게 일러 말했다.

"각자 스스로 안장 없은 말과 붉은 새 비단옷을 준비하라."

두 사람이 대답했다.

"집이 가난해서 갖출 수가 없습니다."

장군은 화를 내며 말했다.

"지금 두 사람은 자기 집안이 가난하다고 말하는데, 어째서 그런 말을 내뱉는 것인가? 앙앙불락하며 마치 내게 무슨 은덕이라도 베푸는[移=施] 것처럼, 하는 것은 어째서인가?"

위 장군은 어쩔 수 없이 명부를 만들어 보고했고, 위 장군 사인을 불러서 보겠다는 조서가 내려오니 두 사람은 상 앞으로 나아가서 상을 뵈었다. 조서를 내려 재능과 지략[能略]을 물어보자, 두 사람은 상대방을 추천하며 자기보다 더 윗급이라고 칭찬했다.

전인이 대답해 말했다.

"북채를 잡고 군문에 서서 사대부들로 하여금 기꺼이 죽을 각오로 전장에서 싸우게 할 수 있는 점에서 저 인(仁)은 임안에 미치지 못합니다."

임안이 대답해 말했다.

"무릇 혐의(嫌疑)가 있는 사안을 결단하고 옳고 그름을 정하며 관리들을 분별해 다스리고 백성을 하여금 원망하는 마음을 갖지 않게 하는 점에서 저 안(安)은 전인에 미치지 못합니다."

무제(武帝)가 크게 웃으며 말했다.

"좋도다."

임안으로 하여금 북군(北軍)을 감독하고 보호하게 했으며 전인으로 하여금 황하(黃河) 가로 가서 변방 요새의 둔전(屯田)과 곡식을 감독하고 보호하게 했으니, 이 두 사람은 천하에 이름을 떨쳤다.

그 후에 (상은) 임안을 익주(益州) 자사(刺史)[1]로, 전인을 승상장사(丞相長史)[2]로 삼았다.

1) **정의(正義)** 「백관표(百官表)」에서 말했다. "원봉(元封) 5년에 처음으로 자사를 두고 조서를 받들어 주(州)를 감찰하게 했는데, 작질은 600석이고 인원은 13명이다."

2) **정의(正義)** 「백관표」에서 말했다. "승상에게는 장사가 2명 있는데, 작질은 1,000석이다."

전인이 글을 올려 말했다.

"천하 군(郡)의 태수(太守)들 가운데 간사한 이익을 차지하는 자들이 많지만, 그중에서도 삼하(三河)가 더욱 심하니, 신이 먼저 삼하 지역을 비밀리에 사찰할 것[刺擧]을 청합니다. 삼하의 태수들은 모두 대내(大內-궁궐)의 귀인들에게 의지하고 있거나 (승상·태위·어사대부 등) 삼공(三公)과 친인척 관계이다 보니 두려워하거나 거리끼는 바가 없습니다. 마땅히 먼저 삼하를 바로잡음으로써 천하의 간사한 관리들에게 경고해야 할 것입니다."

이때 하남군(河南郡)·하내군(河內君)의 태수는 모두 어사대부 두주(杜

周)의 부형자제들이었고 하동군(河東郡)의 태수는 승상 석경(石慶)의 자손이었다. 이때 석씨(石氏) 가문에서는 9명이 봉록 2,000석을 받는 고관이 되어 바야흐로 막강한 권세를 휘두르면서 존귀한 대접을 받고 있었다. 전인이 여러 차례 글을 올려 이 일에 대해 보고하니, 어사대부 두주와 승상 석경이 사람을 보내 사과하면서 전소경(田少卿)에게 일러 말했다.

"우리가 감히 이러쿵저러쿵 말할 수는 없지만, 부디 소경(少卿)께서는 우리를 무고해 욕되게 하지 마십시오."

(그러나) 전인은 이미 삼하 지역의 사찰을 마치고 나자, 삼하의 태수들을 모두 옥리에게 내려 주살해버렸다. 전인이 조정으로 돌아와 사건을 처리한 내용을 보고하자 무제는 매우 기뻐하면서, 전인이 유능할 뿐만 아니라 권세를 믿고 횡포를 부리는 자들을 두려워하지 않는다고 여겨서 제배해 승상사직(丞相司直)으로 삼으니, 그의 위세가 천하를 진동했다.

그 후에 태자가 군사를 일으키는 모반 사건이 벌어지자 승상이 몸소 군사를 이끌면서 사직 전인에게 성문을 단단히 지키라는 명을 내렸다. 사직은 태자가 황제와는 부자지간의 골육지친이기 때문에 (황제는) 지나치게 야박한 것을 바라지 않을 것이라고 생각해 태자 일행이 제릉(諸陵)을 지나갈 수 있게 해주었다.

이때 무제는 감천궁(甘泉宮)에 있었는데, 어사대부 포군(暴君)[1]을 승상에게 내려보내 이렇게 질책했다.

"어째서 태자를 그냥 놓아주었는가?"

승상이 대답했다.

"신은 사직에게 성문을 지키라고 했는데, 그가 태자에게 문을 열어주었습니다."

글을 올려 보고하면서 사직을 체포할 것을 청하니, 사직은 옥리에게 내려져 주살되고 말았다.

1) 【집해(集解)】 서광(徐廣)이 말했다. "포승지(暴勝之)가 어사대부였다."

　　이때 임안은 (경성을 방위하는) 북군(北軍)의 사자로서 군대를 호위하고 있었는데, 태자는 북군 남문 밖에 수레를 세워둔 채로 임안을 불러서 그에게 부절(符節)을 주며 북군을 동원할 것을 명했다. 임안이 예를 갖춰 절을 하며 부절을 받은 뒤, 들어가서는 문을 닫고 다시 나오지 않았다. 무제는 이 소식을 듣자, 임안이 부절을 받는 척만 하고 태자의 명을 바로 따르지 않는 까닭을 궁금히 여겼다. (이에 앞서) 임안이 자금을 관리하는 북군의 하급 관리를 때려서 모욕을 준 적이 있었는데, 이에 그 하급 관리가 글을 올려서 임안이 태자에게 부절을 받고는 이렇게 말했다고 토설했다.

　　"다행히 제게 훌륭한 무기를 주기 바랍니다."

　　글이 올라가자, 무제가 말했다.

　　"이는 노회한 관리[老吏]로구나. 태자가 군사를 일으킨 것을 보고서는 앉아서 승패를 관망하다가 승자를 따르려고 하는 두 가지 마음을 지녔도다. 그동안 임안은 사형에 해당하는 죄를 많이 지었으나 나는 늘 그를 살려주었건만, 지금 그는 간사함을 품고서 불충한 마음을 갖고 있다."

　　임안을 옥리에게 내려 주살했다.

　　무릇 달이 차면 기울고 일이 성대하면 쇠하게 되는 것은 하늘과 땅 사이의 일정한 법도[天地之常]다. 나아가는 것만 알고 물러설 줄 몰라서 오래도록 부귀를 누리려고만 하면 화가 쌓여 재앙의 빌미[祟]가 된다. 그래서 범려(范蠡)는 월(越)나라를 떠나 관직과 작위를 사양하고서 받지 않았지만, 그 이름이 후세까지 전해져 만세(萬歲)토록 잊히지 않았으니, 어찌 그에 미칠 수 있으랴! 앞으로 벼슬에 나아가는 사람이 있다면 조심해 이 두 사람을 경계로 삼아야 할 것이다.

권105

편작창공열전(扁鵲倉公列傳) 제45

권105 편작창공열전(扁鵲倉公列傳) 제45[1]

　편작(扁鵲)은 발해군(渤海郡) 정현(鄭縣)[2] 사람으로 성(姓)은 진씨(秦氏)이고 이름은 월인(越人)이다. 젊을 때 다른 사람이 운영하는 객사(客舍)의 책임자를 지냈다. 객사에 장상군(長桑君)이라는 은자(隱者)[3]가 머문 적이 있었는데 편작은 홀로 그를 기이한 인물로 여겨 늘 정중하게 대했다. 장상군 역시 편작이 보통 사람이 아님을 알아보았다. 장상군이 객사에 드나든 지 10여 년 되었을 때, 마침내 편작을 불러서 가까이 마주 앉아 서로 한담을 나누었다.

　"내가 비술(祕術)[禁方]을 알고 있는데, 이제 늙어서 그대에게 전해주려 하니 그대는 결코 남에게 누설해서는 안 되네."

　편작이 말했다.

　"삼가 그리하겠습니다."

　마침내 장상군이 품에서 약을 꺼내 편작에게 주면서 말했다.

　"이 약을 상지(上池)의 물에 타서 마시게! 그러면 30일이 지나서 마땅히 일과 사물을 꿰뚫어 보게 될 것이네[知物][4]."

　마침내 비술을 담은 책들을 가져다가 전부 편작에게 주고 난 뒤에 홀연히 사라졌으니, 아마도 그는 그냥 평범한 사람이 아닌 듯했다.

　편작이 그의 말대로 복용했는데, 30일이 지나자, 담 너머에 있는 사람들을 볼 수 있게 되었다[5]. 이런 능력으로 환자를 보니 오장(五臟)[6] 속 질병의 뿌리[癥結]를 남김없이 볼 수 있었지만, 겉으로는 단지 맥을 짚어서 진찰하는[診=占] 것처럼 할 뿐이었다. 그는 의원(醫員)이 되어 제(齊)나라에 머물기도 하고[7] 조(趙)나라에 머물기도 했는데, 조나라에 머물 때 편작이라는 이름으로 불렸다.

1) 【색은(索隱)】 왕소(王劭)가 말했다. "의방(醫方-의술)은 마땅히 일자(日者)나 귀책(龜筴)과 접해 있으므로 여기에 합쳐서 열전으로 만들어서는 안 되니, 후세 사람의 잘못이다." 【정의(正義)】 순우의(淳于意)는 효문제 때 의원으로, 조서를 받들어 진찰했고 제나라 태창령(太倉令)이 되었다. 그래서 태사공은 편작 다음으로 그를 서술했다. 편작은 곧 춘추시대의 양의(良醫)이니 별도로 서술할 수는 없었다. 그래서 그를 끌어와 열전의 앞에다 두고 태창공(太倉公)을 그 다음에 둔 것이다.

2) 【집해(集解)】 서광(徐廣)이 말했다. "정(鄭)은 마땅히 막(鄚)이 되어야 한다. 막은 현 이름으로, 지금은 하간(河間)에 속한다." 【색은(索隱)】 발해군에는 정현이 없으니 마땅히 막현이 되어야 한다.

3) 【색은(索隱)】 은자란 대개 신인(神人)이다.

4) 【색은(索隱)】 구설(舊說)에 따르면 상지의 물이란 아직 땅에 닿지 않은 물을 말하는데, 대개 이슬이나 대나무 위쪽에 맺힌 물을 말한다. 그것으로 약을 타 먹으면 복용한 지 30일이 지나서 마땅히 신묘한 일의 이치[鬼物]를 보게 된다는 말이다.

5) 【색은(索隱)】 능히 담장 뒤에 있는 사람을 볼 수 있게 되었다는 것은 눈이 신통력을 발휘하게 되었다는 말이다.

6) 【정의(正義)】 오장이란 심장·폐·비장·간·신장이다.

7) 【정의(正義)】 제나라에서는 노의(盧醫)로 불렸다. 지금의 제주(濟州) 노현(盧縣)에 머물렀기 때문이다.

진(晉)나라 소공(昭公) 때[1] 여러 대부(大夫)가 강해지고 공족(公族)이 약해져서, 대부 조간자(趙簡子)가 국정을 좌우하고 있었다. 간자가 큰 병이 들어 닷새 동안이나 사람을 알아보지 못하자 대부들은 모두 걱정을 하다가 이에 편작을 불렀다. 편작이 들어가서 병세를 살펴보고 나오니, (조간자의 가신) 동안우(董安于)가 편작에게 병세를 물었다. 편작이 이렇게 말했다.

"혈맥(血脈)이 정상인데 뭘 그리 걱정하십니까? 옛날에 진(秦)나라 목공(穆公)도 일찍이 이런 증세를 보였다가 7일 만에 깨어났는데, 깨어난 날 목공은 공손지(公孫支)와 자여(子輿)[2]에게 이렇게 말했습니다.

'나는 상제(上帝)가 계신 곳에 가서 매우 즐겁게 지냈는데, 내가 거기서 오래 머무른 까닭은 마침 배울 것이 있었기 때문이다. 상제께서 내게 말씀하시기를, "진(晉)나라는 장차 크게 어지러워져서 5대(代)에 걸쳐 안정되지 못할 것이고, 그다음의 임금이 장차 패자(霸者)가 되겠지만 아직 늙기도 전에 죽을 것이며, 그 패자의 아들이 장차 호령하겠지만 진나라에서는 남녀의 구별이 없어질 것이다"라고 했다.'

공손지가 이 말을 기록해 보관해두었으니, 「진책(秦策)」(에서 진(晉)나라를 참언하는 말)은 이렇게 해서 세상에 나오게 된 것입니다. 무릇 (진(晉)나라) 헌공(獻公) 때 난이 일어났고 문공(文公)은 패자가 되었으며 양공(襄公)은 효산(殽山)에서 진(秦)나라 군대를 깨뜨리고 돌아오자, 방종과 음란을 일삼았으니[縱滛], 이는 그대들도 들어본 바입니다. 지금 주군의 병도 이와 같으니, 사흘도 안 되어 반드시 차도가 있을 것이고, 차도가 있게 되면 반드시 여러 대부에게 무슨 말씀을 하실 것입니다."

1) [색은(索隱)] 「조계가(趙系家)」에서는 이 일을 정공(定公) 초의 일로 서술하고 있다.

2) [색은(索隱)] 살펴보건대, 두 사람 다 진나라 대부다. 공손지는 자상(子桑)이고, 자여는 누군지 알 수 없다.

이틀하고 반나절이 지나자, 간자가 깨어나 여러 대부에게 이렇게 말했다.

"나는 상제(上帝)가 계신 곳에 가서 매우 즐겁게 지냈으니, 여러 신과 함께 (상제가 계신 구천(九天)의 하나인) 균천(鈞天)에서 노닐었고 온갖 악기를 펼쳐놓고 아홉 차례 연주하고 온갖 춤을 추었는데, 그것은 하(夏)·상(商)·주(周) 삼대(三代)의 음악과는 달랐지만, 그 소리는 사람의 마음을 움직였다. 그때 곰 1마리가 나타나서 나를 잡아가려 하니, 상제께서 내게 곰을 쏘라고 명하시기에 곰을 맞추자 곰은 죽어버렸다. 그러자 큰 곰이 달려왔는데, 내가 또 쏘아서 큰 곰을 맞추자 큰 곰 또한 죽어버렸다. 상제께서 매우 기뻐하며 내게 대나무 바구니 2개를 내려주셨는데, 모두 옆에 고리[副]가 있었다. 나는 상제 옆에 한 아이가 있는 것을 보았는데, 상제께서는 내게 (오랑캐인) 적(翟) 땅의 개 1마리를 주시면서 '네 아들이 장성하거든 이 개를 주도록 하라'라고 말씀하셨다. 또 상제께서는 내게 '진(晉)나라는 장차 세월이 흐를수록 쇠약해지다가 7세(世)에 이르면 망할 것이다[1]. 영씨(嬴氏)가 장차 강대해져 주나라 사람들을 범괴(范魁) 서쪽에서 크게 무찌르겠지만[2], 그 또한 나라를 오래 소유하지는 못할 것'이라고 말씀하셨다."

동안우가 간자의 말을 듣고는 이를 기록해 보관하면서 편작이 한 말을 간자에게 아뢰니, 간자는 편작에게 전답 4만 무(畝)를 내려주었다.

1) **정의(正義)** 진나라 정공(定公)·출공(出公)·애공(哀公)·유공(幽公)·열공(烈公)·효공(孝公)·정공(靜公)이 7세다. 정공(靜公) 2년에 삼진(三晉)에 멸망당했으니, 이것과 「조세가(趙世家)」를 근거로 볼 때 간자가 병이 난 것은 정공(定公) 11년이다.

2) **정의(正義)** 영(嬴)은 조씨의 본래 성이다. 주나라 사람이란 위(衛)나라를 가리킨다. 진나라가 망한 뒤 조나라 성후(成侯) 3년에 위나라를 쳐서 향읍 73곳을 차지했으니, 이 일을 말한다.

그 후에 편작은 괵(虢)나라[1]를 찾았다. 마침, 괵나라 태자가 죽었는데, 편작은 괵나라 궁궐 문 아래로 가서 방술(方術)을 좋아하던 중서자(中庶子-태자 선생)에게 물었다.

"태자께서는 무슨 병이었습니까? 도성 안에서 질병을 쫓으려고 푸닥거리[禳=禳]를 하는 것이 (다른 이들보다) 심하다고 했습니다."

중서자가 말했다.

"태자의 병은 혈기(血氣)가 때에 맞지 않고[不時] 뒤엉켜서 제대로 발산되지 않다가 갑자기 몸 밖으로 터져 나오면서 몸을 해친 것입니다. 정기(精氣)가 사기(邪氣)를 제대로 제어하지 못하자 그 사기가 몸에 쌓여 발산되지 못했으니, 이 때문에 양기가 느려지고 음기가 빨라져서 그로 인해 갑자기 쓰러져[蹶]²⁾ 죽음에 이른 것입니다."

편작이 말했다.

"혹시 태자가 죽은 때는 언제입니까?"

중서자가 말했다.

"첫닭이 울 때부터 지금 사이입니다."

편작이 말했다.

"서두었습니까[收]?³⁾"

중서자가 말했다.

"아직 거두지 않았습니다. 돌아가신 지 반나절도 되지 않았으니까요."

"지금 말씀을 드리고 있는 저는 제(齊)나라 발해(渤海) 사람 진월(秦越)로 집은 막현(鄭縣)⁴⁾에 있는데, 일찍이 앞에서 괵나라 군주의 빛나는 얼굴을 우러러보며 뵈올 기회가 없었습니다. (그런데 마침) 태자가 불행하게도 돌아가셨다는 말을 들었습니다만, 신이 능히 태자를 살릴 수 있습니다."

---

1) 【정의(正義)】 섬주성(陝州城)으로, 옛 괵국이다.

2) 【정의(正義)】 『석명(釋名)』에서 말했다. "궐(蹶)이란 기운이 밑에서 위로 올라가다가 심장에 압박을 가해 쓰러지는 것이다."

3) 【정의(正義)】 수(收)란 입관을 말한다.

4) 원문은 정(鄭)으로 되어 있지만 주에 따라 막(鄚)으로 옮겼다.

중서자가 말했다.

"선생은 함부로 허탄한 말씀을 하지 마십시오. 어떻게 태자를 살려낼 수 있다고 말하십니까? 신이 듣건대, 상고시대 의원 중에 유부(兪跗)[1]라는 사람이 있었습니다. 그는 병을 치료할 때 탕액(湯液)·예쇄(醴灑)·참석(鑱石)·교인(撟引)·안올(案扤)·독위(毒熨)를 쓰지 않으니, 옷을 풀어 헤쳐 잠시 진맥하는 것만으로 병의 징후를 알아낸 뒤 오장(五臟)에 있는 수혈(輸穴)의 유형[2]에 따라 피부를 가르고 살을 열어 막힌 맥(脈)을 통하게 하며 끊어진 힘줄을 잇고 척수(脊髓)와 뇌수(腦髓)를 누르며 고황(膏肓)과 횡격막(橫膈膜)을 바로하고 장(腸)과 위(胃) 등 오장을 깨끗이 씻어냄으로써 정기(精氣)를 다스리고 신체를 바꿔놓는다고 합니다. 선생의 의술이 능히 이와 같다면야 태자께서 다시 살아날 수 있겠지요. (그런데) 능히 이와 같지 못하면서 태자를 다시 살려내려 한다면, 오히려 어린아이에게 말한들 믿지 않을 것입니다."

1) 【정의(正義)】 응소(應劭)가 말했다. "황제(黃帝) 때 장군이다."

2) 【정의(正義)】 『팔십일난(八十一難)』에서 말했다. "폐의 근원은 태연(太淵)에서 나오고, 심장의 근원은 태릉(太陵)에서 나오고, 간의 근원은 태충(太衝)에서 나오고, 비장의 근원은 태백(太白)에서 나오고, 신장의 근원은 태계(太谿)에서 나온다."

편작은 종일 말하지 않다가 하늘을 우러러 탄식하며 말했다.

"선생[夫子]께서 말한 치료법은 마치 대롱 구멍으로 하늘을 살피고 [以管窺天=管見] 좁은 틈새로 아름다운 무늬를 보려는 것[以郄視文]과 같습니다. 월 땅 사람인 제 치료법은 환자의 맥을 짚거나 안색을 살펴보거나 목소리를 듣지 않고서도 어느 부위에 병이 있는지를 말할 수 있습니다. 병증이 양(陽)에 있으면 그 음(陰)을 논할 수 있고, 음에 있으면 그 양을 논할 수 있습니다. 병의 징후[病應]는 겉으로 드러나게 마련이니, 1,000리 먼 곳까지 가지 않더라도 무슨 병인지를 진단할 수 있는 경우가 많아 억지로 숨기거나 가릴 수 없습니다. 그대가 내 말이 진실이 아니라고 생각한다면 시험 삼아 들어가서 태자를 한 번 살펴보시지요. 마땅히 태자의 귀에서는 소리가 나고 코는 벌름거릴 것이며[張=漲] 양쪽 넓적다리를 더듬어 올라가서 음부(陰部)에 이르면 마땅히 아직 따뜻한 기운이 남아 있을 것입니다."

중서자는 편작의 말을 듣자마자 눈앞이 아찔해 제대로 깜박이지도 못하고[眩然而不瞚] 혀가 오그라들어 아래로 움직이지 않을 정도로[撟然而不下] 깜짝 놀라서, 마침내 궁궐 안으로 들어가 편작의 말을 괵나라 군주에게 보고했다. 괵나라 군주가 그 말을 듣고는 크게 놀라며 궁궐 중문(中門)까지 나와 편작을 만나보고 말했다.

"평소 선생의 높은 명성을 들은 지 오래되었으나 일찍이 앞에서 배알(拜謁)할 기회가 없었다. 선생이 작은 나라를 찾아 다행스럽게도 나를 도와주는 일을 해주었으니, 변방 작은 나라의 과신(寡臣)으로서[1] 참으로 다행스럽다. 지금 선생이 있어 내 아들이 살아나겠지만, 선생이 오지 않았더라면 내 아들은 버려져 도랑이나 계곡에 묻혀 영원히 죽어 다시는 살아나지 못했을 것이다."

말을 다 끝내기도 전에 비통한 표정을 지으며 가슴이 메고 정신이 혼미해져서 하염없이 눈물을 흘리는데, 줄줄 흐르는 눈물이 눈썹을 적셨고 슬픔을 스스로 억제하지 못해 얼굴 모습 또한 일그러졌다.

편작이 말했다.

"태자가 걸린 병은 시궐(尸蹶)입니다. 무릇 양기(陽氣)가 음기(陰氣) 속으로 들어가서 위(胃)를 움직이고 경맥(經脈-양의 맥)과 낙맥(絡脈-음의 맥)을 얽어 막히게 하며 이와 별도로 삼초(三焦)2)와 방광(膀胱)으로 내려가서, 이로 인해 양맥(陽脈)이 아래로 무리 지어 내려가고 음맥(陰脈)이 다투듯이 위로 치솟음으로써 양기와 음기가 만나는 곳이 막혀 통하지 않게 됩니다. 이 음맥이 위로 올라가고 양맥이 안을 향해 내려가게 되면 양맥은 안으로 내려가 고동(鼓動)치지만 일어설 줄 모르게 되고 음맥은 밖으로 올라가지만 끊어져서 음기의 역할을 못 하게 됩니다. (또) 몸 위에는 양기가 끊어진 낙맥(絡脈)이 있게 되고 아래에는 음기가 끊어진 적맥(赤脈)이 있게 됩니다. 음기가 파괴되고 양기가 끊어져서 혈색이 사라지고 맥이 어지러워지니, 그래서 몸이 죽은 것처럼, 움직이지 않는 것입니다.

태자께서는 아직 죽지 않았습니다. 무릇 양기가 음기로 들어가서 오장을 누르게 되면 살지만, 음기가 양기로 들어가서 오장을 누르게 되면 죽습니다. 대개 이러한 것들은 모두 오장의 기가 몸속에서 거꾸로 치솟을 때[逆上] 갑자기 일어납니다. 훌륭한 의원[良工]은 이런 병을 치료하지만, 서툰 의원[拙者]은 의심하고 위태롭게 여깁니다3)."

1) 【색은(索隱)】 괵나라 군주가 스스로 겸손을 보인 것이다. 그래서 자기를 변방 먼
    나라의 과소지신(寡小之臣)이라고 불렀다.

2) 육부(六腑)의 하나다. 목구멍부터 전음(前陰)과 후음(後陰)까지 부위를 말한다. 상초(上焦)·
    중초(中焦)·하초(下焦)로 나뉜다. 상초는 목구멍에서 위(胃)의 분문(噴門)까지, 즉 횡격막 위의
    가슴 부위에 해당하는데, 폐(肺)·심(心)·심포락(心包絡) 등이 있다. 중초는 위의 분문에서 유
    문(幽門)까지, 즉 횡격막 아래에서 배꼽까지 부위에 해당하는데, 비(脾-비장)·위(胃)가 있다.
    하초는 위(胃)의 유문(幽門)에서 전음(생식기)과 후음(항문)까지, 즉 배꼽 아래 하복부에 해당
    하는데, 신장·방광·소장·대장 등의 장기가 있다.

3) 【정의(正義)】 『팔십일난(八十一難)』에서 말했다. "하나를 알면 하공(下工)이고, 둘
    을 알면 중공(中工)이며, 셋을 알면 상공(上工)이다."

편작이 마침내 제자 자양(子陽)에게 숫돌에 침(鍼)을 갈게 해서 그것으로써 살갗에 있는 삼양(三陽)과 오회(五會)[1]를 찌르니, 얼마 후에 태자가 깨어났다[蘇=蘇生]. 마침내 다른 제자 자표(子豹)에게 오분(五分)의 고약[熨]을 바르게 하고 팔감(八減)의 방법으로 약제(藥劑)를 섞어 달여서 양쪽 겨드랑이 아래에 번갈아 붙이게 하니, 태자가 자리에서 일어나 앉았다. 다시 음기와 양기를 조절해 일단 탕약을 20일 동안 마시게 하자 태자의 몸이 원래대로 돌아왔다.

이 일로 인해 세상 사람들 모두 편작은 죽은 사람도 살려낼 수 있다고 여겼으나 편작은 이렇게 말했다.

"이 월나라 사람은 죽은 사람을 살려낼 수 없다. 마땅히 스스로 살 수 있는 사람을 이 월나라 사람이 일어나게 해준 것일 뿐이다."

1) 【정의(正義)】『소문(素問)』에서 말했다. "손발에는 각각 삼음과 삼양이 있다. 태음(太陰)·소음(少陰)·궐음(厥陰)이 삼음이고, 태양(太陽)·소양(少陽)·양명(陽明)이 삼양이다. 오회란 (사람의 질병이 숨어 있는 곳으로) 백회(百會)·흉회(胸會)·청회(聽會)·기회(氣會)·노회(臑會)를 말한다."

편작이 제(齊)나라로 가니 제나라 환후(桓侯)는 편작을 빈객으로 맞았다[1]. 궁정에 들어가 환후를 조현하고 말했다.

"임금께서는 피부[腠=皮膚]에 병이 있는데, 치료하지 않으시면 장차 더 심해지실 것입니다."

환후가 말했다.

"과인은 질병이 없다."

편작이 물러가자, 환후는 좌우 신하들에게 이렇게 말했다.

"의원이란 자들은 이익을 탐해 병도 없는 사람을 가지고 (병이 있다고 해서) 공을 세우려 한다."

닷새 뒤에 편작이 또 환후를 뵙고 말했다.

"임금께서는 혈맥(血脈)에 병이 있는데, 치료하지 않으시면 훨씬 깊어질까 걱정스럽습니다."

환후가 말했다.

"과인은 질병이 없다."

편작이 물러가자, 환후는 기분이 좋지 않았다. 닷새 뒤에 편작이 또 환후를 뵙고 말했다.

"임금께서는 위와 장 사이에 병이 있는데, 치료하지 않으시면 장차 더 깊어질 것입니다."

환공은 아무런 반응도 보이지 않았다. 편작이 물러가자, 환후는 기분이 좋지 않았다.

1) 【색은(索隱)】 부현(傅玄)이 말했다. "이때 제나라에는 환후가 없다." 배인(裴駰)이 말했다. "이 제나라 후란 전화(田和)의 아들 환공(桓公) 오(午)다."

닷새 뒤에 편작이 다시 환후를 뵈었으나, 환후를 멀리서 바라보기만 하다가 그냥 물러 나왔다. 환후가 사람을 보내 그 까닭을 물으니, 편작이 말했다.

"병이 피부에 있을 때는 탕약과 고약으로 고칠 수 있고, (병이) 혈맥에 있을 때는 쇠침과 돌침으로 고칠 수 있으며, 병이 위와 장 사이에 있을 때는 약술(藥術)로 고칠 수 있습니다. 그러나 병이 골수(骨髓)까지 들어가 버리면 설사 사명(司命-목숨을 관장하는 전설 속의 귀신)이라 해도 어쩌할 도리가 없습니다. 지금은 병이 골수에 들어가 있으므로 신이 더는 드릴 말씀이 없었습니다."

닷새 뒤에 환후가 몸에 병이 들어 사람을 보내 편작을 불렀지만, 편작은 이미 자리를 피해 떠난 뒤였다. 환후는 결국 죽었다.

성인(聖人)으로 하여금 병의 징후[微=徵候]를 미리 알게 하여 훌륭한 의원에게 일찍 치료받을 수 있게 한다면 질병은 얼마든지 치료할 수 있고 몸도 살아날 수 있다. 사람들이 걱정하는 것은 질병이 많다는 것이고, 의원들이 걱정하는 것은 병을 치료할 방법[病道]이 적다는 것이다. 그러므로 병에는 여섯 가지 불치병이 있다.

교만방자해 병의 원리를 논하지 않는 것이 첫 번째 불치병이다.

몸을 가벼이 여기고 재물을 중시해 치료하지 않는 것이 두 번째 불치병이다.

입고 먹는 것을 적절하게 하지 않는 것이 세 번째 불치병이다.

음과 양이 나란히 있어 오장의 기운이 안정되지 못한 것이 네 번째 불치병이다.

몸이 극도로 쇠약해 제대로 복용할 수 없는 것이 다섯 번째 불치병이다.

무당을 믿고 의원을 믿지 않는 것이 여섯 번째 불치병이다.

이 여섯 가지 중에서 하나만 있다 해도 병을 치료하기는 거듭해서 어렵다[重難治].

편작의 이름은 천하에 알려졌다. 편작이 (조나라 수도) 한단(邯鄲)을 찾았을 때는 그곳에서 부인들을 귀하게 여긴다는 말을 듣고는 곧바로 부인과(婦人科) 의원[帶下醫]1)이 되었고, (주나라 수도) 낙양(雒陽)에 가서는 주(周)나라 사람들이 노인을 공경한다는 말을 듣고 곧바로 귀와 눈, 손발 저림[痺] 등을 다루는 노인과 의원이 되었으며, (진나라 수도) 함양(咸陽)에 들어가서는 진나라 사람들이 어린아이를 사랑한다는 말을 듣고 곧바로 소아과 의원이 되었다. (이처럼 편작은) 각지의 풍속에 맞춰 진료 과목을 바꾸었다.

진(秦)나라 태의령(太醫令) 이혜(李醯)가 자기 의술이 편작만 못함을 스스로 알고서 자객을 보내 편작을 찔러 죽였다. (그러나) 지금까지도 천하에서 맥법(脈法)에 관해 말하는 자들은 모두 편작을 따르고 있다.

태창공(太倉公)은 제(齊)나라 태창(太倉-도성 곡식 창고) 책임자로 임치(臨菑) 사람이다. 성은 순우(淳于)이고 이름은 의(意)인데, 젊어서부터 의술을 좋아했다. 고후(高后) 8년에 같은 고향 사람인 원리(元里)의 공승(公乘-관직) 양경(陽慶)에게서 의술을 배웠다. 양경은 나이 70이 넘도록 아들이 없자 순우의에게 전에 배운 의술을 모두 버리게 한 뒤에 자신이 지닌 비전(祕傳)의 의술[禁方]을 남김없이 전수해주고 황제(黃帝)와 편작(扁鵲)이 남긴 맥서(脈書)도 전수해주었는데 (양경은) 다섯 가지 안색으로 병을 진단해 환자의 생사를 알 수 있었고 의심스러운 증세를 판별해 그에 맞는 치료법을 결정했으니, 약리(藥理)에 관한 이론이 심히 정밀했다.

순우의는 전수받는 3년 동안 남의 병을 고쳐주면서 환자가 살지 죽을지를 판단해주기도 했는데, 효험을 많이 보았다. 그러나 그는 여기저기 제후국들을 돌아다니며 노닐기만 하고 자기 집을 집으로 여기지 않았으며, 때로는 남의 병을 치료해주지 않기도 해서 환자가 있는 집에서 그를 원망하는 자들이 많았다.

문제(文帝) 4년 연간에 어떤 사람이 글을 올려 순우의를 고발하니, 순우의는 신체 일부를 절단하는 육형(肉刑)의 판결을 받고는 역마에 실려 서쪽 장안으로 압송될 처지에 놓였다. 순우의에게는 딸 다섯이 있었는데, 그를 뒤따라오며 울기만 할 뿐이었다.

순우의가 화가 나서 딸들을 꾸짖었다.

"자식을 낳았으나 사내아이를 낳지 못했으니, 위급할 때[緩急] 아무 쓸모가 없구나!"

이에 막내딸 제영(緹縈)이 부친의 말을 애처롭게 여겨 마침내 부친을 따라 서쪽으로 장안까지 와서는, 글을 올려 말했다.

"첩의 아버지가 관리로 있을 때 청렴하고 공정해 제나라 사람들의 칭송을 받았습니다만, 지금은 법에 걸려 형벌을 받게 되었습니다. 첩이 통절하게 비통해하는 것은, 죽은 자는 다시 살아날 수 없고 육형을 받은 자는 몸이 다시 전처럼 될 수 없으니, 비록 잘못을 고치고 스스로 새롭게 되고자 해도 그렇게 할 방법이 없어서 끝내 새롭게 살 기회를 얻지 못한다는 것입니다. 바라건대 제 한 몸을 관비(官婢)로 바칠 터이니, 아버지의 형벌을 속죄해주시고 아버지가 행실을 고쳐 스스로 새롭게 할 수[自新] 있게 해주십시오."

글이 올라가자, 상(上)이 그 마음을 가슴 아파해서 그해 중에 육형(肉刑)을 시행하는 법을 없앴다[1].

1) **[집해(集解)]** 서광(徐廣)이 말했다. "「연표(年表)」를 살펴보건대, 효문 12년에 육형을 없앴다."

순우의가 (용서를 받고) 집에 머무르고 있을 때, (상이) 순우의에게 조서를 내려 그가 치료해 살아났거나 (비록) 죽었어도 효험을 보았던 자가 몇 사람이며 또 그 환자들의 이름은 무엇인지를 물었다.

조서를 내려 전 태창 책임자 신(臣) 순우의에게 물은 내용은 다음과 같다.

"네 의술 중에서 가장 뛰어난 것은 무엇이고 잘 치료할 수 있는 병은 무엇인가? 또 그것에 관한 책이 있는가, 없는가? 이 모든 의술을 어디서 배웠으며, 그것을 배우는 데 몇 년이 걸렸는가? 일찍이 효험을 본 자는 어느 현, 어느 고을 사람인가? 그들은 무슨 병에 걸렸으며, 치료하고 약제를 쓴 뒤에 그 병세는 어떠했는가? 잘 갖춰 남김없이 대답하도록 하라!"

신 순우의의 대답은 다음과 같다.

　"저는 젊어서부터 의약을 좋아했지만, 의약을 실제 시술해봐도 효험이 없는 경우가 많았습니다. 그러다가 고후(高后) 8년[1] 임치(臨菑) 원리(元里)의 공승(公乘)을 지낸 양경(陽慶)을 스승으로 만나게 되었습니다. 양경은 나이가 70여 세였는데, 저는 그를 만나 스승으로 섬겼습니다. 스승이 제게 일러 말했습니다.

　'지금까지 네가 배운 의술 모두 버려라. 그것은 정확한 것이 아니다. 나는 옛 의원(醫員)들이 전한 황제(黃帝)와 편작(扁鵲)의 맥서를 가지고 있는데, 얼굴에 나타나는 다섯 색깔로써 질병을 진단해 환자의 생사를 알고 의심스러운 증세를 판별해 치료법을 결정하니 약리에 관한 내 이론은 매우 정밀하다. 나는 집이 넉넉하고 마음으로 너를 아끼고 있으니, 내 비방이 담겨 있는 의서를 모두 네게 가르쳐주고자 한다.'

　신 의가 그 자리에서 말했습니다.

　'참으로 행운입니다. 제가 감히 바라지도 못했던 바입니다.'

　신 의는 즉시 앉은 자리에서 일어나 두 번 배알하고서 스승으로부터 『맥서(脈書)』 상하경(上下經), 『오색진(五色診)』, 『기해술(奇咳術)』[2], 『규도음양외변(揆度陰陽外變)』, 『약론(藥論)』, 『석신(石神)』, 『접음양(接陰陽)』 등과 같은 비전의 의서들을 건네받았는데, (그것들을) 다 읽고 시험해보는 데 1년이 걸렸습니다. 그 이듬해 즉각 배운 바를 시험해보니, 효험은 있었지만 아직은 정교하지 못했습니다. 3년 정도 더 의술에 전념하고 나자 어느새 환자를 치료하거나 질병을 진찰해서 병자가 살고 죽는 것을 결정할 수 있었으니, 효험이 정밀하고 뚜렷했습니다.

　지금은 양경이 죽은 지 이미 10년이 지났는데, 신 의는 꼬박 3년을 (더) 매진해 제 나이는 이제 39세입니다.

---

1) 【집해(集解)】 서광(徐廣)이 말했다. "의의 나이 26세였다."

2) 【정의(正義)】 『팔십일난(八十一難)』에서 말했다. "기경팔맥(奇經八脈)이란 유양유

(有陽維)·유음유(有陰維)·유양교(有陽蹻)·유음교(有陰蹻)·유충(有衝)·유독(有督)·유임(有任)·유대(有帶)의 여덟 가지 맥을 말한다. 이 여덟 가지는 모두 경(經)에 구애되지 않기 때문에 기경팔맥이라고 한다.”

제나라 시어사(侍御史) 성(成)이 스스로 두통이 있다고 말하기에 신 의가 그의 맥을 짚어보고서는, 그에게 말하기를 ‘당신 병은 매우 악화되어 뭐라 말씀드릴 수가 없습니다’라고 한 뒤에 곧장 물러 나와 오로지 성의 동생 창(昌)에게만 알려주었습니다.

‘이 병은 저(疽-일종의 암)[1]로서 몸속의 장(腸)과 위(胃) 사이에 생겨난 것인데, 닷새 뒤에는 그것이 부어오르고[癰腫] 다시 여드레가 지나면 고름을 쏟다가[嘔膿] 죽을 것입니다.’

성의 병은 음주와 방사(房事)[內]로 생겨난 것이었습니다. 성은 곧 정해진 날에 죽었습니다.

성의 병을 알 수 있었던 것은 신 의가 그의 맥을 짚었을 때[切] 간(肝)의 기운을 알아차렸기 때문입니다. 간의 기운이 흐리고 고요하면[濁而靜] 이는 내관(內關)에 생긴 병[2]입니다. 『맥법(脈法)』에 이르기를, ‘맥박이 길고 활시위처럼 팽팽해 사계절의 변화에 맞게 바뀌지 못하는 것은 그 병이 주로 간(肝)에 있으니[3], 맥이 고르다면[和] 그 병은 간의 경맥(經脈)에 있고 맥이 불규칙하다면[代] 낙맥(絡脈)에 이상이 있는 것이다’라고 했습니다. 경맥에 이상이 있는데 맥박이 고르면 그 병은 힘줄과 골수에서 생긴 것이고, 맥박이 불규칙해서 갑자기 끊어졌다 움직이며 높아지는 것은 그 병은 과도한 음주와 방탕한 성생활에서 생긴 것입니다.

닷새 만에 종기가 부어오르다가 다시 여드레가 되면 고름을 쏟고 죽게 된다는 것을 안 것은, 그의 맥을 짚었을 때 소양(少陽-경맥의 이름)에 처음으로 대맥(代脈-불안정한 맥)이 나타났기 때문입니다. 대맥이 나타나면 경맥에 병이 생겨난 후 소양 낙맥으로까지 발전되어 병이 곧장 온몸을 지나 낙맥

으로 가게 됩니다. 낙맥에 (막) 병이 생겼을 때는 소양의 초관(初關) 한 치쯤
에서 생겨났을 뿐이므로 열은 있어도 고름은 나오지 않습니다. 그러나 다
섯 치까지 미치면 소양의 끝에 이르게 되고, 다시 여드레가 지나면 고름을
쏟고 죽게 되는 것입니다. 즉 두 치쯤에서 고름이 생기기 시작해서 다섯 치
의 경계에 이르러 종기가 부어올라 고름을 모두 쏟고 죽게 되는 것입니다.

열이 높아지면 양명(陽明)을 지지게 되어 낙맥을 타게 하는데, 낙맥이 움
직이면 낙맥이 이어지는 곳에서 질병이 발생하고, 이렇게 되면 이어서 서로
문드러지고 풀어지기[爛解] 때문에, 낙맥 사이가 막히게 됩니다. 그래서 열
기가 이미 위로 올라가 머리에 이르러 흔들어대기 때문에 두통이 생겨나는
것입니다.

1) 또 암을 옹(癰)이라고도 했다.

2) 외부에는 증상이 명확히 나타나지 않지만 실제로는 엄중한 질병을 말한다.

3) 【정의(正義)】『소문(素問)』에서 말했다. "병이 심장에 있으면 여름에 낫고 겨울에
  는 심해지며, 병이 비장에 있으면 가을에 낫고 봄에는 심해지며, 병이 폐에
  있으면 겨울에 낫고 여름에는 심해지며, 병이 신장에 있으면 봄에 낫고 여름
  에는 심해지며, 병이 간에 있으면 여름에 낫고 가을에는 심해진다."

제(齊)나라 왕 둘째 아들의 어린아이가 병이 들자, 신 의를 불러서 맥을
진찰하고 짚어보게 했는데, 신 의는 진찰을 마치고 이렇게 말했습니다.

'기격병(氣鬲病)1)입니다. 이 병은 사람의 가슴을 답답하게 하고, 음식이
목구멍을 내려가지 못하게 하며, 때로는 가래를 토하게 합니다. 이 병은 마
음속에 근심이 많은 상태에서 여러 차례에 걸쳐 억지로 음식을 먹은 데서
생겨난 것입니다.'

신 의가 곧장 그에게 하기탕(下氣湯)을 지어 마시게 했는데, 하루 만에 기
가 내려가고 이틀 만에 음식을 먹을 수 있게 되었으며 사흘이 되자 곧바로

병이 다 나았습니다.

이 아이의 병을 알아차릴 수 있었던 것은 그 맥을 짚어보니 마음의 기운이 탁하고 조급해 맥이 빨랐기 때문이었으니, 이는 양기가 엉켜서 난 병입니다. 『맥법』에 이르기를 '맥박이 뛰는 것이 빨라졌다 느려졌다 하여 한결같지 않은 것은 병이 주로 마음에 있는 것'이라고 했습니다. 전신에 열이 나고 맥박이 (너무) 힘찬 것을 중양(重陽)이라고 합니다. 중양이란 심장의 근본을 두근거리게 합니다[盪=盪]. 이렇게 되면 번민과 근심이 마음속에 쌓이고 음식이 내려가지 않아 낙맥에 문제가 생기고, 낙맥에 문제가 생기면 피가 위로 올라가서 죽게 됩니다. 이는 슬픈 마음을 가진 데서 생겨난 것으로, 병은 근심으로 인해 얻은 것입니다.

1) 기운이 가슴에 몰려서 가슴이 답답하고 음식이 내려가지 않는 병이다.

제나라 낭중령(郎中令) 순(循)이 병이 들자 많은 의사는 모두 기가 거슬러 올라가서 심장에 들어가게 되어 생긴 병으로 여겨서 침을 놓았습니다만, 신 의는 진찰해보고서 이렇게 말했습니다.

'이 병은 용산(涌疝)으로, 이 병에 걸리면 대소변[前後溲]을 볼 수 없습니다.'

순이 말하기를 '대소변을 보지 못한 지가 사흘이나 되었소'라고 하기에, 신 의가 그에게 화제탕(火劑湯)을 마시게 했습니다. 한 번 마시니 소변을 보게 되었고, 두 번 마시니 대변을 잘 보게 되었으며, 세 번 마시니 병이 나았습니다.

이 병은 지나친 성생활 때문에 걸린 것이었습니다. 순의 병을 알아차릴 수 있었던 것은, 그 맥을 짚어보았을 때 오른손 촌구맥(寸口脈) 부분의 기가 급했고 맥에서 오장(五臟)의 기를 느낄 수 없었기 때문입니다. 오른손 촌구맥이 크고 빠르면 몸의 중앙부 이하가 뜨거워지면서 용솟음치게 되고, 왼쪽은 아래를 진찰하고 오른쪽은 위를 진찰하는 것인데 어느 쪽에도 오장에 상응하는 것이 없었으니, 그래서 용산(涌疝)이라고 진단한 것입니다. 또 체내에 열이 있으니, 그래서 소변이 붉었습니다.

제나라 중어부(中御府-왕실 물건을 관리하는 기관)의 책임자 신(信)이 병이 드니, 신 의가 들어가서 맥을 짚어보고 이렇게 진단했습니다.

'열병(熱病) 기운이 있습니다. 그러나 더워서 땀을 흘려 맥이 조금 쇠약해진 것일 뿐 죽을병은 아닙니다.'

또 말했습니다.

'이 병은 흐르는 냇물에서 목욕하다가 한기(寒氣)를 심하게 느껴, 목욕이 끝나고는 열이 나서 생긴 것입니다.'

신이 말했습니다.

'아, 그렇습니다! 지난해 겨울에 왕명으로 초(楚)나라에 사신으로 가다가 거현(莒縣) 양주수(陽周水)에 이르렀을 때, 거현의 다리가 자못 심하게 부서져 있었소. 수레의 끌채를 잡고서는 아직 건너지 못한 채 망설이고 있는데, 말이 놀라 물에 빠지고 나도 물속에 빠져서 거의 죽을 뻔했소. 아전이 즉시 달려와 나를 물에서 건져주어 물 밖으로 나오기는 했으나 옷이 흠뻑 젖어버렸는데, 잠시 후 온몸에 한기가 덮치고 이미 불덩이 같은 열이 나더니 지금까지도 한기를 쐴 수가 없소.'

신 의가 즉각 액탕(液湯)으로 화제탕을 지어주어 열을 내리게 했는데[逐熱], 한 번 마시니 땀이 없어지고 두 번 마시니 열이 내렸으며 세 번 마시니 병이 나았습니다. 복용한 지 스무날 정도 지나자, 그 몸에서 병이 사라졌습니다.

신(信)의 병을 알아낼 수 있었던 것은 맥을 짚었을 때 맥이 병음(幷陰)이었기 때문입니다. 『맥법』에 이르기를 '열병에 음기(陰氣)와 양기(陽氣)가 교차하면 죽는다'라고 했는데, 그 맥을 짚어보니 음양이 교차하지는 않았고 양이 음과 나란히 있었습니다. 이러한 병음(幷陰)의 경우에는 맥이 순조롭고 맑다면 치료할 수 있고 그 열이 설사 다 내려가지 않더라도 살 수 있습니다. 신기(腎氣)가 때로 탁해지기도 하고 드물게 태음(太陰)의 맥구(脈口)에 있기도 하는 것은 몸에 수기(水氣)가 있기 때문입니다. 신장(腎臟)은 본래 물을 주간하는 곳이므로 그 병이 나으리라는 것을 알 수 있었던 것입니다. 치료 시기가 조금이라도 늦었다면 곧바로 오한과 열이 번갈아 일어나는 한열병(寒熱病)으로 악화했을 것입니다.

제나라 왕의 태후(太后)가 병이 들었을 때, 신 의를 부르기에 들어가서 진맥을 보고 이렇게 말했습니다.

'풍단(風癉)이라는 열병이 잠시 방광[脬=膀胱]에 머물러 있기 때문에 대소변을 보기가 어렵고 소변이 붉은 것입니다.'

신 의가 화제탕을 마시게 했는데, 한 번 마시자, 대소변을 보았으며 두 번 마시자, 병이 낫고 소변 색깔도 원래대로 돌아왔습니다.

이 병은 땀을 흘린 뒤에 그냥 말린 데서 온 유한출순(流汗出滫)입니다. 순(滫)이란 옷을 벗어 땀을 말리는 것[晞]을 말합니다. 제나라 왕 태후의 병을 알아차릴 수 있었던 것은 신 의가 진맥하면서 태음맥의 맥구를 짚어보니 축축한 풍기(風氣)가 느껴졌기 때문입니다. 『맥법』에 이르기를 '세게 맥을 짚으면 맥의 기세가 크고 단단하며 가볍게 맥을 짚으면 맥이 크고 오그라진 것은 병이 주로 신장(腎臟)에 있다'라고 했는데, 맥을 짚어보니 그와 상반되게 신장의 맥박이 거세고 조급했습니다[大而躁]. 거센 것은 방광의 기운 때문이고 조급한 것은 몸속에 열이 있기 때문이니, 그래서 소변 색깔도 붉은 것입니다.

제나라 장무리(章武里)의 조산부(曹山跗)라는 사람이 병들었을 때, 신 의가 그 맥을 짚어보고 이렇게 말했습니다.

'폐(肺)의 소단(消癉-소갈증)인데, 한열병까지 더해졌습니다.'

곧바로 가족들에게 말했습니다.

'죽을병이라 치료할 수 없으니, 그동안 봉양이나 잘하십시오. 이 병은 의술로는 고칠 수 없습니다.'

의법(醫法)에 이르기를 '사흘이 지나면 미치게 되고 망령되이 일어나 돌아다니며 뛰쳐나가려 한다. 그러다가 닷새가 지나면 죽게 된다'라고 했으니, 정확히 제가 말한 기일에 죽었습니다.

산부의 병은 크게 화가 난 상태에서 성행위를 했기 때문에 생긴 병입니다. 산부의 병을 알아낼 수 있었던 것은 그 맥을 짚어보니 폐의 기운에 열이 나 있기 때문입니다. 『맥법』에 이르기를 '맥이 고르지 않고 맥박에 힘이 없으면 몸이 쇠약해진다'라고 했으니, 이것은 오장(五臟)의 높은 부위인 폐와 먼 부위인 간이 여러 차례 병들었다는 것을 뜻합니다. 그래서 맥을 짚어보았을 때 맥박이 고르지 못하고 대맥(代脈)이 나타난 것입니다. 고르지 못하다는 것은 피가 간에 머무르지 못하는 것이고, 대맥이 나타난 것은 때때로 삼격(參擊-맥이 동시에 세 번 뛰는 것)이 한꺼번에 와서 갑자기 급해졌다가 갑자기 거세졌다가 하는 것입니다. 이는 간과 폐 두 낙맥이 끊어졌기 때문이니, 그래서 죽게 되었는데도 치료하지 못하는 것입니다.

또 한열병이 더해진 것은 그 사람이 시탈(尸奪) 상태[1]에 있었기 때문입니다. 시탈이란 (정신이 나가) 몸체가 쇠약해진 것이니, 몸체가 쇠약해지면 뜸을 뜨지도, 침을 놓지도, 극약을 먹을 수도 없습니다. (그런데) 신 의가 가서 진찰하기 전에 제나라 태의(太醫)가 먼저 산부의 병을 진찰하고는 발의 소양(少陽) 맥구(脈口)에 뜸을 뜨고 반하환(半夏丸)을 복용하게 했으니 이에 병자는 곧바로 설사해서 뱃속이 텅 비게 되었고, 게다가 소음(少陰) 맥구에 뜸을 떠서 간이 심하게 손상되었습니다. 이렇게 거듭 환자의 기운을 해쳐서 한열병까지 더해진 것입니다.

사흘 뒤에 발광한다고 한 것은 유방 아래의 양명(陽明)에 이어져 있는 간의 낙맥이 끊어지면 양명맥(陽明脈)이 상하게 되고, 양명맥이 상하게 되면 미쳐 날뛸 수밖에 없기 때문입니다.

닷새 후에 죽는다고 한 것은 간과 심장의 거리가 다섯 치 떨어져 있는데 간의 기운은 닷새면 다해버리고 그러면 곧 죽게 되기 때문입니다.

1) 시체처럼 형체만 남고 정신은 나가버린 상태다.

제나라 중위(中尉) 반만여(潘滿如)가 아랫배에 통증이 있어, 신 의가 맥을 짚어보고는 '유적하(遺積瘕)¹⁾입니다'라고 말한 뒤 즉시 제나라 태복(太僕) 요(饒)와 내사(內史) 요(繇)에게 말했습니다.

'중위가 스스로 성행위를 그만두지 않으면 30일 안으로 죽을 것입니다.'

(실제로 그는) 20여 일이 지나 피오줌을 싸고 죽었습니다.

이 병은 술과 방사로 인해 생겨난 것이니, 반만여의 병을 알아차릴 수 있었던 것은 신 의가 맥을 짚어보니 맥박이 깊고 약하게 뛰다가 갑자기 힘찼기 때문입니다. 이는 비기(脾氣)가 작용한 것이니, 오른쪽 촌구맥(寸口脈)이 팽팽하면서도 미약해 하기(瘕氣-뱃속에 응어리가 맺히는 증상)가 생겨나고, 이렇게 되면 오장이 차례로 올라타서 30일 안에 죽게 됩니다. 삼음맥(三陰脈)²⁾이 함께 뛰고 있으면 『맥법』에서 말한 대로 30일 만에 죽고, 삼음맥이 함께 뛰지 않으면 더 빨리 죽으며, 한 번 뛰었다가 한 번 불규칙했다가 하면 죽음이 가까워진 것입니다. 그런데 (반만여의 경우) 삼음이 한꺼번에 뛰었으니, 앞서 말씀드린 대로 피오줌을 누고 죽게 된 것입니다.

1) 【정의(正義)】『용어하도(龍魚河圖)』에서 말했다. "개나 물고기, 새 등을 익히지 않고 먹으면 하통(瘕痛)이 생겨난다."

2) 【정의(正義)】『소문(素問)』에서 말했다. "좌맥구를 소음(少陰), 소음의 앞을 궐음(厥陰), 우맥구를 태음(太陰)이라 하니, 이것이 삼음의 맥이다."

양허후(陽虛侯)의 재상 조장(趙章)이 병들었을 때, 신 의를 불렀습니다. 여러 의원은 모두 한중(寒中-한기가 내장으로 들어와 설사를 일으키는 병)이라고 진단했는데, 신 의는 맥을 짚어보고 이렇게 말했습니다.

'동풍(洞風)입니다.'

동풍이란 먹은 음식물을 삼키지 못하고 곧바로 모두 토해 뱃속에 머무르게 하지 못하는 것입니다. 의법에는 '5일이면 죽는다'라고 되어 있는데, 그는 그로부터 10일 뒤에 죽었습니다. 그 병은 술 때문에 생긴 것입니다.

조장의 병을 알아차릴 수 있었던 것은 신 의가 맥을 짚어보니 맥이 일정하게 뛰지 않았기[滑] 때문입니다. 이는 내풍(內風)의 기운이 있다는 뜻이니, 먹은 음식물이 식도로 내려가기만 하면 곧바로 모두 밖으로 토해져서 뱃속에 머무르지 못하는 경우 의법에서는 5일이면 죽는다고 했습니다. 이것은 모두 앞서 말씀드린 분계법(分界法)[1]에 따른 것입니다. 조장이 10일이 지나 마침내 죽음으로써 정해진 기일을 넘긴 것은 그가 미음을 좋아해 내장이 튼실했기 때문이니, 내장이 튼실해서 기일을 넘길 수 있었던 것입니다. 제 스승께서도 이렇게 말씀하셨습니다.

'곡기를 잘 섭취하는 자는 사기(死期)를 넘겨서 죽고, 곡기를 제대로 섭취하지 않는 자는 사기(死期)가 미치기 전에 죽는다.'

1) 맥부(脈部)를 분계해 질병이 변해가는 증상이나 일수를 따져서 죽는 날짜를 미리 알아내는 것이다.

제북왕(濟北王)이 병들어 신 의를 부르기에 맥을 짚어보고 말했습니다.

'풍궐(風蹶)로 가슴이 답답한 것입니다[胸滿].'

즉시 약주(藥酒)를 만들어 3석(石-1석은 120근)을 마시게 하니 병이 나았습니다.

이 병은 땀이 난다고 해서 땅에 엎드렸기 때문에 생겼습니다. 제북왕의 병을 알아차릴 수 있었던 것은 신 의가 맥을 짚었을 때 풍기가 있고 심맥(心脈)이 흐렸기 때문입니다. 의법에 이르기를 '풍기(風氣)가 양맥(陽脈)으로 들어가면 양기가 다하고 음기가 들어간다'라고 했으니, 음기가 들어가서 팽창하면 한기(寒氣)는 올라가고 열기(熱氣)는 내려가게 되어 가슴이 답답해지는 것입니다. 그리고 땀이 나는데, 땅에 엎드렸기 때문에 생긴 병이라고 한 것은 맥을 짚어보았을 때 기(氣)가 음(陰)에 있었기 때문입니다. 맥이 음기면 병이 반드시 몸속에 있으니, 시냇물 흐르듯 식은땀[瀺水]을 흘리게 됩니다.

제나라 북궁(北宮) 사공(司空)의 명부(命婦-관직을 받은 자의 부인) 출오(出於)가 병이 들었을 때, 많은 의원은 모두 풍기(風氣)가 몸속으로 들어간 것이니 질병은 주로 폐[1]에 있다고 여겨서 발의 소양맥(少陽脈)에 침을 놓았습니다만[刺], 신 의는 맥을 짚어보고 이렇게 말했습니다.

'이 병은 산기(疝氣)가 방광에 머물고 있어 대소변을 보기 어렵고 오줌 색깔이 붉을 것입니다. 이런 병은 한기(寒氣)에 닿으면 오줌을 제 뜻대로 누지 못하고 배가 늦게 됩니다.'

출오가 이 병을 앓게 된 것은 오줌을 누고 싶은데도 참고 성행위를 했기 때문입니다. 출오의 병을 알아차릴 수 있었던 것은 맥을 짚어보니 맥박이 크고 힘이 있었지만, 맥이 찾아오는 것이 순조롭지 못하기[難] 때문이었으니, 이는 궐음(蹶陰)의 맥이 요동친 탓입니다. 맥박이 찾아오면서 요동치는 것은 산기가 방광에 머물고 있기 때문입니다. 또 배가 부풀어 오른 것은 궐음의 낙맥이 아랫배에 이어져[結] 있기 때문이니, 궐음에 문제가 생기면 맥이 이어져 있는 부위가 움직이게 되고 이렇게 (맥이 이어져 있는 부위가) 움직이면 배가 부풀어 오르게 됩니다.

신 의가 즉시 출오의 발 좌우에 각각 한 곳씩 궐음맥(蹶陰脈)에 뜸을 떠주자, 오줌을 흘리지 않게 되고 오줌 빛깔도 맑아졌으며 아랫배 통증도 가셨으며, 곧바로 이어서 화제탕을 달여 마시도록 하자 사흘 만에 산기(疝氣)가 없어지고 병도 곧바로 나았습니다.

1) 【집해(集解)】 서광(徐廣)이 말했다. "판본에 따라 간(肝)으로 되어 있다."

고(故) 제북왕(濟北王)[1]의 유모가 발에 열이 나고 답답하다고 호소하니, 신 의가 이렇게 말해주었습니다.

'열궐(熱蹶)입니다.'

그러고 나서 좌우 족심(足心-발의 가운데 부분)에 각각 세 군데씩 침을 놓고 그 자리를 눌러서[案] 피가 나지 않도록 하니, 병은 곧바로 나았습니다. 이 질병은 크게 취할 때까지 술을 많이 마신 때문에 생긴 것입니다.

제북왕은 저를 불러 여러 시중드는 여자를 비롯해 재인(才人)까지 두루 맥을 짚어보게 했습니다. 재인 수(豎)가 자기는 아무런 병이 없다고 했으나 신 의는 영항(永巷-궁녀들이 거처하는 공간) 책임자에게 이렇게 말했습니다.

'수는 비장(脾臟)이 상한 상태이니, 과로하게 해서는 안 됩니다. 의법에 따르면, (저런 경우) 봄이 되면 피를 토하고 죽게 됩니다.'

신 의가 제북왕에게 말했습니다.

'저 재인(才人) 수(豎)는 무엇을 잘합니까?'

제북왕이 이렇게 말했습니다.

'저 아이는 방술을 좋아하고, 여러 재능이 뛰어나서 옛날 기법들을 강구해 새로운 것들을 만들기를 좋아한다. 작년에 민간에서 그와 비슷한 아이 [曹偶=等輩] 4명과 함께 470만 전을 주고 샀다.'

제북왕이 또 말했습니다.

'질병이 있는 것은 아닌가?'

신 의가 대답해 말했습니다.

'수는 병이 중한데, 의법상 죽는 병에 속합니다.'

왕이 수를 불러 살펴보았으나 안색에 변화가 없었으므로 병에 걸리지 않았다고 여겨 다른 제후에게 팔지 않았습니다. 봄이 되어 왕이 측간에 가는데, 수가 칼을 받쳐 들고 따라갔습니다. 그러나 왕이 측간에서 나왔는데도 수가 그대로 뒤에 남아 있어 왕이 사람을 시켜 수를 불러오게 했는데, 그가 곧장 측간에 갔을 때 수는 측간에서 피를 토하고 죽어 있었습니다. 그녀의 질병은 땀을 너무 많이 흘려[流汗] 생긴 것이었습니다. 의법에 따르면, 땀을 너무 많이 흘리는 것은 병이 몸속에서 더욱 심해지는 것이라고 했습니다. 머리카락에는 윤기가 흐르고 맥도 약해지지 않았지만, 내관(內關)에는 병이 있는 것입니다.

1) **【집해(集解)】** 서광(徐廣)이 말했다. "판본에 따라 제왕(齊王)으로 되어 있다."

제나라 중대부(中大夫)가 충치를 앓고 있었는데[齲齒]1), 신 의가 그의 왼손 양명맥(陽明脈)에 뜸을 뜨고 즉시 고삼탕(苦參湯)을 달여 하루에 세 되씩 입을 가시게 했더니[嗽] 대엿새 만에 나았습니다. 이 병은 바람을 맞으며 입을 벌린 채 누워 자고, 음식을 먹은 다음에 입안을 제대로 가시지 않은 데서 생긴 것입니다.

1) **【정의(正義)】** 齲의 발음은 (우가 아니라) 구(丘)와 우(羽)의 반절음이다. 『석명(釋名)』에서 말했다. "구(齲)는 썩다[朽]라는 뜻이다. 벌레가 갉아 먹어[齧] 이빨이 상한 것이다."

치천왕(菑川王)의 미인(美人-후궁)이 임신하고서 출산을 하지 못하자[不乳]1) 신 의를 들어오라고 불렀는데, 신 의가 가서 낭탕약(莨蕩藥) 한 촬(撮-손가락으로 집을 정도의 양)을 술과 함께 마시게 하니 곧바로 좋아져서 출산할 수 있었습니다. 신 의가 다시 맥을 짚어보니 맥이 급했습니다. 맥이 급하다는 것은 또 다른 병이 있기 때문이라 즉시 소석(消石) 한 모금을 마시게 했습니다. 그랬더니 피가 나왔는데, 콩알만 한 핏덩어리가 대여섯 개나 나왔습니다.

1) 【색은(索隱)】 유(乳)는 낳다[生]라는 뜻이다.

제나라 승상 사인(舍人-가신)의 하인이 임금을 뵈러 가는 승상을 따라 궁궐에 들어갔을 때, 신 의는 그가 궁궐의 작은 문밖에서 음식을 먹고 있는 것을 보았는데, 멀리서 봐도 얼굴에 병색이 있었습니다. 신 의는 평(平)이라는 환관에게 그 사실을 말해주었습니다. 평은 맥을 짚는 일을 좋아해 신 의에게서 배운 자입니다.

신 의는 즉시 사인의 하인이 무슨 병에 걸렸는지를 알려주고 이렇게 말했습니다.

'이 병은 비장(脾臟)의 기(氣)가 상한 것이니, 봄이 되면 가슴이 막혀서 통하지 않게 되어 밥을 먹거나 물을 마실 수가 없을 것입니다. 의법에 따르면, 여름이 되면 혈변(血便)을 보고 죽을 것이라고 했습니다.'

환관 평이 즉시 승상에게 가서 고했습니다.

'그대의 사인 하인이 병들었는데, 병이 위중해서 죽을 날이 얼마 남지 않았습니다.'

승상이 말했습니다.

'경(卿)이 그것을 어떻게 알았소?'

평이 말했습니다.

'승상께서 조현하러 궁궐에 들어오셨을 때 승상 사인의 하인들이 모두 궁궐의 작은 문밖에서 음식을 먹고 있었습니다. 제가 창공(倉公)과 함께 그곳에 서 있었는데, 창공이 제게 이런 병세를 보이는 사람은 죽는다고 일러주었습니다.'

승상은 곧바로 사인의 하인을 부르게 하고는 사인에게 물었습니다.

'그대의 하인은 병이 있는 것이 아닌가?'

사인이 말했습니다.

'제 하인은 병이 없고, 몸이 아픈 곳도 없습니다.'

봄이 되자 그 하인은 과연 병이 들어 4월에 혈변을 보고 죽었습니다.

그 하인의 병을 알아차릴 수 있었던 것은 (손상된) 비장의 기가 두루 오장을 올라타서, 이것이 얼굴에 이리저리 이상한 빛을 띠게 했기 때문입니다. 그래서 비장이 상한 사람의 낯빛은 멀리서 보면 언뜻[殺然] 누런색으로 보이지만 자세히 보면 검푸른 잿빛을 띱니다. 여러 의원은 이를 알지 못해 그것을 회충[大蟲][1] 때문이라고 여겼을 뿐 비장이 상했다는 것을 몰랐던 것입니다.

봄이 되면 죽게 될 것이라고 한 까닭은, 병자의 위(胃) 기운이 황색(黃色)인데 황색은 토(土)의 기(氣)이고 토(土)는 목(木)을 이기지 못하기 때문에 봄이 되면 죽는다고 했던 것입니다. (그런데) 환자가 여름이 되어서야 죽은 까닭은 이렇습니다.

『맥법』에 이르기를 '병이 중한데도 맥이 순조롭고 맑은 것을 내관(內關)이라고 한다'라고 했으니, 내관의 병은 환자 본인이 아픈 것을 모르고 심장도 잘 뛰어 고통을 느끼지 못합니다. 만일 이 상태에 한 가지 병이 더해지면 중춘(中春)에 죽겠지만, 맥박이 순조로우면 한 계절을 더 살 수 있습니다. 그가 (중춘을 지나) 4월에 죽은 것은 그를 진찰했을 때 맥박이 순조로웠기 때문이니, 맥박이 순조로우면 몸도 살찌게 됩니다.

이 하인의 병은 땀을 흘린 채로 여러 차례 밖으로 나갔으니, 불을 쬐어 덥게 만들었다가 밖으로 나가서 큰바람을 쐬었기 때문에 생겨난 것이었습니다.

---

1) 【색은(索隱)】 곧 원충(蚖蟲)이다.

치천왕이 병들자, 신 의를 부르니 가서 진맥하고 이렇게 말했습니다.

'궐(蹶)[1]인데, 증상이 심해 머리가 아프고 몸에 열이 나서 환자를 괴롭히며 가슴을 답답하게 합니다.'

신 의가 즉시 찬물로 그 머리를 식히고 양쪽 발의 양명맥(陽明脈)에 각각 세 군데씩 침을 놓자, 병이 곧바로 나았습니다. 그 병은 머리를 감고 나서 다 마르기도 전에 잠을 자서 걸린 것입니다. 병을 진단한 과정은 앞서 말한 바와 같고, 궐은 기가 거슬러 올라가 머리에서 어깨까지 열이 나는 것입니다.

1) [정의(正義)] 궐(蹶)이란 기운이 거슬러 올라가는 것이다.

제나라 왕 애첩 황희(黃姬)의 오빠인 황장경(黃長卿)이 집에서 술자리를 베풀어 손님들을 초청했을 때, 신 의 또한 초대를 받았습니다. 여러 손님이 자리에 앉았고 아직 음식은 나오지 않았는데, 신 의가 멀리서 왕후의 동생 송건(宋建)을 보고 이렇게 말했습니다.

'군(君)께서는 병이 있어 네댓새 전부터 등허리가 아파서 몸을 숙이거나 쳐들지[俛仰] 못하고 소변도 볼 수 없었을 것입니다. 서둘러 치료하지 않으면 병이 곧바로 신장(腎臟)으로 진행될 것이니, 병이 오장(五臟)까지 들어가기 전에 치료하십시오. 병이 바야흐로 지금 신장으로 들어가려 하는데, 이 병이 이른바 신비(腎痺-신장의 기운이 막혀서 마비되는 병)입니다.'

송건이 말했습니다.

'그렇소. 나는 전부터 등허리가 아팠소. 실은 네댓새 전에 비가 내렸을 때, 황씨(黃氏)의 여러 사위[倩=女壻]가 우리 집 곳간[京=倉廩] 근처에 있는 네모난 돌을 보고는 들어 올리는 놀이를 했소. 나도 그들처럼 하고 싶었지만, 돌을 들어 올리지 못하고 그냥 내려놓았는데, 그날 저녁부터 등허리가 아프고 소변도 볼 수 없더니 지금까지 낫지 않고 있소.'

송건의 병은 무거운 것을 즐겨 들어 올리다가 생겼습니다. 송건의 병을 알아차릴 수 있었던 것은, 신 의가 그의 얼굴색을 보았더니 태양(太陽-맥의 한 종류) 부위가 메말라 신부(腎部) 위부터 허리 아래의 경계까지 사 푼(四分) 정도의 부위가 수척해져 있었기 때문입니다. 그래서 신 의는 4~5일 전에 발병한 것을 알 수 있었습니다. 신 의가 즉각 유탕(柔湯)을 지어 복용시켰더니 열여드레 만에 병이 나았습니다.

제북왕(濟北王)의 시녀인 한녀(韓女)가 병이 들어 허리와 등이 아프고 오한과 열이 번갈아 났을 때 여러 의원은 모두 한열병(寒熱病)이라고 했습니다만, 신 의는 맥을 짚어보고 이렇게 말했습니다.

'몸속이 차서 월경(月經)이 통하지 않는 것입니다.'

즉시 앉게 하고서 약기운을 쐬니[熏] 곧바로 월경이 통하고 병이 나았습니다. 이 병은 남자와 관계하고 싶어 하면서도 상대를 얻지 못해서 생긴 것입니다.

한녀의 병을 알아차릴 수 있었던 것은 맥을 짚었을 때 그 맥이 신맥(腎脈)이었는데 맥박 뛰는 것이 여리고 느리며 쭉 이어지지 않았기 때문입니다. 여리고 느리며 이어지지 않는 맥박은 뛰는 것이 원활하지 않고 단단한 데서 오는 것이기 때문에 월경이 통하지 않는다고 말한 것입니다. 또한 간맥(肝脈)이 활시위같이 팽팽한 채로 상부 심맥(心脈)의 촌구(寸口)에서 뛰고 있었습니다. 이러한 까닭에 남자를 가까이하고 싶었으나 그러지를 못해 얻은 병이라고 말한 것입니다.

임치현(臨菑縣) 범리(氾里)에 사는 박오(薄吾)라는 여자가 중병에 걸렸을 때, 여러 의원은 모두 한열병이 심하므로 당연히 죽을 것으로 여겨 치료하지 않았습니다만 신 의는 맥을 짚어보고 이렇게 말했습니다.

'요하(蟯瘕)입니다.'

요하라는 병은 배가 부풀어 오르고 피부가 누렇게 되면서 거칠어지며

손을 대기만 해도 환자가 아파하는데, 신 의가 원화(芫華-팥나무 꽃봉오리)
1촬(撮)을 복용하게 했더니 곧바로 요충(蟯蟲)[1] 여러 되를 쏟아내더니 병이
나았고 30일 만에 예전처럼 건강해졌습니다.

이 병은 한기(寒氣)와 습기(濕氣) 탓에 걸린 것이니, 한기와 습기가 몸에
꽉 찼는데[宛=鬱] 이를 충분히 발산하지 못하면 벌레로 변하게 됩니다. 신
의가 박오의 병을 알아차릴 수 있었던 것은 맥을 짚었을 때 척부(尺膚) 부위
를 만져보니 까칠까칠 거칠었으며 머리카락이 푸석푸석하고 엉성했기 때
문입니다. 이는 벌레의 기운이 그렇게 만든 것입니다. 얼굴빛에 윤기가 돌면
몸속의 오장에 사악한 기운과 중병이 없다는 뜻입니다.

1) 인체에 기생하는 9충 중 하나로, 형태가 매우 가늘고 작다. 장의 아래쪽에서 기생하며, 야간에
  는 항문에서 산란(産卵)하므로 항문이 몹시 가렵다.

제나라 순우사마(淳于司馬)가 병들었을 때, 신 의는 맥을 짚어보고 말했
습니다.

'동풍(週風)이란 병입니다. 동풍의 증상은 음식물이 목구멍을 넘어가기
만 하면 곧바로 설사하게 됩니다. 이 병은 배불리 먹고 나서 (곧바로) 빨리 달
렸기 때문에 걸린 것입니다.'

이에 순우사마가 말했습니다.

'내가 왕가(王家-왕실)에 가서 말의 간을 먹을 때 포식했고, 다시 술이 나
오는 것을 보고는 황급히 자리를 피해 도망치듯 빨리 달려서 집으로 돌아
왔습니다. 그 뒤로 설사를 수십 차례 했습니다.'

신 의가 그에게 알려주었습니다.

'화제탕에 미즙(米汁)을 섞어서 마시면 7~8일 만에 마땅히 완쾌될 것입
니다.'

이때 진신(秦信)이라는 의원이 옆에 있다가 신 의가 그 자리를 떠난 후 곁

에 있던 각도위(閣都尉)[1]에게 물었습니다.

'순우의는 순우사마의 병이 뭐라고 했습니까?'

도위가 말했습니다.

'동풍이라는 병인데, 치료할 수 있다고 합니다.'

신(信)이 웃으면서 말했습니다.

'그것은 모르고 한 말입니다. 순우사마의 병은 의법에 의하면 9일 후에 죽게 됩니다.'

(그러나) 9일이 지나도 죽지 않으니 그 집에서는 다시 신 의를 불렀고, 신 의가 가서 들어보니 완전히 제가 했던 진단과 모두 일치되었습니다. 신 의가 그 자리에서 화제탕에 미즙을 섞은 것을 복용하게 하자 7~8일 만에 병이 나았습니다.

병을 치료할 수 있다는 것을 안 것은 맥을 짚었을 때 맥이 의법에서 말하는 바와 정확히 같았으며 병세가 순조로웠기 때문입니다. 그래서 죽지 않은 것입니다.

1) **[색은(索隱)]** 살펴보건대, 각(閣)은 성(姓)이고 지위가 도위다. 일설에는 각은 궁각(宮閣)인데, 도위가 궁각을 담당했기에 각도위라 한 것이라고 했다.

제나라 중랑(中郎) 파석(破石)이 병들었을 때, 신 의가 맥을 짚어보고 이렇게 알려주었습니다.

'폐가 상해서 치료할 수 없습니다. 열흘 후인 정해일(丁亥日)에 피오줌을 싸고 죽을 것입니다.'

곧바로 열하루 되던 날 피오줌을 싸고 죽었습니다.

파석의 병은 말에서 떨어지며 돌 위에 넘어져서[僵] 생긴 병인데, 파석의 병을 알아차릴 수 있었던 것은 맥을 짚었을 때 폐에 음기(陰氣)가 있고 기맥이 몇 갈래로 흩어져 있어 뛰는 것이 한결같지 않아서입니다. 얼굴색 또한 음기로 인해 붉어져 있었습니다. 그가 말에서 떨어졌다는 것을 알 수 있었던 것은 맥을 짚어보니 번음맥(番陰脈)이었기 때문입니다. 번음맥이 허약한 곳으로 들어가서 폐맥(肺脈)을 올라탄 것이니, 폐맥이 흩어져서 뛰면 본래의 얼굴색이 달라집니다. 예상한 날짜를 딱 맞추지 못한 것과 관련해서는 스승께서 이렇게 말씀하신 적이 있습니다.

'곡기를 잘 섭취하는 자는 사기(死期)를 넘겨서 죽고, 곡기를 제대로 섭취하지 않는 자는 사기(死期)가 미치기 전에 죽는다.'

그 사람은 기장[黍]을 즐겨 먹었는데, 기장은 폐를 보호하므로 죽을 날짜를 (하루) 넘긴 것입니다.

또 소변에 피가 섞여 나온 것은 『맥법(脈法)』에서도 '병을 요양할 때 고요하고 어두운 곳[陰處]을 좋아하는 사람은 피를 아래로 쏟으면서 죽고[順死], 번잡하고 밝은 곳[陽處]을 좋아하는 사람은 피를 토하고 죽는다[逆死]'라고 했습니다. 그 사람은 고요한 것을 좋아했고, 조급하지 않았으며 오랫동안 편안히 앉아 책상에 엎드려서 자 피를 아래로 쏟은 것입니다.

제나라 왕의 어의[侍醫]인 수(遂)가 병들었을 때, 스스로 오석(五石)[1]을 달여 복용했습니다. 신 의가 찾아가니 수가 제게 말했습니다.

'불초한 제가 병이 들었으니, 선생께서 진찰해주신다면 다행이겠습니다.'

신 의가 곧바로 진찰하고서 말했습니다.

'공의 병은 몸속에서 열이 차오르는 중열(中熱)입니다. 『논(論)』에 이르기를, 몸속에 열이 차고 소변을 보지 못하는 사람은 오석을 복용해서는 안 된다고 했습니다. 석제(石劑)는 약으로서는 너무 독하니, 공이 이것을 복용하시면 소변을 잘 볼 수 없습니다. 당장 복용을 중지하십시오. 안색을 보니 장차 부스럼[癰]이 생길 것 같습니다.'

수가 말했습니다.

'편작이 말하기를, 음석(陰石)으로 음성(陰性)의 병을 치료하고 양석(陽

石)으로 양성(陽性)의 병을 낫게 한다고 했습니다. 무릇 약석(藥石)에는 음(陰)·양(陽)·수(水)·화(火)의 약제가 있습니다. 그래서 몸속에 열이 있으면 곧 순한 음석의 약제를 지어 치료하고, 몸속에 한기가 있으면 곧 강한 양석의 약제를 지어 치료하는 것입니다.'

신 의가 말했습니다.

'공의 말씀은 실상과 거리가 멉니다. 편작이 설사 그런 말을 했다고 하더라도 반드시 세심하게 진찰해야 합니다. 자와 되로 길이와 양을 측정하고 그림쇠와 곱자[規矩]로 (방원을) 재며 저울추와 저울대[權衡]로 (무게를) 다는 것처럼 얼굴색과 맥의 상태, 겉과 속, 여분과 부족, 순(順)과 역(逆)의 법칙 등을 모두 고려하고 환자의 동정(動靜)과 호흡이 조화를 이루는지 등을 참작한 다음이라야 마침내 석약(石藥)의 사용 여부를 말할 수 있습니다. 『논』에 이르기를, 양성의 병이 속에 들어 있으면서 음성의 증상이 밖으로 드러난 환자에게는 독한 약이나 침을 써서는 안 된다고 했습니다. 무릇 독한 약이 몸속에 들어가면 사기(邪氣)는 차단할 수 있지만 울기(鬱氣)는 점점 심해집니다. 『맥법』에서도 소음(少陰)의 한기(寒氣)가 내열에 응해 겉으로 드러나는 경우나 소양(少陽)의 열이 안에 차 있는 경우에는 독한 약을 써서는 안 된다고 했습니다. 독한 약이 몸속으로 들어가면 양기를 움직이게 되어 음기의 병일 경우 더욱 쇠약해지고 양기의 병일 경우 더욱 중해지며, 사악한 기운이 밖으로 흘러 나감으로써 경맥(經脈)의 수혈(兪穴)에 깊은 통증을 주고 분노가 폭발하듯 터져 나와 악성 종기[疽]가 됩니다.'

제가 이렇게 말해준 뒤 100일쯤 지나자 과연 종기가 유방 위에 생겼고, 이것이 결분(缺盆-유방 위에 있는 뼈) 속으로 들어가 (수는) 죽고 말았습니다.

---

1) 단사(丹砂)·웅황(雄黃)·백반(白礬)·증청(曾靑)·자석(磁石)을 말한다.

이상에서 말한 것들은 개략적인 것일 뿐이고, 실제로는 반드시 병증에 따른 치료 원칙[經紀]이 있습니다. 서툰 의원[拙工]이 한 가지 익히지 못한 것이 있으니, 의학서에 나와 있는 치료법과 실제 질병에서의 음양 관계를 놓쳐버리는 것이 바로 그것입니다.

제나라 왕이 예전에 양허후(陽虛侯)로 있을 때[1] 병이 심했는데, 여러 의원은 모두 그의 병을 궐(蹶)이라고 여겼습니다. 그러나 신 의가 맥을 짚어보니 비(痺)였고 병근(病根)이 오른쪽 겨드랑이 아래에 있었는데, 술잔을 엎어놓은 것처럼 커서 환자는 숨이 차고 기(氣)가 거꾸로 올라와 음식을 먹을 수가 없었습니다. 신 의가 즉시 화제죽(火劑粥)을 복용하게 하니 엿새 뒤에 기가 내려갔고, 곧바로 다시 환약(丸藥)을 복용하게 하니 대략[出入] 엿새만에 병이 나았습니다. 이 병은 지나친 성생활로 인해 걸린 것인데, 다른 의원들은 진찰할 때 경맥으로 이 병을 해석해야 한다는 것을 모른 채 그 병의 소재만 대략 알고 있었습니다.

1) 【집해(集解)】 서광(徐廣)이 말했다. "제나라 도혜왕(悼惠王) 아들로, 이름은 장려(將廬)다. 문제 16년에 제나라 왕이 되었고, 자리에 나아간 지 11년에 졸하니 시호를 효왕(孝王)이라고 했다."

신 의는 일찍이[常=嘗] 안양현(安陽縣) 무도리(武都里)에 사는 성개방(成開方)을 진찰한 적이 있었습니다. 개방은 스스로 자기는 병에 걸리지 않았다고 말했는데, 신 의는 그에게 이렇게 말해주었습니다.

'당신은 답풍(沓風)[1]을 앓고 있는데, 3년 뒤에는 손발을 쓰지 못하고 목소리도 나오지 않게 될 것이며[瘖], 목소리가 나오지 않으면 곧 죽게 됩니다.'

지금 듣건대, 그는 손발을 쓸 수가 없고 말도 못 하게 되었으나 아직 죽지는 않았다고 합니다. 그의 병은 술을 자주 마시고 센바람을 쐬어서 걸린 것입니다. 성개방의 병을 알아차릴 수 있었던 것은 스승의 『맥법』과 『기해술(奇咳術)』에 '오장의 기가 서로 거스르는 자는 죽는다'라고 되어 있는데 그의 맥을 짚었을 때 신기(腎氣)와 폐기(肺氣)가 서로 거스르고 있다는 것을 알아차렸기 때문입니다. 『의법』에 이르기를, '(이런 경우에는) 3년이면 죽는다'라고 했습니다.

1) **[색은(索隱)]** 풍병(風病)의 이름이다.

안릉(安陵) 판리(阪里)의 공승(公乘) 항처(項處)가 병이 들었을 때, 신 의가 맥을 짚어보고 말했습니다.

'모산(牡疝)입니다.'

모산은 흉격(胸膈-마음속) 아래에서 발생해 위로 폐에 연결되어 있는데, 이 병은 지나친 성생활에서 생겨납니다. 신 의가 그에게 일러주었습니다.

'늘 조심하고, 힘든 일은 절대 하지 마십시오. 힘든 일을 하면 반드시 피를 토하고 죽을 것입니다.'

그 뒤에 항처는 축국(蹴鞠-축구와 비슷한 공차기 놀이)을 하다가 허리에 한기(寒氣)를 느껴 땀을 흠뻑 흘린 뒤에 곧바로 피를 토했습니다. 신 의가 다시 그를 진찰하고 말하기를 '내일 저녁에 죽을 것입니다'라고 했는데, 실제로 바로 그때 죽었습니다.

항처의 병을 알아차릴 수 있었던 것은 맥을 짚었을 때 번양맥(番陽脈)임을 알 수 있었기 때문입니다. 이 번양맥이 허약한 곳으로 들어갔기에 항처는 다음 날 죽게 된 것입니다. 한편으로 번양맥이 느껴지고 다른 한편으로 산통(疝痛)이 위쪽으로 폐까지 연결되어 생기는 병이 모산입니다."

신 의가 말했다.

"그 밖에도 저는 진찰을 통해 죽고 사는 기일을 예측하고 치료해서 병을 낮게 한 적이 많았습니다만 시간이 오래되어 대부분 잊어버리고 기억하지 못하니, 감히 더는 말씀드릴 수가 없습니다."

신 의에게 물었다.

"진맥을 보아 고친 병 중에서 병명이 같은 것이 많지만 진단은 다르고, 어떤 자는 죽고 어떤 자는 산 것은 무슨 까닭인가?"

대답해 말했다.

"병명은 대부분 서로 비슷해 잘 알 수가 없습니다. 그래서 옛날 성인(聖人)들은 진맥법을 만들어서 이로써 (마치) 도량(度量)을 일으키고 규구(規矩)를 세우며 권형(權衡)을 달고 승묵(繩墨)을 쓰듯이 음양을 조섭(調攝)했으며 사람의 맥을 구별 지어 각각 명칭을 부여했으니, 하늘땅과 서로 상응하게 되고 인체의 생리와도 맞아떨어지게 되었습니다. 그래서 마침내 갖가지 질병을 분별하고 다양한 진단을 내릴 수 있게 된 것입니다. (이렇게 해서) 의술을 파악한 사람은 그것들을 다 구별해낼 수 있지만[異], 그렇지 못한 사람은 혼동하게 됩니다[同].

그러나 맥법이란 하나하나 열거해 시험해볼 수 있는 것이 아닙니다. (비록 그렇지만) 환자를 진찰할 때 도량(度量)을 가지고 맥의 부위를 구별해둠으로써 마침내 이것으로 같은 이름의 병을 자세히 구분해 질병이 주로 어느 부위에 있는지를 지적할 수 있습니다. 지금까지 신 의는 진찰한 것들을 모두 진부(診簿-진찰 기록)에 적어두었습니다. (신 의가) 질병을 잘 구별할 수 있는 이유는 의술을 모두 습득할 무렵에 스승님께서 돌아가셨기 때문입니다. 신 의는 진찰한 병과 생사의 시기를 예측한 것을 진부에 모두 적어놓고서 진단이 적중했는지의 여부를 『맥법』과 대조하며 관찰해왔습니다. 그래서 지금도 그것을 잘 판별할 수 있는 것입니다."

신 의에게 물었다.

"병을 진찰해 생사의 시기를 예측한 것이 때로 맞지 않기도 하는 것은 어째서인가?"

대답해 말했다.

"그것은 모두 환자가 음식과 기뻐하고 화내는 것에 절도를 잃었거나 혹은 처방에 맞지 않는 약을 먹었거나 혹은 침과 뜸을 적절하게 시술하지 않았기 때문입니다. 그래서 죽음이 예측한 생사의 기일에 맞지 않는 것입니다."

신 의에게 물었다.

"그대는 바야흐로 능히 질병에 대한 진단을 통해 사람들의 생사(生死)를 알고, 약을 쓸 때의 마땅함에 대해 말할 수 있는 사람이다. 그런데 제후나 왕, 대신 중에서는 일찍이 그대에게 병에 대해서 문의한 자가 있었는가, 없었는가? 문왕(文王)[1]이 병들었을 때 그대에게 진찰과 치료를 받지 않은 것은 어째서인가?"

대답해 말했다.

"조왕(趙王)·교서왕(膠西王)·제남왕(濟南王)·오왕(吳王) 등이 모두 사람을 보내 신 의를 불렀지만, 신 의는 감히 가지 않았습니다. 문왕이 병들었을 때, (애초에) 신 의는 집이 가난했기 때문에 남들의 병을 치료해주고 싶었으나 관리가 제게 관직을 주어 직무에 구애되게 하는 것이 정말로 두려웠습니다. 그래서 호적(戶籍)을 여기저기로 옮기고 집안의 생계도 돌보지 않은 채 나라 안을 두루 떠돌면서 의술에 능한 자를 찾아 오랫동안 섬겼습니다. 결국 몇 분의 스승을 만나 섬겨서 그들의 비술을 남김없이 배웠고, 그들의 의학책을 강구해 의는 마침내 그것을 풀이하고 논할 수 있었습니다. (문왕이 병들었을) 무렵 저는 양허후(陽虛侯)의 나라에서 그를 섬기고 있었습니다. 양허후가 입조할 때 신 의는 그를 따라 장안(長安)으로 들어왔고, 그랬기에 안릉(安陵)에 사는 항처(項處) 등의 병을 진찰할 수 있었습니다."

1) 【집해(集解)】서광(徐廣)이 말했다. "제나라 문왕이다. 문제 15년에 졸했다."

신 의에게 물었다.

"문왕이 병들어 다시 일어날 수 없게 된 까닭을 아는가?"

신 의가 대답해 말했다.

"문왕의 병을 직접 진찰해보지는 못했습니다만, 가만히 듣건대 문왕은 천식을 앓고 있었고 두통이 심했으며 눈이 잘 보이지 않았다고 했습니다. 신 의가 마음속으로 생각해볼 때, 그것은 병이 아니었습니다. 제가 볼 때는 살이 찌고 정력이 쌓여서 몸을 잘 움직일 수 없게 되고 뼈와 살이 조화를 이루지 못해서 천식이 생기게 된 것이므로 의약(醫藥)으로는 치료할 수 없는 병이었습니다.

『맥법』에 이르기를 '나이 스물에는 혈맥이 왕성하니 달리는 것이 좋고, 서른에는 빠른 걸음으로 걷는 것이 좋고, 마흔에는 편안히 앉아 있는 것이 좋고, 쉰에는 편안히 누워 있는 것이 좋고, 예순 이상이면 원기(元氣)를 깊이 감춰두는 것[重]1)이 좋다'라고 했습니다. 당시 문왕은 나이가 채 스물도 되기 전이어서 맥기로 보면 한창 달려야 했습니다. 그런데 느릿느릿 걸었으니, 천도(天道)의 사계절에 순응하지 못한 것입니다.

뒤에 듣건대 의원이 뜸을 뜨고 나서부터 병이 더 심해졌다고 하는데, 이는 진단이 잘못되었기 때문입니다. 신 의가 보건대, 뜸을 떴기 때문에 신기(神氣)가 서로 다투고 사기(邪氣)가 안으로 들어간 것입니다. 젊은 사람이 이를 원래대로 회복시키지 못해 죽게 된 것입니다. 이른바 기(氣)라는 것은 음식을 조절하고, 쾌청한 날을 골라서 수레를 타거나 걸으면서 마음을 넓게 하며 근육과 뼈, 혈맥의 상태를 적절하게 함으로써 기를 발산해야 합니다. 그래서 나이 스물을 일러 역무(易貿)라고 합니다. 의법에서는 이때 침을 놓거나 뜸을 떠서는 안 된다고 합니다. 그런 환자에게 침을 놓거나 뜸을 뜨면 혈기의 흐름을 망쳐놓게 됩니다."

1) **【집해(集解)】** 서광(徐廣)이 말했다. "동(董)이란 깊이 감춰두는 것[深藏]이다."

신 의에게 물었다.

"그대의 스승 양경(陽慶)은 누구에게 의술을 전수 받았는가? 또 제나라 제후 사이에 이름이 알려졌는가?"

대답해 말했다.

"양경이 어떤 스승에게 전수 받았는지는 모릅니다. 양경은 집안이 넉넉해 의술이 뛰어나면서도 기꺼이 남의 병을 고쳐주려 하지 않았으니, 마땅히 이런 이유로 인해 이름이 알려지지 않았습니다. 양경은 신 의에게도 이렇게 당부했습니다. '내 자손들이 네가 내 의술을 배웠다는 것을 알지 못하도록 조심해라!'"

신 의에게 물었다.

"그대의 스승 양경은 어떤 점이 마음에 들어 그대를 아끼고 의술을 모두 가르쳐주려고 했는가?"

대답해 말했다.

"신 의는 (스승을 만나기 전까지는) 스승 양경이 의술에 뛰어나다는 것을 들어보지 못했습니다. 의가 양경을 알게 된 것은 이렇습니다.

신 의는 젊었을 때부터 여러 의술을 좋아해 처방들을 시험해보았는데, 대체로 효험이 있었고 결과가 좋았습니다. 그러다가 신 의는 치천(菑川) 당리(唐里)의 공손광(公孫光)이라는 사람이 옛날부터 전해오는 의술에 정통함을 듣고서 즉시 찾아가 만나뵈었습니다. 그를 섬기게 됨으로써 음양변화(陰陽變化)의 이론과 구전되어온 비법들을 배울 수 있었으니, 신 의는 배운 것을 모두 적어두었습니다.

신 의는 또 다른 정교한 의술[精方]까지 모두 배우고 싶었는데, 공손광이 이렇게 말했습니다.

'내 의술은 이것이 전부다. 아껴서 네게 가르쳐주지 않은 것이 아니다. 나는 이미 몸이 늙어 쇠약해졌으니 더는 나를 스승으로 섬길 필요가 없다. 네게 전수해준 의술은 내가 젊었을 때부터 배운 비법인데, 모두 네게 전수해주었다. 이를 다른 사람에게는 결코 가르쳐주지 말라!'

신 의가 말했습니다.

'선생님께 입문해 곁에서 모시면서 모든 비법을 배우게 된 것은 참으로 행운이었습니다. 의는 죽어도 감히 함부로 다른 사람에게 전하지 않겠습니다.'

얼마 후에 공손광이 한가한 틈을 타서 신 의는 그와 더불어 의술에 대해 깊이 논의하던 중 백세에 이어질 명의가 되고 싶다고 말했는데, 스승 광이 기뻐하면서 이렇게 말했습니다.

'그대는 반드시 이 나라 최고의 의원[國工]이 될 것이다. 내가 친하게 지내는 의원들의 의술은 모두 보잘것없으나 임치현(臨菑縣)에 사는 내 동복(同腹) 형제의 의술은 매우 뛰어나서 나도 그에게는 미치지 못한다. 그의 의술은 매우 기묘하지만, 세상에 알려지지 않았다. 내가 중년에 일찍이 그의 의술을 배우고자 했으나 양중천(楊中倩-양경)이 거부하면서, "너는 내 의술을 배울 만한 그릇이 되지 못한다"라고 말했다. 뒤에 네가 나와 함께 가서 만나보기로 하자. 그러면 반드시 네가 의술을 좋아한다는 사실을 알고 기뻐할 것이다. 그 역시 늙었으나 집은 부유하다.'

그러나 그때는 바로 가지 못했는데, 마침 양경(陽慶)의 아들 은(殷)이 장안을 방문해서 스승 공손광을 통해 왕에게 말[馬]을 바치게 되었습니다. 저는 그 때문에 양은과 친해졌고, 스승 공손광은 양은에게 저를 부탁하며 말했습니다.

'순우의는 의술을 좋아하니, 반드시 삼가며 대우하라. 이 사람은 성인(聖人)의 도리를 앙모하는 선비[聖儒]다.'

또 공손광은 즉시 편지를 써서 신을 양경에게 부탁했습니다.

이와 같이 하여 양경을 알게 된 것입니다. 신은 삼가며 양경을 섬겼고, 이 때문에 스승님께서도 저를 아껴주셨습니다."

신 의에게 물었다.

"관리나 백성 중에 지금까지 그대를 스승으로 섬기면서 그대의 의술을 (일부라도) 배운 자 또 그대의 의술을 죄다 배운 자가 있는가, 없는가? 있다면 그 사람은 어느 현, 어느 고을 사람인가?"

대답해 말했다.

"임치 사람으로 송읍(宋邑)이 있습니다. 송읍이 배우러 왔을 때, 신 의는 그에게 1년 남짓 '오색(五色) 진단법'을 가르쳤습니다.

제북왕이 태의(太醫) 고기(高期)와 왕우(王禹)를 보내 배우게 했을 때, 신 의는 그들에게 손발 경맥(經脈)의 상하 분포 부위와 기락결(奇絡結), 마땅히 알아야 하는 수혈(兪穴) 위치, 기(氣)가 올라가고 내려가고 나가고 들어갈 때의 정사(正邪)와 순역(順逆), 침을 놓고 뜸을 떠야 할 부위 등을 1년 남짓 가르쳤습니다.

치천왕은 종종 태창(太倉)에서 말을 관리하는 풍신(馮信)이란 자를 보내 의술을 묻게 하곤 했는데, 신 의는 그에게 안마(按摩)에서 역순(逆順)에 따른 방법, 약제를 쓰는 방법, 오미(五味)에 따라 약제를 만드는 방법, 화제탕 조제법 등을 가르쳤습니다.

고영후(高永侯)의 가승(家丞-집사) 두신(杜信)이 맥법에 관심이 있어 제게 찾아와 배웠는데, 신 의는 그에게 상하 경맥의 분포 부위와 오색 진단법을 2년 남짓 가르쳐주었습니다.

임치현 소리(召里)에 사는 당안(唐安)이 저를 찾아와 배웠습니다. 오색 진단법, 경맥의 분포 부위와 『기해술(奇咳術)』, 음양이 사계절의 기후에 따라 달라지는 이치 등을 가르쳤는데, 그는 다 배우기도 전에 제배되어 제나라 왕의 시의(侍醫)가 되었습니다."

신 의에게 물었다.

"병을 진찰해 생사를 판단했을 때 단 한 번도 실수한 적이 없는가?"

신 의가 대답했다.

"제가 환자를 치료할 때는 반드시 먼저 맥을 짚어보고 나서야 마침내 치료를 시작합니다. 맥이 쇠약하거나 거스르면 치료할 수 없고, 맥이 순조로우면 능히 치료할 수 있습니다. 신의 마음이 맥을 정밀하게 짚어볼 수 없는 상태일 때에는 환자의 생사를 단정 짓는 일과 치료할 수 있는지를 살피는 일에서 때때로 실수하기도 합니다. 신 의도 완벽하지는 못합니다."

태사공(太史公)이 말한다.

"여자는 아름답든 못생겼든 궁궐에 있으면 질투를 받고, 선비는 뛰어나든 불초하든 조정에 들어가기만 하면 의심을 받는다. 그래서 편작(扁鵲)은 뛰어난 의술 때문에 화를 당했던 것이다.

창공(倉公) 또한 자취를 감추고 몸을 숨겼어도 형벌을 받았는데, 그는 딸 제영(緹縈)이 조정에 글을 올리고서야 편안하게 지낼 수 있었다. 그러므로 노자(老子)는 '아름답고 좋은 것이란 상서롭지 못한 그릇[美好者不祥之器][1]' 이라고 했으니, 어찌 편작 등을 두고 한 말이 아니겠는가? 창공 같은 사람은 이에 가깝다고 말할 수 있을 것이다."[2]

---

1) 기존 『도덕경(道德經)』에는 '미호자(美好者)'란 말이 없고, 제31장에 "아무리 훌륭해도 군대[佳兵]는 상서롭지 못한 그릇"이라는 표현은 있다.

2) [색은술찬(索隱述贊)] 상지의 비술[上池祕術]/장상에게 전수 받았네[長桑所傳]/처음으로 조간자 진찰했고[始候簡子]/꿈에 균천에서 노닐었던 의미 알아냈지[知夢鈞天]/괵나라 태자의 미래 말하니[言占虢嗣]/시신이 벌떡 일어났도다[尸蹶起焉]/창공은 속죄받았고[倉公贖罪]/양경은 뛰어난 이라 추천했지[陽慶推賢]/효험 다양했지만[効驗多狀]/그를 기려 편에 갖춰 기록했도다[式具于篇]!

권106

오왕비열전(吳王濞列傳) 제46

권106 오왕비열전(吳王濞列傳) 제46

오왕(吳王) 비(濞)는 고제(高帝)의 형 유중(劉仲)[1]의 아들이다.

고제가 이미 천하를 평정한 지 7년째 되던 해에 유중을 세워 대왕(代王)으로 삼았다. 그런데 흉노가 대를 공격하자 유중은 능히 굳게 지켜내지 못해 나라를 내버린 채 달아나 샛길로 낙양(雒陽)으로 달려가서 천자에게 스스로를 의탁했다[自歸]. 천자는 그가 골육인지라 차마 법대로 다스리지[致法] 못하고 대나라 왕에서 폐위시켜 합양후(郃陽侯)[2]로 삼았다.

1) 【집해(集解)】 서광(徐廣)이 말했다. "중의 이름은 희(喜)다."

2) 【색은(索隱)】 「지리지(地理志)」에서 말했다. "풍익(馮翊)의 현 이름이다. 합수(郃水) 북쪽[陽]에 있다."

고제 11년 가을에 회남왕(淮南王) 영포(英布-경포)가 반란을 일으키자 (한나라는) 동쪽으로 가서 형(荊) 땅을 병합한 뒤 그 나라 군사를 접박해 서쪽으로 회수(淮水)를 건너 초나라를 치게 했는데, (이때) 고조는 스스로 군사를 이끌고 가서 그를 주벌했다. 유중의 아들 패후(沛侯) 비(濞)는 나이 20세로 기개와 힘이 있어 기병 장수[騎將]로 종군했는데, (비가) 기(蘄) 땅 서쪽 회추(會甀)[1]에서 포(布)의 군대를 깨뜨리니 포는 달아났다.

형왕(荊王) 유가(劉賈)가 포에게 살해되었는데 뒤를 이을 아들이 없었다. 상(上-황제)은 오군(吳郡)과 회계군(會稽郡)의 사람들이 날래고 용감한데[輕悍=敏勇] 이들을 제압할 장년의 왕이 없음을 걱정했고 자기 아들들은 아직 어렸기에, 마침내 비를 패(沛)에 세워 오왕(吳王)으로 삼아서[2] 3개 군 53개 성의 왕이 되게 했다.

1) 【색은(索隱)】 땅 이름이다. 기현(蘄縣) 서쪽에 있다.
2) 【집해(集解)】 서광(徐廣)이 말했다. "12년 10월 신축일이다."

이미 제배해 왕의 인장을 주고 난 뒤 고제는 비를 불러 관상을 보고서[相] 이렇게 말했다.

"네[若=汝] 얼굴에는 반란의 상[反相]이 있다."

혼자서 마음속으로 후회했으나 이미[業己] 제배한 터라 그 참에 그의 등을 가볍게 두드리며[拊=輕擊] 일러 말했다.

"한나라는 50년 뒤 동남쪽에 난이 있을 터이지만 어찌 (주모자가) 너[若]이겠는가? 어쨌거나 천하는 같은 성을 가진 한집안과 같으니 부디 반란을 일으키는 일이 있어서는 안 될 것이야!"

비가 머리를 조아리며 말했다.

"감히 그런 일은 하지 않을 것입니다."

마침, 효혜(孝惠)와 고후(高后) 때 천하가 비로소 안정되자 군국(郡國)의 제후들은 각자 자신들의 백성을 돌보는 데 힘을 쏟았다. 오(吳)나라에는 예장군(豫章郡)[1]의 구리 광산이 있었기에 비는 곧바로 천하의 망명자들을 불러 모아 더욱 많은 동전을 만들었고, 바닷물을 끓여[煮] 소금을 구웠으며 그래서 백성에게 세금을 거두지 않고서도 나라의 재용이 넉넉했다[富饒=饒足][2].

1) 【집해(集解)】 위소(韋昭)가 말했다. "그냥 장군(章郡)이라고 해야 한다."
2) 【집해(集解)】 여순(如淳)이 말했다. "주전을 하고 소금을 구워서 그 이익으로 나

라의 재용에 충당했으니, 따로 백성에게 세금을 거둘 일이 없었다.”

효문(孝文) 때 오나라 태자가 입조해 상을 알현한 뒤 황태자를 모시고서 술을 마시고 장기를 두었다[博]. 오나라 태자의 사부들은 모두 초나라 사람으로 경박하고 사나웠으며[輕悍], (오나라 태자) 또한 평소 교만했다. 장기를 두면서 길을 다투다가 공손하지 못하게 구니, 황태자가 장기판을 끌어당겨서 오나라 태자에게 던져[提=擲] 그를 죽였다. 이에 그 시신을 관에 넣고서는 오나라에 보내 장례를 지내게 하자, 오나라 왕이 분노에 떨며[慍=怨] 말했다.

“천하가 모두 한집안[一宗]이라더니 장안에서 죽었으면 곧장 장안에서 장례를 지낼 것이지 어찌 꼭 이리 와서 장례를 지내게 한다는 말인가!”

다시 관을 장안으로 보내 그곳에서 안장했다. 오왕은 이로 말미암아 (원망하는 마음을 품고서) 점점 번신(藩臣)으로서의 예(禮)를 잃어버리고 병을 핑계로 입조하지도 않았다. 경사(京師-한나라 중앙 조정)에서는 병은 핑계일 뿐 입조하지 않는 것은, 아들 때문이라고 여겼는데 조사해보았더니 실제로 병이 난 것이 아니었다. 그래서 오나라 사자들을 오는 족족[輒] 잡아 가두고 문책해 다스리자, 오나라 왕은 두려워서 모반하려는 생각이 점점 더[滋=益] 심해졌다.

뒤에 사람을 보내 추청(秋請)1)을 하게 했을 때 상이 다시 오나라 사자를 문책하니, (이에) 사자가 말했다.

“왕은 사실 병이 나지 않았는데, 한나라 조정에서 여러 차례 사자를 잡아 가두고 문책했기 때문에 결국 병이 났다고 한 것입니다. 무릇 연못 속의 물고기를 깊이 살피는 것은 상서롭지 못하다고 했습니다[不祥=不吉]2). 지금 왕께서는 처음에는 병을 핑계로 삼았다가 그것을 들키고 나서 꾸짖음을 당하는 것이 심해지자 더욱 몸을 숨기게 되었고, 상께서 주살할까 두려워 마침내 어쩔 수 없이 음모를 꾸미게 되었습니다. 바라건대 상께서는 지금까지의 일은 다 잊으시고 (오나라 왕과) 함께 다시 시작하시옵소서[更始].”

1) 【집해(集解)】 맹강(孟康)이 말했다. “율(律)에 따르면 봄에 하는 것을 조(朝), 가을에 하는 것을 청(請)이라 하는데, 이는 옛날에 제후들이 천자를 조빙(朝聘)하던 것과 같다.” 여순(如淳)이 말했다. “비(濞)가 직접 가지 않고 사람을 시켜 자신을 대신해서 예를 청하게 한 것이다.”

2) 【집해(集解)】 장안(張晏)이 말했다. “임금이 신하의 은밀한 일을 다 알려고 하면 우환과 변란이 생겨나니 상서롭지 못하다는 것이다. 따라서 마땅히 사면해 스스로 새로워지도록 해야 한다는 말이다.”

이에 천자는 마침내 오나라 사자들을 모두 풀어주어 돌려보냈고, 오왕에게는 궤장(几杖-안석과 지팡이)을 내려주고서 늙었으니 조빙하지 않아도 된다고 했다. 오나라 왕은 용서를 받게 되자 음모도 점차 그만두게 되었다.

그러나 그 나라에서는 구리와 소금이 많이 났기 때문에 백성은 세금을 내지 않았다. 돈을 받고 남을 대신해서 병역에 종사하는 사람에게는 그때마다 시세에 맞는 돈을 지급했고, 세시(歲時)에는 사람을 보내 재주가 뛰어난 사람들을 찾아내고 그 사람의 고향 마을에까지 상을 내려주었으며, 다른 군국의 관리가 와서 (자기 군국에서) 도망친 사람들을 붙잡으려 하면 망명자를 받아들이고서 내주지 않았다.

이와 같이 하기를 40여 년이 흐르자[1] 그 사람들을 마음대로 부려 먹을 수 있게 되었다.

1) 【정의(正義)】 40여 년이라고 한 것은 오왕이 자기 시대 동안, 행한 일들을 태사공이 모두 포함해서 말한 것이고, 『한서(漢書)』에서는 30여 년이라고 했다. 반고는 그 말이 효문 시대에 실려 있는 것을 보고서 마침내 10년을 뺀 것이니, 이는 반고가 이치에 밝지 못함을 보여준다.

조조(鼂錯)가 태자가령(太子家令)이 되어 태자의 총애를 얻게 되자, 그는 오나라가 죄를 지었으니, 봉국을 삭감해야 한다고 자주 조용하게 말했다. 여러 차례 글을 올려 효문제에게 유세했으나 문제는 성품이 너그러워[寬] 차마 죄를 주지 못했으니, 이 때문에 오나라 왕은 날이 갈수록 더욱 제멋대로 처신했다. 효경제(孝景帝)가 자리에 나아가게 되자 조조는 어사대부가 되었는데, (조조가) 상을 설득해 말했다.

"예전에 고제께서 비로소 천하를 평정했을 때 형제들은 적고 여러 자식은 어려서 같은 성씨들을 대거 봉하셨으니, 그 때문에 얼자(孽子-서자)인 도혜왕(悼惠王)을 제(齊)나라 72개 성의 왕으로 삼고 서제(庶弟)인 원왕(元王)을 초(楚)나라 40여 성의 왕으로 삼으며 형의 아들을 오(吳)나라 50여 성의 왕으로 삼았습니다. 서얼(庶孽) 3명을 봉해 천하의 절반을 나눠줬던 것입니다. (그런데) 지금 오왕은 예전에 있었던 태자의 일 때문에 틈이 벌어지게 되자 그 뒤로부터 거짓으로 병을 핑계 대며 조빙하지 않고 있습니다. 이는 옛 법에 따르면 마땅히 주살되어야 하건만, 문제께서는 차마 처벌하지 못하고서 오히려 궤장을 내려주셨으니 임금다움이 지극히 두터웠습니다. 그런데도 허물을 고쳐 스스로를 새롭게 하지 않고 나침내 더욱 교만하고 방자해져 산에서 나는 구리로 동전을 만들고 바닷물로 소금을 구워 천하의 도망자들을 유인해 반역을 계획하고 있습니다. 지금 봉국을 깎는다 해도 반란을 일으킬 것이고 깎지 않는다 해도 반란을 일으킬 것인데, 깎는다면 그 반란이 빨라지겠지만[亟=急] 그 화는 작을 것이고 깎지 않는다면 그 반란이 늦어지겠지만 그 화는 클 것입니다."

(효경제) 3년 겨울에 초나라 왕이 와서 조빙하니, 조조는 그것을 기회로 초나라 왕 무(戊)가 지난해 박태후(薄太后)를 위해 복상하던 여막[服舍=喪次]에서 몰래 간통한 일이 있음을 말하면서 그를 주살할 것을 청했다. 그러나 (경제는) 조서를 내려 사면해주고 (대신에) 동해군(東海郡)을 깎아버렸으며, 그 참에 오나라의 예장군(豫章郡)과 회계군(會稽郡)도 깎았다.

(효경제) 전(前) 2년에 이르러 조나라 왕이 죄를 짓자, 그의 하간군(河間郡)[1]을 깎았고, 교서왕(膠西王) 앙(卬)이 작위를 팔아먹고 간음을 저지르자, 그의 육현(六縣)을 깎았다.

1) 【색은(索隱)】『한서(漢書)』에는 상산군(常山郡)이라고 되어 있다.

한나라 조정 신하[廷臣]들이 바야흐로 오나라를 깎아내는 문제를 토의했다. 오나라 왕은 땅을 깎아내는 데 그치지 않을 것[無已]을 두려워해 그 참에 음모를 꾸며서 일을 일으키고자[擧事] 했다. (하지만) 생각해보니 제후 중에 계책을 함께할[與計] 사람이 제대로 없었는데, (마침) 교서왕(膠西王-유앙)이 용맹스럽고 기개를 중히 여기며 군대의 일을 좋아해서 여러 제나라 지역 제후[1]는 모두 그를 무서워하고 꺼린다는 말이 들려왔다. 이에 마침내 중대부(中大夫) 응고(應高)를 보내 교서왕을 유인하며[誂=誘][2] 말했다.

"오왕께서 불초(不肖)해 밤낮으로 근심하시면서도 감히 다른 사람에게는 털어놓지 못하다가, 신을 시켜 속마음[驩心]을 전달하게 하셨습니다."

왕이 말했다.

"내게 무슨 말을 하는 것인가?"

1) 【집해(集解)】 위소(韋昭)가 말했다. "제나라가 나뉘어 교동(膠東)이나 제북(濟北) 등의 나라가 되었다."
2) 【색은(索隱)】 誂의 발음은 (조가 아니라) 도(徒)와 오(烏)의 반절음이다.

고(高)가 말했다.

"지금 주상께서는 간사한 신하들에게 휘둘리고 간악한 신하들에게 조종당하시어 작은 장점을 좋아하고 중상모략하는 적신(賊臣)들의 말을 듣고서 신뢰하니, 법령을 그들 마음대로 고쳐서[變更=變改] 제후들(의 땅)을 침탈해 깎아내고서는 징발하고 요구하는 것이 점점 더 많아지고 있고 선량한 사람들을 주벌하는 일이 날로 더욱 심해지고 있습니다. 속담에 '쌀겨를 핥다 보면 쌀까지 먹게 된다[1]'라는 말이 있습니다. 오와 교서는 이름이 알려진 제후국입니다만 한 차례라도 감찰을 받게 된다면 (지금과 같은) 평온과 자유스러움[肆=縱]을 누릴 수 없을 것입니다. 오왕은 속병을 앓고 있어 조청(朝請-알현)하지 못한 지 20여 년이 되었는데, 늘 의심을 받으면서도 스스로 해명하지[自白=自明] 못 하게 되는 것만을 걱정하고 있고 지금도 어깨를 움츠리고 발을 포갠 채[脅肩絫足] 오히려 오해가 풀리지 않는 것만을 두려워하고 있습니다. 가만히 듣건대 대왕께서는 작위와 관련된 일로 허물이 있어 제후들에게 들으니, 땅이 깎일 것이라고 했습니다만 사실 그 죄는 땅이 깎일 정도까지는 아니었습니다. (그러니) 이다음에는 땅을 깎이는 데서 그치지 않을까 봐 두렵습니다."

왕이 말했다.

"그런 일이 있었다. 그대는 장차 어찌하자는 것인가?"

1) [색은(索隱)] 살펴보건대, 쌀겨를 핥다 보면 쌀까지 먹게 된다는 것은 봉토 삭감이 끝나면 나라를 없애는 데까지 이르게 된다는 말이다.

고가 말했다.

"같은 것을 함께 미워하는 자는 서로 돕고[同惡相助], 같은 것을 함께 좋아하는 사람은 서로 이끌어 붙들며[同好相留], 같은 속내를 가진 사람끼리는 서로를 찾고[同情相求], 하고자 하는 바가 같은 사람끼리는 서로 함께 달려가며[同欲相趨], 이익이 같은 사람끼리는 서로를 위해 죽는다[同利相死]고 했습니다. 지금 오왕께서는 대왕과 같은 근심[同憂]을 하고 있다고 여기고 계시니, 바라건대 때에 맞추고 순리에 따라서[因時循理] 몸을 던짐으로써 천하의 근심거리를 없애주소서! 생각해보면 이것도 정말 좋지 않겠습니까?"

교서왕은 먼 곳을 쳐다보면서[瞿]1) 깜짝 놀라[駭] 말했다.

"과인이 어찌 감히 이렇게까지 하겠는가? 주상께서 비록 서둘러 나를 닦달하신다 한들 진실로 (벌을 달게 받고) 죽음만이 있을 뿐 어찌[安=焉] 주상을 받들지 않을 수 있겠는가?"

1) 【색은(索隱)】『설문(說文)』에 이르기를, "구(瞿)는 멀리 바라보는 것"이라고 했다.

고가 말했다.

"어사대부 조조는 천자를 휘둘러[營=繞] 혹하게 해서 제후들을 침탈하고 충신(忠臣)을 가리며 현신(賢臣)을 막았습니다. 조정 사람들은 그를 미워하고 원망하며 제후들은 모두 배반할 뜻을 품게 되었으니 이는 사람이 할 수 있는 일로는 극한에 이른 것이요, 혜성이 나타나고 황충이나 메뚜기 떼가 일어나니 이는 만세에 한 번 있는 때입니다. (이처럼) 백성이 근심하고 힘들어하는 때야말로 빼어난 이[聖人]가 일어날 순간입니다. 그래서 오왕께서는 안으로는 조조를 주살하는 것을 내세우면서 밖으로는 대왕의 수레 뒤를 따라 천하를 웅비하려는 것이니, 우리 군사가 향하는 곳마다 항복하고 가리키는 곳마다 함락되어 감히 복종하지 않는 자가 없을 것입니다. 대왕께서 참으로 다행히 한마디로 허락해주신다면, 오왕은 초왕을 이끌고 가서 함곡관을 공략한 뒤 형양과 오창의 식량을 지키면서 한나라 병사와 대치한 채로 주둔할 곳[次舍]을 준비하고 대왕을 기다릴[須=待] 것입니다. 대왕께서 다행히 그곳에 와주신다면 천하를 삼키게 될 것이니, 두 군주께서 천하를 나눠 갖는 것도 진실로 좋지 않겠습니까?"

왕이 말했다.

"좋다."

돌아와서 오왕에게 보고하자, 오왕은 오히려 실제로 약속을 지키지 않

을까 두려워 마침내 그 자신이 직접 사자가 되어 교서로 가서 얼굴을 맞대
고 약속했다.

교서왕의 여러 신하 중에서 어떤 사람이 자기 왕이 음모를 꾸미고 있다
는 것을 듣고서 간언해 말했다.

"황제 한 분을 받드는 것은 지극히 편안한데, 지금 대왕께서는 오나라와
함께 서쪽을 향해 쳐들어가려고 하십니다. 설사 일이 성공하더라도 대왕과
오왕 두 군주께서는 나뉘어 다투게 될 것이니, 환란은 마침내 여기서 시작
될 것입니다. 제후들의 땅은 한나라가 직할하는 군의 10분의 2가 되지 않는
데도 반역해서 태후[1]께 걱정을 끼쳐드리는 것은 장구한 계책이 아닙니다."

왕은 듣지 않았다. 드디어 사자를 출발시켜 제(齊)·치천(菑川)·교동(膠
東)·제남(濟南)·제북(濟北)과 약속을 맺도록 하니, 모두 허락했다. 그리고
이렇게 말했다.

"성양국(城陽國) 경왕(景王)은 의로운 사람으로, 여씨들을 공격하기도
했다. 그는 참여시키지 말고, 일이 정해지고 난 뒤 (공을) 나눠주면 될 뿐[2]
이다."

1) 【집해(集解)】 문영(文穎)이 말했다. "교서왕의 태후다."

2) 【집해(集解)】 서광(徐廣)이 말했다. "이때 성양공왕(成陽恭王) 희(喜)는 경왕의 아
   들이다."

제후들은 새롭게 땅을 깎이는 벌을 받게 되자 질겁하면서[振恐] 많은 제
후가 조조를 원망했다. 오나라의 회계군과 예장군을 깎는다는 글이 이르
자 곧바로 오왕이 맨 먼저 병사를 일으켰고, 교서국에서는 한나라에서 보
낸 2,000석 이하의 관리들을 주살했으며, 교동·치천·제남·초·조나라 또
한 그렇게 하고서 드디어 군대를 일으켜 서쪽을 향했다. (한편) 제왕(齊王)

은 뒤늦게 뉘우치고서 독약을 마시고 자살함으로써 약속을 어겼고, 제북왕(濟北王)은 성이 무너져서 아직 수리를 마치지 못하고 있던 차에 낭중령이 왕을 겁박해 지키게 하는 바람에 군대를 발동할 수 없었다. 교서왕이 통솔자[渠率=大率]가 되어 교동·치천·제남의 병사들과 함께 (제나라 도읍인) 임치(臨菑)를 공격해 에워쌌고, 조왕(趙王) 수(遂)도 반란을 일으켜서 몰래 흉노에 사자를 보내 그 군대와 연합했다.

7국이 병사들을 발동하자 오왕은 사졸들을 모두 동원한 뒤, 나라 안에 영을 내려 이렇게 말했다.

"과인은 62세의 나이[1]로 몸소 장수가 되었고, 막내아들은 14세의 나이로 사졸들의 선두에 섰다. 나이가 위로는 과인과 같은 자로부터 아래로는 막내아들과 같은 자까지 모두 나아가 싸움에 나서자."

이렇게 해서 동원한 병사가 20여만 명이었다. 남쪽으로는 민월(閩越)과 동월(東越)에 사자를 보내니, 동월 역시 군대를 출동시켜 그 뒤를 따랐다.

1) 【집해(集解)】 서광(徐廣)이 말했다. "오왕이 오에 봉해진 지 42년이었다."

효경제(孝景帝) 3년 정월 갑자일에 처음으로 광릉(廣陵)에서 군대를 일으켜서[1] 서쪽으로 회수(淮水)를 건너 거기서 초나라 병사와 합쳤다. (오왕은) 사자를 시켜 제후들에게 다음과 같은 서신을 보냈다.

'오왕 유비는 교서왕·교동왕·치천왕·제남왕·조왕·초왕·회남왕(淮南王)·형산왕(衡山王)·여강왕(廬江王), 고(故) 장사왕(長沙王) 아들[2]께 삼가 여쭙겠으니, 과인에게 가르침을 주시면 다행이겠습니다.

한나라 조정에 적신(賊臣)이 있으니, 천하에 아무런 공로도 없으면서 제후의 영토를 침탈하고 관리를 시켜 탄핵·구속·심문·처벌을 자행하고 있습니다. 제후들을 능멸해 봉토를 받은 군주에 대한 예(禮)로써 유씨(劉氏)

의 골육으로 예우하지 않고 선제(先帝)의 공신들을 끊고서는 간사한 무리를 천거하며 임용함으로써 천하를 어지럽히고 사직을 위태롭게 하고 있습니다. 그러나 폐하께서는 병이 많으셔서 올바른 정신을 잃으셨기에 능히 잘 살펴보실 수 없습니다. 이제 군사를 일으켜 저 간악한 무리를 주살하고자 하니, 삼가 가르침을 듣겠습니다.

저희 오나라가 비록 협소하지만, 땅이 사방 3,000리는 되고, 백성이 비록 적기는 하지만 얼마든지 정예 병사 50만 명을 갖출 수 있습니다. 과인이 평소 남월(南越)과 사귀기를 30여 년, 군왕과 지방 수령들이 모두 군사를 나눠 과인의 뒤를 따르는 것을 거절하지 않았으니 다시 30여만 명을 더 얻을 수 있습니다. 과인이 비록 불초하지만, 이 한 몸 바쳐 여러 왕을 따르고자 합니다.

남월은 장사(長沙)와 땅을 접하고 있으니, 장사왕의 아들께서는 장사 이북의 땅을 평정하고서 서쪽으로 촉(蜀)과 한중(漢中)으로 나아가 주시기를 바랍니다.

동월왕과 초왕, 회남의 삼왕(三王-회남왕·형산왕·여강왕)께서는 과인과 더불어 서쪽으로 진격하시고, 제나라의 여러 왕(-치천왕·교동왕·제남왕)과 조왕(趙王)께서는 하간(河間)과 하내(河內)를 평정하신 뒤 혹 임진관(臨晉關)[3]으로 들어가든지 혹 과인과 낙양에서 합류하든지 해주십시오.

연왕(燕王)과 조왕은 본래 흉노의 왕과 약속이 있으니, 연왕께서는 북쪽으로 대(代)와 운중(雲中)을 평정한 뒤 흉노의 군대를 전적으로 통솔해 소관(蕭關)[4]으로 들어가십시오. 우리는 모두 장안으로 달려가 천자를 바로 잡고 고묘(高廟-고제 유방의 사당)를 안정시킬 것입니다.

왕들께서는 이것에 힘써주시기를 바랍니다. 초나라 원왕(元王)의 아들과 회남의 삼왕께서는 10여 년 동안 머리 감고 발 씻는 것조차 잊은 채로 골수에 사무친 원한을 단번에 풀고자 한 지가 이미 오래되었습니다. 그러나 지금까지는 과인이 여러 왕의 뜻을 알지 못했기에 감히 그 뜻을 따를 수 없었습니다. 지금 여러 왕께서 능히 망해 후사가 끊어진 나라를 이어지게 해주시고 또 약자를 구제하고 난폭한 자를 벌주시어 우리 유씨를 안정시킬 수 있다면, 이는 곧 사직이 바라는 바일 것입니다.

저희 오나라가 비록 가난하지만, 과인은 입고 먹는 비용을 절약해 돈을 저축하고 무기를 갖추며 식량을 모으는 일을 밤낮으로 했습니다. 이렇게 한 것이 30여 년 동안이었으니, 이 모든 것은 이번 거사를 위한 것이었습니다. 바라건대 여러 왕께서는 맘껏 이를 써주십시오.

능히 적의 대장을 베어 죽이거나 사로잡는 사람에게는 황금 5,000근을 하사하고 1만 호(萬戶)에 봉할 것입니다. 장수들은 황금 3,000근과 5,000호의 땅을 봉하고, 비장(裨將)은 황금 2,000근과 땅 2,000호를 봉하며, 2,000석 관리는 황금 1,000근과 1,000호의 땅에 봉하고, 1,000석 관리는 황금 500근과 500호의 땅에 봉하겠습니다. 그리고 (그들을 베거나 사로잡은 사람들을) 모두 열후(列侯)로 삼겠습니다.

군대나 성읍을 갖고서 투항하는 자로서 군졸이 1만 명, 읍이 1만 호라면 대장(大將)을 참하거나 포로로 잡는 경우와 같이 대우할 것입니다. 군사가 5,000명이거나 읍이 5,000호인 경우에는 일반 장수를 얻은 경우와 같이 대우할 것입니다. 군사가 3,000명이거나 읍이 3,000호면 비장을 얻은 경우와 같이 대우할 것입니다. 군사가 1,000명이거나 읍이 1,000호면 2,000석 관리를 얻은 경우와 같이 대우할 것이며, 그 아래 하급 관리들이 투항해 올 경우에도 모두 등급에 따라 작위와 상금을 줄 것입니다. 그 밖의 모든 봉작(封爵)과 상금 지불은 현재 (한나라) 군법에서 정한 것의 2배로 하겠으며, 원래 작위와 식읍이 있는 자는 예전 그대로 두지 않고 다시 더 보태줄 것입니다.

바라건대 여러 왕께서는 명백하게 사대부들에게 명령을 전해주시고 감히 속이지 마십시오. 과인의 돈은 온 천하에 있으니, 어디에 있든 반드시 오나라에서 가져올 필요는 없습니다. 여러 왕께서 밤낮으로 써도 다 쓸 수 없을 것이니, 마땅히 상금을 지급할 사람이 있으면 과인에게 알려주십시오.

과인이 장차 달려가서 그에게 내려주겠습니다. 삼가 알려드리는 바입니다.'

1) 【집해(集解)】 서광(徐廣)이 말했다. "형왕(荊王) 유가(劉賈)가 오(吳)에 도읍했고, 오왕은 수도를 광릉으로 옮겼다."

2) 【집해(集解)】 서광(徐廣)이 말했다. "오예(吳芮)의 현손 정왕(靖王) 저(著)로, 문제 7년에 졸했으나 후사가 없어 봉국을 없앴다." 배인(裴駰)이 살펴보건대, 여순(如淳)이 말했다. "오예는 4세 후에 자식이 없어 나라를 없앴다. 서자 두 사람이 열후가 되었지만 왕의 뒤를 잇지는 못했으니, 이에 불만을 품고 있다가 유혹을 받아 반란에 참여한 것이다."

3) 【정의(正義)】 지금 이름은 포진관(蒲津關)이다.

4) 【정의(正義)】 지금 이름은 농산관(隴山關)이다. 원주(原州) 평량현(平涼縣) 경계에 있다.

7국의 반란에 관한 보고서가 위에 올라가자, 천자는 마침내 태위(太尉) 조후(條侯) 주아부(周亞夫)을 보내 장군 36명을 이끌고 가서 오나라와 초나라를 치게 했다. 곡주후(曲周侯) 역기(酈寄)는 조나라를, 장군 난포(欒布)는 제나라를 치게 했으며 대장군 두영(竇嬰)은 형양(滎陽)에 주둔하면서 제나라와 조나라 군대의 동향을 감시하게 했다.

오나라와 초나라가 반란을 일으켰다는 보고가 올라왔으나 아직 (한나라에서) 군사를 일으키기 전이었을 때, 두영은 출전하지 않은 상태에서 오나라 재상을 지낸 원앙(袁盎)을 (경제에게) 천거했다. 앙은 그때 집에 머물고 있다가 부름을 받고 입조했다. 상이 바야흐로 조조와 함께 군사 동원의 방안과 군량을 점검하고 있다가 원앙에게 물었다.

"그대는 일찍이 오나라 재상이었으니 오나라 신하 전녹백(田祿伯)의 사람됨을 아는가? 지금 오나라와 초나라가 반란을 일으켰는데, 그대라면 어떻게 하겠는가?"

원앙이 말했다.

"걱정할 필요가 없습니다. 금방 깨뜨릴 것입니다."

상이 말했다.

"오왕은 구리가 나는 산에서 화폐를 주조하고 바닷물을 끓여서 소금을 만듦으로써 천하의 호걸들을 끌어들여 백발의 나이[白頭]에 반란을 일으켰다. 상황이 이와 같은데, 그가 완벽한 계책[百全=萬全]이 있지 않다면 어찌 반란을 일으킬 수 있었겠는가? 무슨 근거로 그가 아무것도 할 수 없을 것이라고 말하는가?"

원앙이 대답해 말했다.

"오나라에 구리와 소금으로 인한 이익이 있기는 하지만 (그것으로써) 어떻게 천하 호걸들을 끌어들일 수 있었겠습니까? 정말로 오나라가 호걸을 얻었다면 그들은 실로 왕을 도와 의로운 일을 했을 것이지, 반란을 일으키지는 않았을 것입니다. 오나라가 끌어들인 자들은 모두 무뢰배 자제들로 도망치면서 돈이나 주조하는 간사한 자들입니다. 그러므로 서로를 이끌어 반란을 일으킨 것입니다."

조조가 말했다.

"원망의 말이 맞습니다."

상이 물었다.

"어떤 계책이 좋겠는가?"

앙이 대답해 말했다.

"바라건대, 좌우를 물리쳐주십시오."

상이 사람들을 물리치고 조조 혼자 남게 하니, 원앙이 말했다.

"신이 말씀드리고자 하는 바는 남의 신하 된 자는, 알아서는 안 됩니다."

마침내 조조도 나가게 했다. 조조가 종종걸음으로 동상(東廂-동쪽 행랑)으로 물러나는데, 몹시도 서운해했다. 상이 드디어 원앙에게 물으니, 앙이 대답해 말했다.

"오나라와 초나라가 서로 주고받은 글에 '고제(高帝)는 자제들을 왕으로 삼아 각각 땅을 나눠주었는데, 지금 적신(賊臣) 조조는 제 마음대로 제후들을 처벌해[適=謫] 그 땅을 깎아서 빼앗고 있다'라고 쓰여 있으니, 이를 반란의 명분으로 삼아 서쪽으로 함께 진군해서 더불어 조조를 주살한 뒤 자신들의 옛 땅을 회복함으로써 거사를 끝마치려는 것입니다. 바야흐로 지금의 계책으로는 오직 조조의 목을 베고 사신을 보내 7국을 용서하면서 그들의 옛 땅을 회복시켜주신다면, 병사들의 칼날에 조금도 피를 물들이는 일 없이 모두 해산시킬 수 있습니다."

이에 상이 한동안 침묵하고 있다가 말했다.

"아무리 생각해도 어떻게 해야 할지 알 수 없다. 내가 한 사람을 아끼지 않음으로써 천하에 사과해야 한다는 것인가?"

앙이 말했다.

"신의 어리석은 계책으로는 이보다 나은 것이 없으니, 바라건대 상께서는 깊이 생각하소서."

마침내 앙을 제배해 태상(太常)으로[1], 오왕의 조카 덕후(德侯)[2]를 종정(宗正)으로 삼았다[3].

---

1) **[정의(正義)]** 원앙을 태상으로 삼음으로써 종묘를 받들겠다는 뜻을 보인 것이다.

2) **[집해(集解)]** 서광(徐廣)이 말했다. "이름은 통(通)이고, 아버지 이름은 광(廣)이다."

3) 『한서(漢書)』에서는 이 부분을 조금 풀어서 이렇게 기록하고 있다. "오왕에게 사자를 보내 오왕 동생의 아들 덕후(德侯)를 종정(宗正)으로 삼아 친척들을 보필하게 했다."

원앙은 짐을 꾸려 길 떠날 준비를 했다. 10여 일 뒤에 상은 중위(中尉)를 시켜서 조조를 불러내 수레에 몰래 태우고 장안 동시(東市)로 데려가게 했고, 조조는 조복을 입은 채로 동시에서 목 베어졌다. 그러고 나서 원앙을 보내 종묘를 받들게 하고 종정에게는 친척들을 돌보게 한 뒤, (두 사람을 보내) 오왕에게 원앙의 계책대로 한 것임을 알리게 했다. 사자가 오나라에 이르렀을 때 오나라와 초나라 병사들은 이미 양(梁)나라 성벽을 공격하고 있었다. 종정이 오왕의 친척인 까닭으로 먼저 들어가 오왕을 만나 사정을 이야기했고, 이어 오왕으로 하여금 절을 올리고 조서를 받으라고 했다. 오왕은 원앙이 왔다는 말을 듣자, 그 역시 자신을 설득하려는 것임을 알아차리고는 웃으면서 이렇게 응수했다.

"내가 이미 동제(東帝)가 되었는데 오히려 누구에게 절을 하라는 것인가?"

원앙을 만나려 하지 않으면서, 단지 그를 군중(軍中)에 머무르게 한 다음 접박해 자신의 장수로 삼으려 했다. 원앙이 이를 거절하자 오왕은 사람을 시켜 그를 둘러싸서 지키게 했는데, 장차 그를 죽이려는 것이었다. 원앙은 야밤을 틈타 군중을 탈출해 걸어서 양나라 군영으로 도망쳤다가 마침내 (장안으로) 돌아가 복명했다[報=復命].

조후(條侯)가 말 6마리가 끄는 역전거(驛傳車)를 타고 가서 병사들을 형양(滎陽)에 집결시켰다. 낙양에 이르러 (유명한 협객인) 극맹(劇孟)을 만나자 기뻐서 말했다.

"7국이 반란을 일으켜 내가 역전거를 타고 이곳에 이르렀는데, 내 스스로도 온전할 것이라 생각하지 못했소[1]. 또 제후들이 이미 그대를 데려갔을 것이라고 생각했는데 아직까지 움직이지 않고 그대로 있으니, 내가 형양에 주둔해도[2] 형양 동쪽으로는 근심할 만한 일이 없을 것 같소."

회양(淮陽)에 도착한 조후는 아버지 강후(絳侯) 주발(周勃)의 문객(門客) 등도위(鄧都尉)에게 물었다.

"어떻게, 계책이 나올 수 있겠습니까?"

문객이 대답했다.

"오나라 군사는 대단한 정예이므로 더불어 싸워서 예봉을 꺾는다는 것은 힘든 일이지만, 초나라 병사는 경솔하니 오래 버틸 수 없을 것입니다. 바야흐로 지금 장군을 위한 계책으로는 군사를 이끌고 동북쪽으로 가서 창읍(昌邑)에 누벽(壘壁)을 높게 쌓고 양나라를 오나라에 내맡기는 것만 한 바가 없습니다. 그리하면 오나라는 반드시 정예 부대를 총동원해 양나라를 공격할 것인데, (그때) 장군은 도랑을 깊게 파고 성벽을 높이 쌓은 뒤 날랜 병사들을 보내 회수(淮水)와 사수(泗水)의 어귀를 막아서 오나라의 군량 보급로[饟道]를 차단하십시오. 오나라와 양나라가 서로 전투에 지치게 되면 둘 다 군량이 바닥 날 것이니, 마침내 그때 장군의 온전하고 강한 군대로써 저 극도로 지친 군대를 제압하게 되면 오나라 군대를 반드시 깨뜨릴 수 있을 것입니다."

조후가 말했다.

"좋습니다."

조후는 그의 계책을 따라 드디어 창읍 남쪽에 견고한 성벽을 세우고서는 날랜 병사[輕兵]를 보내 오나라 군량 보급로를 끊어버리게 했다.

1) 【정의(正義)】 안전하게 낙양까지 와서 극맹을 만나게 되리라고는 스스로도 생각지 못했다는 뜻이다.

2) 안사고(顏師古)가 말했다. "극맹이 이미 조금도 동요하지 않고 있으므로 자신은 형양에 맘껏 주둔할 수 있다는 말이다."

오왕이 처음에 군사를 출동시키려 할 때, 오나라의 신하 전녹백(田祿伯)이 대장군이 되었다.

전녹백이 말했다.

"군사들이 모두 한데 모여 서쪽으로 진격하는데, 특출한 계책[奇道=

奇計]이 아니고는 공을 세우기가 어렵습니다. 신이 바라건대, 군사 5만 명을 주신다면 따로 장강(長江)과 회수(淮水)를 따라 올라가서 회남(淮南)과 장사(長沙)를 거둔 뒤 무관(武關)으로 들어가 대왕과 만나고자 합니다. 이는 참으로 하나의 특출한 계책이 될 것입니다.”

그러자 오왕의 태자가 간언해 말했다.

“왕께서는 반란을 명분으로 내걸고 계시니, 이 군사를 다른 사람에게 빌려주는 것[藉=假]은 곤란합니다. 그 사람 또한 장차 왕을 배반하면 어떻게 하시겠습니까? 또 군대에 대해 전권을 나눠 독자적으로 행동하게 할 경우 어떤 다른 이해관계들이 생겨날지 알 수가 없으니[1], 헛되이 자기 손해만 자초할 뿐입니다!”

오왕은 그 자리에서 전녹백의 건의를 불허했다.

1) 【집해(集解)】 소림(蘇林)이 말했다. “녹백이 만약에 군대를 이끌고 한나라에 투항하면 본인에게는 이익이 되겠지만 오나라에는 근심이 된다는 말이다.”

오나라의 젊은 장수 환장군(桓將軍)이 왕을 설득해 말했다.

“오나라는 대부분 보병인데 보병은 험난한 지형이 유리하고, 한나라는 대부분 전차와 기병(騎兵)인데 전차와 기병은 평지가 유리합니다. 바라건대 왕께서는 지나가는 성 중에서 함락되지 않는 곳이 있더라도 그대로 내버려두시고 신속하게 서쪽으로 가서, 낙양의 무기고를 점거하고 오창의 군량을 먹으면서 산하의 험난함에 의지해 제후들에게 명령을 내리십시오. 이렇게 하신다면 비록 함곡관에 들어가지 않더라도 천하는 사실상 이미 평정된 것입니다. 만약 대왕께서 천천히 행군해 성읍을 함락하느라 지체하게 된다면, 그 사이에 한나라 군대의 전차와 기병이 이르러 양나라와 초나라의 들판으로 달려올 것이니 일은 실패하고 말 것입니다.”

오왕이 오나라의 노장들에게 물어보니 그들은 이렇게 대답했다.

"이는 적의 예봉을 꺾으려 할 때나 쓸 만할 젊은 사람이 내놓은 작전일 뿐입니다. 그들이 어찌 원대한 계책[大慮]을 알겠습니까!"

이에 왕은 환장군의 계책을 쓰지 않았다.

오왕은 전권을 갖고서[專] 군사들을 모아 거느리고 있었는데, 오나라 군대가 아직 회수를 건너기 전에 여러 빈객(賓客)은 모두 장군·교위(校尉)·척후(斥候)·사마(司馬) 등에 임명되었는데 오직 주구(周丘)만이 홀로 쓰이지 못하고 있었다. 주구는 하비(下邳) 사람으로, 오나라로 도망쳐 와서 술장사를 했는데, 품행이 좋지 않았기에 오왕 비가 그를 업신여겨서[薄=卑] 일을 맡기지 않은 것이었다. 주구가 명함을 올려[上謁] 왕을 뵙고 이렇게 유세했다.

"신이 무능해 이번에 군중에 있었으면서도 아무런 임무를 맡지 못한 채 죄를 기다리고 있습니다[待罪-관직을 맡는다는 뜻]. 신은 감히 남을 거느리는 직책을 바라는 것이 아닙니다. 바라건대, 왕께서 갖고 계신 한나라의 부절(符節) 하나만 주신다면 반드시 왕께 보답할 것입니다."

왕이 마침내 부절 하나를 주니, 주구는 부절을 얻고 나자, 밤을 틈타 말을 치달려서 하비에 들어갔다. 이때 하비에서는 오나라가 반란을 일으켰다는 소식을 듣고 모두 성을 지키고 있었다. 주구는 전사(傳舍-휴식 공간)에 도달해 현령(縣令)을 부른 뒤 현령이 문 안으로 들어오자, 부하들을 시켜 그의 죄명을 대게 하면서 목을 베었다. 그러고 나서 자기 형제들과 친하게 지내던 힘 있는 관리[豪吏]들을 불러서 고해 말했다.

"오나라 반란군이 장차 여기에 이를 터인데, 그들이 오면 이곳 하비는 밥 한 끼 먹는 시간[食頃] 안에 도륙될 것이다. (그런데) 지금 미리 항복한다면[先下] 그 집안은 반드시 온전할 것이고 능력이 있는 자는 후(侯)에 봉해질 것이다."

이들이 나가서 마침내 이 말을 서로 알리고 다니자, 하비 사람들 모두가 항복했다. (이런 식으로 해서) 주구는 하룻밤에 3만 명을 얻게 되었으니, 사람을 시켜 이를 오왕에게 보고하게 했다. 드디어 그 병사들을 이끌고 북쪽으로 가서 성읍을 공략했는데, 거의 성양(城陽)[1])에 이르렀을 무렵에는 병사가 10여만 명이었다. (그러나) 막 그가 성양[2])의 중위군(中尉軍)을 깨뜨렸을 때 오왕이 싸움에 져서 달아났다는 소식이 들려왔다. 혼자서 헤아려보니 오왕과 함께하더라도 거사에 성공할 것 같지 않자 곧바로 병사들을 이끌고 하비로 돌아갔는데, 아직 하비에 이르지도 않았을 때 등창[疽=癰]이 나서 죽었다.

1) 【정의(正義)】「지리지(地理志)」에 이르기를, 성양국(城陽國)은 옛 제나라로 한 문제 2년에 별도로 나라가 되었으며 연주(兗州)에 속했다고 했다.[원문에는 양성(陽城)으로 되어 있는데, 착오인 듯하다.]

2) 원문에는 탕성(蕩城)으로 되어 있다.

　　2월에 오왕의 군대는 이미 격파되어 패주했고 이에 천자는 장군들에게 조(詔)를 내려[制詔] 다음과 같이 말했다.

　　'대개 듣건대, 좋은 일을 하는 자에게는 하늘이 복으로써 갚아주고 그릇된 일을 하는 자에게는 하늘이 재앙으로써 갚아준다고 했다. 고황제께서 친히 공로와 다움[功德]을 드리우시어 제후들을 세워주셨으나, 유왕(幽王)과 도혜왕(悼惠王)은 왕위가 끊어져 뒤를 잇지 못하게 되었다. 이에 효문황제께서 가엽게 여겨 은혜를 베푸시어, 유왕의 아들 수(遂), 도혜왕의 아들 앙(卬) 등을 제후왕으로 세워 그 선왕의 종묘를 받들게 하고 한나라의 번국(藩國)으로 삼으셨다. 따라서 그 다움은 하늘과 땅에 짝하고[配] 그 밝음은 해와 달과 같다고 할 것이다.

　　그런데 오왕 비는 은덕을 배반하고 의리를 저버린 채 천하에 도망 다니는 죄인들을 불러 모아 사전(私錢)을 주조함으로써 천하의 화폐 질서를 어지럽혔으며, 또 거짓으로 병들었다고 칭하고서 20여 년 동안 조빙하지도 않았다. 이에 유사(有司)에서 여러 차례 비에게 죄줄 것을 청했으나, 효문황제께서는 관용을 베풀어 그가 스스로 잘못을 고치고 좋은 일을 행하게 되기를 바라셨다. (하지만) 지금 결국에는 초왕 무(戊), 조왕 수(遂), 교서왕 앙(卬), 제남왕 벽광(辟光), 치천왕 현(賢), 교동왕 웅거(雄渠) 등과 연합해 반란을 일으키고 무도한 짓을 일삼았으니, 군사를 일으켜 종묘를 위태롭게 했고 대신과 한나라의 사자들을 죽이고 만백성을 협박했으며 죄 없는 사람들을 잔인하게 죽이고 민가를 불태우며 분묘를 파헤치는 등 포악한 짓을 저질렀다. 앙 등은 더욱 무도한 짓을 거듭해 종묘를 불태우고 (군국에 있는) 종묘의 기물을 노략질했으니[鹵=抄掠], 짐은 이를 심히 애통해하고 있다.

이에 짐은 소복(素服)을 입고서 정전(正殿)을 피하고 있으니, 장군들은 마땅히 사대부들을 독려해 반역의 적도(賊徒)를 치도록 하라. 반역의 무리를 치는 데는 적진 깊숙이 들어가서 많이 죽이는 것을 공로로 삼는다. 반역자들의 목을 베어도 좋고 사로잡아도 좋지만, (특히) 녹봉 300석 이상을 받는 자는 모두 죽이도록 하라. 놓아주는 일[所置=所放釋]이 있어서는 안 된다. 감히 이 소서에 대해 이의(異議)를 제기하거나, 이 조서대로 하지 않는 자는 모두 허리를 베어 죽일 것이다[要斬=腰斬].'

애초에 오왕은 회수를 건너 초왕 수(遂)와 함께 서쪽으로 가서 극벽(棘壁)¹⁾을 꺾은[敗] 뒤 승세를 타고서[乘勝] 전진했는데, 기세가 심히 날카로웠다. 양나라 효왕(孝王)이 두려운 마음에 장군을 (6명) 보내 그들을 치게 했으나 다시 오나라가 양나라의 두 군(軍)을 꺾자 사졸들은 모두 도망쳐서 양나라로 돌아왔다. 양나라가 이에 여러 차례 조후(條侯)에게 사자를 보내 구원을 청했으나 조후는 수락하지 않았다. 그러자 양왕이 상(上)에게 사자를 보내 조후를 원망하니[愬], 상은 사자를 보내 조후에게 양나라를 구하라고 명했다.

그러나 조후는 여전히 자신이 합당하다[便宜]는 생각을 고수했기에 가지 않았다. 양나라는 한안국(韓安國)과 초나라 왕에게 간언하다가 죽은 재상(-장상(張尙))의 동생 장우(張羽)를 장군으로 삼고서야 마침내 그럭저럭[頗] 오나라 군대를 꺾을 수 있었다.

1) [정의(正義)] 송주(宋州) 영릉현(寧陵縣) 서남쪽으로 70리에 있다.

오나라 군대는 서쪽으로 진격하려 했으나 양나라가 성을 지키고 있어 감히 서진할 수가 없었다. 그래서 즉각 조후의 군대 쪽으로 가서 하읍(下邑)에서 마주쳤는데, 오나라 군대는 싸우려 했으나 조후는 성벽을 지키고서 기꺼이 싸우려 하지 않았다. 오나라는 군량이 떨어져 병사들이 굶주리게 되자 여러 차례 싸움을 걸어왔고[挑戰], 마침내 야음(夜陰)을 틈타 조후의 성벽으로 달려들어[奔] 동남쪽을 급습했다. (그러나) 조후는 서북쪽을 대비하게 했는데, 과연 (오나라 군대의 본진은 동남쪽이 아닌) 서북쪽에서 침입해 왔다[1]. 끝내 침입에 실패한 오나라는 크게 패해 사졸들이 굶어 죽거나 등을 돌리고 달아났다. 이에 오왕은 마침내 휘하의 장사 수천 명과 함께 밤을 틈타 양자강을 건너 단도(丹徒)로 달아나 동월(東越)에 몸을 맡겼다[保]. 동월의 병사가 1만여 명은 되었으므로 마침내 사람을 시켜 도망친 병사들을 거둬 모으게 했다.

1) 조후는 오나라가 성동격서(聲東擊西)의 작전을 펴리라 보았는데, 그의 예상대로 일이 진행되었다.

한나라는 사자를 보내 이익을 미끼로 동월을 매수했다. 동월은 곧바로 오왕을 속였으니[紿=誑], 오왕이 밖으로 나가 군사들을 위로할 때 사람을 시켜서 갈래 진 창[鏦=槍]으로 오왕을 찔러 죽인 뒤 머리를 그릇에 잘 담아

[盛] 빠른 역마를 통해 한나라 조정에 올렸다. 오왕의 아들 자화(子華)와 자구(子駒)는 민월(閩越)로 도망쳤다. 오왕이 (세상을) 버리고 (-죽고) 나자 군대는 마침내 서서히 무너져 태위(太尉) 조후나 양나라 군대에 항복했다. 초왕 무는 군대가 패하자 자살했다.

세 왕(-교서·교동·치천)은 제나라의 (도읍) 임치를 포위했으나 석 달이 지나도록 함락시키지 못하고 있다가, 한나라 군대가 도착하자 교서·교동·치천왕은 각각 군대를 이끌고 자기 나라로 돌아갔다. 교서왕은 어깨를 드러낸 채 맨발로 짚을 깔고 앉아서 물만 마시며 태후에게 사죄했다. 태자 덕(德)이 말했다.

"한나라의 군사는 먼 길을 왔습니다. 제가 그들을 살펴보건대 이미 지쳐 있어 습격해 볼만합니다. 바라건대 왕의 남은 병사를 거둬 저들을 치십시오. 그들을 쳐서 이기지 못하면 그때 가서 바다로 도망쳐 들어가도 늦지 않을 것입니다."

왕이 말했다.

"내 병사들은 모두 이미 지칠 대로 지쳐 있어 쓸 수가 없다."

태자의 말을 듣지 않았다. 한나라 장수 궁고후(弓高侯) 퇴당(頹當)이 교서왕에게 글을 보내 말했다.

'조서를 받들어 불의한 자들을 주벌하되, 항복하는 자는 용서해 그 죄를 없애고 옛 지위를 회복시켜줄 것이요 항복하지 않는 자는 멸할 것이오. 왕은 어느 쪽이오? 회답을 기다려 일을 처리하겠소.'

왕이 어깨를 드러내고 한나라 군대의 성벽에 머리를 조아리며[叩頭] 이렇게 아뢰었다.

"신 앙은 법을 받들기를 삼가지 못하고 백성을 놀라게 함으로써 이에 수고롭게도 장군을 이 궁벽한 나라까지 먼 길을 오시게 했으니, 감히 저를 죽여 육젓을 담그는[菹醢=葅醢] 형벌을 내려주시길 청합니다."

궁고후가 (군대를 지휘하는) 쇠북을 쥐고서 그를 바라보며 말했다.

"왕은 이번 거사로 고통을 받고 있는데, 왕이 군대를 발동하게 된 정황을 듣고 싶소."

왕이 머리를 조아리고 무릎으로 기어 나와 대답했다.

"근래에 조조는 천자께서 정권을 맡긴[用事] 신하로서 고황제의 법령을 변경해 제후들의 땅을 침탈했습니다. 앙 등은 그것이 마땅하지[義] 못하며 그가 천하를 어지럽힐까 두려워해 7국의 병사를 일으켜 장차 조를 주벌하려 했던 것입니다. 지금 듣건대 이미 조가 주살되었다고 해서 앙 등은 삼가 병사들을 해산하고 돌아왔습니다."

장군이 말했다.

"왕께서 정말로 조조가 잘못이라고 여겼다면 어째서 그 일을 상께 말씀드리지 않고, 조서나 호부(虎符)를 내리시지도 않았는데 제멋대로 병사를 발동해 의로운 나라[義國-한나라]를 쳤단 말입니까? 이로써 살펴보건대, 왕의 속셈은 단지 조조를 주벌하려는 것이 아니었소."

그러고 나서 조서를 꺼내 왕에게 읽어준 뒤에 말했다.

"왕은 이에[其] 스스로 생각해보시오."

왕이 말했다.

"앙과 같은 자는 죽어도 남은 죄가 있을 것입니다."

드디어 스스로 목숨을 끊었다. 그의 태후와 태자도 모두 (따라) 죽었다. 교동왕 · 치천왕 · 제남왕도 모두 죽었고[1], 나라는 없어져 한나라에 편입되었다.

역 장군(酈將軍-역기)이 조나라를 포위해 열 달 만에 함락시키자 조왕도 자살했다. 제북왕은 겁박을 받아서 그랬기 때문에 주살되지는 않고 옮겨져 치천왕이 되었다.

---

1) 【집해(集解)】 서광(徐廣)이 말했다. "일설에는 자살했다고 한다."

애초에 오왕은 수장이 되어 반란을 일으키면서 초나라 병사를 아울러 통솔하고 제나라, 조나라와 연합했다. 정월에 병사를 일으켜서 3월에 모두 패망하고 조나라만 홀로 뒤늦게 항복했다. 이에 초나라 원왕(元王)의 어린 아들 평륙후(平陸侯) 유례(劉禮)를 초나라 왕으로 삼아 원왕의 뒤를 잇게 했고, 여남왕 비(非)를 옮겨, 오나라 옛 땅의 왕으로 삼고 강도왕(江都王)이라고 했다.

태사공(太史公)이 말한다.

"오왕(吳王)이 왕이 될 수 있었던 것은 아버지가 강등되었기 때문[1]이다. 오왕이 부렴(賦斂)을 가볍게 할 수 있었던 것은 그 무리를 부려서 산과 바다의 이익을 제멋대로 취할 수 있었기 때문이다.

역란(逆亂)의 싹이 그 아들로 인해 싹텄으니, 태자와 장기를 두다가 길을 다투는 데서 재앙이 발생해 결국 그 근본을 망하게 했고, 월인(越人)을 가까이하며 한나라 종실(宗室)을 도모하다가 끝내 그로 인해 족멸당했다[夷隕].

조조(鼂錯)는 국가를 위한 원대한 계획을 생각했으나 재앙이 도리어 자기 몸에 덮쳤고, 원앙(袁盎)은 권모술수에 능하고 유세를 잘해 처음에는 총애를 받았으나 끝에 가서는 치욕을 당했다.

그래서 옛날에는 제후의 땅이 사방 100리를 넘지 않았고, 산과 바다가 있는 곳에는 제후를 봉하지 않았다.

'오랑캐를 가까이하느라 친족을 멀리하지 말라'라는 말은 아마도 오왕 같은 경우를 가리켜 한 말이리라!

'권모술수에 먼저 앞장서지 말라, 도리어 그 재앙을 입게 된다'라는 말은 아마도 원앙이나 조조 같은 경우를 가리켜 한 말이리라!"[2]

1) 【집해(集解)】 유비가 오나라에서 왕 노릇할 수 있었던 이유는 아버지 대왕이 강

등되어 합양후에 봉해졌기 때문이다.

2) 【색은술찬(索隱述贊)】 오나라와 초나라는 경솔하고 사나우니[吳楚輕悍]/오왕 비는 은덕을 배신했네[王濞倍德]/산에서 구리 캐내 부유해지니[富因採山]/틈이 생겨나고 분열이 시작되었지[釁成提局]/교만과 자신감으로 두 마음 품어[驕矜攜貳]/7국과 연결 맺었도다[連結七國]/두영은 원앙이 광릉에 갈 것을 명했고[嬰命廣陵]/조조의 계책은 아직 막히지 않았지[錯銖未塞]/하늘이 재앙을 후회하는 듯하더니[天之悔禍]/결국은 패망해 달아났도다[卒取奔北]!

권107 ── 위기무안후열전(魏其武安侯列傳) 제47

권107 위기무안후열전(魏其武安侯列傳) 제47

위기후(魏其侯) 두영(竇嬰)은 효문후(孝文后) 사촌 오빠[從兄]의 아들이
다. 아버지 때까지 대대로[世] 관진(觀津)1) 사람이었다. 빈객들을 좋아했다
[喜=好]. 효문 때 영(嬰)은 오(吳)나라 재상이 되었으나 병으로 물러났다. 효
경(孝景)이 막 자리에 나아가자, 첨사(詹事)2)가 되었다.

1) 【색은(索隱)】「지리지(地理志)」에 따르면 관진현은 신도군(信都郡)에 속한다. 여러
   대에 걸쳐 관진에서 살았기 때문에 "대대로"라고 했다.

2) 【정의(正義)】「백관표(百官表)」에서 말했다. "첨사는 진(秦)나라 관직으로, 황후와
   태자의 집안을 담당한다."

양나라 효왕(孝王)은 경제(景帝)의 동생으로 어머니 두태후(竇太后)가
그를 아꼈다. 양 효왕이 조회하니 그 참에 형제 사이에 주연이 열렸는데, 이
때 상은 아직 태자를 세우지 않고 있었다. 술자리가 무르익자[酒酣] 상이 가
만히 효왕에게 말했다.
  "천추(千秋) 후에1) (제위를) 양왕에게 주겠노라!"
  태후는 기뻐했으나, 두영이 술잔을 끌어다가 술을 따라 상에게 올리면
서 말했다.
  "천하란 고조(高祖)의 천하로 부자간에 서로 전하는 것, 이것이 한(漢)나
라의 약속입니다. 상께서 무슨 근거로 마음대로[擅] 양왕에게 전하실 수 있
겠습니까?"

태후가 이 때문에 두영을 미워했다. 두영도 첨사라는 관직을 가볍게 여기고 있었기에 그 참에 병을 핑계로 그만두었다. 태후는 두영을 (궁중을 출입할 수 있는) 문적(門籍)에서 없애버림으로써 더는 조회에 들어와 참여할 [朝請]² 수 없게 했다.

1) '자기가 죽은 다음'을 에둘러 표현한 것이다.

2) 【집해(集解)】 율(律)에 따르면, 제후가 봄에 천자를 조회하는 것을 조(朝), 가을에 하는 것을 청(請)이라 한다.

효경(孝景) 3년에 오(吳)나라와 초(楚)나라가 반란을 일으켰을 때, 상이 종실(宗室)과 두씨(竇氏) 일족을 살펴보니 두영만큼 뛰어난 사람이 없었기에 마침내 그를 불렀다. 영(嬰)이 들어와 알현했지만 굳게 사양하면서 병으로 임무를 맡기에 부족하다고 했다. 태후 또한 부끄러워했다. 이에 상이 말했다.

"천하가 바야흐로 위급한데 왕손(王孫)¹은 어찌 겸양만 부리는가?"

마침내 영을 제배해 대장군(大將軍)으로 삼고 황금 1,000근을 내려주었다. 두영은 마침내 원앙(袁盎) · 난포(欒布) 등 여러 명장과 뛰어난 인물 중에서 집에 머무는 자들을 천거해[言] 벼슬에 나아오게 했다. 하사받은 금은 모두 행랑[廊廡] 근처에 진열해둔 뒤 군리(軍吏)들이 지나갈 때마다 각자가 알아서 가져다 쓰게 하고 자기 집에는 조금도 가져가지 않았다.

두영은 형양(滎陽)을 지키며 제(齊)나라와 조(趙)나라 군사들을 감독했다. 7국 군대가 이미 깨지고 나자, 두영을 봉해 위기후(魏其侯)로 삼았다. 여러 유사(游士)와 빈객이 다퉈 그에게 몸을 맡겼다[歸].

효경 때 조정에서 큰일을 토의할 때면 언제나 여러 열후(列侯)는 누구도 조후(條侯-주아부)와 위기후에 대해서는 감히 자신들과 대등한 예[亢禮= 抗禮]로 대하려 들지 않았다.

1) 【집해(集解)】『한서(漢書)』에서는 "두영의 자(字)가 왕손"이라고 했다.

효경 4년에 율태자(栗太子)를 세우고[1] 위기후를 태자태부(太子太傅)로 삼았다.

효경 7년에 율태자가 폐위될 때 위기후가 여러 차례 간쟁 했으나 뜻을 이룰 수 없었다. 위기후는 병을 핑계로 관직에서 물러나 남전(藍田) 남산(南山) 기슭에서 몇 달간 숨어 지냈는데[屛居=隱居] 여러 빈객과 변사(辯士)가 찾아가 설득했으나 돌아오게 할 수 없었는데, 양(梁)나라 사람 고수(高遂)가 마침내 위기후를 설득해 말했다.

"능히 장군을 부귀하게 할 수 있는 분은 상(上)이시고, 능히 장군을 가깝게 대할 수 있는 분은 태후이십니다. 지금 장군께서는 태자의 스승으로 있으면서 태자가 폐위될 때 제대로 쟁론을 벌이지 못했고, (쟁론을 벌였으나 뜻을 이루지 못했는데) 또 죽지도 못했습니다. 그러고서 스스로 병을 핑계로 조나라 미인을 옆에 끼고 한가로운 곳으로 물러 나와서는 조회에도 참석하지 않는 채로 빈객들과 시비만 논하고 계시니, 이는 스스로 주상의 허물을 훤히 드러내는 것입니다. 만일 양궁(兩宮-황제와 태후)께서 장군께 화를 내시게 되면[螫=怒] (장군의) 처자식 중에 살아남을 자는 없게 될 것입니다[無類]."

위기후는 그 말이 옳다고 여겨서 드디어 몸을 일으켜 예전처럼 조청(朝請)했다.

1) 【정의(正義)】율희(栗姬)의 아들이다. 뒤에 폐위되자 어머니의 성을 따라 율태자라고 했다.

도후(桃侯)[1]가 승상에서 면직되자 두태후가 여러 차례 위기후를 천거했다[言]. 효경제가 말했다.

"태후께서는 어찌 신(臣)이 자리를 아까워해서[愛=惜] 위기(魏其)를 승상으로 쓰지 않는다고 여기십니까? 위기는 경박하고[沾沾=輕薄] 자만해[自喜], 쉽게 자기 마음대로 이랬다저랬다 합니다. 승상으로서 막중한 위엄을 지키기에 어렵습니다."

결국 그를 쓰지 않고 건릉후(建陵侯) 위관(衛綰)을 써서 승상으로 삼았다.

1) 【집해(集解)】 복건(服虔)이 말했다. "유사(劉舍)다."

무안후(武安侯) 전분(田蚡)은 효경(孝景)황후의 동모이부(同母異父) 동생[1]으로, 장릉(長陵)에서 태어났다. 위기가 대장군이 되어 바야흐로 위세가 한창일 때 분(蚡)은 제조(諸曹)의 낭관[諸郎][2]으로 아직 귀하지 않았기에, 위기의 집에 왕래하면서 술 시중을 들 때 꿇어앉고 일어서는 예절[跪起]이 마치 (두영의) 자식이나 조카 같았다.

효경 말년[晚節=晚年]에 이르러 분은 더욱 귀해지고 총애를 얻어서 태중대부(太中大夫)가 되었다. 분은 언변이 빼어났고 『반우(槃盂)』[3]와 제가(諸家)의 책들을 공부했으므로 왕황후는 그를 뛰어나다고 여겼다. 효경이 붕하자 바로 그날로 태자(-무제)가 세워져서 칭제(稱制)했는데, 신하와 백성을 누르고 어루만져주는 방안[所塡撫] 다수가 전분과 빈객들의 계책에서 나왔다. 전분과 동생 전승(田勝)은 모두 태후의 동생이었기에 효경 후(後) 3년[4]에 분을 봉해 무안후(武安侯)로, 동생 승(勝)을 봉해 주양후(周陽侯)로 삼았다[5].

1) 어머니 장아(臧兒)는 왕중(王仲)에게 시집가서 왕황후를 낳았고, 뒤에 전씨(田氏)와 재혼해 분(蚡)과 승(勝)을 낳았다.

2) 【집해(集解)】 서광(徐廣)이 말했다. "판본에 따라 제경(諸卿)으로 되어 있다. 당시

사람들은 서로 장로를 부를 때 나이가 많은 사람은 제공(諸公), 상대적으로 어린 사람은 제경(諸卿)이라고 불렀다. 마치 지금 사람들이 서로 사대부(士大夫)라고 부르는 것과 같다."

3) 황제(黃帝)의 사관(史官)인 공갑(孔甲)이 저술한 29편으로 된 도가(道家) 계통의 책이라는데, 전하지 않는다.

4) 【집해(集解)】 서광(徐廣)이 말했다. "효경 후 3년은 곧 효무제가 처음 자리를 이어받은 해다."

5) 【정의(正義)】 강주(絳州) 문희현(聞喜縣) 동쪽으로 20리에 주양고성(周陽故城)이 있다.

무안후는 이제 막 정권을 잡게 되자[用事] 승상이 되고자 해서 빈객들에게 자신을 낮추고 이름난 장부나 선비 중에 집에 머무는 사람들을 나아오게 하여 그들을 높여줌으로써 위기와 여러 장상(將相)을 기울이려 했다[傾]1).

건원(建元) 원년에 승상 관(綰)이 병으로 면직되자 상은 승상과 태위(太尉)를 (새롭게) 두는[置]2) 문제를 토의하게 했다. 적복(籍福, ?~?)3)이 무안후에게 유세해 말했다.

"위기는 존귀하게 된 지가 오래되어 천하의 장부와 선비들이 평소에 그에게 귀의했으니, 지금 장군께서는 이제 막 일어나시어 아직 위기만 못합니다. 곧 상께서 장군을 승상으로 삼으려 하실 텐데, 반드시 위기에게 양보하셔야 합니다. 위기가 승상이 되면 장군은 반드시 태위가 되실 것입니다. 태위는 승상과 존귀함이 같을[等=同] 뿐이고, 게다가 뛰어난 이에게 자리를 양보했다는 명성을 얻게 될 것입니다."

무안후가 마침내 태후에게 은근하게 말해[微言] 상에게 흘러 들어가도록 했다[風=諷]. 이에 마침내 위기후를 승상으로 삼고 무안후는 태위가 되니, 적복이 위기후에게 축하의 인사를 전하면서 그 참에 위로를 표하며 말했다.

"군후(君侯)께서는 자품이 천성적으로 선한 것을 좋아하고 악한 것을 미워하시니, 바야흐로 지금 선한 사람들이 군후를 칭송해 그 때문에 승상에 이르셨습니다. 그러나 군후께서 무엇보다[且] 악한 자들을 미워하시지만, 악한 사람들은 (원래) 많아서 그들 또한 우선[且] 군후를 헐뜯고 있습니다. 군후께서 능히 그들도 아울러 포용하셔야[兼容]4) 총애도 오래갈 것입니다. 만약에 포용하지 못하시면 곧 그들의 헐뜯음으로 인해 자리에서 물러나게 되실 것입니다."

위기는 그 말을 듣지 않았다.

1) 그들을 꺾으려 했다는 말이다.

2) 그래서 승상이나 재상을 임명하는 것을 치상(置相)이라고 한다.

3) 승상 전분의 문객으로, 평소 불화한 전분과 두영의 사이를 조율하려고 노력했다. 협객 계심(季心)과도 교류가 있었으니, 관부(灌夫)와 함께 계심으로부터 아우처럼 보살핌을 받았다.

4) 안사고(顏師古)가 말했다. "악인을 너무 미워해서 그들로 하여금 원망을 품게 하지 말라는 뜻이다."

위기와 무안은 둘 다 유술(儒術-유학)을 좋아했고 그래서 조관(趙綰)을 천거해[推轂=升薦]1) 어사대부(御史大夫)로, 왕장(王臧)을 낭중령(郎中令)으로 삼았다. 노(魯)나라 신공(申公)을 (장안으로) 맞아들여 명당(明堂)을 세우려 했다. (또) 열후들을 자기들의 봉국으로 돌아가게 하고 관(關)을 없애며2) 예법에 따라 (상복의) 복식(服飾) 제도를 정하게3) 함으로써 태평한 사회를 일으키려고 했다. 여러 두씨(竇氏)와 종실(宗室) 사람 가운데 행실이 좋지 못한 자들을 들춰내 견책하고[舉適=舉謫] 그들을 족적(族籍-귀족 명단)에서 삭제했다. 이때 여러 외척이 열후였고 열후 대부분은 공주를 아내로 맞이했기 때문에[尙] 모두 자신의 봉국으로 돌아가려 하지 않았고 이로 인해 위기후 등을 헐뜯는 소리가 날마다 두태후 귀에 들어갔다. 태후는 황로(黃老)의 학설을 좋아했으나 위기·무안·조관·왕장 등은 유술을 높이는 데 힘쓰고 도가(道家)의 학설을 깎아내렸으므로, 이 때문에 두태후는 위기 등을 점점 더[滋=益] 싫어하게 되었다.

건원(建元) 2년에 어사대부 조관은 동궁(東宮-태후궁)에다 정무를 아뢰는 제도를 없앨 것을 청했다[4]. 두태후가 크게 노해 마침내 조관과 왕장을 파면시켜 내쫓았으며, 승상 두영과 태위 전분을 면직시키고 백지후(柏至侯) 허창(許昌)을 승상으로, 무강후(武彊侯) 장청적(莊青翟)을 어사대부로 삼았다. 위기와 무안은 이로 인해 후(侯)의 신분만 유지한 채 집에 머물렀다.

1) 【정의(正義)】 살펴보건대, 추곡(推轂)이란 스스로를 낮추는 것이니 마치 수레를 뒤에서 미는 것과 같다.

2) 【색은(索隱)】 관문의 세금을 없앴다는 말이다.

3) 【색은(索隱)】 살펴보건대, 당시 예도(禮度)는 법도를 뛰어넘고 사치가 심해서 대부분 예법에 맞지 않아 지금 길흉의 복제를 예법에 맞도록 고치려 한 것이다.

4) 【집해(集解)】 위소(韋昭)가 말했다. "그 정권을 빼앗으려 한 것이다."

(그러나) 무안후는 비록 직책을 맡지는 못했지만, 왕(王)태후와의 연고로 상의 총애를 받았으니[親幸], 여러 차례 정사에 대해 건의를 올려 많은 수가 채택되었고 그러자 천하의 선비나 관리 중에서 권세와 이익을 좇는 자들이 모두 위기를 떠나 무안에게 귀의하니, 무안은 방자함[橫=恣]이 날로 더해갔다.

건원(建元) 6년에 두태후가 붕(崩)했는데, 승상 창(昌)과 어사대부 청적(青翟)이 (두태후의) 상사(喪事)를 제대로 처리하지 못한[不辦] 죄에 걸려 면직되었다. (상은) 무안후 분을 승상으로, 대사농(大司農) 한안국(韓安國)을 어사대부로 삼았다. 이때부터 천하의 장부 선비와 군국 제후들의 신하들이 더욱더[愈益] 무안에게 귀부했다[附].

무안은 외모가 왜소했으나[侵=短小] 날 때부터 매우 존귀했다. 또 당시 제후와 왕들은 대부분 나이가 많았는데 상은 막 즉위해 나이가 어렸기에 [富=幼], 이 때문에 전분은 경사(京師-한나라)의 재상이 되자 자기가 복심 [肺腑]을 동원해 그들을 가차 없이 깎아내려 예로써 굴복시키지 않으면 천하가 복종하지 않을 것이라고 여겼다. 이런 때를 맞아 승상이 들어와 정사를 아뢰게 되면 둘 사이의 이야기가 장시간 이어졌고, (상은 승상이) 말하는 것마다 모두 들어주었다. 그가 추천한 사람 중에는 혹 그냥 집에 있다가 하루아침에 2,000석 관리에 이른 자도 있었으니, 그의 권력은 마치 주상의 것을 옮겨놓은 듯했다.

마침내 상이 말했다.

"그대[君]가 제배할 관리는 아직도 다 끝나지 않았는가? 나도 관리를 제배하고 싶다!"

일찍이 자신의 집을 늘리기 위해 고공관(考工官-공구 제작 기관)의 부지를 청하자, 상이 노해 말했다.

"그대는 어찌 끝내 무기고까지 차지하겠다고 하지 않는가?"

이후부터는 마침내 뒤로 물러섰다. 한번은 손님들을 불러 술자리를 베푼 일이 있었는데, 형 개후(蓋侯)[1]는 북향으로 앉게 하고 자신은 동향으로 앉았다. 이유는 한나라 승상은 높으므로 형이라고 해도 사사로이 자신을 굽힐 수 없다는 것이었으니, 이때부터 더욱 교만해졌다. 자신의 저택을 꾸민 것은 귀족의 저택 가운데 으뜸이었고, 전답과 장원은 지극히 비옥했으며, 그가 전국의 군현(郡縣)에 파견해 각종 물건을 사 오는 행렬들이 길에 서로 이어졌다[相屬=相連]. 저택 앞채에는 종과 북을 늘어놓고 곡전(曲旃-깃발)을 세워두었으며, 뒤채에는 부녀자가 100여 명에 이르렀다. 제후들이 그에게 바친[奏=進] 진귀한 금옥, 개와 말, 완호물(玩好物) 등은 이루 다 셀 수 없었다.

1) 【집해(集解)】 서광(徐廣)이 말했다. "왕태후의 오빠 왕신(王信)이다. 태산에 개현(蓋縣)이 있다."

(반면에) 위기는 두태후를 잃고 나자 더욱 (천자와) 소원해져서 쓰이지 않게 되었다. 세력이 없어지자, 빈객들도 점차 멀어졌고 심지어 그를 대하는 것이 태만하거나 방자해지기도 했는데, 오직 관장군(灌將軍)만이 예전의 태도를 잃지 않았다. 위기는 하루하루를 갑갑해하며 울적하게 보냈지만[不得志=失意] 유독 관장군은 두텁게 예우했다.

관장군(灌將軍) 부(夫)는 영음(潁陰) 사람이다. 부의 아버지 장맹(張孟)은 일찍이 영음후(潁陰侯) 관영(灌嬰)의 사인(舍人-가신)이었다가 총애를 받아 그의 추천으로 벼슬에 나아가 2,000석 관리에 이르렀고, 그 때문에 관씨(灌氏) 성을 받아[蒙=冒] 관맹(灌孟)이 되었다. 오나라와 초나라가 반란을 일으켰을 때 영음후 관하(灌何)[1]가 장군이 되어 태위(-주아부) 휘하에 속하게 되었는데, 그는 태위에게 맹(孟)을 교위(校尉)로 삼아줄 것을 청했다. 이렇게 해서 관부는 1,000명을 이끌고 아버지와 함께 종군하게 되었다. 관맹은 나이가 들어서 영음후가 자신을 강하게 추천한 것에 대해 늘 미안하게 여겨 실의에 빠져 있었고, 그래서 전투마다 항상 적의 견고한 진지를 공격하다가 결국 오나라 군중에서 전사하고 말았다. 한나라 법에는 부자가 함께 전투를 나섰다가 한 사람이 전사하면 남은 생존자는 유해와 함께 고향으로 돌아갈 수 있었다. 그러나 관부는 아버지의 유해를 따라 돌아가려 하지 않고, 격분해 말했다.

"바라건대, 오나라 왕이나 장군의 목을 베어 아버지의 원수를 갚겠습니다."

이에 관부는 갑옷을 입고 창을 거머쥔 뒤 군중 가운데 평소 자기와 친하게 지냈고 따라나서기를 원하는 용사 수십 명을 모았다. (그러나 정작) 성벽을 나가려 할 때 감히 앞으로 나서는 자가 없었다. 단지 두 사람과 관부가 데리고 온 노비 10여 명만이 함께 말을 달려 오나라 군영으로 돌격했으니, 오나라 장군의 깃발 아래에[麾下=戱下]까지 적군 수십 명을 죽이거나 상처 입혔다. 더는 전진할 수가 없게 되자 다시 말을 달려 귀환했는데, 한나라 성벽으로 들어왔을 때 노비들은 모두 죽고 기병 1명만 함께 돌아올 수 있었다. 부 자신도 몸에 10여 군데의 큰 상처를 입었으나 마침 만금의 가치가 있는 좋은 약이 있어 죽지 않을 수 있었다. 상처가 조금 낫자 (관부가) 또다시 장군에게 청했다.

"저는 이제 오나라 성벽의 곡절을 더욱 잘 알게 되었으니, 청컨대 다시 가게 해주십시오."

장군은 그를 장하고 의로운 군사라고 여겼으나 관부를 잃게 될까 걱정되어 드디어 태위에게 보고하니, 태위도 마침내 그를 불러서 굳게 말렸다. 오나라 군대를 이미 깨뜨리고 나자, 관부는 이로 인해 천하에 명성이 알려졌다.

1) 【색은(索隱)】 살펴보건대, 하는 관영의 아들이니 『한서(漢書)』에서 영(嬰)이라고 한 것은 잘못이다.

영음후가 상에게 관부를 추천하니 부를 중랑장(中郎將)으로 삼았으나 몇 달이 지나 법에 걸려 관직에서 물러났다. 뒤에 장안 집에서 머물렀는데, 제공(諸公) 중에서 그를 칭송하지 않는 사람이 없었다.

효경(孝景) 때 대(代)나라 재상이 되었다.

효경이 붕(崩)하고 금상(今上-무제)이 자리에 나아간 초기에, 회양(淮陽)

은 천하 교통의 요충지로서 강력한 군대[勁兵]가 지켜야 한다고 여겼기 때문에 부를 옮겨 회양 태수(太守)로 삼았다.

건원(建元) 원년에 (조정에) 들어가 태복(太僕)이 되었다.

건원 2년에 부는 장락위위(長樂衛尉) 두보(竇甫)와 더불어 술을 마셨는데, 음주 예절의 경중(輕重)을 잃고 부가 술에 취해 두보를 때렸다[搏=擊]. 보(甫)는 두태후와 형제간이었다. 상은 태후가 관부를 주살할까 두려워서 그를 옮겨 연(燕)나라 재상으로 삼았다. 몇 년 뒤 법에 걸려 관직에서 물러나자, 장안 집에 한가롭게 머물렀다.

관부는 사람됨이 굳세고 곧았으나[剛直] 주벽(酒癖)이 있었다[使酒][1]. 면전에서 아첨하는 것[面諛]을 좋아하지 않아서 귀척(貴戚)을 비롯해 자기보다 신분이 높은[右=尊] 세력가를 보더라도 예절을 따르지 않고 반드시 그들을 능멸했다. 반면에 자신보다 신분이 낮은[左=卑] 선비들은 빈천할수록 더욱더 예를 갖춰 공경하며 대등하게 대우했다[與鈞=與均]. 넓은 뜰에 군중이 가득 모여 있을[稠人廣衆=稠人廣座] 때는 자기보다 낮은 사람을 일으켜 천거하고 총애했다. 장부와 선비들도 이 때문에 그를 중하게 여겼다[多=重].

1) 술기운에 기대어 망령된 짓을 한다는 말이다.

부는 문학(文學-유학이나 학문)을 좋아하지 않고 협객들을 좋아했으며 남들과의 약속은 꼭 지켰다[己然諾][1]. 그와 더불어 교유하는 자들은 호걸이나 무뢰배[大猾]가 아닌 자가 없었다. 그는 집안에 수천만 금을 쌓아두고 있었기에 식객이 날마다 수십 수백 명에 달했고, 저수지와 전원의 부를 갖고 있었다.

이에 그의 종족과 빈객들이 권세와 이익을 휘둘러 영천(潁川)에서 마음대로 행동하게 되니, 영천의 아이들이 마침내 이렇게 노래 불렀다.

"영수(穎水)가 맑으면 관씨(灌氏)는 평안하겠지만

영수가 탁해지면 관씨는 멸족되리라[族=族滅].2)"

1) 【색은(索隱)】 이미 허락하고 난 다음에는 반드시 자기가 한 말에 부합하는 행동을 했다는 말이다.

2) 안사고(顏師古)가 말했다. "아주 미워하고 원망했기 때문에 이런 노래를 부른 것이다."

관부는 집에서 지낼 때 비록 부유하기는 했지만, 권세를 잃었기 때문에 경상(卿相)·시중(侍中)으로서 부를 찾던 빈객들이 점차 줄어들었다. 위기 후 또한 권세를 잃게 되자 관부에만 의지함으로써 평소[生平=素] 자기를 흠모하다가 (권세를 잃자) 자기를 버린[棄] 자들을 마치 목공이 먹줄로 굽은 것을 바로잡듯이, 비평하고 뿌리를 뽑아서 버리려 했으며[引繩批根]1), 관부 역시 위기에 의지함으로써 열후나 종실들과 통교하며 명성을 높일 수 있었다. 두 사람은 서로 이끌어주고 존중하며[引重]2) 서로 어울리는 것이 마치 부자지간 같아서 의기투합해 매우 기뻐했으며 서로를 뒤늦게 알게 된 것을 한스러워했다.

1) 【집해(集解)】 소림(蘇林)이 말했다. "두 사람이 서로 의지하면서 먹줄로 직선을 긋듯이 빈객들을 비평하고 뿌리를 뽑아버리려 했다는 말이다. 버렸다[棄]는 것은 서로 교류하지 않았다는 말이다."

2) 【집해(集解)】 장안(張晏)이 말했다. "서로 추천하고 밀어줌으로써 명성과 세력을 만들었다는 말이다."

관부가 상중(喪中)에 있으면서[有服] 승상(-전분)을 찾았다[過=訪]. 승상이 가만히 말했다.

"내가 중유(仲孺)[1]와 함께 위기후를 방문하려고 했는데, 마침 중유가 상복을 입고 있었구나."

관부가 말했다.

"장군께서 마침내 위기후의 집에 행차하려는데 부(夫)가 어찌 감히 상중임을 핑계로 마다하겠습니까[解=辭]? 제가 위기후에게 연회를 준비하라고[具=具酒食] 말할 터이니, 장군께서는 내일 아침 일찍 왕림해주십시오."

무안이 허락하니, 관부는 무안후에게 말했던 그대로 위기후에게 갖춰 말했다. 위기는 부인과 함께 시장에 가서 술과 고기를 많이[益=多] 사고 밤에 집 안 청소를 하면서 미리 장막과 기구들을 마련해둠으로써 새벽까지 주연 준비를 마쳤고, 날이 밝아오자[平明] 집안사람을 시켜 주변을 살펴보게 했다. 그러나 해가 중천에 이르도록 승상은 오지 않았다. 위기가 관부에게 말했다.

"승상이 어찌 약속을 잊었단 말인가?"

관부도 기분이 좋지 않아서[不懌=不悅] 말했다.

"내가 상복을 입고서도 청했으니, 마땅히 와야지요."

마침내 관부는 수레를 타고 승상을 맞으러 직접 갔다. (그러나) 승상은 전날에 단지[特=但] 농담 삼아 관부에게 승낙했을 뿐 결코[殊] 실제로는 갈 생각이 없었기에, 부가 문 앞에 이르렀을 때도 자리에 누워 있었다. 이에 부가 들어가서 만나보고 말했다.

"장군께서 어제 다행스럽게도 위기를 방문하겠다고 허락하셔서 위기 부부는 술과 음식을 갖춰놓고 새벽부터 지금까지 아직 감히 맛도 보지 못하고 있습니다."

무안이 그때야 생각났다는 듯이[鄂=悟] 사과하며 말했다.

"내가 어제는 취해서 중유와 한 약속을 까맣게 잊었구려."

마침내 수레를 타고 가는데, 속도가 아주 느려 관부는 더욱더 화가 치밀었다. (이윽고) 술자리가 한창 무르익자, 부가 일어나 한바탕 춤을 춘 뒤 승상에게 권했으나[屬=付=請] 승상은 일어나지 않았고, 부는 자기 자리에 가서 앉은 채로 승상에게 비꼬는[侵] 말을 했다. 위기가 마침내 관부를 부축해 데리고 나가면서 승상에게 사과하니, 승상은 결국 취해서 밤늦게까지 지극히 즐기다가 돌아갔다.

1) 【집해(集解)】『한서(漢書)』에서는 "관부의 자(字)가 중유(仲孺)"라고 했다.

승상이 일찍이 적복을 시켜 위기에게 성 남쪽의 전답을 달라고 청하자, 위기는 크게 원망하며[大望=大怨] 말했다.

"이 늙은이[老僕]는 비록 버림을 받았고 장군은 비록 귀한 자리에 있다지만, 어찌 권세로써 다른 사람의 전답을 빼앗을 수 있는가!"

허락하지 않았다. 관부가 이 말을 듣고 화가 나서 적복을 욕하니, 적복은 두 사람(-분과 영) 사이에 틈이 생기는 것을 원하지 않았기에 사실을 속이고 승상에게 좋은 말로 거절해 말했다.

"위기는 늙어서 얼마 지나지 않아 곧 죽을 것입니다. 참기 어려운 것도 아니므로 조금만 기다리시지요."

얼마 가지 않아서 무안은 위기와 관부가 실제로는 화가 나서 전답을 주지 않았다는 것을 듣게 되었다. 그 또한 화를 내며 말했다.

"일찍이 위기의 아들이 사람을 죽였을 때, 나 분이 그를 살려주었다. 나는 위기를 섬기면서 안 된다고 한 것이 없었는데, 어찌 밭 몇 마지기를 아낀다는 말인가? 또 관부는 어째서 참견하는[與=預] 것인가? 다시는 감히 전답을 요구하지 않을 것이다."

이로 말미암아 무안은 관부와 위기에 대해 큰 원망을 품었다.

원광(元光) 4년 봄1)에 승상은 관부의 집이 영천에 있는데 횡포가 심해 백성이 매우 고통받고 있다고 아뢰면서 수사를 할 수 있게 해달라고 청했다.

상이 말했다.

"이는 승상의 일인데 어째서 청하는가?"

(그러나) 관부 역시 승상의 비밀스러운 일[陰事]을 파악하고 있었으니, 불법적인 이익을 취한 것과 회남왕(淮南王)의 황금을 받고 밀담을 나눈 것 등이었다. (결국 양 집안의) 빈객들이 중간에 나서서 조정함으로써[居間] 드디어 공방을 멈추고 서로 화해했다.

---

1) 【집해(集解)】 서광(徐廣)이 말했다. "의심컨대 이는 3년일 것이다. 그 이야기는 뒤에 나온다."

같은 해 여름에 분이 연왕의 딸1)을 부인(夫人)으로 맞이했는데, 태후가 조서를 내려 열후와 종실들은 모두 가서 축하하라고 했다. 위기후가 관부를 찾아가서 함께 가려고 했으나 관부가 사양하며 말했다.

"제가 여러 차례 술로 인해 실수를 저질러 승상에게 잘못을 범했기 때문에 승상은 지금까지도 저와 틈이 있습니다."

위기가 말했다.

"그 일은 이미 해결되었네."

억지로 그와 함께 갔다. 술자리가 무르익은 뒤 무안이 일어나 축배를 들자[爲壽] 좌중이 모두 자리에서 벗어나 엎드렸다. 이어서 위기후가 축배를 들었는데, 그와 친한 사람들만 자리에서 벗어나 엎드릴 뿐 나머지 사람들은 모두 자리에 앉아서 무릎을 붙인 채[膝席] 그대로 있었다. 관부는 심사가 뒤틀렸다. 관부가 일어나 여러 사람에게 술잔을 올렸는데, 차례가 무안에 이르렀을 때 무안은 무릎만 붙인 채 자리에 그대로 앉아서 말했다.

"잔을 가득 채우면 마실[觴] 수 없는데."

부는 화가 났지만 억지로 웃으며[嘻笑] 말했다.

"장군은 귀인이시니 다 드셔야지요[屬]2)!"

그러나 무안은 술잔을 기꺼이 다 비우지 않았다[不肯]. 계속 술잔을 올리다가 차례가 임여후(臨汝侯)3)에 이르렀는데, 임여후는 한창 정불식(程不識)과 귀엣말[耳語]을 하고 있었고 게다가 자리를 피하는 예를 차리지도 않았다. 계속 화를 참아왔던 부가 마침내 임여후에게 욕하며 말했다.

"평소에는 정불식이 한 푼의 가치도 없다고 비방하더니, 오늘은 장자(長者-덕망 있는 사람)가 축배를 권하는 데도 계집애처럼 소곤소곤[呫囁] 귀엣말인가!"

1) 【색은(索隱)】 연왕 택(澤)의 아들인 강왕(康王) 가(嘉)의 딸이다.
2) 【색은(索隱)】 『한서(漢書)』에는 필(畢)로 되어 있다. 필(畢)은 '다 마신다[盡]'라는 뜻이다.
3) 【색은(索隱)】 살펴보건대 『한서(漢書)』에서는 임여후 관현(灌賢)이라 했으니, 곧 관현은 관영의 손자이며 임여는 봉호를 고친 것이다.

무안이 관부에게 일러 말했다.

"정불식과 이광(李廣)은 모두 동서 두 궁의 위위(衛尉)인데1), 지금 많은 사람 앞에서 정 장군에게 모욕을 주니 중유는 홀로 이 장군의 입장[地]을 생각하지 않는가?"

관부가 말했다.

"오늘 내 목을 자르고 가슴에 구멍을 낸다[穴匈=穴胸] 해도 정 장군이나 이 장군을 어찌 알겠소?"

좌중의 사람들이 마침내 일어나 변소에 가는 척하면서[更衣] 하나둘 떠나갔고, 위기후도 나가면서 관부에게 나오라고 손짓했다[麾]. (관부가 나가려는데) 무안이 드디어 화를 내며 말했다.

"이는 내가 관부를 교만하게 만든 죄다."

마침내 기병에게 명해 관부를 억류하게 했다. 관부는 나가려고 했으나 그럴 수 없었다. 적복이 일어나 대신 사과하면서 아울러 관부의 목덜미를 눌러 사과하게 하려고 하니, 관부는 더욱 화를 내며 결단코 사과하지 않았다. 무안이 마침내 기병들을 손짓으로 불러서 관부를 포박해 전사(傳舍)에 가두게 하고 장사(長史)를 불러 말했다.

"오늘 종실 사람들이 참석한 것은 조서(詔書)가 있었기 때문이다."

관부가 좌중을 모욕한 것은 불경죄(不敬罪)에 해당한다고 탄핵해 거실(居室)²⁾에 집어넣었다. 결국 이전 일들까지 조사한 뒤 관리를 둘로 나눠 관씨 일족들을 잡아들이게 했는데, 모두 기시(棄市)에 해당하는 죄명을 얻었다.

위기후는 크게 부끄러워하며 자금을 풀고 빈객들을 보내 무안에게 용서를 청하게 했으나 누구도 관부를 석방할 수 없었다. 무안의 관리들이 모두 그의 눈과 귀가 되어 살피니 관씨들은 모두 도망가 숨어버렸고, 부는 붙잡혀 있어 끝내 무안의 비밀스러운 일[陰事]을 고발할 길도 없었다.

1) 【집해(集解)】 이광(李廣)은 동궁, 정불식은 서궁의 위위였다.

2) 안사고(顏師古)가 말했다. "거실은 구치소 이름으로, 소부(少府)에 속한다. 그 뒤에 이름을 고쳐 보궁(保宮)이라 했다." 수궁(守宮)이라고도 했다.

위기가 절박하게[銳] 관부를 구하고자 몸소 애쓰자, 부인이 위기에게 간언해 말했다.

"관 장군은 승상에게 죄를 짓고 태후의 집안사람을 건드렸으니[迕=逆], 어떻게 구해낼 수 있겠습니까?"

위기후가 말했다.

"후(侯)의 신분은 내 스스로 얻은 것이니 지금 잃어도 유감이 없소. 그러나 끝내 관중유(灌仲孺)를 홀로 죽게 하고 나 혼자 살아남을 수는 없소."

마침내 집안사람들 몰래 나가서¹⁾ 상에게 글을 올렸다. 곧바로[立] 불려 들어가게 되었는데, 관부가 취중에 실언한 정황을 갖춰 말한 뒤 그 일은 주살할 만한 일이 못 됨을 밝혔다. 상도 그렇다고 여겨 위기에게 음식을 내려 주면서 이렇게 말했다.

"동궁의 조정[東朝]2)에서 그를 변론하라."

1) 【집해(集解)】 진작(晉灼)이 말했다. "부인이 다시 간언하며 만류할 것을 걱정해 이렇게 한 것이다."

2) 【집해(集解)】 여순(如淳)이 말했다. "동궁의 조정이란 태후의 조정이다."

위기는 동궁의 조정에 가서 관부의 장점을 크게 알리면서, 그가 몹시 취해 허물을 지은 것일 뿐인데 마침내 승상이 다른 일로써 무고하게 죄를 씌운 것이라고 말했다. (그러자) 무안 또한 관부가 저지른 횡포와 방자했던 소행을 크게 비난한 다음 대역무도한 죄에 해당한다고 주장했다.

아무리 생각해도 다른 도리가 없을 것 같아 위기가 그 참에 승상의 단점을 말하니 무안은 다음과 같이 말했다.

"천하가 다행히 평안하고 큰일도 없어 분이 폐부의 자리를 얻었는데, 좋아하는 것이라고는 음악과 개와 말, 밭과 집뿐이고 아끼는 것이라고는 광대와 솜씨 좋은 공장(工匠)의 무리에 불과합니다. 이는 위기나 관부 등이 천하의 호걸과 장사를 불러 모아 밤낮으로 의논하면서 내심 불만을 품고 조정을 비방하거나 고개 들어 하늘을 살피고 고개 숙여 땅을 굽어보며 동서의 양궁 사이를 흘겨보다가는 요행히 천하에 변고가 나서 자신들이 큰 공을 세우기를 바라고 있는 것과는 다릅니다. 신은 마침내 위기 등이 하는 일을 알 수가 없습니다."

이에 상이 조정의 신하들에게 물었다.

"두 사람 중에 누가 옳은가?"

어사대부 한안국이 말했다.

"위기가 말하기를 '관부는 부친이 나라를 위해 죽게 되자 몸에 창을 지니고 강대한 오나라 군영 속으로 달려 들어갔다가 몸에 수십 군데의 상처를 입고 명성이 삼군(三軍)에 알려졌으니, 이는 천하의 장사가 분명하다. 만약에 특별하게 큰 죄를 지은 것도 아니고 단지 술자리에서 취해 다툰 것이라면 다른 허물까지 끌어들여 주벌할 것은 못 된다'라고 했는데, 이 위기의 말은 옳습니다. 승상도 '관부는 교활한 무리와 왕래하며 가난한 백성을 침탈했고 집에 거만(巨萬)의 재산을 쌓아두고서 영천에서 횡포를 부렸으며 종실을 능욕하고 황실의 골육지친(骨肉之親)을 침범했으니, 이는 이른바 "나뭇가지가 나무보다 크거나 종아리가 넓적다리보다 크면 부러지지 않더라도 반드시 갈라진다"라고 한 것과 같다'라고 한 승상의 말 또한 옳습니다. 오직 밝으신 주상께서만 판결하실 수 있습니다."

주작도위(主爵都尉) 급암(汲黯)은 위기가 옳다고 했고, 내사(內史) 정당시(鄭當時)는 위기가 옳다고 했다가 뒤에는 자신의 의견을 견지하지 못했다. 나머지는 모두 감히 답하지 못했다.

상은 내사에게 화를 내며 말했다.

"공은 평소에 여러 차례 위기와 무안의 장단점을 말하더니, 오늘 조정의 변론에서는 어찌하여 마치 수레 끌채 아래의 망아지처럼 움츠러드는가? 나는 저런 무리까지 아울러 처단할 것이다!"

상이 조회를 마치고 일어나 궁으로 들어가서 태후에게 음식을 올렸다. 태후 또한 이미 사람을 시켜 조정 일을 알아보게 했는데, 그가 조정에서 변론한 상황을 갖춰 보고하자 태후는 화가 나서 식사하지 않고 있다가 (상을 보자) 이렇게 말했다.

"내가 살아 있는데도 사람들이 모두 내 동생을 깔아뭉개는데[藉=蹈], 가령 내가 죽고 나면[百歲後] 모두 어육(魚肉) 같은 신세가 될 것이오. 또 제(帝)께서는 어찌 석상처럼 자기주장이 없으신가! 이들은 버젓이 제(帝)가 살아 계셔도 보잘것없이 여기거늘[錄錄] 백세 뒤에는 이런 무리 중에 어찌 믿을 만한 사람이 있겠소?"

상이 사과하며 말했다.

"둘 다 종실 외척이므로 조정에서 논변하게 한 것이니, 그렇지 않다면 이는 일개 옥리가 해결할 일일 뿐입니다."

이때 낭중령 석건(石建)이 상을 위해 두 사람의 사정을 조목조목 분별해 진술했다.

무안은 조회를 마친 뒤에 지거문(止車門)을 나오면서 어사대부 한안국을 불러 수레에 태우고 가다가 화를 내며 말했다.

"나는 장유(長孺-한안국의 자)와 함께 늙은 퇴물과 대적하려 했는데, 어찌 주저하며 양다리를 걸친 것이오?"

한 어사가 한참 있다가 분에게 말했다.

"군(君)께서는 어찌 자중자애하지[自喜] 않습니까? 저 위기가 군을 헐뜯으면 군께서는 마땅히 관을 벗고 승상의 인끈을 풀어 상께 돌려드리며 '신이 외척인 덕으로 요행히 승상의 직을 얻었습니다만 진실로 그 적임이 못 됩니다. 위기의 말이 다 옳습니다'라고 하셨어야 합니다. 그렇게 하셨다면 상께서는 반드시 군이 겸양을 갖췄다고 칭찬하면서 군을 폐하지 않으실 것이고, 위기는 틀림없이 속으로 부끄러워 문을 닫아걸고서 혀를 깨물어 자살했을 것입니다. (그런데) 지금 남들이 군을 헐뜯는다고 군 또한 남을 헐뜯으시니, 이는 비유하자면 마치 장사치나 계집애들의 말다툼 같은 것입니다. 어찌 그리도 대체(大體)를 모르십니까?"

무안이 사죄하며 말했다.

"다툴 때는 마음이 급해서 이런 계책을 생각할 수가 없었소."

이에 상이 어사(御史)를 시켜 문서를 통해 위기를 조사하게 했는데, 위기가 관부에 대해 말한 것 중의 상당 부분이 실상과 부합하지 않아서[不讎 =不稱] 위기를 탄핵해 도사공(都司空-황족과 외척의 범법 행위를 처리하는 기관)[1]에 가두었다. (이에 앞서) 효경(孝景) 때 위기는 일찍이[2] 유조(遺詔)를 받은 적이 있는데, 거기에는 "만일 네게 불편한 사정이 생기더라도 네 편의에 따라 상에게 보고할 수 있다"라고 되어 있었다. 위기후가 갇히고 나자, 관부의 죄는 반드시 멸족에 해당해 일이 날로 다급해지는 데도 여러 공(公) 중 그 누구도 감히 상에게 이 사건을 다시 밝혀 말해주지 못했다. 이에 위기는 마침내 조카들을 시켜 글을 올려 유조에 관해 일을 말하게 함으로써 다시 불려 들어가 알현할 기회를 얻고자 했다. 글이 올라가자, 상은 상서(尚書)의 문서를 조사하게 했는데, 대행(大行-경제)은 유조(遺詔)를 남기지 않았고 이 조서는 오로지 위기 집에서만 보관해 위기의 가신이 그것을 봉인해두고 있었다.

마침내 위기는 선제(先帝)의 조서를 위조한[矯] 혐의로 탄핵당했고, 그 죄는 기시(棄市)에 해당했다.

1) [색은(索隱)] 살펴보건대, 「백관표(百官表)」에 따르면 종정(宗正)의 속관(屬官)으로 조옥(詔獄)을 주관한다.

2) 원문에는 상(常)으로 되어 있는데, 문맥상 상(嘗)의 잘못이다. 유조를 늘 받을 수는 없다.

5년 10월[1] 관부와 일족이 모두 논죄되었다. 위기는 한참 뒤에야 마침내 자신의 탄핵 소식을 듣고는 곧 분을 참지 못하다가[恚] 풍질[痱]에 걸렸다. 그래서 음식을 끊고 죽으려 했는데, 어떤 사람이 상은 위기를 죽일 뜻이 없다는 말을 듣고는 와서 전해주었다. 이에 다시 음식을 들어 병을 치료했고 조정에서도 그를 죽이지 않기로 의견을 정했는데, 이번에는 그를 헐뜯는 유언비어가 떠돌다가 상의 귀에까지 들어갔다. 이로 인해 12월 그믐날에 위기는 위성(渭城)[2]에서 기시되었다.

1) 【정의(正義)】『한서(漢書)』에 따르면, 원광(元光) 4년 겨울에 위기후 두영이 죄가 있어 기시되었고, (이듬해) 봄 3월 을묘일에 승상 분이 훙했다고 했다. 5년이라고 한 것은 잘못이다.

2) 【정의(正義)】 옛 함양(咸陽)이다.

그해 봄[1] 무안후가 병이 났는데, 무조건[專] "잘못했습니다!"라고 큰소리를 내며 엎드려 사죄한다고만 외쳤다. 귀신을 볼 줄 아는 무당을 시켜 몸 상태를 보게 하니, 그가 말했다.

"위기후와 관부가 함께 그를 지키고 서서 (몽둥이로 쳐) 죽이려는 것이 보입니다."

결국 무안은 죽었다.

아들 염(恬)이 뒤를 이었는데, 원삭(元朔) 3년에 짧은 옷[襜褕=短衣]을 입고 궁궐로 들어갔다가 불경죄(不敬罪)[2]에 걸렸다.

1) 【정의(正義)】 원광 4년 10월에 관부가 기시되었고, 12월 말에 위기가 기시되었으며, 3월 을묘일에 전분이 훙했다. 그렇다면 세 사람이 모두 같은 해에 죽은 것은 분명하다. 한나라는 10월을 세수(歲首-정월)로 삼았기 때문이다.

2) 【색은(索隱)】 이에 봉국이 없어졌다.

회남왕(淮南王) 안(安)은 모반을 꾀하다 발각되어 처벌을 받았다. 예전에 왕이 입조했을 때[1] 무안후는 태위로서 왕을 맞이하러 패상(霸上)까지 가서는 왕에게 일러 말했다.

"상께는 아직 태자가 없으신데 대왕께서는 가장 뛰어나시고 또한 고조(高祖)의 손자이시니, 그런즉 상께서 붕하시면[晏駕] 대왕을 세우지 않는다면 누구를 세우겠습니까!"

회남왕이 크게 기뻐하며 황금과 재물을 두텁게 주었다. 상은 위기의 일이 있을 때부터 무안이 곧지 않다[不直]고 여기면서도 단지[特] 왕태후와의 연고 때문에 두고만 볼 뿐이었는데[2], 회남왕이 분에게 황금을 준 일에 대한 보고를 듣고서는 이렇게 말했다.

"만일 무안후가 살아 있었다면 (그를) 멸족시켜버렸을 것이다."

1) 【집해(集解)】 서광(徐廣)이 말했다. "건원(建元) 2년이다."

2) 【색은(索隱)】 살펴보건대, 무제가 볼 때 위기와 관부는 마음이 굽었고[枉=邪曲] 무안후는 곧지 않았지만[不直] 그런데도 그를 승상에 둔 것은 단지 태후와의 연고 때문이다.

태사공(太史公)이 말한다.

"위기후(魏其侯)와 무안후(武安侯) 둘 다 외척으로서 존귀하게 되었고, 관부(灌夫)는 한때 결단력 있는 계책으로 이름이 드러났다.

위기가 중용된 것은 오와 초의 반란 때문이고, 무안후가 존귀하게 된 것은 해와 달 사이에 있었기 때문이다[1]. 그러나 위기후는 실로 시세의 변화[時變]를 알지 못했고 관부는 아무런 학술도 없는 데다가 공손하지 못했으니, 이 두 사람은 서로를 도와가며 마침내 화란(禍亂)을 빚어냈다.

무안후는 존귀함을 등에 업고 권세를 좋아해 한 잔 술의 분노로 남을 책망하다가 저 두 뛰어난 사람[兩賢]을 구렁텅이에 빠뜨렸다.

아, 슬프도다! 무안후는 관부에 대한 분노를 위기후에게 옮기더니[遷怒及人][2] 자신의 수명 또한 연장하지 못했구나! 많은 사람이 호응하지 않아 마침내 악평을 듣게 되었으니, 아! 슬프도다. 재앙이란 빚어지는 유래[所從來]가 있도다!"[3]

1) 무제·왕태후와 친척이었기 때문이라는 말이다.

2) 분노를 다른 곳으로 옮긴다는 것은 곧 혹(惑)이다. 『논어(論語)』「옹야(雍也)」편이다.

(노나라 임금) 애공(哀公)이 물었다. "제자 중에서 누가 배우는 것을 좋아하는가[好學]?" 공자가 말했다. "안회라는 자가 있어 배우기를 좋아해 분노를 다른 데로 옮기지 않았고[不遷怒] 잘못을 두 번 다시 반복하지 않았는데[不貳過], 불행하게도 명이 짧아 죽었습니다. 지금은 그가 가고 없으니, 아직 배우기를 좋아하는 자를 들어보지 못했습니다."

3) 두영과 전분[竇嬰田蚡]/권세와 이익을 서로 겨루었지[勢利相雄]/둘 다 외척에 기대었지만[咸倚外戚]/두영은 군공에 힘입기도 했다네[或恃軍功]/관부는 자긍심에 넘쳐[灌夫自喜]/그들 속에서 중함을 받았지[引重其中]/술자리에서 호기 부리다가[意氣杯酒]/양궁의 미움을 샀도다[辟倪兩宮]/일은 결국 곧지 못하게 결말이 났으니[事竟不直]/원통하도다! 두영과 관부 두 공이여[寃哉二公]!

권
108
—
한장유열전(韓長孺列傳) 제48

권108 한장유열전(韓長孺列傳) 제48

어사대부(御史大夫) 한안국(韓安國)은 양(梁)나라 성안(成安)[1] 사람인데, 뒤에 수양(睢陽)[2]으로 옮겼다. 일찍이 추현(騶縣)의 전생(田生)으로부터 한비자(韓非子)와 잡가(雜家)의 학설을 전수받았다. 양나라 효왕(孝王)을 섬겨 중대부(中大夫)가 되었다. 오나라와 초나라의 반란이 일어났을 때 효왕은 안국(安國)과 장우(張羽)를 장군으로 삼아 동쪽 경계에서 오나라 군대를 막아내게 했다[扞]. 장우가 힘을 다해 싸우고 안국이 맡은 지역을 굳게 지키자 오나라는 양나라를 지나갈 수 없었다. 오나라와 초나라가 이미 깨어지고 난 뒤 안국과 장우의 이름은 이로 말미암아 드러나게 되었다[顯=顯達].

1) 【색은(索隱)】『한서(漢書)』「지리지(地理志)」에 이르기를 "현 이름이며 진류군(陳留郡)에 속한다"라고 했다.

2) 【정의(正義)】 지금의 송주(宋州) 송성(宋城)이다.

양 효왕은 경제(景帝)의 친동생으로, 두태후(竇太后)가 그를 사랑해 몸소 (상에게) 청해 효왕이 자기 나라의 재상과 2,000석 관리를 독자적으로 둘[置] 수 있도록 했으니, (한나라 대궐을) 들고날 때나 사냥 등 유희할 때 (행차가) 천자에 버금갔다[僭=擬]. 천자가 이 소문을 듣고 마음이 좋지 않았다[不善]. 태후도 제(帝)가 좋지 않게 여기는 것을 알고는 마침내 양나라에서 보내온 사신에게 화를 내며 만나주지도 않은 채로 왕의 행위를 꾸짖었다.

한안국이 이때 양나라 사신이었는데, 바로 대장공주(大長公主-경제의 누이)를 찾아뵙고 울면서 이렇게 말했다.

"어찌하여 태후께서는 양왕께서 자식으로서 효도를 다 하고 신하로서 충성을 다하려는 것을 정녕 몰라주십니까? 예전에 오(吳)·초(楚)·제(齊)·조(趙) 나라 등 7국(國)의 반란 때 함곡관(函谷關) 동쪽의 제후들은 모두 연합해 서쪽을 향해 진군했을 때, 오직 양왕만이 가장 가까운 혈친이었기에[最親=至親] 큰 어려움을 겪어야 했습니다. 양왕께서는 태후와 황제께서 관중(關中)에 계신 것을 생각하시어 제후들이 난을 일으키자, 사태를 한 번 말할 때마다 여러 차례 눈물을 흘리시고는 무릎을 꿇고 신 등 여섯 사람을 보내 군대를 이끌고서 오초를 물리치라고 하셨으니, 오초의 군대는 그 때문에 감히 서쪽으로 진군하지 못하고 결국은 패망했습니다. 이는 양왕이 힘쓴 덕분입니다. 그럼에도 지금 태후께서는 대수롭지 않은 절조와 까다로운 예법을 들어 양왕을 책망하고 계십니다.

양왕께서는 부친과 형님이 모두 제왕(帝王)이셨기 때문에 어려서부터 본 것이 크게 황실의 위엄과 격식을 차리는 것들이었습니다. 그래서 외출할 때는 길을 치우고 사람의 통행을 금지했으며[走畢], 궁으로 돌아올 때는 경비를 강화했던 것입니다[警]. 양왕의 수레와 깃발은 모두 제께서 내려주신 것입니다. 양왕은 바로 이렇게 행동해 먼 변방의 작은 현(縣)에서도 자신을 돋보이고 함으로써 나라 안에서 일을 신속하게 처리할 수 있었으니, 호쾌하게 수레를 내몰아 달려서 제후들에게 자신을 과시함으로써 천하 사람들로 하여금 태후와 제께서 자신을 각별하게 총애하심을 알게 하고자 했던 것입니다.

(그런데) 지금 양나라 사신(-한안국 자신)이 오자마자 곧바로 책임을 따지고 꾸짖으시니[案責], 양왕은 두려워서 밤낮으로 눈물을 흘리며 태후와 폐하를 그리워하면서 어떻게 처신해야 할지를 몰라 하고 계십니다. 어찌 양왕께서 자식으로서 효도하고자 하고 신하로서 충성하고자 하는데 태후께서

는 갸륵하게[卹] 여기지 않으십니까?"

대장공주가 그의 말을 갖춰 태후에게 아뢰자, 태후가 기뻐하며 말했다.

"이 말을 제(帝)께도 아뢰리라."

이를 아뢰자, 제는 마침내 언짢았던 마음이 풀렸으니, 관(冠)을 벗고 태후에게 사죄하며 말했다.

"형제가 서로를 잘 일깨워주지 못해서, 마침내 태후께 근심을 끼쳤습니다[遺憂]."

그러고는 양나라 사신들을 모두 만나보고는 상을 두텁게 내려주었고, 그 뒤로 양왕을 더욱더 총애했으며[親驩], 태후와 장공주는 재차 안국에게 1,000여 금(金) 어치의 상을 내려주었다. 이로 말미암아 안국의 명성은 드러났고 한나라 조정과도 유대를 맺게 되었다.

그 후에 안국이 법에 걸려 형벌을 받게 되었는데, (양나라) 몽현(蒙縣)의 옥리(獄吏) 전갑(田甲)이 안국을 모욕하자 안국이 말했다.

"불 꺼진 재[死灰]라지만 다시 불씨가 살아날 수도 있지 않겠는가?"

갑이 말했다.

"그렇게 된다면 곧바로 오줌을 싸버리겠다[溺之]."

얼마 가지 않아[居無何=居無幾] 양나라 내사(內史) 자리가 비게 되자 한나라에서 사자를 보내 안국을 제배해 양나라 내사로 삼게 하니, 죄수의 신분[徒中]에서 벗어나 2,000석 관리가 되었다. 전갑이 도망쳤는데, 안국이 말했다.

"관직에 복귀하지 않으면 내가 네 일족[而宗=汝族]을 멸하겠다."

갑이 그 참에 (돌아와) 한쪽 어깨를 드러낸 채[肉袒] 사죄를 청하니, 안국이 웃으면서 말했다.

"오줌을 누라! 자네 같은 무리를 상대할 가치가 있겠는가?"

결국 전갑에게 잘 대해주었다.

양나라 내사 자리가 비었을 때, 효왕은 새로 얻은 제(齊)나라 사람 공손궤(公孫詭)를 좋아해 조정에 그를 내사로 삼고자 한다고 청했다. 두태후가 이 소식을 듣고는 마침내 왕에게 청해 조서를 내려 안국을 내사로 삼도록 했다.

공손궤와 양승(羊勝)이 효왕을 설득해 제에게 자기를 태자로 삼고 봉지를 더 늘려줄 것을 요구하게 했는데, 한나라 대신들이 들어주지 않을 것을 두려워해 마침내 은밀하게 자객을 보내 한나라 조정에서 정사를 주도하는 모신(謀臣)들을 찔러 죽였다. 전 오나라 재상 원앙(袁盎)도 살해당했는데, 경제(景帝)는 궤와 승 등이 계책을 세웠다는 소식을 듣고는 마침내 사자를 보내 반드시 이들을 체포해서 호송해 오도록 했다. 한나라 사자(使者) 10여 무리가 양나라에 도착해 재상(의 집) 이하 온 나라를 대대적으로 수색했으나 한 달 남짓이 지나도록 그들을 잡지 못했다.

내사 안국은 궤와 승이 효왕의 처소에 숨어 있다는 말을 듣고는 왕궁에 들어가서 왕을 만나 울면서 말했다.

"주군이 치욕을 당하면 신하는 죽어야 합니다[1]. 대왕께 훌륭한 신하가 없었기 때문에 일이 엉망이 되어[紛紛] 이 지경에 이르렀습니다. 지금 승과 궤를 잡지 못했으니, 청컨대 신을 꾸짖고 죽음을 내려주소서."

1) 【색은(索隱)】 이 말은 『국어(國語)』에 나온다.

왕이 말했다.

"어찌 이렇게까지 하는가?"

안국이 눈물을 줄줄 흘리면서 말했다.

"대왕께서 스스로 황제와의 관계를 헤아려보실 때, 대왕과 황제의 관계는 태상황(太上皇)과 고제(高帝) 또는 황제와 임강왕(臨江王)의 관계에 비해 어느 쪽이 더 친밀하겠습니까?"

왕이 말했다.

"그분들 간의 친밀함을 따라갈 수 없다."

안국이 말했다.

"저 태상황과 고제, 황제와 임강왕은 부자(父子) 사이였습니다. 그런데도 고제께서는 '석 자짜리 검을 쥐고 천하를 차지한 것은 다름 아닌 짐'이라고 하셨고, 그 때문에 태상황은 끝까지 국정[制事]에 관여하지 못하고 역양궁(櫟陽宮)에 머물러야 했습니다. 임강왕은 적장자로서 태자였으나 말 때문에 폐출되어[1] 임강왕으로 강등되었고, 또 궁실(宮室)을 세우다가 조상 사당의 담장 곁의 빈터를 침범한 일 때문에 끝내 중위부(中尉府)에서 자살하고 말았습니다. 어째서이겠습니까? 천하를 다스림에는 결국 사사로운 정(情)으로써 공적인 일을 어지럽게 할 수 없기 때문입니다.

속담에 '비록 친아버지라도 어찌 사나운 호랑이가 되지 않으리라는 것을 알 것이며, 비록 친형이라도 어찌 사나운 이리가 되지 않으리라는 것을 알겠는가?'라고 했습니다. 지금 대왕께서는 제후의 반열에 계시면서 한낱 간사한 신하의 허황한 말에 현혹되어 상의 금령(禁令)을 범하고 밝은 법을 어지럽히셨습니다. 천자께서는 태후와의 관계 때문에 차마 대왕을 법대로 처리하지 못하시는 것입니다. 태후께서는 밤낮으로 우시며 대왕께서 스스로 잘못을 고치시길 기원하고 계신데, 대왕께서는 끝끝내 깨닫지 못하고 계십니다. 만약에 태후께서 갑자기 세상을 떠나시기라도 한다면 대왕께서는 누구에게 매달리실[攀] 것입니까?"

말이 다 끝나기도 전에 효왕이 눈물을 줄줄 흘리면서 안국에게 감사하며 말했다.

"내가 지금 당장 궤와 승을 내보내겠다."

궤와 승은 자살했고, 한나라 사자는 조정으로 돌아가 정황을 보고했다. 결국 양왕의 일이 모두 해결된 것은 안국의 힘이었으니, 경제와 태후는 안국을 더욱 중히 여겼다.

효왕이 졸(卒)하고 공왕(共王)이 자리에 나아간 뒤 안국은 법에 걸려 관직을 잃고 집에 머물렀다.

1) 【집해(集解)】 여순(如淳)이 말했다. "경제에게는 여러 희(姬)의 자식들이 있었는데, 태자의 어머니 율희(栗姬)의 말이 불손했기 때문에 태자를 폐위시켰다. 이에 율희는 근심하다가 죽었다."

건원(建元-무제 연호) 연간에 무안후(武安侯) 전분(田蚡)이 한나라 태위(太尉)가 되었는데, 황제의 외척으로 정권을 장악했을 때[用事] 안국이 예물 500금을 분에게 보냈다. 분은 안국을 태후(太后-왕태후)에게 천거했고, 상 또한 평소 안국이 뛰어나다는 말을 들었기에 즉시 불러서 북지도위(北地都尉)로 삼았다가 뒤에 승진시켜 대사농(大司農)으로 삼았다. 민월(閩越)과 동월(東越)이 서로 공격하자 안국과 대행(大行-빈객 접대를 담당하는 외교 관리) 왕회(王恢)를 보내 병사를 이끌게 했는데, 그들이 아직 월(越) 땅에 도착하기도 전에 월나라 사람들이 자기네 왕을 죽이고서 한나라에 항복했기에 한나라 군대도 철수했다.

건원 6년에 무안후는 승상이, 안국은 어사대부가 되었다.

흉노가 와서 화친을 청하자, 천자는 그것을 신하들에게 내려 토의하게 했다. 대행 왕회는 연(燕)나라 사람으로 여러 차례 변방 관리[邊吏]를 지내서 오랑캐 일[胡事]에 익숙했다.

그가 의견을 말했다.

"한나라와 흉노가 화친을 맺어봐야 겨우 몇 년도 되지 않아 곧바로 약속을 어길 것이니, 화친을 허락하지 말아야 합니다. 군대를 일으켜 저들을 치는 것만 한 방책이 없습니다."

안국이 말했다.

"멀리 1,000리를 가서 싸워야 하는데, 이는 군사적으로 이점이 없습니다. 지금 흉노는 군사와 말이 튼튼한 것을 믿고서 짐승과 같은 마음을 품고 새 떼[鳥集]처럼 이리저리 옮겨 다니니, 제압하는 것이 힘듭니다. 또 그 땅을 차지한다 해도 충분히 넓지 못하고 그 백성을 차지한다 해도 우리 군사력에 큰 힘이 되지 못하니, 이 때문에 상고시대부터 저들을 중국에 내속시키지 않았던 것입니다[不屬]. 한나라가 수천 리를 가서 이익을 다투게 되면 사람과 말은 피곤에 지치게 되는데, 오랑캐[虜=胡虜]들은 한나라 군대가 지친 틈을 타서 제압해 올 것입니다. 게다가 강력한 쇠뇌도 끝에 가서는 아주 얇은 노나라 비단조차 뚫을 수 없고, 회오리바람도 마지막 힘은 가벼운 기러기 털조차 움직이게 할 수 없습니다. 처음부터 강하지 않는 것이 아니라 끝에 가서 힘이 약해지기 때문입니다. 흉노를 치는 것은 바람직하지 못하니, 화친을 맺는 것이 낫습니다."

여러 신하가 낸 의견의 다수가 한안국을 지지하자, 이에 상은 화친을 허락했다.

그 이듬해는 곧 원광(元光) 2년이었는데, 안문군(雁門郡) 마읍현(馬邑縣)의 장수[豪] 섭옹일(聶翁壹)[1]이 대행 왕회를 통해 상에게 말했다.

"흉노는 화친을 맺은 초기라서 변경(의 사람들)을 친히 여기고 신뢰하고 있으니, 이때 이익으로 유인해내는 것이 좋습니다."

몰래 섭옹일을 첩자로 삼아 흉노로 도망쳐 들어가는 것처럼 하고는 흉노에 들어가서 선우에게 말하게 했다.

"제가 마읍의 현령과 현승과 관리들을 베어 죽이고 성을 들어 항복하게 하여 재물을 다 차지하실 수 있도록 하겠습니다."

선우는 그를 아끼고 믿었기 때문에 그 말이 맞다고 여겨서 섭옹일의 말대로 하도록 했다. 섭옹일이 마침내 돌아와서는 거짓으로 사형수의 목을 베어 그 머리를 마읍 성에 매달아둔 뒤 놓고 선우의 사자에게 증거로 보여주며 말했다.

"마읍의 책임자는 이미 죽었으니 급히 들어오시오."

그러자 선우가 변방 요새를 뚫고서 기병 10여만을 이끌고 무주(武州)의 요새2)로 들어왔다.

1) 【집해(集解)】 장안(張晏)이 말했다. "호(豪)는 장수[帥]다." 【색은(索隱)】 섭은 성이고 옹일은 이름이다. 『한서(漢書)』에서는 섭일(聶壹)이라고 했다.

2) 【집해(集解)】 서광(徐廣)이 말했다. "안문(鴈門)에 있다."

이때 한나라는 복병인 거기(車騎)와 재관(材官-특수병) 20여만 명이 마읍 주변 골짜기에 숨어 있었고, 위위(衛尉) 이광(李廣)을 효기(驍騎)장군, 태복 공손하(公孫賀)를 경거(輕車)장군, 대행 왕회를 장둔(將屯)장군, 태중대부 이식(李息)을 재관장군으로 삼고 어사대부 한안국을 호군(護軍)장군으로 삼아 여러 장군을 다 거느리게 한 상태였다. 그리하여 선우가 마읍에 들어오는 그 순간에 한나라 군대가 이들을 습격하기로 약속했고, 왕회와 이식과 이광은 별도로 대(代) 땅에서 (흉노의) 보급부대[輜重]를 치기로 되어 있었다.

이에 선우는 한나라 장성인 무주의 요새로 들어왔는데, 마읍까지 100여 리도 채 되지 않는 곳에까지 쳐들어오면서 약탈을 이어갔지만, 들에는 가축만 보일 뿐 사람은 한 명도 보이지 않았다. 선우가 이를 이상하게 여겨서 봉화대를 공격해 무주의 위사(尉史)를 붙잡았다. 선우가 위사를 죽이겠다고 협박하며 사정을 캐물으니, 위사가 말했다.

"한나라 군대 수십만 명이 마읍 주위에 매복하고 있습니다."

선우가 좌우를 돌아보며 말했다.

"하마터면 한나라에 속을 뻔했다."

마침내 군사를 이끌고 돌아갔는데, 요새를 나가면서 말했다.

"내가 위사를 붙잡은 것은 마침내 하늘의 뜻이다."

그리하여 위사를 천왕(天王)이라고 불렀다. 요새 아래로 선우가 이미 돌아갔다는 말이 전해지자, 한나라 군대는 (변방의) 요새까지 쫓아갔으나 따라잡을 수 없음을 알고서는 추격을 멈췄다. 선우가 한나라 군대와 싸우지 않았다는 말을 들은 왕회 등은 군사 3만 명이 가서 선우의 보급부대를 치면 반드시 선우의 정예 병사들과 싸우게 될 것이고, 그렇게 되면 한나라 군대는 반드시 패배할 것이라 여겨서 자기들 마음대로 싸움을 멈추기로 했다. 그 바람에 모두 공로를 세우지 못했다.

천자는 왕회가 선우의 보급부대를 치러 가지 않고 마음대로 군사를 이끌어 싸움을 멈춘 데 대해 화를 냈다.

이에 회가 말했다.

"애초에 약속하기를, (선우가) 마읍의 성에 들어와 우리 군대와 선우가 싸우게 되면 신은 그들의 보급부대를 치는 것이 이익이 될 것이라고 했습니다. 그런데 지금 선우가 마읍에 이르기노 전에 놀아가고 말았습니다. 신은 우리의 군사 3만 명으로는 그들을 당해낼 수 없고 오히려 모욕만 당할 것이라고 보았습니다. 물론 신이 그렇게 돌아오면 목을 베이게 될 것이라는 사실을 알고 있었지만, 그러나 폐하의 군사 3만 명은 온전하게 보전할 수 있다고 생각했습니다."

이에 (상이) 회를 정위(廷尉)에게 내려보내니, 정위는 회가 두요죄(逗橈罪-적을 보고서 피한 죄)에 해당하므로 참수에 처해야 한다고 판결했다[當=^당判處=^{판처}處決=^{처결}]. 회가 승상 전분에게 1,000금을 몰래 주자, 분은 감히 상에게는 말하지 못하고 태후에게 이렇게 말했다.

"왕회가 앞장서서 마읍의 계책을 꾸몄으니, 지금 성공하지 못했다고 해서 그를 주살한다면 이는 흉노를 위해 원수를 갚아주는 꼴입니다."

상이 태후에게 조알할 때 태후가 분의 말을 상에게 전하니 상이 말했다.

"가장 먼저 마음의 계책을 제의한 자가 회입니다. 그래서 천하의 병사 수십만을 동원해 그의 말에 따라 추진했던 것입니다. 백번 양보해 설령 선우를 잡지는 못한다 해도, 만약에 회의 부대가 흉노를 쳤더라면 그런대로 상당한 전과를 얻어서 사대부들의 마음을 위로할 수 있었을 것입니다. 지금 회를 주살하지 않으면 천하에 사죄할 방법이 없습니다."

이에 회는 이 말을 전해 듣고서 마침내 자살했다.

안국의 사람됨은 큰 책략이 많았고 지혜는 당시 세상의 흐름에 적합했으나 (점차) 충후(忠厚)함을 잃어버리고[出於忠厚]¹⁾ 재물을 탐했다. 그러나 그가 천거한 자들은 모두 청렴하고 자기보다 뛰어난 자들이었으니, 양나라에 있을 때 천거했던 호수(壺遂)·장고(臧固)·질타(郅他) 등은 모두 천하의 이름난 장부이자 선비들이었다. 선비들은 이 때문에 그를 칭송하고 흠모했으며, 천자도 그의 그릇은 나라를 맡을 만하다[國器]고 여겼다.

안국이 어사대부가 된 지 4년쯤 지나 승상 분이 죽고 안국이 승상 직무를 대행했는데, 한번은 천자의 수레를 앞에서 인도하다가 수레에서 떨어져 다리를 크게 다쳤다[蹇]. 상이 승상을 임명하는 문제를 토의하던 중에 안국을 승상으로 쓰고 싶어서 사자를 보내 그의 병환을 살펴보게 했는데, 다리를 저는 정도가 너무 심해 마침내 바꿔서 평극후(平棘侯) 설택(薛澤)을 승상으로 삼았다. 안국은 병으로 면직되었다가 수개월이 지나 병이 낫자 다시 중위(中尉)가 되었고, 1년 남짓 뒤에 옮겨서 위위(衛尉)가 되었다.

1) 【색은(索隱)】 출(出)이란 거(去)자와 같으니, 안국의 사람됨은 충후한 행적이 없었다는 말이다.

(이 무렵) 거기장군(車騎將軍) 위청(衛青)이 흉노를 공격해¹⁾ 상곡군(上谷

郡)에서 출진했다가 용성(龍城)에서 오랑캐를 깨트렸다. 장군 이광(李廣)은 흉노의 포로가 되었다가 도망쳐 돌아왔고, 공손오(公孫敖)는 병사들을 대거 잃었다. 이들은 모두 목을 베는 죄에 해당했지만, 속전을 내고 서인이 되었다.

이듬해 흉노가 대거 변경을 침입해 요서(遼西) 태수를 죽이고, 이어서 안문(鴈門)으로 쳐들어오니, 죽이거나 잡아간 사람이 수천 명에 이르렀다. 거기장군 위청이 그들을 치기 위해 안문에서 나갔고, 위위 한안국은 재관장군(材官將軍)이 되어 어양(漁陽)에 주둔했다. 이때 한안국이 포로를 생포했는데, 그가 말하기를 흉노는 멀리 떠났다고 하자 즉시 글을 올려서 때마침 농사철이니 잠시 군대 주둔을 중지해줄 것을 청했다. (그러나) 군대 주둔을 멈춘 지 한 달여 만에 흉노가 다시 대거 상곡과 어양에 침입해 왔는데, 안국의 요새에는 병사가 겨우 700여 명이 남아 있었다. 곧바로 출병해 교전했으나 안국은 부상을 입고 요새로 퇴각했고, 이에 흉노는 백성 1,000여 명과 가축, 재물 등을 약탈해 갔다. 천자는 이를 듣고 노해 사자를 보내 안국을 꾸짖었다[責讓].^{책양} 안국을 더 동쪽으로 옮겨 우북평(右北平)에 주둔하게 했다. 이때 흉노족 포로가 흉노의 군대는 동쪽으로 침입할 것이라고 말했기 때문이다.

1) 【집해(集解)】 서광(徐廣)이 말했다. "원광(元光) 6년이다."

안국은 초기에 어사대부와 호군장군에 올랐으나 뒤로 갈수록 점점 아래로 내려왔고[下遷],^{하천} 새로 등장한 젊은 장군 위청 등은 군공을 세워 더욱 존귀해졌다. 안국은 이미 배척당해 (천자와의 친분이) 소원해졌고, 게다가 병사를 이끌고 주둔군을 지키다가 흉노에게 속아 예하 병력을 많이 잃게 된 것을 내심 매우 부끄럽게 여겼다. 그래서 벼슬을 그만두고 고향으로 돌아가게 된다면 다행이겠다고 생각하고 있던 차에, 마침내 점점 동쪽 변방으로 옮겨서 주둔하게 되자 실의에 빠져 울적해했다[不樂]. (결국) 몇 개월이 지난 뒤 병들어 피를 토하고 죽었다[血死]. 안국은 원삭(元朔) 2년에 졸했다.

태사공(太史公)이 말한다.

"나는 호수(壺遂)와 함께 음률과 역법을 제정했는데, 그때 한장유(韓長孺)의 의로움과 호수의 심중은후(深中隱厚-생각이 깊고 행동이 매우 신중하고 두터움)함[1]을 살펴볼 수 있었다. 세상 사람들이 양나라에 장자(長者)가 많다고 하더니 헛된 말이 아니었도다!

호수의 벼슬이 첨사(詹事)에 이르렀을 때 천자가 바야흐로 그를 기이하게 여겨 한나라 승상으로 삼으려 했으나 때마침 졸하고 말았다. 그렇지 않았더라면 호수는 청렴한 마음가짐과 잘 닦인 행실[內廉行脩]로써 이에 자신을 낮출 줄 아는 군자[鞠躬君子]가 되었을 것이다."[2]

1) 【집해(集解)】 서광(徐廣)이 말했다. "판본에 따라 염정충후(廉正忠厚)라고 되어 있다."

2) 【색은술찬(索隱述贊)】 한안국은 충직하고 도타워[安國忠厚]/처음에는 양나라 장군이 되었지[初爲梁將]/어떤 일로 법에 걸려들었으나[因事坐法]/도형 면하고 재상에 올랐네[免徒起相]/불 꺼진 재 되살아났으나[死灰更然]/살아 있는 오랑캐 방어를 잘못했지[生虜失防]/뛰어난 이 천거해 존중을 받았으나[推賢見重]/뇌물을 쓰고 비방도 받았다네[賄金貽謗]/눈물로 임금을 깨우쳤으니[雪泣悟主]/신하로서 절의는 훌륭했다고 할 수 있도다[臣節可亮]!

권109 — 이장군열전(李將軍列傳) 제49

권109 이장군열전(李將軍列傳) 제49

이(李) 장군 광(廣)은 농서군(隴西郡) 성기(成紀)[1] 사람이다. 그의 선조 이신(李信)은 진(秦)나라 때 장군이 되어 연(燕)나라 태자 단(丹)을 뒤쫓아서 붙잡은 사람이다. 본래 괴리(槐里)에 살다가 성기현으로 이사했다. 광(廣)의 집안은 대대로 궁술을 전수했다[受射].

효문제(孝文帝) 14년에 흉노(匈奴)가 소관(蕭關)[2]으로 대거 침입하자 광은 양가(良家)[3]의 자제로서 종군해 오랑캐를 쳤는데, 말을 잘 타고 활을 잘 쏘아 적을 죽이거나 포로로 잡은 자가 많았고 이 때문에 (전공을 인정받아) 한나라 중랑(中郎)이 되었다. 광의 사촌 동생 이채(李蔡) 또한 낭(郎)이 되니, 둘 다 무기상시(武騎常侍)가 되어[4] 800석 녹봉을 받았다. 일찍이 상을 시종할 때 (사냥에 나가서) 위험을 무릅쓰고 무용을 드러냈는데, 사나운 맹수를 맨손으로 쳐서 죽이는 것을 보고 문제가 말했다.

"애석하도다, 그대는 때를 잘못 만났구나! 만약 고조(高祖)의 세상에 태어났다면 만호후(萬戶侯)로도 어찌 족하다고 말할 것인가!"

1) 【정의(正義)】 성기는 진주(秦州)의 현이다.

2) 안사고(顔師古)가 말했다. "상군(上郡)의 북쪽에 있다."

3) 【색은(索隱)】 살펴보건대, 의원·무당·상인·공인이 아닌 집안을 말한다.

4) 【색은(索隱)】 살펴보건대, 낭이 되면 무기상시에 보임되었다.

효경(孝景)이 세워진 초기에 광은 농서 도위(隴西都尉)가 되었다가 옮겨서 기랑장(騎郎將)[1]이 되었다. 오초(吳楚)가 군사를 일으키자[軍] 광은 효기도위(驍騎都尉)로서 태위(太尉) 주아부(周亞夫)를 따라 오초의 군대를 쳤는데, 이때 적장의 깃발을 빼앗고 창읍성(昌邑城) 아래에서 공을 세워 이름을 드러냈다. 양왕(梁王)이 광에게 장군인(將軍印)을 내려주었기 때문에 돌아와서는 제대로 포상을 받지 못했다[2]. 자리를 옮겨서 상곡군(上谷郡) 태수(太守)가 되었다.

날마다 흉노와 싸웠는데, 전속국(典屬國-오랑캐들과의 외교를 담당하는 관리) 공손혼야(公孫昆邪)[3]가 상에게 울면서 말했다.

"이광의 재능과 기백은 천하에 겨룰 자가 없지만 능력을 과신한 나머지 너무 자주 적과 싸움을 벌이고 있습니다. 그러다가 그를 잃게 될까 두렵습니다."

이에 마침내 광을 옮겨 상군(上郡) 태수로 삼았다. 뒤에 광은 자리를 옮겨 변방 여러 군의 태수가 되었다가 다시 상군으로 옮겼다. 일찍이 농서(隴西)·북지(北地)·안문(鴈門)·대군(代郡)·운중(雲中) 태수를 지냈는데, 어디서든 온 힘을 다해 싸워서[力戰] 이름을 날렸다.

1) 【색은(索隱)】 소안(小顔)이 말했다. "기랑의 장수로, 기랑을 지휘하는 자리다."[소안(小顔)은 당나라 안사고(顔師古, 581~645년)를, 대안(大顔)은 숙부 안유진(顔遊秦)을 가리킨다. 안유진은 『한서결의(漢書決疑)』를 지었다.]

2) 【색은(索隱)】 문영(文穎)이 말했다. "광은 한나라 장군이면서 (제후인) 양나라 장군의 인장을 사사로이 받았기 때문에 상을 받을 수 없었던 것이다."

3) 【집해(集解)】 昆의 발음은 (곤이 아니라) 혼(魂)이다. 【색은(索隱)】 전속국은 관직 이름이다. 공손은 성이고 혼야는 이름이다.

흉노가 상군에 대거 침입하자 천자는 중귀인(中貴人)[1]으로 하여금 광을 수행해 병사들을 단속하고 훈련해서 흉노를 치도록 했다. 한번은 중귀인이 기병 수십 명을 거느리고 사방으로 치달리고 있었는데, 중도에 흉노 병사 3명과 마주쳐서 교전을 벌이게 되었다. 3명은 재빨리 몸을 돌리며 활을 쏘아 중귀인에게 상처를 입히고 기병들을 거의 다 몰살시켰다. 중귀인이 광에게 도망쳐 오자, 광이 말했다.

"저들은 분명 독수리 같은 사나운 맹금류를 잡는 명사수[射雕者]들일 것이다."

광이 드디어 기병 100여 명을 거느리고 급히 3명을 추격했다. 3명은 말이 없어 걸어서 달아났기에 몇십 리밖에 가지 못했다. 광은 기병들에게 좌우로 그들을 포위하도록 명한 뒤 친히 활을 겨눠 3명을 쏘았는데, 2명을 사살하고 1명을 생포했다. 과연 그들은 맹금류를 쏘아서 맞히는 흉노의 명사수들이었다.

포로를 결박한 다음 말 위에 올라 앞을 바라보니 흉노 기병 수천 명이 있었는데, 그들은 광을 보고서 자신들을 유인하려는 기병으로 여겨 모두 놀라 산으로 올라가 진을 쳤다.

광의 100여 기병들도 모두 크게 두려워하면서 말머리를 돌려 서둘러 도망치려 했는데, 광이 말했다.

"우리는 (본진의) 대군과 수십 리 떨어져 있다. 지금 기병 100명으로 도망치면 흉노는 바로 추격해 쏠 것이니 순식간에[立=卽] 전멸하게 될 것이다. (그런데) 지금 우리가 이곳에 머물러 있으면 흉노는 분명 자기들 대장군을 유인하는 술책으로 여겨서 감히 우리를 치지 못할 것이다."

광은 기병들에게 영을 내려 말했다.

"전진하라!"

흉노의 진지에서 2리 정도 떨어진 곳에 이르자 멈추게 하고서는 다시 영을 내려 말했다.

"모두 말에서 내려 안장을 풀어라!"

기병들이 말했다.

“오랑캐들이 저처럼 많은데, 안장을 풀었다가 만약 급습해 오면 어찌합
니까?”

광이 말했다.

“저 오랑캐들은 우리가 달아날 것이라고 여겼을 터인데 지금 우리가 안
장을 풀고 달아나지 않는다는 것을 보여주면, 저들은 우리가 계책을 써서
자신들을 유인하는 것이라고 뜻을 굳힐 것이다.”

1) 【집해(集解)】『한서음의(漢書音義)』에서 말했다. “내관 중에서 총애를 받아 귀하
　게 된 자다.” 【색은(索隱)】 최호(崔浩)가 말했다. “대궐에 있으면서 총애를 받은
　자이지만, 덕망으로 총애를 받는 것이 아니므로 이름을 밝히지 않았다.”

이에 오랑캐 기병들은 끝내 감히 공격해 오지 못했다. 그때 (적진에서는)
백마를 탄 한 장수가 나와 병사들을 점검하고 있었는데[護=監視], (그 순간)
광은 말에 올라 10여 기병을 거느리고 쳐들어가서 백마 탄 장수를 쏘아 죽
였다. 그런 뒤 다시 아군 100여 기병이 있는 곳으로 돌아와 안장을 풀었고,
기병들에게도 모두 말을 풀어놓고 누워 있게 했다. 이때는 마침, 날이 저물
무렵이라 오랑캐 병사들은 끝내 이상하게 여겨서 감히 치러 나오지 못했다.
한밤중이 되자 오랑캐 군사들은 주변에 한나라의 복병이 있어 밤에 쳐들어
올지도 모른다고 여겨서 곧바로 모두 되돌아갔다. 다음 날 아침에 광은 마
침내 한나라 대군의 진영으로 복귀했다. 한나라 대군 진영에서는 이광이 어
디에 있는지를 몰라 뒤따라오지 못하고 있었다.

세월이 한참 흘러 효경이 붕(崩)하고 무제(武帝)가 (황제로) 세워졌는데,
좌우에서 광을 명장이라고 말했기에 이에 상군 태수로 있으면서 미앙궁(未
央宮-황제의 궁궐) 위위(衛尉)를 겸하게 했다. 정불식(程不識)도 이때 장락궁
(長樂宮-태후의 궁궐) 위위가 되었다.

정불식은 예전에 광과 마찬가지로 변경 군(郡)의 태수로서 주둔지 장군을 지냈던 사람이다.

흉노를 치러 나갈 때 광의 부대는 부오(部伍)를 갖추지 않고[1] 행군했으며 좋은 물과 풀이 있는 지대에 주둔하면서 병사마다 편한 대로 행동했다. 밤에 순번을 돌 때도 조두(刁斗-구리로 만든 그릇으로 낮에는 솥으로 쓰고 밤에는 경계용 징으로 사용)를 쳐서 방비하는 일이 없었고, 막부(幕府)에서는 문서나 장부 같은 것을 없애거나 간소화했다. 그러면서도 척후병을 멀리까지 배치했기 때문에 일찍이 피해를 당한 적은 없었다. (반면에) 정불식은 부곡(部曲)·항오(行伍)·영진(營陳)을 바르게 갖추고 조두를 쳐서 경계를 엄히 했고, 군관들로 하여금 밤을 새워가며 문서나 장부를 말끔하게 정리하도록 했다. 이 때문에 그의 군대는 편하게 휴식을 취할 수 없었으나 그렇다고 피해를 당한 적도 없었다.

불식(不識)이 말했다.

"이광의 군대는 간편하고 쉬워서[簡易] 오랑캐가 갑작스럽게 침범해 오면 막을 수 없으나 사졸들은 편하고 즐거우므로 광을 위해 죽을 준비가 되어 있다. 내 군대는 비록 번거롭고 성가시기는 하지만[煩擾] 오랑캐들 역시 감히 침범하지 못할 것이다."

이때 한나라 변경의 군들에서 이광과 정불식이 모두 이름난 장수였으나 흉노는 광의 지략을 두려워했고, 사졸들은 대부분 광을 따르기를 좋아했던 반면에 정불식을 따르는 것은 고통스럽게 여겼다.

불식은 효경(孝景) 때 여러 차례 곧은 간언을 해[直諫] 태중대부(太中大夫)가 되었는데, 사람됨이 깐깐해[廉] 조정의 법령[文法]을 조심스럽게 집행했다[謹].

---

1) **[색은(索隱)]** 살펴보건대, 「백관지(百官志)」에서 말했다. "장군이 군대를 통솔할 때는 모두 부곡(部曲)이 있었으니, 대장군은 오부(五部)를 거느렸다. 부에는

교위(校尉) 1명이 있었으며, 부 아래에는 곡이 있는데 곡에는 군후(軍候) 1명
이 있었다."

그 뒤에 한나라는 마읍성(馬邑城)을 미끼로 선우(單于)를 유인하면서 대
군을 마읍 주변 골짜기에 매복시켜놓았는데, 이때 광은 효기장군(驍騎將
軍)이 되어 호군장군(護軍將軍-한안국)에 소속되어 있었다. 이때 선우가 이
를 알아차리고 달아나는 바람에 한나라 군사들은 모두 전공을 세울 수 없
었다.

4년 뒤, 광은 위위(衛尉)로서 장군이 되어 안문(雁門)을 나가 흉노를 쳤으
나 흉노의 병사가 많았기 때문에 광의 군대는 깨지고 광은 생포되었다. 선
우는 평소 광이 뛰어나다[賢]는 말을 들었기에 이렇게 명령했다.

"이광을 잡거든 반드시 산 채로 내게 데려오라!"

오랑캐 기병들은 광을 생포해서 갈 때 광이 부상을 당했기 때문에 말
2필 사이에 그물을 연결해서 그 위에 눕혔다. 10여 리 갔을 때 광이 곁으로
[陽] 죽은 척하면서 주변을 흘겨보니[睨=邪視] 한 소년이 좋은 말을 타고 있
어, 갑자기 뛰어 일어나[騰=跳躍] 오랑캐 소년의 말에 올라탄 뒤 소년을 밀
어 떨어뜨리고 그의 활을 빼앗았다. 그러고는 말에 채찍질을 가해 남쪽으
로 몇십 리를 내달려가다가 잔여 군사들을 만나자, 그들을 이끌고 요새로
들어갔다. 흉노의 기병 수백이 그를 뒤쫓았으나 광은 달리면서 흉노 소년에
게서 빼앗은 활로 추격해 오는 기병들을 쏘았다. 이렇게 해서 한나라에 돌
아오니, 한나라는 광을 관리에게 내렸다. 관리는 광이 많은 부하와 전마를
잃었고 또 오랑캐에게 생포되었으니, 죄가 참형에 해당한다고 했으나 속죄
금을 내고 서인이 되었다.

세월이 흘러 집에 머문 지 몇 년이 지났다. 광은 세상과 담을 쌓고 지내면
서[屏居] 옛 영음후(潁陰侯)의 손자[1]와 더불어 남전(藍田-현) 남쪽의 산중

에서 사냥을 하곤 했다.

　일찍이 어느 날 밤, 말 탄 시종 1명을 거느리고 나갔다가 사람들과 들판에서 술을 마시고 돌아오는 길이었는데, 패릉정(霸陵亭-역참)에 이르렀을 때 패릉의 위(尉)[2]가 술에 취해 호통을 치며 광을 저지했다.

　광의 시종이 말했다.

　"전(前) 이 장군이시다."

　위가 말했다.

　"현직 장군도 오히려 밤에는 다닐 수가 없는데, 전직 장군을 뭐 어쩌라고!"

　광을 붙잡아 역정에서 밤을 보내게 했다. 이 일이 있은 지 얼마 지나지 않아서[居無何] 흉노가 요서(遼西)에 들어와서는 태수(太守)를 죽이고 한(韓) 장군(-한안국)의 군대를 격파했으니, 한 장군은 뒤에 우북평(右北平)으로 옮겨졌다. 이에 천자는 마침내 광을 불러 제배해 광을 우북평 태수로 삼았다. 광은 곧바로 패릉의 위(尉)를 함께 데리고 갈 것을 청했다가 그가 군진에 이르자 목을 베었다.[3]

---

1) 관영(灌嬰)의 손자 관강(灌强)인데, 강은 어떤 일로 죄에 연루되어 작위를 빼앗겼다.

2) 【색은(索隱)】 살펴보건대, 「백관지(百官志)」에서 말했다. "위(尉)는 큰 현에는 2명이 있었는데, 도적을 수색하고 잡는 일을 담당했다."

3) 반고는 『한서(漢書)』에서 다음 부분을 추가했다.

　글을 올려 사죄의 뜻을 밝히자, 상은 이렇게 답했다. "장군이란 나라의 손톱과 어금니[爪牙]다. 『사마법(司馬法)』에 이르기를 '수레에 올라서는 가로막대에 손을 얹지 않고[不式] 상을 당해도 상복을 입지 않는다면 아무리 군대를 잘 정비하고 어루만져줘도 굴복하지 않는다. 반면에 삼군의 마음을 잘 이끌고 전사의 힘을 하나로 합치면 화난 모습만 보여도 1,000리 밖에서 놀라 떨게 되고[竦=驚] 위엄을 떨쳐서 만물이 엎드리게 된다. 이 때문에 명성은 오랑캐 땅[夷貊]까지 퍼져 나가고 신령스러운 위엄[稜威]은 이웃 나라의 간담을 서늘하게 한다'라고 했다. 무릇 원한을 갚고 해악을 제거하며 잔적(殘賊)을 없애 살육이 없도록 하는 것이 짐이 장군들에게 기대하는 바다. 네가 관을 벗고 맨발로 다니며 땅에 머리를 숙여[稽顙] 죄를 청하는 것이 어찌 짐의 뜻이겠는가? 장군은 군대를 이끌고 수레의 끌채를 동쪽으로 향하게 하여 깃발을 백단(白檀-현)에 꽂고 우북평의 성추(盛秋)에 대비해야 할 것이다."

광이 우북평에 있을 때 흉노가 이를 듣고는 그를 한비장군(漢飛將軍)이라 부르며 피했으니, 여러 해 동안 감히 우북평에는 침입하지 못했다.

광이 사냥을 나갔다가 풀 속의 돌을 보고 호랑이로 여겨서[以爲] 활을 쏘았다. 명중해서 화살촉이 파고들어 갔는데, 자세히 보니 돌이었다. 그래서 다시 쏘아보았으나 끝내 화살촉은 더는 돌을 파고들지 못했다. 광은 머물던 군(郡)에 호랑이가 있다는 소문이 들리면 언제나 직접 나가서 활을 쏘았다. 우북평군에 있을 때 호랑이를 쏜 적이 있는데, 호랑이가 뛰어올라[騰] 광에게 상처를 입혔으나 광은 기어코 활을 쏘아 그 호랑이를 죽였다.

광은 청렴해[廉] (천자로부터) 상사(賞賜)를 받으면 그때마다 곧바로 휘하 사람들에게 나눠준 뒤 사졸들과 함께 음식을 마시고 먹었다. 광은 죽을 때까지 40여 년 동안 2,000석 관리로 있었지만, 집 안에는 남은 재산이 없었고, 평생토록 집안 재산을 불리는 일을 입에 담지 않았다. 키가 크고 팔이 원숭이처럼 길었으며 활을 잘 쏘는 것은 타고난 자질이었기 때문에 자손이나 다른 사람들이 그에게서 아무리 배운다 해도 그에게 미칠 수는 없었다. 광은 눌변[訥口=呐口=訥辯]에 말이 적었고, 다른 사람들과 있을 때는 땅에 줄을 그어 군진(軍陣)을 그렸으며, 크고 작은 과녁을 만들어 활쏘기 시합을 해서 벌주 마시기를 즐겼다. 오로지 활쏘기만 오락으로 삼다가 결국 삶을 마쳤다[1]. 병사들을 이끌어 모든 것이 부족하고 단절된 사막 같은 곳을 지나다가 물을 발견했을 때도 병사들이 물을 다 마시기 전까지는 물 근처에 가지 않았고, 사졸들이 음식을 다 먹기 전까지는 일찍이 음식을 입에 대지 않았다. 너그럽고 따뜻하며[寬緩] 시시콜콜하지 않아서[不苛=不細] 병사들이 이 때문에 기뻐하고 좋아하면서 그에게 쓰이고자 했다. 활을 쏠 때는 적을 발견해도 수십 걸음 안에 들어오지 않거나 명중할 자신이 없으면 쏘지 않았다. 이 때문에 그는 비록 일단 쏘면 활줄이 튕김과 동시에 적을 고꾸라뜨렸지만, 군사들을 이끌 때 여러 차례 곤욕을 치렀고 맹수를 쏠 때도 여러 차례 부상당했다고 한다[云].

1) 【색은(索隱)】 죽을 때까지 이렇게 살아가는 것을 항식(恒式)으로 삼았다는 말이다.

　　얼마 후에 석건(石建, ?~기원전 123년)¹⁾이 졸(卒)하자 이에 상은 광을 불러 건을 대신해 낭중령(郎中令)으로 삼았다.

　　원삭(元朔) 6년에 광은 다시 후(後)장군이 되어 대장군(大將軍-위청)의 군대를 따라서 정양군(定襄郡)으로 나아가 흉노를 쳤다. 여러 장수 중 다수는 적을 참수하거나 생포한 전공을 세워서 그 공로로 규정에 따라 후(侯)가 되었는데, 광의 군대는 전공이 없었다.

1) 석분의 맏아들이자 승상 석경의 형으로, 형제가 모두 효성스럽고 품행이 발라서 명성을 떨쳤다.

　　3년 뒤에 광은 낭중령으로서 기병 4,000명을 거느리고 우북평에서 출전했다. 박망후(博望侯) 장건(張騫)도 기병 1만 명을 거느리고 광과 더불어 출전했는데, 각기 길이 달랐다. 수백 리를 행군했을 때 흉노의 좌현왕(左賢王)이 기병 4만을 이끌고 광의 부대를 에워쌌다. 광의 군사들이 모두 공포에 떨었는데, 광은 마침내 아들 감(敢)에게 명해 적진으로 달려들게 했다. 감은 단지 기병 수십 명과 함께 내달려서 곧바로 흉노 기병의 한가운데를 뚫어 적을 좌우로 갈라놓았고, 그런 뒤에 돌아와 광에게 보고해 말했다.

"오랑캐 따위는 상대하기 쉬울 뿐입니다!"

군사들은 마침내 안정을 되찾았다. 광이 원형의 진을 치고 모두 밖을 향해 대항토록 했는데, 오랑캐가 맹렬하게 공격하자 화살이 비 오듯이 쏟아졌다. 한나라 군사의 절반 이상이 사망하고 화살 또한 곧 다 떨어질 지경에 이르자, 광은 이에 군사들에게 활에 화살을 메겨 최대한 잡아당기되 쏘지는 말도록 영을 내렸다. 그런 뒤 광 자신은 대황(大黃)이라 불리는 석궁을 가지고 적의 비장(裨將-부장)을 쏘아 맞히고 또 여러 명을 사살하니, 오랑캐의 포위망이 점점 풀어졌다. 마침, 날이 저물자, 군관과 병사들은 모두 (겁에 질려) 핏기가 가시고 창백해졌지만, 광은 처음 그대로 의기양양해서 더욱 힘을 내어 군대를 통솔했다. 이에 군중은 그의 용기에 탄복했다.

이튿날 다시 치열한 싸움이 벌어지던 참에 박망후의 군대까지 도착했다. 이에 흉노는 포위를 풀고 물러갔지만, 한나라 군대는 지쳐서 추격할 수 없었다. 이때 광의 군대는 거의 궤멸한 상태까지 갔다가 싸움을 끝내고 겨우 돌아올 수 있었다. 한나라 법에 따르면 박망후는 꾸물대느라 광과 약속 시간에 도착하지 못했기 때문에 그 죄가 참형에 해당했으나 속죄금을 내고 서인이 되었다. 광은 공로와 과오가 서로 비슷해 상을 받지 못했다.

애초에 광은 사촌 동생 이채(李蔡)와 함께 낭(郎)이 되어 효문제(孝文帝)를 섬겼다. 경제(景帝) 때 채(蔡)는 공로를 쌓아 2,000석 관리가 되었다. 무제(武帝) 때는 대(代)나라 재상에 이르렀다.

원삭(元朔) 5년에 경거장군(輕車將軍)으로서 대장군(-위청)을 따라 우현왕(右賢王)을 쳐서 그 공으로 규정에 따라[中率]1) 낙안후(樂安侯)2)에 봉해졌다.

원수(元狩) 2년에는 공손홍(公孫弘)을 대신해 승상이 되었다. 채는 사람됨이 아랫급의 중간[下中]3)이었고 명성도 광보다 한참 뒤떨어졌지만 광이 작위나 봉읍을 얻지 못하고 관직도 구경(九卿)에 불과했던 반면 채는 열후가 되고 지위가 삼공(三公)에 이르렀다. 광의 군리(軍吏-부하 군관)들과 병사 중에도 혹 후에 봉해진 자가 있었으니, 광은 기운을 볼 줄 알았던[望氣] 왕삭(王朔)과 사사로이 이야기하는 중에 이렇게 말했다.

"한나라에서 흉노를 친 이래로 광(廣)은 일찍이 한가운데에 있지 않은 적이 없소. 교위(校尉) 이하의 인물 중에서 그 재능이 중간[中]에도 미치지 못하면서 군공을 세워 후(侯)를 차지한 자가 수십 명인데, 광은 뒤처질 사람이 아님에도 끝내 한 자 한 치의 공로도 세우지 못해서 봉읍(封邑)을 얻지 못하고 있는[4] 것은 어째서일까요? 내 관상이 후(侯)로는 마땅하지 못한 것이오? 그렇지 않으면 원래 내 팔자가 그런 것이오?"

삭(朔)이 말했다.

"장군 스스로 생각해볼 때, 일찍이 뼈저리게 뉘우칠 만한 일을 저지른 적이 있습니까?"

광이 말했다.

"내가 일찍이 농서(隴西) 태수로 있을 때 강족(羌族)이 반란을 일으켰는데, 내가 꾀어서 투항한 한 자가 800여 명이었소. 하지만 이는 속임수였고, 같은 날에 그들을 모두 죽여버렸소. 지금까지 크게 한스러운 것은 단지 이 일뿐이오."

삭이 말했다.

"재앙 가운데 이미 투항한 자를 죽이는 것보다 더 큰 화(禍)는 없으니, 이것이야말로 장군이 후를 얻지 못하는 까닭입니다."

1) 【색은(索隱)】 率의 발음은 (솔이 아니라) 률(律)이다. 소안(小顔-안사고)이 말했다. "율(率)은 군공에 따라 상을 주는 분과로, 법령에 정해져 있었다. 그래서 중률(中率)이라고 한 것이다."

2) 안사고(顔師古)가 말했다. "이 전(傳)과 「백관표」에는 낙안후로, 「공신표」에는 안락후(安樂侯)

로 되어 있는데, 이는 「공신표」가 잘못된 것이다."

3) 사람됨을 9등급[九品]으로 나누면 상상(上上)·상중(上中)·상하(上下)·중상(中上)·중중(中中)·중하(中下)·하상(下上)·하중(下中)·하하(下下)가 되는데, 그중에서 제8등 인물이다.

4) '얻지 못한'으로 옮기지 않고 '얻지 못하고 있는'으로 옮긴 까닭은 바로 뒤에서 이광이 다시 전장에 나아가기 때문이다.

    2년 뒤에 대장군(-위청)과 표기장군(票騎將軍-곽거병)이 대규모로 흉노를 치자 광 또한 여러 차례 자신도 가게 해달라고 청했다. 천자는 그가 늙었다며 허락하지 않다가 한참 뒤에야 허락하고서 전장군(前將軍)으로 삼았다. 이해가 원수(元狩) 4년이었다.

    광이 이미 대장군 청(靑)을 따라 흉노를 치러 갔는데, 요새를 나서고 나자, 청은 오랑캐를 포로로 붙잡아서 선우가 있는 곳을 알아냈다. 마침내 (청이) 직접 정예 부대를 이끌고 내달리면서 광에게는 우장군(右將軍)[1]의 부대와 함께 동쪽 길로 출전하라고 명했다. 그런데 동쪽 길은 조금 멀리 돌아가야 하는 데다가 대군이 물과 풀이 적은 곳으로 가야 했기에 머물러 있기도 앞으로 나아가기도 심히 어려운 형세였다.

    이에 광이 몸소 청해 말했다.

    "신이 맡은 바는 전장군(前將軍)인데 지금 대장군께서는 신에게 자리를 옮겨 동쪽 길로 나가라고 명하셨고, 또 신은 젊을 때부터[結髮] 흉노와 싸워왔지만 이제야 마침내 선우와 한판 싸울 기회가 왔습니다. 바라건대, 신이 앞장서[前] 가장 앞에서[先] 목숨을 걸고 선우와 싸울 수 있게 해주십시오."

    (그러나) 대장군 청이 실로[亦] 은밀하게 상으로부터 주의 사항[誡]을 전달받은 것이 있었다. 상이 볼 때 광은 늙었고 운수가 좋지 않아서 선우와 대적하게 해서는 안 될 것이며, 혹시 대적한다 해도 바라는 바를 이루지 못할

것이라는 경계였다. 게다가 이때 공손오(公孫敖)가 최근 후의 작위를 잃고 중장군(中將軍)이 되어 대장군을 따랐기에, 대장군은 공손오 또한 자기와 함께 선우와 대적하기를 원한다는 것을 알고 있었다. 그래서 전 장군을 옮기게 되었고, 광은 이때 그것을 알고서 (동쪽 길로 나아가기를) 굳게 사양했던 것이다. 대장군은 들어주지 않고 장사(長史)에게 명해 광에게 밀봉한 편지를 보내게 하고는 (광에게) 막부로 가라고 하면서 이렇게 말했다.

"빨리 맡은 부서로 가서 편지에 적은 대로 하라[2]."

1) **[집해(集解)]** 서광(徐廣)이 말했다. "주작(主爵) 조이기(趙食其)가 우장군이었다."
2) **[정의(正義)]** 서둘러 동쪽 길로 가라는 말이다.

광은 대장군에게 인사도 하지 않고 일어나서 나왔고, 마음속의 분노를 얼굴에 드러낸 채 씩씩거리며 자기 부대로 돌아갔다. 군사들을 거느리고 우장군 이기(食其-조이기)의 군대와 합류해 동쪽 길로 나아갔으나 군대에 길을 안내하는 자가 없는 까닭에 이리저리 헤매다가 길을 잃고 대장군과 약속한 시간보다 늦고 말았다. 대장군은 선우와 붙어 싸우다가 선우가 달아나는 바람에 그를 사로잡지 못한 채 돌아오다가 남쪽 사막을 지나고서야 마침내 두 장군(-이광과 조이기)을 만났다. 광은 일단 대장군을 만나고 나서 자기 군영으로 돌아왔다.

대장군은 장사(長史)에게 말린 밥과 탁주를 들려서 광에게 준 뒤 광과 이기가 길을 잃고 헤매게 된 정황을 물었다.

"청은 상께 글을 올려 군대들의 상황을 보고하려 하오."

광은 답하지 않았다. 대장군은 장사로 하여금 이광의 막부로 가서 문서에 입각해 사실을 심문하고 엄히 질책하게 했다.

광이 말했다.

"여러 교위는 죄가 없고, 다름 아닌[乃] 나 자신이 길을 잘못 들었소. 내가 지금 가서 심문을 받겠소.”

막부에 이르자 광은 휘하 부하들[麾下]에게 일러 말했다.

“나는 젊었을 때[結髮]부터 흉노와 크고 작은 전투를 70여 차례 벌였고, 이번에 다행히도 대장군을 따라 출전해 선우의 병사와 직접 싸우려고 했다. 그러나 대장군이 다시 내 소임을 바꿔 부대를 멀리 돌아서 행군하도록 했고 길까지 잃고 헤매었으니, 어찌 천명[天=天命]이 아니랴! 또한 이 광의 나이 예순이 넘었는데, 이제 와서 다시 도필리(刀筆吏)[1] 심문에 대답할 수는 없는 노릇이다.”

드디어 칼을 뽑아 스스로 목을 찔렀다. 광이 거느리던 부대의 사대부와 병사들이 모두 통곡했고, 백성은 이를 듣고 광을 알든 모르든 노장(老壯)을 불문하고 눈물을 떨구었다[垂泣]. 한편, 우장군은 홀로 관리에게 내려져 사형 판결을 받았으나[當死] 속죄금을 내고 서인이 되었다.

1) 당시는 종이가 없던 시절이라서 죽간이나 부드러운 목판에 칼로 글씨를 썼기 때문에 이런 관직이 있었다. 주로 문서를 작성하는 하급 관리나 형벌을 담당하는 관리를 가리킨다.

광은 아들이 셋 있었는데, 당호(當戶)·초(椒)·감(敢)으로 (모두) 낭(郎)이 되었다. (한번은) 천자가 한언(韓嫣)과 장난을 치고 있었는데, 언(嫣)이 조금 불손한 태도를 보이자, 당호는 (그 자리에서) 언(嫣)을 두들겨 팼고 언은 달아났다. 이에 천자는 당호가 용기가 있다고 여겼다. 당호가 일찍 죽자 (상은) 초를 제배해 대군(代郡) 태수로 임명했는데, 둘 다 광보다 먼저 죽었다. 당호는 유복자가 있었는데, 이름은 릉(陵)이다. 광이 군중에서 죽었을 때 감은 표기장군(-곽거병)을 따라 출전 중이었다.

광이 죽은 그 이듬해에 이채(李蔡)는 승상의 신분으로 경제(景帝)의 능원 담장 밖에 있는 땅을 침범한 죄에 걸려 형리에게 넘겨졌는데, 법에 따라 처벌을 받게 되자 자살함으로써 심문은 받지 않았고 봉국은 없어졌다.

이감은 교위(校尉)로서 표기장군을 따라 흉노의 좌현왕을 쳤는데, 힘써 싸워서 좌현왕의 군기와 북을 탈취하고 많은 적을 참수하는 공로를 세워 관내후(關內侯)의 작위와 식읍 200호를 내려받았다. 광을 대신해 낭중령(郞中令)이 된 지 얼마 후, 대장군 위청이 자기 아버지로 하여금 원한을 품고 죽게 만든 것을 원망해 마침내 대장군을 쳐서 상처를 입혔으나 대장군은 이 사건을 감추고 드러내지 않았다.

다시 얼마 지나지 않아 감이 상을 수행해서 옹(雍) 땅에 올라[上]^향1) 감천궁(甘泉宮)에 이르러 사냥하고 있었는데, 청과 친척이던 표기장군 거병(-곽거병은 위청의 생질이다)이 감을 활로 쏘아 죽였다. 거병은 이때 바야흐로 지위가 존귀해지고 총애를 받고 있었기에 상은 이 일을 숨기고[諱=隱]^{휘 은} 사슴 뿔에 받혀서 죽었다고 말했다. 그로부터 1년 남짓 지나 거병도 죽었다. 감은 딸이 있었는데 태자의 중인(中人-궁녀)이 되어 총애를 받았다. 감의 아들 우(禹)도 태자에게 총애를 받았으나 이익을 좋아했고, 이씨 집안은 점차[陵遲]^{능지} 쇠미해졌다.

1) 유씨(劉氏)가 말하기를, 上은 발음이 (상이 아니라) 향(向)이라고 했다. 대안(大顔)이 말했다. "옹은 지형이 높으므로 '올라'라고 말한 것이다."

이릉(李陵)은 이미 장성하고 나자 뽑혀서 건장감(建章監)이 되어 여러 기병을 감독했다. 활을 잘 쏘았고, 사졸들을 아껴주었다. 천자는 이씨 집안이 대대로 장군을 지낸 것을 염두에 두고서 이릉으로 하여금 기병 800명을 거느리게 했다. 일찍이 흉노 땅 안으로 깊숙이 2,000여 리나 들어간 적이 있었는데, 거연(居延)1)을 지나서 지형을 살폈지만, 오랑캐를 보지도 못한 채 돌아왔다. 기도위(騎都尉)에 제배되어 단양(丹陽)의 초나라 사람 5,000명을 이끌고 주천군(酒泉郡)과 장액군(張掖郡)에서 활쏘기를 가르치며 오랑캐의 침입에 대비했다.

1) 【집해(集解)】 서광(徐廣)이 말했다. "장액군(張掖郡)에 속한다."

여러 해가 지난 천한(天漢) 2년 가을에 이사장군(貳師將軍) 이광리(李廣利)는 기병 3만 명을 이끌고 흉노의 우현왕(右賢王)을 기련산(祁連山)과 천산(天山)에서 치게 되었는데[1], 릉으로 하여금 궁사와 보병 5,000명을 이끌고 거연 북쪽에서 1,000여 리나 나가도록 했다. 흉노의 군대를 둘로 나눠 적이 오직 이사 장군에게만 모이지 않도록 하려는 것이었다. 약속한 날이 되어 릉이 돌아오려고 하는데 선우가 8만 군사로 릉의 군대를 에워쌌다. 릉의 군사는 5,000명뿐인 데다가 무기와 화살도 다 떨어지니 병사 중에 죽은 자가 절반을 넘었다. 하지만 죽이거나 부상을 입힌 흉노 또한 1만 명을 넘었다. 물러났다가 싸웠다가 하면서 연이어 8일 동안 싸우며 군대를 돌렸는데, 아직 거연까지 100여 리 남은 곳에서 흉노가 좁은 길을 차단해 길을 끊어버렸다. 릉의 군대는 식량이 떨어졌고 구원병 또한 오지 않았는데, 오랑캐는 거세게 공격하며 릉에게 항복할 것을 권했다.

릉이 말했다.

"폐하께 보고할 면목이 없다."

드디어 흉노에게 항복했다. 그의 병사들은 거의 몰살되었으니, 그들 가운데 흩어져 도망쳤다가 한나라로 돌아온 자는 400여 명뿐이었다.

1) 【집해(集解)】 서광(徐廣)이 말했다. "돈황에서 출전해 천산에 이르렀다."

선우는 이미 릉을 붙잡고 나자, 평소 그 집안의 명성을 들은 데다가 싸움에서도 용감했기 때문에 마침내 자기 딸을 릉의 아내로 삼게 하여 귀하게 대우했다. 한나라에서는 이를 듣고 릉의 어머니와 처자식을 족멸했다. 이때부터 이씨 집안의 명성은 땅에 떨어져 농서의 장부와 선비 중에 이씨 문하에 있었던 사람들은 모두 그것을 치욕으로 여겼다.

태사공(太史公)이 말한다.

"전(傳)에 이르기를 '(지도자가) 그 몸이 바르면 명령하지 않아도 행해지고, 그 몸이 바르지 못하면 비록 명령하더라도 따르지 않는다[其身正 不令而行 其身不正 雖令不從][1]'라고 했으니, 아마도 이 장군을 두고서 하는 말일 것이다. 나는 이 장군을 직접 본 적이 있는데, 시골 사람처럼 털털하고[悛悛] 말도 잘할 줄 몰랐다. 그가 죽던 날 천하 사람들은 그를 알든 모르든 모두가 온 마음을 다해 슬퍼했으니[盡哀], 참된 충성과 진실한 마음이 사대부들에게서 신뢰를 얻은 덕이리라!

속담에 '복숭아나 오얏은 말하지 않아도 그 밑에는 저절로 샛길[蹊]이 생긴다[桃李不言 下自成蹊][2]'라고 했으니, 이 말이 비록 사소한 것 같지만 큰 이치를 깨우쳐줄[喻=諭] 수 있다."[3]

1) 『논어(論語)』 「자로(子路)」편에 나오는 공자의 말이다.

2) 복숭아나무와 오얏나무는 열매가 맛이 있어서 따먹으러 오는 사람이 많은 까닭에 자연히 길이 생긴다는 뜻으로, 다움과 행실[德行]이 있는 사람은 무언중(無言中)에 남들에게 좋은 영향을 주게 됨을 비유한 말이다. 사마천이 이광을 크게 칭찬한 것이다.

3) 【색은술찬(索隱述贊)】 원숭이처럼 긴 팔에 활을 잘 쏘았으니[猿臂善射]/실로 그 자질을 등에 지고 태어났도다[實負其庸]/안장 풀어 적을 물리쳤고[解鞍却敵]/원형진으로 적의 예봉 꺾었다네[圓陣摧鋒]/변방 태수 여러 차례 지내며[邊郡屢守]/대군을 따라 두 차례나 나갔도다[大軍再從]/도리 잃어 배척당했고[失道見斥]/여러 차례 공로 세웠음에도 후에 봉해지지 못했구나[數奇不封]/애석하도다, 명장이여[惜哉名將]/천하에 짝할 사람이 없어라[天下無雙]!

권110 ─ 흉노열전(匈奴列傳) 제50

권110 흉노열전(匈奴列傳) 제50[1]

흉노(匈奴)의 선조는 하후씨(夏后氏)의 먼 후예[苗裔]로 순유(淳維)라고 불렀다[2]. 도당씨(陶唐氏-요임금)와 유우씨(有虞氏-순임금)[唐虞] 이전에는 산융(山戎)[3]·험윤(獫允)·훈육(葷粥)[4] 등이 북쪽 오랑캐 땅에 살면서 물과 풀을 따라 가축을 기르고 옮겨 다녔다[轉移]. 기르는 짐승들은 대부분 말·소·양이었고, 그중에 특이한 짐승은 낙타[橐駝][5]·나귀·노새·버새[駃騠][6]·도도(騊駼-말의 일종)·탄해(驒奚-야생마 일종)였다. 물과 풀을 쫓아서 옮겨 다니다 보니 성곽이나 일정한 주거, 밭갈이의 생업이 없었으나 또한 각자가 나눠 가진 땅[分地]은 있었다. 글이나 책이 없어 말로 약속을 했다. 아이들도 능히 양을 타고 돌아다니며 활을 당겨 새나 쥐를 쏘아 맞혔고, 조금 더 자라면 여우나 토끼를 쏘아 맞혀서 식량으로 삼았다. 남자들은 활을 당길 힘만 있으면 모두 무장 기병[甲騎]이 되었다.

1) 【정의(正義)】 이 권은 어떤 본에서는 본래 평진후(平津侯) 다음에 있어 제52가 된다. 그런데 제50이 된 것은 선생이 볼 때 구본이 이와 같았다 하고 유백장(劉伯莊) 또한 그렇게 여겼기 때문이다.[「흉노열전(匈奴傳)」·「남월열전(南越列傳)」·「동월열전(東越列傳)」·「조선열전(朝鮮列傳)」·「서남이열전(西南夷列傳)」과 다음 책의 「대원열전(大宛列傳)」은 동북아역사재단에서 펴낸 『역주 중국정사 외국전』에 번역이 있어 큰 도움을 받았음을 밝혀둔다.]

2) 【집해(集解)】 『한서음의(漢書音義)』에서 말했다. "흉노의 시조 이름이다." 【색은(索隱)】 장안(張晏)이 말했다. "순유는 은(殷)나라 때 북쪽 변경으로 도망쳤다."

3) 【정의(正義)】『좌전(左傳)』 장공(莊公) 30년에 "제나라가 산융을 쳤다"라고 했는
데, 두예(杜預)는 "산융·북융(北戎)·무종(無終)이라는 세 가지 이름을 갖고
있었다"라고 했다.

4) 【집해(集解)】 진작(晉灼)이 말했다. "요임금 때는 훈육, 주나라 때는 험윤, 진(秦)
나라 때는 흉노라고 불렀다."

5) 안사고(顏師古)가 말했다. "말 그대로 주머니를 등에 지고서 물건을 실어 나른다는 뜻이다."

6) 【색은(索隱)】『열녀전(列女傳)』에서 말했다. "태어난 지 7일이 되면 그 어미를 능
가한다."

그 습속은 느긋할 때는[寬=緩] 가축을 따라다니며 새나 짐승을 사냥하
는 것을 생업으로 삼았고 급할 때는[急] 사람마다 싸우는 법을 익혀서 침
략하고 공격했는데, 이것은 그들의 천성이었다. 그들이 멀리서 쓰는 무기는
활과 화살이었고, 가까이에서 쓰는 무기는 칼과 작은 창[鋋]1)이었다. 유리
하면 나아가고 불리하면 물러났는데, 도망치는 것을 부끄러워하지 않았다.
이익이 있는 곳이라면 예의를 알지 못했다. 군왕부터 아래의 모든 사람
이 가축의 고기를 먹고, 그 가죽과 털로 옷을 해 입었으며, 모직물과 가죽
[旃裘]을 (이불처럼) 덮었다. 젊은이들이 기름지고 맛있는 음식을 먹으면 늙
은이들은 나머지를 먹었으니, 강건한 사람을 귀하게 여기고 노약자들은 경
시하기 때문이다. 아비가 죽으면 (그를 잇는 사람이) 후처를 아내로 맞았고,
형제가 죽으면 (형이나 아우가) 아내들을 모두 차지해 아내로 삼았다. 풍속은
이름 부르는 것을 꺼리지 않았으며[不諱]2), 성(姓)이나 자(字)가 없었다3).

1) 【집해(集解)】 위소(韋昭)가 말했다. "연(鋋)은 모양이 창과 비슷하고 자루를 쇠로
만들었다[鐵柄]."

2) 기휘(忌諱)하지 않았다는 말이다.

3) 【집해(集解)】『한서(漢書)』에서 말했다. "선우(單于)의 성은 연제씨(攣鞮氏)다."

하(夏)나라의 도리가 쇠퇴하자 공류(公劉)가 그 직(稷-농사 담당)의 관(官)을 잃고 서융(西戎)으로 옮겨가서[變]¹⁾ 빈(豳) 땅²⁾에 도읍을 정했다.

그 뒤 300여 년이 지나 융적(戎狄)이 고공단보(古公亶父)³⁾를 공격하자 단보는 기산(岐山) 아래로 달아났는데, 빈 땅 사람들이 모두 단보를 따라와서 도읍을 만들고 주(周)나라를 세웠다⁴⁾.

그 뒤 100여 년이 지나 주나라 서백(西伯) 창(昌)이 견이씨(畎夷氏)를 정벌했다⁵⁾.

1) 【집해(集解)】 서광(徐廣)이 말했다. "공류는 후직(后稷)의 증손자다."

2) 안사고(顏師古)가 말했다. "지금의 빈주(豳州)가 그곳이다."

3) 【집해(集解)】 서광(徐廣)이 말했다. "고공단보는 공류의 9세손이다."

4) 【색은(索隱)】 살펴보건대, 이때 처음으로 주나라[周國]가 시작되었다.

5) 안사고(顏師古)가 말했다. "서백 창이 곧 문왕(文王)이다. 견이는 곧 견융(畎戎)이다."

그로부터 10여 년이 지나 (주나라) 무왕(武王)이 (상(商)의) 주왕(紂王)을 치고 나서 낙읍(雒邑)을 만들고[營=治] 다시 풍호(酆鄗)¹⁾ 땅으로 와서 살면서 융이(戎夷)를 경수(涇水)와 낙수(洛水) 이북으로 내쫓으니, (융이가 이로부터) 철에 따라 조공을 바쳤고 (그들이 사는 지역을) 이름하여 황복(荒服)이라고 했다.

그로부터 200여 년이 지나 주나라의 도리가 쇠퇴해졌으나 목왕(穆王)²⁾이 견융(犬戎)을 쳐서 흰 이리[狼] 4마리와 흰 사슴[鹿] 4마리를 붙잡아 돌아왔다. 이때 이후로 황복에서는 (조공하러) 오지 않으니, 이에 주나라에서는 드디어 보형(甫刑)³⁾이라는 법[辟]을 만들었다.

1) 풍경(酆京)이라고도 하는데, 서주(西周) 시대의 수도다.

2) 안사고(顏師古)가 말했다. "성왕(成王)의 손자이자 강왕(康王)의 아들이다."

3) 목왕은 정벌 뒤에 제후와 번신 중에 주나라를 따르지 않는 이가 생기자, 법률을 엄격하게 적용했다.

　목왕 이후 200여 년이 지나 주나라 유왕(幽王)[1]은 포사(褒姒)라는 총희(寵姬)로 인해 신후(申侯)[2]와 틈이 생기게 되었다. 신후는 화가 나서 견융과 함께 쳐들어와 주나라 유왕을 여산(驪山) 기슭에서 죽였고, 드디어 주나라 초확(焦穫)[3]을 차지해 경수(涇水)와 위수(渭水) 사이에 머물러 살면서 중국을 침략하고 사나운 짓을 했다. 이에 진(秦)나라 양공(襄公)[4]이 주나라를 구원했고, 주나라 평왕(平王)은 풍호를 떠나 동쪽 낙읍(雒邑)으로 옮겨 갔다[5]. 이런 때를 맞아서 진나라 양공이 융을 치고 기산(岐山)까지 이르러 비로소 반열에 올라 제후가 되었다.

　그로부터 65년이 지나[6] 산융(山戎)[7]이 연(燕)나라[8]를 넘어 제(齊)나라[9]를 공격하니, 제나라 희공(釐公)[10]은 (산융과) 제나라 교외에서 싸웠다.

　그 뒤 44년이 지나 산융이 연나라를 쳤다. 연나라는 제나라에 위급함을 알렸고, 제나라 환공(桓公)이 북쪽으로 산융을 치니 산융이 도망갔다.

1) 안사고(顏師古)가 말했다. "선왕(宣王)의 아들이다."

2) 서주(西周) 말기 신(申)나라의 제후로, 유왕(幽王)의 후(后) 신씨(申氏)의 아버지다. 유왕이 포사(褒姒)를 총애해 신후(申后)와 태자 의구(宜臼)를 폐하자, 신후(申侯)는 견융(犬戎)과 연합해 유왕을 살해하고 의구를 평왕(平王)으로 옹립했다.

3) 지금의 섬서성(陝西省) 경양현(涇陽縣) 서북쪽에 있다. 『한서(漢書)』에는 노획(鹵獲)으로 되어 있는데, '노획하다'라는 의미로 본 때문이다.

4) 진나라의 개국시조다. 주나라 평왕(平王)을 도와 동천하는데 공을 세웠고, 이로 말미암아 제후로 책봉되었다.

5) 이를 동천(東遷)이라 한다.

6) 기원전 706년이다.

7) 【색은(索隱)】 복건(服虔)이 말했다. "산융은 대개 지금의 선비(鮮卑)다."[산융은 주로 연(燕)나라의 북쪽, 즉 지금의 요서(遼西) 지역 내지는 내몽고(內蒙古) 등지에 거주했던 것으로 추정된다.]

8) 무왕(武王)의 동생 소공(召公) 석(奭)이 봉해진 나라다.

9) 주나라 무왕(武王)이 태공망(太公望)을 봉해준 나라다.

10) 【색은(索隱)】 釐는 발음이 (이가 아니라) 희(僖)이고, 이름은 제아(諸兒)다.

그 뒤 20여 년이 지나 융적(戎翟)[1]이 낙읍까지 들어와서 주나라 양왕(襄王)[2]을 치니, 양왕은 나라를 벗어나 정(鄭)나라 범읍(氾邑)[3]으로 달아났다. 애초에 주나라 양왕은 정나라를 치려고 생각하고 있었기에 융적의 (추장의) 딸을 왕후로 맞아들여 융적의 군사와 함께 정나라를 쳤다. (그러나) 오래지 않아 양왕은 적후(狄后)를 멀리하게 되었고 이에 적후가 양왕을 원망했다. 양왕에게는 혜후(惠后)라는 계모가 있었는데, (혜후는) 아들 자대(子帶)를 (천자로) 세우고 싶어 했다. 이에 혜후가 적후, 자대와 함께 (융적과) 내통해 융적을 위해 성문을 열어주었던 것이다. 융적이 그 때문에 도성 안으로 들어올 수 있었으니, (그들은) 주나라 양왕을 깨뜨리고 내쫓은 다음 자대를 세워 천자로 삼았다. 이로 인해 융적이 더러 육혼(陸渾)에 살게 되면서 동쪽으로 위(衛)나라까지 이르도록 중국(中國)을 침략하고 도적질하며 포악한 짓을 일삼았다.

중국은 그들을 미워했고, 그래서 시인은 이렇게 노래했다.

"융적을 이에 응징했다네![4]"

"일거에 험윤(玁狁)을 쳐부수어 태원(大原)에 이르렀도다![5]"

"떠나는 수레가 길에 가하니, 저 북녘땅에 성을 쌓았도다![6]"

1) 『한서(漢書)』에는 융적(戎狄)으로 되어 있다. '翟'과 '狄'은 서로 통용된다.

2) 안사고(顔師古)가 말했다. "혜왕(惠王)의 아들이다."

3) 【색은(索隱)】『춘추지명(春秋地名)』에서 말했다. "양왕이 이곳에 머물렀다 해서 뒤에 양성(襄城)이라고 불렀다."

4) 『시경(詩經)』「노송(魯頌)·비궁(閟宮)」편에 나오는 구절이다.

5) 『시경(詩經)』「소아(小雅)·유월(六月)」편에 나오는 구절이다.

6) 『시경(詩經)』「소아(小雅)·출거(出車)」편에 나오는 구절이다.

주나라 양왕은 이미 도성 밖에서 거처한 지 4년째가 되자 마침내 진(晉)나라에 사신을 보내 위급함을 알렸다. 진나라 문공(文公)은 자리에 나아간 초기였지만 패업(霸業)을 이루고자 했기 때문에, 군사를 일으켜 융적을 쳐서 내쫓은 다음 자대를 죽이고 양왕을 맞아들여[迎內=迎納] 낙읍에 살게 했다.

당시에는 진(秦)나라와 진(晉)나라가 강대한 나라였다. 진(晉)나라 문공은 융적(戎翟)을 몰아내[攘] (그들을) 하서(河西-황하 서쪽) 지역의 은수(圖水)와 낙수(洛水)¹⁾ 사이에서 살게 하면서 적적(赤翟)²⁾·백적(白翟)³⁾이라고 불렀고, 진(秦)나라 목공(穆公)은 (대부) 유여(由余)를 얻어서 서융의 여덟 나라를 진나라에 복속시켰다.

따라서 농산(隴山) 서쪽에는 면저(緜諸-서융의 한 종족)·곤융(緄戎)·적(翟)·환(貆)⁴⁾의 융적이, 기산·양산(梁山)·경수(涇水)·칠수(漆水) 북쪽에는 의거(義渠-서융의 한 종족)·대려(大荔-서융의 한 종족)·오지(烏氏-서융의 한 종족)⁵⁾·후연(朐衍-서융의 한 종족)⁶⁾의 융적이, 진(晉)나라 북쪽에는 임호(林胡)·누번(樓煩) 등의 융적이, 연나라 북쪽에는 동호(東胡)⁷⁾·산융(山戎) 등이 있었다. 각각 계곡에 흩어져 살면서 각자의 군장(君長-추장)을 두고 가는 곳마다 무리를 이루었는데, 융(戎)의 수가 100여 개에 달했으나 누구도 서로 하나로 통일시키지는 못했다.

1) 【집해(集解)】 서광(徐廣)이 말했다. "은(圁)은 서하에 있고, 발음은 은(銀)이다. 낙은 상군(上郡)과 풍익(馮翊) 사이에 있다."

2) 고대 종족의 명칭으로, 적적(赤狄)이라고도 한다. 춘추시대 적인(狄人)의 하나다. 분포 지역은 대체로 지금의 산서성(山西省) 장치현(長治縣) 북부에 해당하는데, 이곳에서 진(晉)나라 사람들과 섞여 살았다. 붉은색 옷을 입어 이런 이름을 갖게 되었다.

3) 지금의 산서성(山西省) 개휴(介休)와 섬서성(陝西省) 연안(延安)의 경계 지대에 거주했다가 이후에 하북성(河北省) 경계 지역으로 이주했다. 하얀색 옷을 입어 이런 명칭을 갖게 되었다고 한다.

4) 【집해(集解)】 서광(徐廣)이 말했다. "천수군(天水郡)에 있었고, 獂의 발음은 (원이 아니고) 환(丸)이다."

5) 【집해(集解)】 서광(徐廣)이 말했다. "안정군(安定郡)에 있었다." 【정의(正義)】 氏의 발음은 (씨가 아니라) 지(支)다.

6) 【집해(集解)】 서광(徐廣)이 말했다. "북지군(北地郡)에 있었다. 朐의 발음은 (구가 아니라) 후(詡)다."

7) 【색은(索隱)】 복건(服虔)이 말했다. "동호는 오환(烏桓)의 선조로, 뒤에 선비(鮮卑)가 되었다. 흉노의 동쪽에 거주해 동호라고 불렸다."

이로부터 100여 년이 지나 진(晉)나라 도공(悼公)이 (대부) 위강(魏絳)을 사신으로 보내 융적과 화친을 맺자, 융적(의 군장)이 진(晉)나라에 와서 조회했다.

그로부터 100여 년이 지나 조양자(趙襄子)[1]가 구주산(句注山)[2]을 넘어 대(代) 땅을 깨뜨려 병합함으로써 (조나라는) 호맥(胡貉)[3]과 접하게 되었다. 그 뒤에 조양자가 한(韓)나라, 위(魏)나라와 함께 (진(晉)나라 대부) 지백(智伯)을 멸망시키고 나서 진나라 땅을 나눠 갖게 되니, 조(趙)나라가 대(代)와 구주산 북쪽을 차지하고 위나라가 하서(河西)와 상군(上郡)을 차지함으로써 (모두) 융과 경계를 접하게 되었다.

그 뒤에 의거(義渠)의 융적이 성곽을 쌓고 스스로를 지켰으나 진(秦)나라가 점점 먹어 들어가더니[稍蠶食] 혜왕(惠王-혜문왕)에 이르러 의거의 25개 성을 차지했다. 혜왕은 또 위(魏)나라까지 정벌해 위나라는 서하군(西河郡)과 상군을 모두 진나라에 편입시키게 되었다.

진나라 소왕(昭王) 때 의거의 융왕과 (소왕의 어머니) 선태후(宣太后)가 간통해 두 아들을 낳는 일이 벌어졌다. (그러나) 선태후는 감천궁(甘泉宮)에서 의거의 융왕을 속여 죽이고 드디어 군대를 일으켜 의거를 쳐서 멸망시켰다. 이에 진(秦)나라는 농서군(隴西郡)·북지군(北地郡)·상군을 차지했고 장성을 쌓아 흉노[胡]를 막았다.

1) 이름은 무휼(毋恤)이다. 진나라의 집정대신으로, 조간자(趙簡子)의 아들이다.

2) 【집해(集解)】 안문(鴈門)에 있다.

3) 【색은(索隱)】 맥(貊)은 곧 예(濊)다.

조나라 무령왕(武靈王)이 다시 풍속을 바꿔 (병사들로 하여금) 호복(胡服)[1]을 입고서 말 타고 활 쏘는 것을 익히게 하여 북쪽으로 임호(林胡)와 누번(樓煩)을 깨뜨리고 장성을 쌓았으며[2], 그런 뒤에 대(代)에서 음산(陰山) 기슭을 타고 고궐(高闕-산 이름)[3]까지 요새를 만들어 운중군(雲中郡)·안문군(雁門郡)·대군(代郡)을 두었다.

그 후에 연나라의 진개(秦開)라는 뛰어난 장군[賢將]이 오랑캐에 볼모가 된 적이 있었다. 오랑캐는 그를 매우 믿었으나 (진개는 정세와 지세를 잘 파악해 두었다가) 연나라로 돌아오자마자 동호를 격파해 도망가게 하니, 동호는 이때 1,000여 리나 물러났다. 형가(荊軻)와 함께 진나라의 왕 정(政-진시황)을 암살하러 떠났던 진무양(秦舞陽)이 바로 개(開)의 손자다.

연나라는 또한 조양(造陽)[4]에서 양평(襄平)[5]까지 장성을 쌓고 상곡군(上谷郡)·어양군(漁陽郡)·우북평군(右北平郡)·요서군(遼西郡)·요동군(遼東

郡)을 둬 흉노를 막았다.

1) 마상에서 활쏘기에 편하도록 옷고름이 왼쪽에 있는 저고리[左袵(좌임)]를 말한다. 중국의 전통 복장
   은 옷고름이 오른쪽에 있다.

2) 【정의(正義)】『괄지지(括地志)』에서 말했다. "조나라 무령왕 때 쌓은 장성은 삭주
   (朔州) 선양현(善陽縣) 북쪽에 있다."

3) 【집해(集解)】 서광(徐廣)이 말했다. "삭방군(朔方郡)에 있다."

4) 【집해(集解)】 위소(韋昭)가 말했다. "땅 이름으로, 상곡군에 있다."

5) 【색은(索隱)】 위소(韋昭)가 말했다. "지금의 요동 소리(所理)다."

이때는 의관(衣冠)과 속대(束帶)를 할 줄 아는[1] 전국칠웅(戰國七雄)의 시
대였는데, (그중에서) 세 나라(-연·조·진)가 흉노와 경계를 맞대고 있었다.

그 뒤 조나라 장군 이목(李牧)이 지키던 때는 흉노가 감히 조나라 변경을
넘볼 수 없었다. 뒤에 진(秦)나라가 여섯 나라를 멸망시키고 나자, 시황제(始
皇帝)는 몽염(蒙恬)에게 군사 수십만을 주고 북쪽으로 흉노를 치게 해서 하
남(河南) 땅을 모두 거둬늘였다. (그러고는) 황하를 이용해 요새를 만들어서
황하를 따라 44개 현에 성을 쌓은 뒤 죄수들로 구성된 수자리 병사[適戌(적수)=
謫戌(적수)]들을 이곳으로 이주시켜 채워 넣었다[充(충)=塞(색)].

그리고 직도(直道)[2]를 통하게 하여 구원군(九原郡)[3]에서 운양현(雲陽縣)
에 이르렀으니, 험준한 산의 능선을 국경으로 삼고 골짜기를 이용해서 참호
로 삼으며 수선할 수 있는 것을 손보았는데 임조현(臨洮縣)[4]에서 요동군까
지 1만여 리에 이르렀다. 또한 황하를 건너 양산(陽山)[5]과 북가(北假)[6] 사이
를 근거지로 삼았다.

1) 예제(禮制)를 아는 문명 국가라는 뜻으로, 흔히 제하(諸夏) 혹은 중국(中國)으로 불린다.

2) 구원(九原)에서 운양(雲陽)까지 북쪽으로 직선으로 연결된 도로를 말한다.

3) 진나라 때 군 이름으로, 한나라 때 오원(五原)으로 바뀌었다.

4) 이곳에서 서쪽으로 12리 떨어진 곳에서 진나라 장성이 시작된다.

5) 지금의 내몽고자치구(內蒙古自治區)에 있는 낭산(狼山)을 가리킨다.

6) 【색은(索隱)】 위소(韋昭)가 말했다. "땅 이름이다."[지금의 내몽고자치구 오르도스 북쪽
   이다.]

이런 때를 맞아 동호와 월지(月氏)가 강성했다. 흉노의 선우(單于)[1]를 두
만(頭曼)[2]이라고 했는데, 두만은 진(秦)나라를 이기지 못하고 북쪽으로 옮
겨 갔다. 10여 년이 지나 몽염이 죽고 제후들이 진나라에 반란을 일으켜서
중국이 어지럽게 되자 진나라가 강제 이주시켰던 변경의 여러 죄수가 모두
떠나버렸고, 이에 흉노는 여유를 얻어[得寬] 다시 조금씩 황하를 건너 남쪽
으로 내려와서 이전의 요새를 중국과의 경계로 삼게 되었다.

1) 【집해(集解)】 『한서음의(漢書音義)』에서 말했다. "선우(單于)란 광대한 모습인데,
   하늘을 본떠[象天] 선우라고 했다."

2) 두만선우는 역사에 기록된 흉노 최초의 군장으로, 초원에 있던 유목민들을 하나로 통합해 흉노
   의 국가를 형성했다.

(두만)선우는 태자가 있었는데 이름을 묵특(冒頓)[1]이라고 했다. 뒤에 (두
만이) 총애하는 연지(閼氏)[2]가 막내아들을 낳자, 두만은 묵특을 폐위하고
막내아들을 태자로 세우려고 했다. 그래서 묵특을 월지(月氏)에 볼모로 보
냈다가 묵특이 월지에서 볼모로 있을 때 갑자기 월지를 공격했다. (이에) 월
지가 묵특을 죽이려 하자, 묵특은 좋은 말을 훔쳐 타고 (자기 나라로) 내달려
도망쳐 돌아왔다. 두만은 (자신의 계획이 실패했음에도) 아들 묵특을 장하게
여겨 1만 기(騎)를 거느리게 했다.

묵특은 마침내 소리 나는 화살[鳴鏑＝鳴箭][3]을 만들어 기병들에게 활 쏘

는 연습을 시키면서 이렇게 명령했다.

"(내가) 명적(鳴鏑)을 쏜 곳에 (너희들이) 모두 (정확하게) 쏘아 맞히지 못하면 베어버릴 것이다."

(그러고는) 새와 짐승을 사냥하러 가서 명적을 쏜 곳에 제대로 쏘지 않은 자가 있자 그 자리에서 베어버렸다. 얼마 후에는 묵특이 명적으로 스스로 (자신의) 좋은 말을 쏘았는데, 좌우에서 감히 쏘지 못하는 자가 있자 묵특은 곧바로 자신의 좋은 말을 쏘지 못한 자들을 베어버렸다. 다시 얼마 지난 후 명적으로 스스로 아끼던 애첩을 쏘았는데, 좌우에서 몹시 두려워해 감히 쏘지 못하자 또다시 베어버렸다.

얼마 뒤에 묵특이 사냥하러 나갔는데, 명적으로 두만선우의 좋은 말을 쏘니 좌우의 부하들이 모두 쏘았다. 이에 묵특은 좌우 부하들이 쓸 만하다는 것을 알았다. (마침내) 아버지 선우 두만을 따라 사냥을 나갔다가 명적으로 두만을 쏘자, 좌우도 명적을 따라 화살을 쏘아 선우 두만을 죽였고, 드디어 계모와 동생들, 대신 중에서 자신을 따르지 않는 자들을 모조리 베어버렸다. 묵특은 스스로를 세워 선우가 되었다.

1) 묵돌로 읽기도 한다. 몽골 초원을 중심으로 중앙 아시아를 지배하는 거대한 유목 제국을 건설했다.

2) 알지로 읽기도 한다. 흉노 군주의 비(妃-또는 처)에 대한 칭호로 쓰기도 하고, 황후로 번역하기도 한다.

3) **집해(集解)** 『한서음의(漢書音義)』에서 말했다. "적(鏑)은 지금의 화살[箭전]이다." 위소(韋昭)가 말했다. "화살이 날아가면서 우는 소리를 냈다."[날아가면서 소리를 내는 화살로, 효시(嚆矢)라고도 한다. 원래 효시나 명적은 공격 시작을 알리는 신호용으로 쓰던 화살인데, '어떤 사건의 시작이나 기원'을 뜻하는 단어로도 쓴다.]

묵특이 이미 세워지고 났을 때[1] (이웃의) 동호(東胡)가 강성했는데, (동호는) 묵특이 아비를 죽이고 스스로를 세웠다는 말을 듣고 마침내 묵특에게 사자를 보내 두만선우가 타던 천리마(千里馬)를 갖고 싶다고 말했다. 묵특이 여러 신하에게 의견을 물으니, 모두 말했다.

"천리마는 흉노의 보배로운 말이니 결코 주어서는 안 됩니다."

묵특이 말했다.

"내가 어찌 이웃 나라끼리 말 1마리를 아까워하겠는가?"

드디어 천리마를 동호에 주었다.

얼마 후에 동호는 묵특이 (자기를) 두려워한다고 여기고 마침내 사자를 보내 선우의 연지 1명을 달라고 말했다. 묵특이 다시 좌우 신하들에게 물으니, 좌우가 모두 화를 내면서 대답했다.

"동호가 무도하게도 마침내 연지까지 달라고 하니, 청컨대 그들을 쳐야 합니다."

묵특이 말했다.

"내가 어찌 이웃 나라끼리 여자 하나를 아까워하겠는가?"

드디어 그가 아끼던 연지를 데려다가 동호에 주었다. 동호의 왕은 더욱더 교만해져 서쪽을 침략했다. (동호와) 흉노와의 사이에는 버려져서 사람이 살지 않는 땅 1,000여 리가 있었는데, (양국은) 각각 주변의 땅에 망을 보는 시설[甌脫]²)을 만들어 살고 있었다.

동호가 묵특에게 사자를 보내 말했다.

"흉노와 우리가 경계로 삼고 있는 망을 보는 시설과 불모의 사막은 흉노가 이를 수 있는 곳이 아니니, 내가 갖고 싶소."

묵특이 여러 신하에게 물으니, 몇몇 신하들이 대답했다.

"이곳은 버려진 땅이니, 주어도 좋고 주지 않아도 좋습니다."

이에 묵특이 크게 화를 내면서 말했다.

"땅이란 나라의 근본인데, 어찌 다른 사람에게 줄 수 있는가!"

땅을 주자고 말한 신하들을 모두 목 베게 한 뒤, 묵특은 말에 올라 나라 안에 뒤처져 있는 자들도 목 베도록 명하고서 마침내 동쪽으로 동호를 습격했다. 애초에 묵특을 가볍게 봐서 방비를 갖추지 않았던 동호의 왕은 묵특이 군대를 이끌고 도착해 공격하자 크게 패배해 멸망했고, 묵특은 그의 백성과 가축 등을 빼앗았다.

1) 【집해(集解)】 서광(徐廣)이 말했다. "진나라 2세황제 원년이다."

2) 토굴을 파서 한나라를 살피던 곳이다.

이미 돌아와서는 서쪽으로 월지를 격파하고 남쪽으로 누번(樓煩), 백양(白羊-흉노 일부) 하남왕의 땅을 병합함으로써[1] 마침내 진나라 몽염이 탈취해 간 흉노의 땅을 모두 다시 거둬들였다.

한나라의 국경인 과거 하남의 요새에 관문을 맞댄 채 조나현(朝那縣)과 부시현(膚施縣)[2]까지 진출했고, 마침내 연(燕)과 대(代)까지 침입해 들어갔다. 당시 한나라는 때마침 항우(項羽)와 서로 대치해 싸우느라[3] 전쟁에 지쳐 있었기[罷=疲勞] 때문에 묵특은 스스로 강대해질 수 있었으니, 강한 활을 잘 당기는 병사만 30여 만이었다.

1) 안사고(顔師古)는 누번왕과 백양왕이 사는 곳이 하남이라고 했다. 결국 누번왕과 백양왕의 땅을 점령한 것이고, 하남이라는 말은 불필요하게 추가된 것이다.

2) 【집해(集解)】 서광(徐廣)이 말했다. "둘 다 상군(上郡)에 있다."

3) 유방과 항우는 기원전 206년에서 202년까지 이른바 초한(楚漢) 전쟁을 치렀다.

순유(淳維)에서 두만(頭曼)까지 1,000여 년 동안 흉노는 때로는 커졌다 때로는 작아졌다 하면서[時大時小] 그들 사이에서 달리 흩어지고 나뉘어 갈라선 것이 아득히 오래되었기[尙] 때문에, 그들이 대대로 전해온 것들을 차례대로 정리하는 것은 불가능하다. 다만 묵특에 이르러 흉노가 가장 강대하게 되어 북방 오랑캐[北夷]들을 모두 복속시키고 남쪽으로 중국(中國)[1]과 대적하는 나라가 됨으로써 이에[其] 그들이 대대로 전해오는 나라와 관직의 명칭[官號]을 마침내 기록할 수 있게 되었다고 한다[云]. (그 나라와 관직의 명칭, 습속은 다음과 같다.)

1) 『한서(漢書)』에는 제하(諸夏)로 되어 있다.

(선우의 성은 연제씨(攣鞮氏)인데, 그 나라에서는 불러 말하기를 '텡그리쿠트[撐犁孤塗] 선우[1]'라고 했다. 흉노에서는 하늘을 "텡그리[撐犁]"라 하고 아들을 "쿠트[孤塗]"라고 한다. 선우란 넓고 큰 모습으로, 그 모습이 하늘같이 넓고 크다는 것을 말한다.)[2]

(선우 아래에) 좌현왕(左賢王)[3], 우현왕(右賢王), 좌녹려왕(左谷蠡王), 우녹려왕(右谷蠡王)[4], 좌대장(左大將), 우대장(右大將), 좌대도위(左大都尉), 우대도위(右大都尉), 좌대당호(左大當戶), 우대당호(右大當戶), 좌골도후(左骨都侯), 우골도후(右骨都侯)를 두었다. 흉노는 '뛰어나다[賢]'는 것을 도기(屠耆)라고 했기 때문에 늘 태자를 좌도기왕(左屠耆王)이라고도 불렀다. 또 좌현왕과 우현왕 이하 당호까지 크게는 1만여 기(騎), 작게는 수천 기를 거느렸는데, 대체로 24인의 장(長)이 있었고 이들을 만기(萬騎)라고 불렀다.

1) 탱리(撐犁)는 텡그리(tengri) 즉 하늘을, 고도(孤塗)는 아들을 의미한다. 선우(單于)의 앞에 붙어 그를 수식하는 말로, '하늘로부터 축복을 받은 군주'라고 해석한다.

2) 반고(班固)는 『한서(漢書)』「흉노전(匈奴傳)」에 괄호 부분을 추가해 넣었다.

3) 특히 좌현왕은 차기 선우를 계승할 사람인 태자가 담당했는데, 좌도기왕(左屠耆王)이라고도 불렀다.

4) 【집해(集解)】 복건(服虔)이 말했다. "谷은 발음이 (곡이 아니라) 녹(鹿)이다."

여러 대신은 모두 세습하는 관직[世官]이었다. 호연씨(呼衍氏)·난씨(蘭氏)·수복씨(須卜氏)가 귀족[貴種]이었다. 좌방(左方)의 왕이나 장군들은 동쪽에 살며 상곡군의 동쪽을 담당했는데, 예맥(穢貊)·조선(朝鮮)[1]과 접해 있었다. 우방의 왕이나 장군들은 서방에 살며 상군의 서쪽을 담당했는데, 월지·저(氐)[2]·강(羌)[3]과 접해 있었다. 선우정(單于庭)[4]은 대군·운중군을 담당하고 있었다. 각각의 영역[分地]이 있어서 (범위 안에서) 물과 풀을 따라 옮겨 다니며 살았다. 그런데 (그중에서) 좌현왕과 우현왕, 좌녹려왕과 우녹려왕의 나라가 가장 컸고, 좌골도후와 우골도후가 선우의 정치를 보좌했다. 장 24명은 각자 천장(千長)·백장(百長)·십장(十長)·비소왕(裨小王)·상(相)·봉(封)[5]·도위(都尉)·당호(當戶)[6]·저거(且渠)[7] 등의 속관을 두었다.

1) 요하(遼河) 유역에서 한반도 서북 지방까지에 걸쳐 성장한 여러 지역 집단을 통칭한다. 단군신화의 기록에 따르면 기원전 2333년에 건국되었다고 하지만 중국 역사서에 기록된 것은 기원전 7세기 초다.

2) 고대 종족의 하나로, 강(羌)과 원류가 같은 종족으로 보기도 하고 다른 종족으로 보기도 하지만 두 종족이 매우 밀접한 관련을 맺고 있기는 했다.

3) 서북 지역의 오래된 종족 중 하나다. 주로 양(羊)을 길러서 양의 뜻을 따라 사람들을 '강(羌)'이라 부른 것으로 알려져 있다.

4) 왕정(王庭-오르두)으로, 선우가 머무르면서 정사를 행하던 곳이다.

5) 【집해(集解)】 서광(徐廣)이 말했다. "판본에 따라 장(將)으로 되어 있다."

6) 흉노의 관칭으로, 여러 왕이나 대신이 스스로 둔 속관이다.

7) 【정의(正義)】 안사고(顏師古)가 말했다. "오늘날 저거(且渠)라는 성(姓)은 대개 이 관직명에 뿌리를 두고 있다."

매년 정월에는 여러 장[諸長][1]이 선우정에서 작은 모임[小會]을 하고 제사를 지냈고, 오월에는 농성(龍城)[2]에서 큰 모임[大會]을 하고 그들의 조상, 하늘과 땅, 귀신에게 제사를 지냈으며, 가을이 되어 말이 살질 무렵에는 [馬肥] 대림(蹛林)[3]에서 큰 모임을 열어 백성과 가축의 숫자를 헤아렸다. 그 법에 따르면 칼을 한 자 이상 칼집에서 뽑는 자는 사형에 처했고, 도둑질한 자는 집안(의 재산)을 몰수했다. 가벼운 범죄자는 알형(軋刑)[4]에, 큰 죄를 지은 자는 사형에 처했다. 감옥에 갇혀 있는 기간은 길어도 열흘을 넘지 않았으며, 한 나라의 죄수라고 해야 몇 명이 되지 않았다.

1) 좌현왕(左賢王) 이하 24장(長)을 지칭하는 것으로 보인다.

2) 선우(單于)가 머무는 곳으로, 제천의식을 거행하는 곳이기도 하다.

3) 흉노(匈奴)가 제전을 벌이는 장소 또는 행사를 지칭하는 명칭이다.

4) 전사(戰士)의 능력을 없앤다는 의미에서 발의 복사뼈를 수레바퀴로 치어 부수는 형벌이다.

선우는 아침이면 군막에서 나와 해가 뜨는 동쪽을 보고 절했고, 저녁에는 달을 보고 절했다. 좌석은 왼쪽을 중요하게 여겼으며 북쪽을 향해 앉았다. 열흘마다 돌아오는 십간(十干) 중에서 (제5일째의) 무일(戊日)과 (제6일째의) 기일(己日)을 길일(吉日)로 쳤다. 장례를 치를 때는 관(棺), 곽(槨)에다 금은(金銀)이나 의상(衣裳) 등을 부장품으로 넣었으며, (무덤에) 봉분을 하거나 나무를 심지는 않았으며 상복(喪服)도 입지 않았다. 선우가 죽으면 가까이서 총애를 받았던 신하나 애첩을 순장[從死]했는데, 많으면 수천수백 명에 이르렀다[1].

1) **[정의(正義)]** 안사고(顏師古)가 말했다. "수십 명에서 100명 정도였다."

전쟁을 일으킬 때는 별과 달을 관측했는데, 달이 차면 공격해 싸웠고 이지러지면 군대를 물렸다. 전투를 벌여 목을 베거나 (산 채로) 포로를 잡으면

상으로 술 한 잔을 내리고 노획품은 그대로 본인이 갖도록 했으며, 포로는 잡은 자에게 노비로 주었다. 그러므로 전투 때 사람들은 제 이익을 취하기 위해 적을 유인해 일망타진하기를 잘했다. 그 까닭에 적을 발견하면 이익을 좇는 것이 마치 새 떼가 모여드는 것과 같았고, 어려울 때 도망가는 것은 구름이 흩어지듯이 했다. 싸우다가 죽은 자를 거둬 수레에 태워 온 자에게는 죽은 자의 집과 재물[家財]을 모두 차지하게 했다.

그 후에 (묵특선우는) 북쪽으로 혼유(渾庾)[1] · 굴석(屈射)[2] · 정령(丁零)[3] · 격곤(鬲昆)[4] · 신리(薪犁)[5] 등의 다섯 나라[國]를 복속시켰다. 이에 흉노의 귀인(貴人)과 대신(大臣)들이 모두 (그에게) 감복해 묵특을 뛰어나다[賢]고 여겼다.

1) 몽골공화국 북방 시베리아 오비강과 셀렝게강 주변, 즉 흉노의 북방에 있었다.

2) 주로 몽골공화국 북방 시베리아 바이칼호 동쪽 지역에 거주했다.

3) 기원전 3세기부터 기원후 5세기까지 몽골 초원에서 유목했던 튀르크계 종족을 총칭한다.

4) 몽골공화국 시안산맥 북쪽 시베리아 에니세이강 상류에 거주했다.

5) 몽골 초원의 북방에 있었던 것으로 추정되나 구체적인 소재지는 알 수 없다.

이 무렵 한나라는 비로소 중국을 평정한 뒤 한왕(韓王) 신(信)을 대(代)나라로 옮겨 마읍(馬邑)에 도읍하게 했는데, 흉노가 크게 공격해 마읍을 에워싸자, 한왕 신이 흉노에 투항해버렸다. 흉노는 (한왕) 신을 얻자 이를 기회로 군대를 이끌고 남쪽으로 구주산(句注山)을 넘어 태원군(太原郡)을 공격해 진양성(晉陽城) 밑에까지 이르니, (한나라의) 고제(高帝)가 손수 병사를 거느리고 가서 (그들을) 격파하고자 했다. 때마침 겨울이라 몹시 춥고 눈까지 내려 병사 중에 (동상으로) 손가락을 잃는 자가 열에 두셋이 되었는데, 이에 묵특이 (이런 사정을 간파하고) 패배해 도망가는 척하면서 한나라 군대를 유인했다. 한나라 군대가 드디어 묵특을 추격해 오자, 묵특은 정예 부대를 감춰두고 (그중에서) 노약한 병사들만 드러나 보이게 배치했다. 이에 한나라는 모든 군대를 모아 북쪽으로 (흉노 군대를) 추격했는데, 대부분 보병으로 32만이었다. 고제가 먼저 평성(平城)¹⁾에 도착했으나 보병들은 아직 도착하지 못했기에 묵특은 정병 30여만 기를 풀어 고제를 백등산(白登山)에서 에워쌌고, 이레 동안이나 한나라 군대는 (포위망의) 안팎에서 서로 구원하거나 식량을 보급할 수 없었다. 백등산을 에워싼 흉노의 기병들은 서쪽이 모두 흰 말, 동쪽은 모두 푸른 말[駹], 북쪽은 모두 검은 말[驪], 남쪽은 모두 붉은 말[騂]이었다.

1) **【집해(集解)】** 서광(徐廣)이 말했다. "안문(鴈門)에 있다."

고제가 마침내 사신을 보내 이간질하고자 연지에게 두터운 선물을 주니, 연지가 마침내 묵특에게 말했다.

"두 나라 임금이 서로를 어렵게 하는 것은 좋지 않습니다. 지금 한나라 땅을 얻는다 해도 선우께서 결국은 거기에서 살 수 있는 것도 아니지 않습니까? 그리고 한나라 왕 또한 신령스러운 힘이 있다 하니[有神], 선우께서는 이 점을 잘 살피십시오."

(이에 앞서) 묵특은 한왕 신의 장군 왕황(王黃), 조리(趙利)와 함께 (한나라를) 공격하기로 미리 약속했는데, 기일이 되어도 왕황과 조리의 군대가 오지 않자 (묵특은) 그들이 한나라와 음모를 획책했을까 의심되어 연지의 말을 받아들여서 마침내 포위망 한쪽을 풀어주었다. 이에 고제가 병사들에게 명해 모두 활시위를 한껏 당기고 화살을 메겨 바깥으로 향하도록 한 채 포위가 풀린 쪽으로 바로 도망쳐서 나아갔다. 결국 (고제가) 밖에 있던 자신의 대군과 만나게 되자 묵특은 드디어 군대를 이끌고 돌아가버렸다. 한나라 (고제) 역시 군대를 이끌고 물러나면서 유경(劉敬)을 시켜 화친의 맹약을 맺

도록 했다.

그 뒤에 한왕 신은 흉노의 장군이 되었고, 조리와 왕황 등은 화친 약속을 자주 어기고 대군과 운중군을 침입해 노략질해 갔다. 얼마 지나지 않아 (한나라의) 진희(陳豨)가 모반을 일으켜서 다시 한왕 신과 같이 모의해 대군을 공격하니, 한나라에서는 번쾌(樊噲)를 시켜 이들을 치도록 해서 대군·안문군·운중군 등의 군현을 다시 빼앗았으나 국경 요새 밖으로는 나가지 않았다.

이 무렵 한나라 장수 가운데 병사들을 이끌고 흉노로 가서 투항하는 자들이 많았는데, 이 때문에 (교만해진) 묵특은 늘 대군 일대의 땅을 (마음대로) 넘나들면서 약탈을 자행했다.

이에 고조가 이를 근심스럽게 생각해 마침내 유경으로 하여금 종실의 공주를 받들어서 선우의 연지로 삼게 하고 해마다 흉노에게 명주솜과 견직물, 술이나 쌀 같은 식품 등을 일정량 주고 형제가 되기로 약속하고 화친을 맺으니, 묵특은 마침내 공세를 약간 멈추었다. (그렇지만) 뒤에 연나라 왕 노관(盧綰)이 다시 반란을 일으켜 그의 무리 수천 명을 이끌고 흉노에 투항해서는 상곡군 동쪽을 드나들면서 괴롭혔다.

고조가 붕(崩)하고 효혜(孝惠)와 고후(高后)의 시대에 들어와서 한나라는 비로소 안정되었으나 흉노는 여전히 교만했다. 묵특이 마침내 고후에게 편지를 보내 망령된 말을 하니 고후가 공격하려 했으나, 여러 장수가 말했다.[1]

"고제께서는 뛰어나고 용감했지만, 오히려 평성에서 곤욕을 치렀습니다."

이에 고후는 마침내 공격 계획을 멈추고 다시 흉노와 화친했다.

1) **【색은(索隱)】** 살펴보건대, 『한서(漢書)』에 편지 내용이 실려 있다. "고독해서 설수 없는 임금은 음습한 땅에서 태어나 드넓은 초원의 소와 말이 사는 곳에서 자랐으나, 여러 번 변경으로 와서 중국에서 놀기를 원했소이다. 폐하께서도 홀로 즉위하셨으니 고독해서 설 수 없는 과부의 신세입니다. 두 임금이 즐거움이 없고 스스로 즐길 수 없으니, 그 가진 바로써 부족함을 바꾸기를 바라는 바입니다." 고후는 화가 나서 묵특을 치려 했다.

효문제(孝文帝)가 처음 세워지기에 이르자 화친의 일을 다시 확인했다[脩=修]. (하지만) 문제 3년 5월에 흉노 우현왕이 하남 땅으로 쳐들어와 자리를 잡은[居] 뒤 상군 요새에서 한나라를 위해 방어하고 있던 만이(蠻夷)를 침략해 백성을 죽이고 약탈했다. 이에 문제는 승상 관영(灌嬰)에게 조서를 내려서 전차와 기병 8만 5,000명을 동원해 고노(高奴)로 가서 우현왕을 치게 했다. 우현왕은 달아나 요새 밖으로 나갔고, 문제가 태원(太原)에 행차했다. 이때 제북왕(濟北王)이 모반을 일으키자, 문제는 (장안으로) 귀환하면서 승상이 이끌고서 흉노를 공격하려고 했던 군대를 해산시켰다.

그 이듬해에 선우가 한나라에 편지를 보내왔다.

"하늘이 세워준 흉노대선우(天所立匈奴大單于)가 삼가 중국의 황제에게 무고하신가[無恙] 안부를 묻소. 전날 황제가 화친의 일을 말했고 편지의 뜻도 이와 같아서 크게 기뻐할 만했소. (그러나) 한나라 변방의 관리가 (우리) 우현왕을 침범해 모욕했으며, 우현왕은 (선우인 나에게) 주청하지도 않고 (자기 부하인) 후의노후(後義盧侯) 난지(難氏)[1]의 계획을 듣고는 한나라 관리들과 서로 원망하며 두 나라 임금 사이에 맺은 약속을 깨뜨려버리고 형제(昆弟)간의 친밀함을 이간질했소.

황제로부터 질책하는 편지가 다시 왔으므로 (이쪽에서도) 사자를 보내 편지로 회답했으나 (사신은) 돌아오지 않았고 한나라의 사신 (역시) 오지 않으니, 한나라도 그런 이유로 화합하지 않아 이웃 나라가 친하지 않게 되었던 것이오. 지금 낮은 관리가 (화친의) 약속을 깨뜨렸기 때문에 그 벌로써 우현왕에게 서방으로 가서 월지를 치게 했으니, 하늘의 축복을 받은 데다 (우리) 병사가 우수하고 말의 힘이 강했기 때문에 월지를 섬멸해 모두 죽이고 항복시켰소. (또) 누란(樓蘭)·오손(烏孫)·호걸(呼揭)[2]과 인근의 26개 나라를 평정해 모두 흉노(와 한 나라)가 되었소. 여러 유목민이 모두 한집안 식구가 되어 북쪽 지방[北州]은 이미 안정되었으니, 바라건대 (이제는) 전쟁을 중지시켜 사졸을 쉬게 하고 말을 먹이고 싶을 뿐이오. 앞서 있었던 (국경 분쟁) 문제를 불문에 부치고 이전의 (화친) 약속을 회복시켜서 변경 지대의 백성을 편하게 해주고 처음의 관계로 맞춤으로써 어린아이들이 탈 없이 자라고 늙은 이들이 그 땅에서 편안하게 지낼 수 있어 대대로 태평함을 즐기도록 해주고 싶소이다.

(그러나) 아직은 (중국) 황제의 의중을 알 수가 없으니, 낭중(郎中) 계우천(係雩淺)을 사신으로 삼아서 이 편지를 받들어 올리게 함과 동시에 낙타(槖佗) 1필, 전투용 말 2필, 수레 끄는 말 2짝을 드리겠소. 황제께서는 흉노의 군대가 한나라 변경에 접근하는 것을 원치 않는다면 귀국의 관리와 백성에게 조칙을 내려서 멀리 떨어져 살도록 명령해주시기를 바라는 바이오. 사자가 도착하면 돌려보내주시기 바라오."

1) 【집해(集解)】 서광(徐廣)이 말했다. "흉노 장군의 이름이다."

2) 고대 종족의 명칭으로, 몽골 북서부에 살던 튀르크계 부족 오구즈(Oghuz)로 비정된다.

그 사자는 6월 중에 신망(新望)[1]의 땅에 도착했다. (흉노의) 편지가 (한나라 조정에) 오자 한나라에서는 공격과 화친 중에 어떤 것이 좋은지를 토의했는데, 공경(公卿)들이 모두 말했다.

"선우가 최근에 월지를 격파해 승세를 타고 있으니 공격해서는 안 됩니다. 또한 흉노의 영토를 얻는다고 해도 늪 아니면 소금기 많은 황무지뿐이니 살 만한 곳도 못 됩니다. (결국) 화친이 더 낫습니다."

한나라가 화친을 허락했다.

1) 한나라 경계 위쪽 장성(長城) 아래의 땅이다.

효문황제 전(前) 6년에 한나라(의 황제)가 흉노에 편지를 보내 말했다.

"황제는 삼가 흉노대선우에게 무고하신가 안부를 묻소. 낭중(郎中) 계우천(係雩淺)을 시켜 짐에게 편지를 보내 말하기를 '우현왕이 (선우인 내게) 주청하지도 않고 (자기 부하인) 후의노후(後義盧侯) 난지(難氏)의 계획을 듣고는 한나라 관리들과 서로 원망하며 두 나라 임금 사이에 맺었던 약속을 깨뜨려버리고 형제(昆弟)간의 친밀함을 이간질했소. 황제로부터 질책하는 편지가 다시 왔으므로 (이쪽에서도) 사자를 보내 편지로 회답했으나 (사신은) 돌아오지 않았고 한나라의 사신 (역시) 오지 않으니, 한나라도 그런 이유로 화합하지 않아 이웃 나라가 친하지 않게 되었던 것이오. 지금 낮은 관리가 (화친의) 약속을 깨뜨렸기 때문에 그 벌로써 우현왕에게 서방으로 가서 월지를 치게 했으니, 하늘의 축복을 받은 데다 (우리) 병사가 우수하고 말의 힘이 강했기 때문에 월지를 섬멸해 모두 죽이고 항복시켰소. (또) 누란(樓蘭)·오손(烏孫)·호걸(呼揭)과 인근의 26개 나라를 평정해 모두 흉노(와 한나라)가 되었소. 여러 유목민이 모두 한집안 식구가 되어 북쪽 지방[北州]^{북주}은 이미 안정되었으니, 바라건대 (이제는) 전쟁을 중지시켜 사졸을 쉬게 하고 말을 먹이고 싶을 뿐이오. 앞서 있었던 (국경 분쟁) 문제를 불문에 부치고 이전의 (화친) 약속을 회복시켜서 변경 지대 백성을 편하게 해주고 처음의 관계로 맞춤으로써 어린아이들이 탈 없이 자라고 늙은이들이 그 땅에서 편안하게 지낼 수 있어 대대로 태평함을 즐기도록 해주고 싶소이다'라고 했소. 짐은 이 말을 매우 기쁘게 여기는데, 이는 옛 성왕의 뜻이기도 하오.

한나라와 흉노가 형제가 되기로 약속해 선우에게 아주 후하게 선물을 보냈었소. 그런데도 약속을 어기고 형제의 정리를 이간시킨 이유는 늘 흉노에 있었소. 그러나 우현왕이 일으킨 사건은 (한나라에서) 이미 대사령(大赦令)을 발포하기 이전의 일이므로 선우는 그를 너무 심하게 책하지 말기 바라오. 만약 선우가 이 편지의 뜻과 같다면 그대 나라의 여러 관리에게 명백히 알려서 화친의 약속을 저버리는 일이 없도록 해주시오. 그 사실을 확인하면 삼가 선우가 보낸 편지의 뜻을 따를 것이오.

사자가 말하기를 선우께서 몸소 군사를 이끌고 여러 나라를 정벌해서 비록 전과는 얻었으나 전쟁으로 인한 피해 역시 크다고 하니, (짐이 입는) 의복인 수겹기의(繡袷綺衣)[1]와 장유(長襦)[2], 금겹포(錦袷袍) 각 1벌, 비여(比余)[3] 1개, 황금으로 만든 허리띠와 황금으로 만든 허리띠 장식 각 1개, 수놓은 비단 10필, 색깔 나는 비단 20필, 붉은색의 두꺼운 비단[赤綈]과 푸른색 비단 각각 40필씩을 중대부(中大夫) 의(意)와 알자령(謁者令) 견(肩)을 시켜 선우에게 보내오."

1) '꽃을 수놓은 비단으로 겉옷을 만들고 꽃무늬를 싸 넣은 비단으로 안감을 댄 겹옷'으로, 천자가 착용했다.

2) 수놓은 비단으로 만든 긴 겹옷이다.

3) 변발의 장식인데, 금으로 되어 있다.

그 후 얼마 지나지 않아 묵특이 죽고 아들 계육(稽粥)이 세워졌으니 노상선우(老上單于)라 불렸다.

노상계육(老上稽粥) 선우[1]가 세워진 초기에 효문황제는 다시 종실의 여자인 공주를 선우에게 보내 연지로 삼게 하고 연(燕)나라 출신의 환관 중항열(中行說)을 공주의 호위[傅]로 삼았다. 중항열은 가고 싶지 않았으나 한나라에서 억지로 가게 하니, 중항열이 말했다.

"기필코 나를 가게 한다면 한나라에 근심거리가 될 것이다."

중항열은 흉노 땅에 도착하자마자 선우에게 투항해버렸고, 선우는 그를 매우 총애하고 아꼈다.

1) 흉노의 제3대 선우(單于)다. 흉노의 융성을 이룩한 묵특선우의 아들이다.

애초에 흉노는 한나라의 견직물과 명주솜, 식품 등을 좋아했는데, 중항열이 그것에 대해 다음과 같이 말했다.

"흉노의 인구가 한나라의 일개 군(郡)만도 못한데도 강한 까닭은 입는 것과 먹는 것이 달라서 한나라에 의존하지 않기 때문입니다. 지금 선우께서 풍속을 바꿔 한나라 물자를 좋아하게 되면, 한나라 물자의 10분의 2도 쓰기 전에 흉노는 한나라에 모두 귀속되어버릴 것입니다. 그렇게 얻은 한나라의 견직물과 명주솜을 가지고 (선우께서) 풀과 가시덤불 속으로 말을 달려서 옷과 바지가 모조리 찢어져 못 쓰게 된다는 것을 보여줌으로써 튼튼하고 좋은 털이나 가죽(으로 만든 흉노의 의복)만 못하다는 것을 보여줄 필요가 있습니다. 또 한나라의 식품을 얻은 다음 (그것을) 모두 버림으로써 젖이나 유제품의 편리함과 맛보다 못하다는 것을 보여줄 필요가 있습니다."

이에 열은 선우를 보좌하는 관리들에게 분류하고 기록하는 법을 가르쳐서 그들로 하여금 백성과 가축의 숫자를 세어서 과목별로 기록하게 했다.

한나라에서 선우에게 편지를 보낼 때는 한 자 한 치짜리 나무쪽[牘]을 썼고, 첫 구절은 이러했다.

"황제는 삼가 흉노대선우가 무고하신가 안부를 묻소."

그러고는 보내주는 물자와 용건은 무엇무엇이라고 적게 되어 있었다. (그런데) 중항열은 선우가 한나라에 편지를 보낼 때는 한 자 두 치짜리 나무쪽을 쓰게 해서 봉인(封印)까지 모두 한나라 것보다 넓고 길고 크게 만들도록 했으며, 글투도 오만하게 "하늘과 땅이 낳고 해와 달이 둔[置]치 흉노대선우가 삼가 중국의 황제에게 무고하신가 안부를 묻소"라고 인사한 뒤에 보내는 물자와 용건이 무엇무엇[云云]운운이라고 기재하게 했다.

한나라 사자가 (와서 중항열에게) 흉노의 풍속은 노인을 천대한다고 말한 적이 있었는데, 이에 중항열이 한나라 사신을 모질게 몰아세웠다[窮]궁.

"당신들[而=汝]이=여 한나라 풍속에도 누군가가 변경 주둔군의 수비를 위해 징발될 때는 그 (늙은) 부모가 따뜻한 옷과 기름지고 맛있는 음식을 가져다가 (수자리 서기 위해) 군대에 나가는 자식에게 주지 않습니까?"

한나라 사신이 말했다.

"그렇습니다."

중항열이 말했다.

"흉노는 분명히 싸우고 공격하는 것을 일로 삼는데, 노약자는 전투할 수 없습니다. 그래서 영양 좋고 맛있는 것을 건장한 사람들에게 먹여 스스로 지키게 하고, 이렇게 함으로써 아비와 자식이 각각 서로를 보호할 수 있습니다. 어찌 흉노만 노인을 가벼이 여긴다고 할 수 있겠습니까?"

한나라 사자가 말했다.

"흉노는 부자가 같은 천막[穹廬]궁려에 살면서 아비가 죽으면 아들이 계모를 아내로 삼고 형제가 죽으면 모두 그 처를 아내로 삼고 있소. 이것은 관을 쓰고 허리띠를 매는 예절과 조정의 예제(禮制)가 없는 것이 아닌가요?"

중항열이 말했다.

"흉노의 풍속은 사람들이 가축의 고기를 먹고 젖을 마시며 가죽을 입는데, 그 가축이 풀을 먹고 물을 마셔야 하므로 계절에 따라 옮겨 다닐 수밖에 없습니다. 그래서 급하게 되면 사람들이 말타기와 활쏘기를 익히고 편하게 되면 일없이 즐길 뿐이니, 그 약속은 간단하고 실행하기 쉬워서 군신도 잘 따르며 오래갈 수 있고 한 나라의 정치가 마치 한 몸처럼 쉽고 편하게 움직입니다. 부형(父兄)이 죽고 나서 아내를 취하는 풍습은 종족의 대가 끊기는 것을 싫어하기 때문입니다. 그런 까닭에 흉노는 비록 어지럽기는 하나 종실의 자제를 선우로 세울 수 있습니다.

지금 중국에서는 겉으로는 아비와 형의 처를 취하지 않(아서 예의가 있는 듯하)지만 친족이 멀어지게 되면 서로 죽이고 역성(易姓)에까지 이르는 것은 모두 이런 부류에서 생긴 것입니다. 또한 예의의 폐해로 인해 위아래가 서로 원망하고 좋은 집짓기에만 힘을 쏟아서 노역이 아주 심하게 되니, 사람들의 힘이 결국은 약해집니다.

무릇 농사와 양잠에 힘을 써서 옷과 먹을거리를 구하고 성곽을 쌓아서 스스로를 갖춰야 하므로 그 백성은 급할 때도 전투에 익숙하지 못하고 편할 때도 일하는 것에 지치게 됩니다.

슬프도다, 흙집에 사는 불쌍한 한나라 사람들이. 자신을 되돌아보건대 말을 잘하지도 못하고 옷을 잘 차려입지도 못하고 있으니, 그따위 관을 쓰고 있다고 하더라도 정말로 무엇을 감당할 수 있겠습니까?”

그로부터 뒤에 한나라 사자가 변론하려고 하기만 하면 중항열은 그때마다 문득 이렇게 말했다.

“한나라 사자는 여러 말이 필요 없습니다. 한나라에서 흉노로 보내오는 비단·무명·쌀·누룩을 수량이나 채우고 품질이나 좋게만 잘 살피면 그뿐입니다. 어찌 다른 말을 할 필요가 있겠습니까? 또한 보내온 물품이 제대로 잘 갖춰져 있으면 그만이지만, 잘 갖춰지지 않아 거칠고 나쁘다면 우리는 추수를 기다려서 말을 달려 당신들이 농사지어 놓은 것들을 짓밟아놓으면 될 뿐입니다.”

중항열은 밤낮으로 선우에게 (한나라 침공에) 도움이 되는 것과 해가 되는 것을 살피는 방법을 가르쳤다.

한나라 효문황제 14년에 흉노 선우의 기병 14만 명이 조나(朝那)와 소관(蕭關)을 침입해 북지군 도위(都尉) 손앙(孫卬)을 죽이고 백성과 가축을 많이 노략질하더니 드디어 팽양(彭陽)[1]에 이르렀다. 돌격 부대가 들어와 회중궁(回中宮)[2]을 불태웠고, 척후 기병대가 옹(雍)의 감천궁을 압박했다. 이에 문제는 중위(中尉) 주사(周舍)와 낭중령(郎中令) 장무(張武)를 장군으로 삼아 전차 1,000대와 기병 10만 명을 일으켜 장안 근방에 주둔시킴으로써 흉노의 공격에 대비했다. 그리고 창후(昌侯) 노경(盧卿)을 상군(上郡) 장군, 영후(甯侯) 위속(魏遫)을 북지(北地) 장군, 융려후(隆慮侯) 주조(周竈)를 농서(隴西) 장군, 동양후(東陽侯) 장상여(張相如)를 대장군, 건성후(建成侯) 동혁(董赤)[3]을 전장군으로 삼아서 전차와 기병을 대대적으로 일으켜 흉노를 공격하도록 했다. 선우가 국경 요새선 안에서 한 달쯤 머물다가 물러나버리니, 한나라 군대는 그를 뒤쫓아 요새선 밖으로 나갔으나 적을 제대로 죽일 수 없었다. 이에 흉노가 날로 교만해지더니, 해마다 변경 지대를 침범해 들어와서 백성을 죽이고 가축과 농산물 등을 노략질한 것이 아주 많았다. 그 중에서도 운중군과 요동군의 피해가 가장 심했으니, 그 피해는 대군(代郡)에서도 1만여 명에 이르렀다. 한나라가 이를 걱정해 마침내 사신을 시켜 흉노에게 편지를 보내자, 선우도 당호를 시켜 사과해왔고, 이 때문에 화친에 대한 일을 다시 논의했다.

1) 【집해(集解)】 서광(徐廣)이 말했다. "안정군(安定郡)에 있다."

2) 【색은(索隱)】 복건(服虔)이 말했다. "북지군에 있는데, 무제가 궁을 지었다."

3) 【정의(正義)】 赤은 발음이 (적이 아니라) 혁(赫)이다.

효문제 후(後) 2년에 사신을 시켜 흉노에게 편지를 보내 말했다.

"황제는 삼가 흉노대선우가 무고하신가 안부를 묻소. 당호저거(當戶且渠) 조거난(雕渠難)과 낭중 한료(韓遼)를 시켜 짐에게 보낸 말 2필이 잘 와서 고맙게 받았소. 선제(先帝-유방)께서 다음과 같이 제(制)하셨소.

'장성(長城) 북쪽에 있는 유목 국가는 선우에게서 명령을 받으며, 장성 안쪽에 있는 의관(衣冠)을 갖춘 우리나라는 또한 짐이 다스린다. 만백성으로 하여금 밭을 갈고 베를 짜며 사냥하게 해서 입고 먹을 수 있게 한다면 아비와 자식이 멀어지는 일이 없고 신하와 임금이 서로 편안하게 되며 모두가 포악하게 되지 않을 것이다.'

지금 듣건대, 간사한 백성이 그 좋아하는 것을 탐하고 이익을 좇아 내려가서 의리를 배반하고 약속을 어김으로써 만백성의 생명을 생각하지 않고 두 나라 군주 간의 친선을 이간했지만, 그 일은 이미 과거의 일이오. (선우께서 짐에게) 보내온 편지에서도 '두 나라가 이미 화친하고 두 군주가 기꺼이 여기면서 전투를 중지함으로써 병졸을 쉬게 하고 말을 먹이면서 대대로 번영과 즐거움을 누릴 수 있도록 화합해서 다시 시작하자'라고 말씀하셨소. 짐도 이것을 정말로 기쁘게 여기오. 성인(聖人)이란 날마다 새롭게 옛것을 고치고 바꿔 다시 정치를 시작해서, 늙은이를 쉴 수 있도록 하고 어린이를 잘 자랄 수 있도록 하여 각자가 수령(首領)을 보존케 함으로써 하늘이 준 수명을 누릴 수 있게 하는 것이오. 짐이 선우와 함께 이런 도리를 써서 천도(天道)에 따라 백성을 어여삐 여기고 대대로 서로 이어가서 그것을 끝없이 베풀 수 있다면, 천하에서 편하지 않다고 할 사람이 없을 것이오. 한나라와 흉노가 이웃의 대등한 국가이나 흉노는 날씨가 추운 북쪽 땅에 위치해서 만물을 죽이는 냉기가 일찍 내리기 때문에 짐이 관리에게 시켜 해마다 선우에게 일정량의 차조·누룩·황금·견포·명주솜 등을 보내도록 하겠소.

지금 천하가 크게 태평하게 되어 만백성이 즐거워하고 있으니, 오직 짐과 선우는 (만백성의) 부모가 되어야 하오. 짐이 지난 일을 되돌아보니 그것은 하찮고 사소한 이유에 불과한 것으로 (모두가) 모신(謀臣)의 계략이 잘못되었기 때문이니, 이런 것 모두가 형제 나라로서의 친분을 멀어지게 할 만한 것이 못 되오. 짐이 듣기에, 하늘은 한쪽으로만 치우치게 덮지 않고 땅도 어느 한쪽만을 치우치게 싣지 않는다고 했소. 짐과 선우는 모두 사소한 사건 등을 흘려버리고 같이 대도(大道)를 걸으면서 과거의 잘못[舊惡]을 깨뜨려버림으로써 장구한 대책을 세워 양국 백성이 한집안의 식구처럼 살 수 있게 만듭시다. 이렇게 하면 수많은 백성은 말할 것도 없고 아래로는 물고기나 자라에 미치고 위로는 나는 새까지 발로 걸어 다니는 부류와 입으로 숨 쉬는 부류, 꿈틀거리는 부류까지 모두가 편안함과 이익을 얻게 되고 위태로움을 피하지 않음이 없게 될 것이오. 그러므로 오는 자를 막지 않는 것이 하늘의 도리이니 다 함께 지난 일을 잊어버립시다. 짐은 흉노로 도망쳤거나 잡혀 온 백성을 풀어주겠으니, 선우도 장니(章尼-한나라로 도망쳐 온 흉노 사람) 등에 대해 말하지 마시오. 짐이 듣건대, 옛날의 제왕은 약속을 분명히 하고 거짓말을 하지 않았다고 했소. 선우가 화친에 뜻이 있다면 천하는 크게 편안해질 것이고, 화친한 뒤에 한나라가 먼저 (약속을 어기는) 과오를 범하지는 않을 것이오. 선우는 이에[其] 이런 짐의 뜻을 잘 살펴주시오.”

선우도 이미 화친을 약속하고 나자, 이에 (문제가) 어사(御史)에게 다음과 같이 제조(制詔-명령)했다.

“흉노대선우가 짐에게 편지를 보내와서 이미 화친이 결정되었다. 흉노에서 도망해 온 사람들이 인구를 더해주는 것도 영토를 넓혀주는 것도 아니니 흉노 사람이 국경을 넘어 들어오지 못하게 하고, 한나라 사람도 국경을 나가지 못하게 하라. 만약 이번의 약속을 어기는 자를 베고 나면 오래도록 화친할 수 있고 뒷날에도 문제가 생기지 않아서 모두가 편하게 될 것이다. 짐이 이미 이를 허가했다. 이에 그것을 천하에 포고해 (모두가) 분명하게 알 수 있도록 하라.”

그로부터 4년 뒤에 노상계육 선우가 죽고 아들 군신(軍臣)선우[1]가 세워져 선우가 되었다[2]. 이미 그가 세워지고 나자 효문황제가 다시 흉노와 화친을 맺었으나 중항열은 그(-군신선우)를 다시 섬겼다.

1) 부친이 한나라와 체결했던 평화조약을 파기하고 한나라 북변을 여러 차례 침범했다. 경제(景帝) 때는 한나라 공주를 연지로 맞이하고 공납(貢納)도 받으면서 한편으로는 빈번히 교역함으로써 이득을 보았다. 그러나 무제(武帝)가 즉위한 뒤로는 다시 침공을 시작해 서로 항쟁을 되풀이함으로써 치세 후반부터 점차 쇠퇴했다.

2) 【집해(集解)】 서광(徐廣)이 말했다. "후원(後元) 3년에 세워졌다."

군신선우가 세워진 지 4년 만[1]에 흉노는 다시 화친을 끊고 상군과 운중군에 각각 3만 명 기병으로 쳐들어와서 백성을 죽이고 노략질을 많이 한 끝에 돌아갔다. 이에 한나라에서는 장군 3명을 북지와 대(代)의 구주산과 조(趙)의 비호구(飛狐口)에 주둔시켰으며, 변경을 따라 수비를 단단하게 함으로써 오랑캐 침입에 대비했다. 다시 장군 3명(-주아부·서려·유례)을 배치해 장안 서쪽의 세류(細柳)와 위수(渭水) 북쪽의 극문(棘門)·패상(霸上)에 진을 치고 흉노에 대비하게 했으며, 흉노의 기병이 대군의 구주산 주변으로 들어오면 봉화가 감천에서 장안까지 전달되게 했다. 수개월이 지나 한나라 병사들이 변경에 이르렀는데, 흉노 또한 변경 장성을 떠나 멀리 가버리는 바람에 한나라 군사들 역시 철수할 수밖에 없었다.

그 후 1년 남짓 지나 효문제가 붕(崩)하고 효경제가 세워졌는데, 조왕(趙王) 수(遂)가 드디어 흉노로 몰래 사신을 보냈다. 오나라와 초나라(등 일곱 나라)의 반란이 일어났을 때 흉노는 조나라와 모의해 변경을 침입하고자 했으나 한나라가 조나라를 포위해 격파하자 침입 기도를 그만두었다.

1) 【집해(集解)】 서광(徐廣)이 말했다. "효문제는 후 7년에 붕했고 선우의 편지에 답을 한 것은 후 2년이었으니, 그 사이가 5년이다. 효문 후 6년 겨울에 흉노가 상군과 운중에 침입했다."[따라서 '세워진 지 1년'이라고 해야 옳다.]

이때 이후로 경제는 다시 흉노와 화친해서 관시(關市)를 열어 흉노에 물자를 보내주고 한나라 공주를 보냈으니, 이는 본래의 약속과 같았다. 마침내 경제의 시대에는 때때로 소규모의 변경 침범이 있었을 뿐 대규모 침입은 없게 되었다.

지금의 제[今帝-무제]는 자리에 나아가자, 흉노와 화친의 맹약을 분명히 하고 대우를 두텁게 했으며 관시를 통해 물자를 풍부하게 주었다. 흉노도 선우 이하가 모두 한나라와 친해져서 장성 아래에서 왕래했다.

그런데 한나라에서 마읍(馬邑) 사람 섭옹일(聶翁壹)[1]을 시켜 마읍성을 파는 것처럼 해서 선우를 유인하도록 했는데, (섭옹일은) 금령을 어기고 몰래 국경을 넘어 물자를 내고서[奸蘭] 흉노와 교역하는 사람이었다. 선우가 마읍의 재물을 탐내 섭옹일을 믿고 기병 10만을 이끌어 무주현(武州縣)[2] 요새로 들어왔다. 한나라에서는 30여만의 병력을 마읍 근방에 숨겨둔 뒤 어사대부 한안국(韓安國)으로 하여금 호군(護軍-호군장군)이 되어 장군 4명과 함께 복병을 동솔하며 숨어서 선우를 기다리게 했다. 선우가 이미 한나라 요새에 들어오고 나서 마읍으로부터 100여 리 떨어져 있는 곳에까지 이르렀는데, 들판에 가축들만 가득 널려 있고 목자는 하나도 없는 것을 보고는 이상하게 여기다가 마침내 정장(亭障)을 공격했다. 이때 안문(雁門)의 위사(尉史)가 장성을 순시하던 중에 선우가 쳐들어오는 것을 보고는 이 정(亭)을 지키다가 선우에게 잡혀 죽게 되었다. 위사는 한나라 군대의 계획을 알고 있었기에, 선우가 죽이려고 하자 선우에게 (한나라 군대가 있는 곳을) 모두 알려주었다. 선우가 크게 놀라 "나는 처음부터 의심하고 있었다"라고 말하면서 마침내 군대를 이끌고 돌아갔다.

(선우가) 국경을 벗어나면서 말했다.

"내가 위사를 잡은 것은 하늘의 뜻[天]이다."

1) **【색은(索隱)】** 「위청열전(衛靑列傳)」에서는 섭일(聶壹)이라고 했다. 고씨(顧氏)가 말

했다. "일(壹)은 이름이고, 나이가 많았기에 옹(翁)이라고 했다."

2) **【색은(索隱)】** 소림(蘇林)이 말하기를, 안문(鴈門)에 있다고 했다.

그래서 위사를 '천왕(天王)'이라고 불렀다. 한편, 한나라 군대는 선우가
마읍에 들어오면 군사를 내 선우를 치려고 약속했으나 선우가 오지 않는
바람에 아무런 소득도 얻지 못했다. 한나라 장군 왕회(王恢)의 부대는 대군
에서 나와 흉노의 치중(輜重-군수 보급) 부대를 치기로 되어 있었는데, 돌아
가는 선우 군사의 숫자가 많다는 말을 듣고는 감히 나가 공격하지 못했다.
한나라 조정에서는 왕회가 원래 이번 전략을 세워놓고도 나아가 공격하지
못했다고 해서 회의 목을 베었다.

그 이후로 흉노도 화친을 끊고서 연결 도로에 있는 요새를 공격했으며,
수시로 한나라의 변경으로 들어와 도둑질하는 것이 셀 수 없을 정도였다.
그러나 흉노는 탐욕스럽게 여전히 관시를 좋아해서 한나라 재물을 밝혔으
니, 한나라에서도 관시를 끊지 않고 열어둠으로써 흉노의 비위를 맞추었다
[中之^{중지}].

마읍의 전투가 있은 지 5년 후 가을, 한나라에서는 네 장군에게 각각 1만
기씩을 주어 관시 부근의 흉노를 치게 했다. 장군 위청(衛靑)이 상곡군에서
출진해 용성(龍城)에 이르러 흉노의 수급과 포로 700명을 얻었지만, 공손하
(公孫賀)는 운중군에서 출진해 흉노를 공격했으나 이렇다 할 전과를 거두
지 못했고 공손오(公孫敖)는 대군에서 출진했다가 흉노에게 패해 7,000여
명을 잃었다. 이광(李廣)은 안문군에서 출진했다가 흉노에 패해 흉노가 광
을 사로잡았는데, 광이 이후에 도망쳐 돌아왔다. 한나라에서는 오와 광을
잡아 가두었고, 오와 광은 속전을 내고 풀려나 서인이 되었다.

그해 겨울에 흉노 수천 명이 한나라 변경을 침입해 도둑질했는데, 어양

군(漁陽郡)의 피해가 특히 심했다. 그래서 한나라에서는 장군 한안국을 어양군에 주둔시켜 흉노에 대비케 했다.

그 이듬해 가을에 흉노의 기병 2만이 한나라로 들어와서 요서(遼西) 태수를 죽이고 2,000여 명을 사로잡아 갔다가, 다시 변경 안으로 들어와서 어양 태수의 군대 1,000여 명을 패배시키고 한나라 장군 안국을 에워쌌다. 안국이 이끄는 1,000여 기의 병력마저 전멸될 참에 때마침 연(燕)나라 구원병이 도착하니 흉노가 마침내 물러났다. 흉노는 또 안문군으로 들어와서 1,000여 명을 죽이거나 사로잡아 갔다. 이에 한나라에서는 장군 위청으로 하여금 3만 기를 거느리고 안문군으로 출진하게 하고 이식(李息)에게는 대군에서 출진하게 하여 흉노를 공격했다. 그 결과 흉노의 수급과 포로 수천 명을 얻었다. 그 이듬해에 위청이 다시 운중군에서 출진해 서쪽으로 농서에 이르러 흉노의 누번왕(樓煩王)과 백양왕(白羊王)을 하남(河南)에서 쳤으니, 흉노의 수급, 포로 수천과 소와 양 100여만을 얻었다. 이에 한나라는 드디어 하남 땅을 빼앗은 뒤 삭방군(朔方郡)에 성을 쌓고 다시 옛날 진나라 장군 몽염이 구축했던 요새를 수리함으로써 황하를 근거로 삼아 방비를 굳게 하게 되었다.

한나라는 또한 상곡군에서 북서쪽으로 치우쳐 있는 현(縣)인 조양(造陽) 땅을 버리듯이 흉노에게 내주었다. 이해가 한나라 원삭(元朔) 2년이었다.

그 후 겨울에 흉노의 군신선우가 죽었다. 동생 좌녹려왕 이지사(伊稚斜)[1]가 스스로를 세워 선우가 된 다음 군신선우의 태자 어단(於單)[2]을 쳐서 깨뜨렸다. 어단이 한나라로 도망쳐 오자, 한나라에서는 어단을 봉해 섭안후(涉安侯)로 삼았으나 몇 달 뒤에 죽었다.

---

1) 【색은(索隱)】 稚의 발음은 (치가 아니라) 지(持)와 이(利)의 반절음이다.

2) 【색은(索隱)】 單의 발음은 단(丹)이다.

이지사선우가 이미 세워지고 나서, 그해(원삭 3년) 여름에 흉노 수만 기가 대군으로 쳐들어와서 대군 태수 공(恭)을 죽이고 1,000여 명을 잡아갔다. 그해 가을에 흉노가 다시 안문군으로 쳐들어와서 1,000여 명을 죽이고 잡아갔다. 그 이듬해에 흉노가 또 대군·정양군(定襄郡)·상군으로 각각 3만 기로 쳐들어와서 수천 명을 죽이거나 잡아갔다. 흉노 우현왕은 한나라가 하남 땅을 빼앗아 삭방에 성을 쌓은 것에 원한을 품고서 여러 차례 쳐들어와 변경을 도둑질했으니, 하남으로 쳐들어와 삭방군을 침범하고 관리와 백성을 살해하거나 약탈한 것이 아주 많았다.

그 이듬해 봄에 한나라는 위청으로 하여금 대장군이 되어 장군 6명과 병력 10여 만을 거느리고 삭방과 고궐(高闕-삭방군(朔方郡) 북방에 있는 협곡)에서 출진해 오랑캐를 치게 했다. 우현왕은 한나라 군대가 거기까지 쳐들어올 수 없을 것이라고 생각해 (무방비 상태로) 술을 마시고 취해 있었다. (그런데) 한나라 군대가 요새에서 600~700리나 나와서 밤중에 우현왕을 에워싸자, 우현왕은 크게 놀라서 몸만 빠져나와 도망갔고 정예 기병도 제각기 그의 뒤를 따라 달아나니, 한나라 군대는 우현왕이 거느리던 남녀 1만 5,000명과 비소왕(裨小王) 10여 명을 사로잡았다. 그해 가을에 흉노의 기병 1만 명이 대군으로 쳐들어와서 대군 도위(都尉) 주영(朱英)을 죽이고 1,000여 명을 사로잡아 갔다.

그 이듬해 봄에 한나라는 다시 대장군 위청으로 하여금 장군 여섯과 기병 10여만을 거느리고 마침내 거듭 정양(定襄)에서 수백 리 밖까지 나가서 흉노를 공격하게 했다. 앞뒤 두 차례의 출정으로 대략 수급과 포로 1만 9,000여를 얻었으나 한나라 역시 장군 2명과 기병 3,000여를 잃었다. 우장군 소건(蘇建)은 단신으로 탈출할 수 있었으나 전장군 흡후(翕侯) 조신(趙信)은 전세가 불리하자, 흉노에 항복했다. 조신은 원래 흉노의 소왕(小王)이 없다가 한나라에 투항해 흡후로 책봉된 자로서, 전장군과 우장군이 군대를 합했다가 (주력과 나뉘어 가던 중) 홀로 선우의 군대를 만나 전멸하고 말았다. 선우는 흡후를 사로잡자, 자차왕(自次王-선우 다음이라는 뜻)으로 삼고 누이를 아내로 준 다음 그와 함께 한나라 공격을 모의했다. 조신은 선우에게 좀 더 북쪽으로 물러나서 사막 건너까지 한나라 군대를 유인해 지치게 한 다음 극도로 지치면 공격하되 국경이 있는 곳 가까이 가서는 안 된다고 알려주었다. 선우가 그 계책을 따랐다.

그 이듬해 오랑캐의 1만 기가 상곡으로 쳐들어와서 수백 명을 죽였다.

그 이듬해 봄에 한나라는 표기장군(票騎將軍) 곽거병(霍去病)으로 하여금 기병 1만 명을 거느리고 농서군에서 출정하도록 했는데, 그는 연지산(焉支山)을 지나 1,000여 리를 나아가서 흉노를 공격함으로써 흉노의 수급과 포로 1만 8,000여 인을 얻고 휴도왕(休屠王)을 격파해 사로잡았으며 하늘에 제사 지낼 때 쓰는 황금상(黃金像)까지 손에 넣었다.

그해 여름에 표기장군이 다시 합기후(合騎侯-공손오)와 함께 기병 수만 명을 이끌고 농서·북지에서 2,000리를 나아가 흉노를 쳤고, 거연(居延)을 지나 기련산(祁連山)의 흉노를 공격해서 흉노의 수급, 포로 3만 여와 비소왕 이하 70여 명을 얻었다. 이때 흉노 역시 대군, 안문군으로 들어와서 수백 명을 죽이고 잡아가니, 한나라에서는 박망후(博望侯) 장건(張騫)과 이장군 광으로 하여금 우북평군에서 출진해 흉노 좌현왕을 공격하게 했다. 그러나 오히려 좌현왕이 이광을 에워싸니 이쪽이 입은 손실보다 더 많은 적을 죽이거나 사로잡았지만, 이광의 군사 4,000명가량이 거의 전멸할 지경이었다. 때마침 박망후의 군대가 구하러 와서 이 장군은 위기에서 벗어날 수 있었으나 한나라는 군사 수천을 잃고 말았으니, 합기후가 표기장군과 약속한 날짜를 지나쳐서 늦게 도착했기 때문이다. 박망후와 더불어 모두 죄가 사형에 해당했으나 속전을 내고서 서인이 되었다.

그해 가을에 선우는 혼야왕(渾邪王)과 휴도왕이 서쪽에서 한나라에 수만 명이 죽거나 사로잡힌 것에 화가 나서 그들을 불러들여 죽이려 했다. 혼야왕과 휴도왕이 이를 걱정하다가 한나라에 투항할 것을 모의하니, 한나라에서는 표기장군을 보내 그들을 맞이하게 했다. (그런데) 혼야왕은 휴도왕을 죽인 뒤 군사와 백성까지 이끌고 (홀로) 한나라에 투항했다. (군사와 백성이) 모두 4만여 명인 것을 10만이라고 칭하기는 했지만, 한나라가 이미 혼야왕을 얻고 나자 농서·북지·하서(河西)에 대한 오랑캐의 침공은 현저히 줄어들었다. 이에 (한나라는) 함곡관 동쪽의 빈민들을 흉노에서 빼앗은 하남 땅과 신진중(新秦中)으로 옮겨 살게 하여 (이 지역을) 채웠으므로[實=充] 북지군 서쪽의 수자리 병력을 절반으로 줄일 수 있었다.

그 이듬해에 흉노가 우북평군과 정양군(定襄郡)에 각각 수만 기로 쳐들어와서 1,000여 명을 죽이거나 사로잡아 돌아갔다.

그 이듬해 봄에 한나라에서 조정 신하들이 모의해 말했다.

"흡후 조신이 선우를 위해 세운 계략에 따라 선우는 고비사막 북쪽에 있으면서 한나라 군대가 그곳까지는 이르지 못할 것이라고 생각하고 있다."

마침내 한나라에서는 말에 곡식을 배불리 먹인 뒤 10만 기병을 일으켰으니, 양식과 보급물자를 실은 말을 제외하더라도 개인 물건을 싣고 따르는 말이 총 14만 필이나 되었다. 대장군 위청과 표기장군 곽거병으로 하여금 군사를 나눠 거느리게 했는데, 대장군은 정양군에서 출진하고 표기장군은 대군에서 출진해서 모두 고비를 건너 흉노를 치기로 약속했다. 선우가 이 소식을 듣고는 보급품[輜重]을 멀리 대피시켜 보낸 다음 정예병만 거느리고서 고비 북쪽에서 기다렸다가 한나라 대장군과 하루 종일 전투를 벌였는데, 해 질 무렵 큰바람이 일어날 때 한나라 군대가 좌우익 군대를 풀어 선우를 에워쌌다.

선우는 스스로 한나라 군대를 당해낼 수 없다고 판단해, 마침내 홀로 정예 기병 수백 기만 거느린 채 한나라 포위를 무너뜨리고 북서쪽으로 도망쳤다. 한나라 군대는 밤이라 그를 추격하지 못했으나 이 원정에서 베거나 사로잡은 흉노의 수급과 포로가 1만 9,000여 명이나 되었다. 이후 북쪽으로 전안산(闐顔山) 조신성(趙信城)[1]까지 갔다가 돌아왔다.

1) 【집해(集解)】 여순(如淳)이 말했다. "조신이 전에 흉노에 항복했던 곳으로, 흉노에서 성을 쌓고 사람들을 살게 했다."

선우가 도망가자, 그의 병사들은 이르는 곳마다 한나라 군대와 서로 뒤섞여서 선우를 뒤따라갔다. 선우가 오랫동안 자신의 백성과 서로 만나지 못하게 되자 우녹려왕은 선우가 죽었다고 생각해서 마침내 스스로를 세워 선우가 되었다가, 진짜 선우가 다시 백성을 얻게 되자 이에 선우 칭호를 버리고 다시 우녹려왕으로 돌아갔다.

한나라 표기장군은 대군에서 2,000여 리를 나와 좌현왕과 전투를 벌였는데, 한나라 병사가 얻은 흉노의 수급과 포로는 7만여 급이었고 좌현왕과 장군들은 모두 도망갔다. 표기장군은 낭거서산(狼居胥山)에서 봉제(封祭)를 올리고 고연산(姑衍山)에서 선제(禪祭)를 지낸 다음 한해(翰海)[1]까지 갔다가 돌아왔다.

1) 【집해(集解)】 여순(如淳)이 말했다. "한해는 북해(北海)의 이름이다."

그 뒤 흉노가 멀리 달아나자, 고비사막 남쪽에는 (흉노의) 왕정(王庭)이 없어졌다. 한나라는 황하를 건너 삭방에서 서쪽의 영거(令居)까지 곳곳에 (물을 대는) 도랑을 통하게 하고는 농지를 담당하는 관리와 병졸 5~6만 명을 두었으니, 점점 (흉노 땅을) 잠식해가서 (한나라의) 땅은 흉노의 옛 영토 북쪽과 접하게 되었다.

애초에 한나라의 두 장군(-위청과 곽거병)이 대거 출격해서 선우를 포위해 죽이거나 사로잡은 자가 8~9만이 되었는데, 한나라 사졸 중에서도 죽은 자가 수만 명이었고 한나라의 말 역시 10여만 필이나 죽었기 때문에 흉노가 비록 피폐해져 멀리 도망가기는 했으나 한나라는 말이 적어서 다시 나가 싸울 수 없었다.

흉노가 조신의 계략을 써서 한나라에 사신을 보내 좋은 말로써[好辭] 화친을 청하자, 천자는 조정의 대신들에게 토의하게 했는데, 일부는 화친을 말하기도 하고 일부는 끝내 신하로 만들어야 한다고 말했다. 승상장사(丞相長史) 임창(任敞)이 말했다.

"흉노는 최근에 곤궁하게 되었으니, 마땅히 속국[外臣]으로서 변경에서 조회하도록 하십시오."

그러자 한나라에서는 임창을 선우에게 사신으로 보냈는데, 선우는 그의 제안을 듣고 크게 화를 내면서 임창을 억류하고 돌려보내지 않았다. 앞서 한나라 역시 투항하려는 흉노의 사자를 억류한 바 있었기 때문에 선우는 번번이 한나라 사신을 억류함으로써 그에 대응했던 것이다. 한나라에서 바야흐로 군사와 군마를 징발하려고 했는데, 때마침 표기장군 거병이 병사했기 때문에 이에 한나라는 오랫동안 북쪽으로 흉노를 공격하지 못했다.

몇 년 후 이지사선우가 세워진 지 13년 만에 죽고 아들 오유(烏維)가 세워져 선우가 되었다. 이해가 한나라 원정(元鼎) 3년이었다.

오유선우가 세워지고 나서 한나라 천자는 비로소 수도를 나와 군현을 순수(巡狩) 하러 나섰다. 그 뒤에 한나라는 바야흐로 남쪽으로 양월(兩越-남월과 동월)을 치느라 흉노를 공격하지 못했는데, 흉노 역시 한나라의 변경으로 쳐들어오지 않았다.

오유선우가 세워진 지 3년에 한나라는 이미 양월(兩越)을 멸망시키고 나서 이전에 태복(太僕)을 지냈던 공손하(公孫賀)로 하여금 1만 5,000기를 거느리고 구원(九原)에서 출진해 2,000여 리를 나아가 부저정(浮苴井)까지 가게 했는데, 돌아오면서 흉노를 1명도 보지 못했다. 한나라는 또한 옛 종표후(從驃侯) 조파노(趙破奴)로 하여금 기병 1만여 명을 이끌고 영거(令居)에서 출진해 수천 리를 나아가 흉노하수(匈奴河水)[1]까지 가게 했는데, 역시 돌아오면서 흉노를 1명도 보지 못했다.

1) **【색은(索隱)】** 신찬(臣瓚)이 말했다. "강 이름이며, 영거와의 거리는 1,000리다."

이 무렵 천자는 변경 지대를 친히 순시하며 삭방에 이르렀는데, 18만 기병의 군사를 검열해 절도 있고 당당한 무위(武威)를 과시한 뒤 곽길(郭吉)로 하여금 선우에게 한나라 위세를 은근히 깨우쳐서 알려주게 했다[風告]. 곽길이 흉노에 도착하자, 흉노의 주객(主客)[1]이 (한나라의) 사자로 온 취지를 물었는데, 곽길이 몸을 낮추고 좋은 말로 이야기했다.

"제가 선우를 뵙고 제 입으로 직접 말씀드리겠습니다."

선우가 길을 만나주니, 길이 말했다.

"남월왕의 목이 이미 한나라 수도의 북문에 걸려 있습니다. 선우께서는 할 수 있다면 지금 나와서 한나라와 한번 싸워보십시오. 천자께서 병사를 몸소 거느리고 변경에서 기다리고 계십니다. 선우께서 못 하겠다고 생각하시면 급히 남쪽을 향해 한나라의 신하가 되십시오. 어찌 부질없이 멀리 도망쳐서 고비 북쪽[幕北]의 춥고 고통스러우며 물도 풀도 없는 땅에 숨어 살고 계십니까?"

말이 끝나자, 선우가 몹시 화를 내고 길을 만나게 해준 주객을 즉시 베어버린 뒤, 길을 억류해 돌려보내지 않다가 북해(北海)[2]로 내쳐 욕보였다. 그러나 선우는 끝내 한나라 변경을 침범하지는 않은 채 병사와 말을 쉬게 하고 수렵을 통해 활쏘기를 익히게 하면서 자주 (한나라에) 사신을 보내 좋고 달콤한 말[好辭甘言]로 화친을 청했다.

1) 흉노의 관칭으로, 한나라의 전객(典客)에 대응한다. 주로 빈객(賓客)을 접대하는 일을 관장하는 외교 관원으로 추정된다.
2) 러시아 시베리아 남동쪽 이르쿠츠크(Irkutsk)와 부랴트(Buryatia) 자치공화국 사이에 있는 바이칼호를 가리킨다.

한나라 사신 왕오(王烏) 등이 흉노의 상황을 몰래 살피려 했다[窺=伺]. (그런데) 흉노의 법에 따르면 한나라 사신은 부절을 내버리지 않거나 얼굴에 먹물[墨黥]을 들이지 않으면 (선우의) 막사[穹廬]에 들어갈 수 없었다. 왕오는 북지 사람으로 흉노의 풍습에 익숙했기 때문에 부절을 치우고 얼굴에 먹물을 새긴 뒤 선우의 궁려(穹廬)에 들어가니, 선우가 (왕오의 태도를) 기특하게 여겨서 속이며 좋은 말로 청했다.

"제가 태자를 한나라에 볼모[質]로 보냄으로써 화친을 청하고자 합니다."

(이에) 한나라가 양신(楊信)을 흉노에 사신으로 보냈다.

이 무렵 한나라는 동쪽으로 예맥(穢貉)·조선(朝鮮)을 뽑아 군(郡)으로 삼았고[1], 서쪽으로 주천군(酒泉郡)[2]을 둬 흉노와 강(羌)이 통하는 길을 막은 상태였다. 서쪽으로는 월지·대하(大夏)와 교통하고 한나라 공주를 오손왕(烏孫王)에게 시집보냄으로써 흉노의 서쪽에서 (그를) 지원하던 여러 나라를 (그로부터) 떼어놓았기에, 북쪽으로 농경지를 더욱 확장해 현뢰(胘雷)[3]까지 나아가 요새를 구축해도 흉노는 끝내 감히 한마디 항의도 하지 못하고 있었다. 이해에 흡후 조신이 죽으니, 한나라 집권자들은 흉노가 이미 쇠약해져서 신하로서 따르게 할 수 있다고 판단했다.

1) 【정의(正義)】 즉 현토(玄菟)와 낙랑(樂浪) 두 군이다.

2) 【정의(正義)】 지금의 숙주(肅州)다.

3) 【집해(集解)】 『한서음의(漢書音義)』에서 말했다. "현뢰는 땅 이름으로, 오손의 북
   쪽 지역이다."

양신의 사람됨이 강직하고 굽힐 줄 몰랐으며 평소에 지위가 높은 신하
가 아니라고 해서 선우는 그를 친절하게 대하지 않았다. 마침내 그를 궁려
안으로 불러들이려고 해도 양신이 끝내 부절을 버리지 않자, 선우는 이에
궁려 밖에다 자리를 마련하고서 양신을 만났다. 신이 선우에게 유세해 말
했다.

"만약[卽] 화친하기를 원하신다면 선우의 태자를 한나라에 볼모로 보내
십시오."

선우가 말했다.

"그것은 과거의 약속과 다르다. 과거의 약속은 한나라에서 늘 옹주를 보
내면서 비단·명주솜·식품 등을 등급의 차이에 따라 줌으로써 화친하면
흉노 또한 (한나라의) 변경을 시끄럽게 하지 않는 것이었다. 지금 본래의 약
속과 달리 내 태자를 볼모로 달라고 하지만 (오히려 과거의 약속과 다른 이런 일
은) 바라지도 말라."

흉노의 습속에 따르면, 한나라 사자가 중귀인(中貴人)[1]이 아닐 경우 (그
사람이) 유생이면 설득하러 온 줄 알고 그의 변설을 꺾으려 했고 나이가 젊
으면 자객이라 여겨 그의 기세를 꺾으려 했다. 매번 한나라의 사자가 흉노
로 들어올 때면 흉노 역시 바로 사자를 보내고 한나라에서 흉노의 사자를
잡아두면 흉노 역시 한나라의 사자를 잡아두는 식으로, 반드시 대등한 수
단을 취하지 않고서는 마침내 그만두려고 하지 않았다.

1) 황제의 총애를 받는 환관을 말한다.

양신이 이미 (그냥) 돌아온 뒤 한나라는 왕오를 흉노에 사신으로 보냈다. 흉노가 다시 속이는 말로써 왕오를 달래 한나라의 재물을 많이 얻고자 하여, 거짓으로 왕오에게 말했다.

"내가 한나라에 (몸소) 들어가 천자를 뵙고 형제가 될 것을 서로 맺고 싶네."

왕오가 돌아와 한나라에 아뢰자, 한나라에서는 선우를 위해 장안에 큰 집을 지었다.

(그러나 트집을 잡으며) 흉노 선우가 말했다.

"한나라에서 지위가 높은 사람이 사신으로 오지 않으면 나는 성실한 답을 줄 수 없소."

그러면서 흉노는 지위가 높은 인물을 사신으로 삼아 한나라에 보냈는데, (한나라에서) 병이 나서 약을 먹여 치료해주고자 했으나 불행히도 죽고 말았다. 그러자 한나라에서는 노충국(路充國)에게 2,000석 (고관이 차는) 인수(印綬-인끈)를 주고는 사신으로서 유해를 호송해 가게 했는데, 두터운 예물이 수천 금에 달했다.

노충국이 말했다.

"이 사람은 한나라의 귀인입니다."

(그러나) 선우는 한나라가 자신의 고귀한 사자를 죽였다고 여겨서 곧바로 노충국을 잡아두고는 돌려보내지 않았다.

(선우가 지금까지 해온) 여러 말은 다만 선우가 왕오 등을 속인 것에 불과한 것으로, (선우는) 특별히 한나라에 들어가거나 태자를 볼모로 보낼 생각이 없었다.

오히려 흉노는 여러 번 기습 부대로 하여금 변경을 침범하도록 했다. 한나라에서는 이에 곽창(郭昌)을 발호장군(拔胡將軍)으로 삼고 착야후(浞野侯-조파노)를 삭방군 동쪽에 주둔시킴으로써 흉노에 대비했다.

노충국이 흉노에 억류된 지 3년 만에 선우가 죽었다.

오유(烏維)선우가 세워진 지 10년 만에 죽자, 아들 오사려(烏師廬)[1]가 세워졌는데, 나이가 어려서 아선우(兒單于-아기 선우)라고 불렀다. 이해는 (한나라) 원봉(元封) 6년이었다. 이때 이후로 선우는 더욱더 서북쪽으로 옮겨가서 좌방의 군사는 운중군에 맞서고 우방의 군사는 주천군·돈황군(敦煌郡)에 맞섰다.

1) 【집해(集解)】 서광(徐廣)이 말했다. "판본에 따라 오(烏)는 첨(詹)으로 되어 있다."

아선우가 세워지자, 한나라에서 사신을 2명 보냈는데, 하나는 선우를 조문하기 위해서였고 다른 하나는 우현왕(右賢王)[1]을 조문해 그 나라를 이간시키기 위해서였다. (그러나) 사신들이 흉노로 들어가자, 흉노는 모두를 선우에게로 데려갔고, 선우는 화를 내면서 한나라 사신들을 모두 잡아두었다. 한나라 사신으로 억류된 사람은 전후로 10여 명이었는데, 흉노의 사자가 한나라에 오면 (한나라) 역시 번번이 잡아둬 (그 숫자가) 서로 비슷하게 되도록 했다.

1) 아선우의 숙부다. 아선우가 죽은 다음 그를 이어 8대 선우(單于)가 되었다.

이해에 한나라에서는 이사장군(貳師將軍-이광리)[1]을 시켜 서쪽으로 대원(大宛)[2]을 정벌케 했고, 또 인우장군(因杅將軍-인우는 흉노의 지명)을 시켜서는 수항성(受降城)[3]을 쌓게 했다.

그해 겨울 흉노 땅에는 큰 눈이 내려 가축이 대다수 굶주리고 얼어 죽었는데, 아선우가 아직 어리고 호전적이어서 백성 대부분이 안심하지 못했다. 그 때문에 좌대도위(左大都尉)[4]가 선우를 죽이고자 해서 몰래 사람을 시켜 한나라에 고해 말했다.

"제가 선우를 죽이고 한나라에 항복하고자 하는데, 한나라는 너무 멀리 떨어져 있습니다. 한나라 군대가 곧바로 와서 저를 맞아줄 수만 있으면 제가 바로 실행할 것입니다."

일찍이 한나라에서 이런 말을 들었기 때문에 쌓은 것이 수항성이었지만 (좌대도위는) 그래도 여전히 멀다고 여겼던 것이다.

1) 이사는 대원(大宛)의 성(城) 이름이다. 여기서는 장군 이름으로 쓰였다.

2) 고대 중앙아시아에 있던 나라로, 파미르고원 서쪽 기슭, 즉 지금의 키르기스스탄 페르가나 지역에 있었다.

3) 흉노 귀족의 투항을 맞이하기 위해 쌓은 성이다. 지금의 내몽골 자치구에 있었다.

4) 흉노의 관칭으로, 좌대장(左大將) 아래, 좌대당호(左大當戶) 위에 있다.

그 이듬해 봄에 한나라에서는 착야후 조파노에게 기병 2만 명을 거느리고 삭방군에서 서북으로 2,000여 리를 나아가서 준계산(浚稽山)까지 갔다가 돌아올 것을 기약했다. 착야후가 이미 기약한 날짜에 갔다가 돌아오는 중이었는데, 좌대도위가 반란을 일으키려다가 발각되자 선우가 그를 죽이고 좌익의 군대를 일으켜 착야후를 공격했다. 착야후는 이미 수급과 포로 수천을 얻고 돌아가던 중에 수항성에서 400리쯤 떨어져 있는 곳에서 흉노 군대 8만 기에게 에워싸이게 되었다. 착야후가 밤에 몸소 물을 구하러 나갔는데, 숨어 있던 흉노가 그를 사로잡고 그의 군대를 공격했다. 군중에서는 곽종(郭縱)이 호군이 되고 유왕(維王)이 거수(渠帥-통솔자)가 되어, 서로 모의해 말했다.

"여러 교위(校尉)가 장군을 잃고 죽임을 당할까 두려워해서 서로 돌아갈 것을 권하지 못하고 있다."

한나라 군대는 드디어 흉노에 투항했다. 흉노의 아선우가 크게 기뻐하며 마침내 기습부대를 보내 수항성을 공격했으나 함락하지 못했고, 이에 변경을 노략질한 뒤 돌아갔다.

그 이듬해에 선우가 몸소 수항성을 공격하려 나섰는데, 수항성에 이르기도 전에 병이 나서 죽었다.

아선우가 세워진 지 3년 만에 죽었다. 아들이 어렸기에 흉노는 마침내 숙부이자 오유선우의 동생인 우현왕 구리호(呴犁湖)를 세워 선우로 삼았다. 이해가 태초(太初) 3년이다.

구리호선우가 세워지자, 한나라에서는 광록(光祿) 서자위(徐自爲)로 하여금 오원새(五原塞)에서 출진해 가깝게는 수백 리 떨어진 곳부터 멀게는 1,000여 리까지 진출해서 성채와 망루를 쌓아 (흉노의 영역인) 여구산(廬朐山)까지 연결하게 했고, 유격장군(遊擊將軍) 한열(韓說)과 장평후(長平侯) 위강(衛伉-위청의 장남)을 그 옆에 주둔시켰으며, 강노도위(强弩都尉) 노박덕(路博德)으로 하여금 거연택(居延澤) 주변에 요새를 쌓고 머물게 했다.

그해 가을에 흉노가 정양군과 운중군으로 대거 침입해 들어와서 수천 명을 죽이거나 잡아갔는데, 2,000석(의 고관) 몇 명이 이끄는 군사를 격파한 뒤 돌아가는 길에 광록 서자위가 구축한 망루와 성채마저 파괴했다. 또한 (흉노는) 우현왕을 시켜 주천·장액군(張掖郡)에 들어와서 수천 명을 죽이거나 사로잡아 갔으나, 마침 한나라 장수 임문(任文)이 출격해 (이들을) 구출하니 (흉노는) 얻었던 것을 모두 잃고 돌아갔다. 이해에 이사장군이 대원(大宛)을 격파하고서 그 왕을 베고 돌아왔다는 것을 들은 선우는 (그의 귀로를) 차단하려 했으나 감히 그러지 못했다. 그 겨울에 수항성을 공격하려 했으나 마침 선우가 병에 걸려 죽었다.

구리호선우가 세워진 지 1년 만에 죽자, 흉노는 마침내 동생인 좌대도위 저제후(且鞮侯)[1]를 세워 선우로 삼았다.

1) 흉노의 아홉 번째 선우(單于)다.

  한나라는 이미 대원(왕)을 정벌하고 나서 위세를 다른 나라에도 떨쳤다. 천자는 (차제에) 마음속에 흉노를 괴롭히려는 뜻이 있어, 마침내 다음과 같은 조서를 내렸다.

  "고황제께서는 짐에게 평성(平城)의 원한을 남기셨고 고후(高后) 때는 선우가 매우 무도한 편지를 보내왔는데, 옛날에 제(齊)나라 양공(襄公)이 구세(九世)의 원수를 갚자 『춘추(春秋)』에서 이것을 칭찬했다."1)

  이해가 태초 4년이었다.

1) 『춘추공양전(春秋公羊傳)』 장공(莊公) 4년 봄에 제(齊)나라 양공(襄公)이 기(紀)나라를 멸망시켰던 이유는 복수를 한 것이었다. 양공의 9세조가 이전에 기후(紀侯)에게 무고를 당해 형(亨)이 주(周)나라에서 죽임을 당해 양공이 기나라를 멸망시킨 것이다. 9대가 지난 다음에도 복수할 수 있는가 물으니, 대답하기를 비록 100대라도 가능하다고 했다.

  저제후(且鞮侯)선우가 이미 자리에 세워지고 나자, 사자 가운데 흉노에 귀순하지 않은 자들을 모두 돌려보냈으니, 이 때문에 노충국 등도 돌아올 수 있었다.

  선우는 막 세워졌을 때 한나라가 습격할까 걱정해 마침내 스스로 이렇게 말했다.

  "나는 어린애이니, 어떻게 내가 감히 한나라의 천자와 대등하기를 바라겠는가! 한나라 천자는 내 (아버지 같으신) 어른이다."

  한나라에서 중랑장(中郎將) 소무(蘇武)를 보내 선우에게 두텁게 예물을 주자 선우가 더욱 교만해져서 예의가 심히 거만해졌으니, 이는 한나라가 바라는 바가 아니었다.

  그 이듬해 착야후 조파노가 오랑캐를 깨뜨리고 한나라로 도망쳐 돌아왔다.

그 이듬해 한나라에서는 이사장군을 시켜 3만 기를 거느리고 주천군에서 출진해 천산(天山)에서 우현왕을 치게 해서 (흉노의) 수급과 포로 1만여 인을 얻었는데, 돌아오는 중에 흉노가 이사(장군의 부대)를 크게 에워싸니 거의 빠져나올 수 없어 한나라 군대는 열에 여섯 일곱을 잃었다. 한나라에서는 또한 인우장군을 시켜 서하(西河)에서 출진해 강노도위(彊弩都尉-노박덕)와 탁야산(涿涂山)에서 만나게 했으나 얻은 바가 없었다. 또 기도위(騎都尉) 이릉(李陵)을 시켜 보병과 기병 5,000을 거느리고 거연에서 북쪽으로 1,000여 리를 나아가 선우와 전투를 벌이게 했는데, 릉이 1만여 명을 죽이거나 상하게 했으나 병력과 식량이 떨어져 (포위를 풀고) 돌아오려고 하자 선우가 릉을 포위했다. 릉은 흉노에 투항했고, 그의 병사 중에서 벗어나 한나라로 돌아온 자가 (겨우) 400명이었다. 선우가 이에 릉을 귀하게 여겨 딸을 아내로 삼게 했다.

그 후 2년이 지나서 다시 이사장군을 시켜 기병 6만과 보병 7만을 거느리고 삭방군에서 출진하게 했다. 강노도위 노박덕이 1만여 명을 거느리고 이사와 만났고, 유격장군 한열은 보병과 기병 3만을 거느리고 오원군(五原郡)에서 출진했으며, 인우장군 오는 기병 1만 명과 보병 3만 명을 거느리고 안문군에서 출진했다. 흉노가 이를 듣고는 짐이 될 수 있는 처자와 재산[累重] 을 모두 여오수(余吾水)[1] 북쪽으로 대피시킨 다음 선우가 10만 기를 이끌고 여오수 남쪽에서 기다렸다가 이사와 전투를 벌였다. 이사는 선우와 연이어 10여 일을 싸우고 나서 공격을 풀고 되돌아오던 중에 가족들이 무고(巫蠱)의 사건으로 몰살되었다는 소식을 듣고는 이끌고 있던 군사들과 함께 흉노에 투항했다. 그의 군사 중에서 한나라로 살아 돌아온 자는 1,000여 명 중 한둘뿐이었다. 유격(대장 한열)도 전과가 없었고, 인우(장군 공손오)도 좌현왕과 싸웠으나 불리해지자 철수해 돌아왔다. 이해에 한나라 군사로서 출정한 사람 중에 군공의 많고 적음을 논할 만한 자가 없었고, 공을 세운 자들도 그 공에 맞는 보상을 받지 못했다. 조서를 내려 태의령(太醫令) 수단(隨但)을 체포했는데, 이사장군의 가족이 몰살된 것을 말해 이광리로 하여금 흉노에 투항하게 했기 때문이다.

1) 지금의 몽골공화국에 있는 셀렝게강의 주요 지류 중 하나인 톨강을 지칭한다.

태사공(太史公)이 말한다.

"공씨(孔氏-공자)는 『춘추(春秋)』를 저술할 때 (옛날 노나라의) 은공(隱公)과 환공(桓公) 사이에 일어난 일은 흰히 드러내면서도[章] (자기 시대인) 정공(定公)과 애공(哀公) 사이의 일에 이르러서는 은미하게 했으니[微]1), 그것은 자기 시대의 일을 기록하는 것이었기 때문에 제대로 포폄(褒貶)하지 못하고 피하거나 꺼리는 말[忌諱之辭]이 있을까 봐서 그렇게 썼던 것이다.

지금 세속에서 흉노(匈奴)에 대해 말하는 것을 보고 있노라면, 그들은 한때의 권세를 얻기 위해서 힘써 아첨해 자기주장을 관철하려 하거나 또는 편견에 사로잡혀 저쪽과 자기(-흉노와 한나라)를 충분히 고려하지 못하는 것 같아서 걱정스럽다. 장수들은 중국이 광대한 것만을 믿어 기고만장했고 임금은 그들의 의견에 따라서 계책을 결단했으므로 이 때문에 공로를 세우는 것이 그다지 크지 못했다.

요(堯)임금은 비록 뛰어났지만, 사업을 일으켜 성공하지 못하다가 우(禹)를 얻고서야 구주(九州)가 편안해질 수 있었다.2) 장차 빼어난 위업을 일으키고자 한다면 오로지 장군과 재상을 잘 골라서 일을 맡기는 데 달렸을 뿐이로다! 오로지 장군과 재상을 잘 골라서 일을 맡기는 데 달렸을 뿐이로다!"3)

1) **【색은(索隱)】** 살펴보건대, 자기 나라의 좋지 않은 점을 피하는 것이 예(禮)다. 중니(仲尼)는 정공과 애공 때 벼슬을 했기 때문에 『춘추(春秋)』를 저술하면서 당세에 대해서는 긴절하게 논할 수 없었고, 그래서 그 말을 모호하게 했던 것이다.

2) **【정의(正義)】** 요임금은 비록 뛰어나고 빼어났지만, 능히 혼자서 다스리지 못하다가 우를 얻고서야 구주를 편안케 할 수 있었다. 이를 갖고서 무제가 능히 뛰어난 장수와 재상을 고르지 못하고 소인들의 헛소리를 받아들이는 데만 힘썼고 여러 차례 흉노를 정벌함으로써 백성의 삶을 곤궁에 빠뜨린 것을 풍자했다. 태사공은 우의 빼어남으로 인해 태평이 가능했음을 끌어들여서 당대의 잘못을 공격했던 것이다.

3) **【색은술찬(索隱述贊)】** 험윤과 훈육[獫狁薰粥]/북쪽 변방 미개척지에 살았다네[居于北邊]/이미 하나라 후손으로 칭했으나[旣稱夏裔]/그때그때 이리저리 두루 떠돌아다녔도다[式憬周篇]/자못 기르는 짐승들 따라다녔고[頗隨畜牧]/수없이 일어나는 연기처럼 티끌처럼 흔들리는 삶이었지[屢擾塵煙]/이에 묵특 때부터[爰自冒頓]/활 잘 당기는 힘센 사람들 더욱 모아들였다네[尤聚控弦]/비록 자기 것 아끼시 않고 부하늘에게 다 내주었지만[雖空帑藏]/끝내 적중한 도리에 이르지 못했도다[未盡中權]!

권111 ─ 위장군표기열전(衛將軍驃騎列傳) 제51

권111 위장군표기열전(衛將軍驃騎列傳) 제51

대장군 위청(衛靑)은 평양(平陽) 사람[1]이다. 아버지 정계(鄭季)는 (평양현) 관리로서 평양후(平陽侯)[2] 집에서 급사(給事)로 일했는데, 평양후의 첩 위온(衛媼)과 사통해 청(靑)을 낳았다. 청은 어머니가 같은 형 위장자(衛長子)와 누나 위자부(衛子夫)가 있었는데, 자부가 평양공주(平陽公主)를 섬기다가 궁중에 들어가서 천자의 총애를 얻게 되자 이 때문에 청은 남의 성을 가져다 써서[冒=假稱] 위씨(衛氏)로 바꾸었다. 자(字)는 중경(仲卿)이다. 장자는 자를 장군(長君)으로 고쳤다. 장군의 어머니는 위온(衛媼)이라고 불렀다. 온의 장녀는 위유(衛孺)[3]이고 차녀는 소아(少兒)이며 그다음 딸이 자부(子夫)다. 뒤에 자부의 남동생 보(步)[4]와 광(廣) 또한 모두 위씨 성을 가져다 썼다.

1) 【정의(正義)】『한서(漢書)』에서 말했다. "아버지 정계(鄭季)는 하동군(河東郡) 평양현(平陽縣) 사람으로 현리(縣吏)였으니, 평양후 집안에서 급사(給事-집사)로 일했다."

2) 평양후 조수(曹壽)는 무제의 여동생 양신(陽信) 장공주와 결혼했다[尙].

3) 【색은(索隱)】『한서(漢書)』에서는 군유(君孺)라고 했다.

4) 【집해(集解)】 서광(徐廣)이 말했다. "판본에 따라 보(步)는 소(少)로 되어 있다."

청은 후(侯)의 가인(家人)이 되었으나 어린 시절 아버지 집으로 돌아가자, 아버지는 청에게 양을 치게 했고 정실 어머니[先母=嫡妻]의 자식들은 모두 (그를) 종처럼 대하면서 형제의 수에 넣어주지 않았다. 청은 일찍이 사람들을 따라다니다가 감천궁의 거실(居室-궁궐 안 감옥)[1]에 이르렀는데, 목에 칼을 한 죄수[鉗徒] 한 사람이 청의 관상을 보고서 말했다.

"귀인(貴人)의 상을 하고 있으니, 관직이 봉후(封侯)에 이를 것이야."

청이 웃으면서 말했다.

"다른 사람의 종으로 태어난 주제에 매나 맞지 않고 욕이나 안 먹으면 그걸로 족하지, 어찌 봉후가 되는 일이 있단 말이요!"

1) 【정의(正義)】 거실은 부서 이름인데, 무제가 고쳐 보궁(保宮)이라고 불렀다. 관부(灌夫)가 거실에 갇혔다는 것이 바로 그것이다.

청은 장성하자 평양후 집안의 기사(騎士)가 되어 평양공주를 모셨다.

건원(建元) 2년 봄에 청의 누나 자부가 궁에 들어가 상의 총애를 입었다. 황후[1]는 당읍후(堂邑侯)[2]의 부인인 대장공주(大長公主)의 딸로, 아들이 없어 질투가 심했다. 대장공주는 위자부가 총애를 입어[幸] 임신했다[有身]는 말을 듣고는 그것을 질투해 마침내 사람을 시켜 청을 잡아 오게 했다. 청은 이때 건장궁(建章宮)에서 일을 하고 있었는데[給事], 아직 그의 이름이 알려지지 않았다. 대장공주는 청을 붙잡아 감옥에 넣어놓은 뒤 그를 죽이려 했으나 친구인 기랑(騎郎) 공손오(公孫敖)가 장사들과 함께 가서 그를 빼내 옴으로써[簒=奪] 죽음을 면할 수 있었다. 상이 (이를) 듣고는 마침내 청을 불러서 건장감(建章監)으로 삼고 시중(侍中)을 겸하도록 했다. (이에) 어머니가 같은 형제들은 모두 귀하게 되니, 천자가 내리는 상사(賞賜)가 며칠 사이에도 수천 금에 이르렀다. 위유는 태복 공손하(公孫賀)의 아내가 되었다. 소아는 예전부터 진장(陳掌)[3]과 사통하고 있었는데 상이 진장을 불러 귀하게 해주었다. 공손오는 청을 구해준 일로 더욱 현달했다. 자부가 부인(夫人)이 되었다[4]. 청은 태중대부(太中大夫)가 되었다.

1) 안사고(顔師古)가 말했다. "진(陳)황후로, 무제의 고모의 딸이다."

2) 【집해(集解)】 서광(徐廣)이 말했다. "당읍안후(堂邑安侯) 진영(陳嬰)의 손자 이후(夷侯) 오(午)인데, 경제의 누이인 장공주와 결혼했다. 아들은 계수(季須)인데, 원정(元鼎) 원년에 계수는 간통죄에 걸려 자살했다."

3) 【집해(集解)】 서광(徐廣)이 말했다. "진평(陳平)의 증손자로, 이름은 장(掌)이다."

4) 후궁 중에서 서열이 크게 높아진 것이다.

원광(元光) 5년에 청은 거기(車騎)장군에 제배되어 흉노를 치러 상곡(上谷)에서, 태복 공손하는 경거(輕車)장군이 되어 운중(雲中)에서, 태중대부 공손오는 기(騎)장군이 되어 대군(代郡)에서, 위위(衛尉) 이광(李廣)은 효기(驍騎)장군이 되어 안문(雁門)에서 출진했다. 군사는 각각 1만 기였다. 청은 농성(籠城)에 이르러 오랑캐 수백 명의 머리를 베었다. 기장군 오는 7,000기를 잃었고 위위 이광은 오랑캐에게 붙잡혔다가 탈출해 돌아올 수 있었다. (오와 광은) 둘 다 처벌이 참형에 해당했으나 속죄금을 내고 서인이 되었다. 하 또한 아무런 공로가 없었다.

원삭(元朔) 원년 봄에 위부인(衛夫人)이 아들을 낳고[1] 세워져 황후가 되었다.

그해 가을에 청은 거기장군으로 안문(雁門)에서 출진해 3만 기병을 이끌고 흉노를 쳐서 오랑캐 수천 명의 머리를 베었다.

이듬해 흉노가 침입해 요서(遼西) 태수를 죽이고 어양군(漁陽郡)을 노략질해 2,000여 명을 포로로 잡아갔으며 한(韓) 장군의 군대를 깨뜨렸다. 한나라는 장군 이식(李息)에게 흉노를 쳐서 대군에서 출진하게 하고 거기장군 위청에게는 운중군에서 출진해 서쪽으로 가서 고궐(高闕)[2]에 이르게 했는데, 드디어 농서(隴西)에 이르러 오랑캐 수천 명을 포로로 잡고 가축 수십만 마리를 얻었으며 백양(白羊)과 누번(樓煩) 두 왕을 패주케 하니 마침내 하남 땅을 차지해 삭방군3)으로 삼았다. (상은) 3,800호로 청을 봉해 장평후(長平侯)로 삼았고, 청의 (부하인) 교위(校尉) 소건(蘇建)도 공로가 있어 1,100호를 봉해 평릉후(平陵侯)로 삼고 건에게 삭방의 성을 쌓게 했으며, 청의 교위 장차공(張次公)도 공로가 있어 봉해 안두후(岸頭侯)4)로 삼았다.

1) 【색은(索隱)】 즉 위태자(衛太子) 거(據)다.
2) 【색은(索隱)】 고궐은 산 이름이다. 소안(小顔-안사고)이 말했다. "일설에는 요새 이름이라고 하며, 삭방(朔方) 북쪽에 있다."
3) 안사고(顔師古)가 말했다. "북지군(北地郡)의 북쪽과 닿아 있고, 황하의 남쪽이다."
4) 【색은(索隱)】 살펴보건대, 진작(晉灼)이 말했다. "하동(河東) 피지현(皮氏縣)에 있는 정(亭)의 이름이다."

천자가 말했다.

"흉노는 하늘과도 같은 이치[天理]를 거스르고 인륜을 어지럽혔으며, (습속이 젊은이만 중시해) 노인을 학대하고 도적질에나 힘쓰면서 주변 오랑캐 나라들을 속이고 모략을 일삼음으로써 구원병을 자처하며 여러 차례에 걸쳐 변경을 침해했다. 그래서 군사를 일으키고 장병들을 보내 그 죄를 정벌했던 것이다. 『시경(詩經)』에 이르지 않았던가?

'일거에[薄] 험윤을 쳐부숴 태원(大原)에 이르렀도다!1)',

'수레를 가득 출동시키고 저 삭방에 성을 쌓았도다2).'

지금 거기장군 청이 서하(西河)를 건너서 고궐에 이르러 머리 2,300급(級)3)을 얻고 경거·치중거(輜重車-군수품 운반용 수레)·가축 등을 모조리 확보했기에 이미 열후에 봉했는데, 드디어 서쪽으로 하남 땅을 평정하고 유계(楡谿)의 옛 요새를 순찰했으며[案=尋] 재령(梓嶺)을 넘어 북하(北河)에 다리를 놓아서[梁] 포니(蒲泥)를 토벌하고 부리(符離)를 깨뜨렸다4). 경무장한 정예 병사를 목 베고 몸을 숨겨서 이쪽의 정세를 탐색하던 적병 3,071명을 붙잡았으며 포로를 심문해 적국의 수가 많음을 알아내고[獲醜=得衆] 저 들의 말·소·양 100여만 마리를 몰고 왔는데, 무기와 병사들을 온전히 해 서 돌아올 수 있었다. 그러므로 청에게 3,000호를 익봉(益封)한다.”

1) 【색은(索隱)】「소아(小雅)·유월(六月)」편에 나오는 구절로, (주나라) 선왕(宣王)의 북벌을 찬미한 것이다. 일거에 정벌했다는 것은 그들을 축출했다는 뜻이다.

2) 【색은(索隱)】「소아(小雅)·출거(出車)」편에 나오는 구절이다.

3) 안사고(顔師古)가 말했다. “본래 적의 목[首]을 1명 베면 작위가 1급(級) 승진해 수급(首級)이 라고 했다. 이에 준해서 1명을 생포해도 1급 승진했다.”

4) 【집해(集解)】 진작(晉灼)이 말했다. “포니와 부리는 둘 다 왕의 이름이다.”

그 이듬해에 흉노가 대군에 쳐들어와서 태수 우(友)[1]를 죽였고, 안문군 에 쳐들어와 1,000여 명을 사로잡아갔다. 그 이듬해에도 흉노는 대군·정양 군(定襄郡)·상군을 대거 쳐들어와서 한나라 백성 수천 명을 죽이거나 사 로잡아갔다.

1) 【집해(集解)】 서광(徐廣)이 말했다. “우는 태수의 이름이고, 성은 공(共)이다.”

그 이듬해인 원삭(元朔) 5년 봄에 한나라는 거기장군 청으로 하여금 3만 기를 이끌고 고궐에서 출진하게 했고, 위위(衛尉) 소건을 유격(遊擊)장군, 좌내사(左內史) 이조(李沮)[1]를 강노(彊弩)장군, 태복 공손하를 기(騎)장군, 대(代)나라 재상 이채(李蔡)를 경거장군으로 삼아 모두 거기장군(-위청)에 배속시켜서 함께 삭방에서 출진하게 했으며, 대행(大行) 이식(李息)과 안두 후(岸頭侯) 장차공을 장군으로 삼아 우북평(右北平)에서 출진하게 했다.

1) 【집해(集解)】 문영(文穎)이 말했다. “沮는 발음이 (저가 아니라) 조(俎)다.”

모두 함께 흉노를 치자 흉노의 우현왕(右賢王)이 위청 등의 군대를 상대했는데, (우현왕은) 한나라 군대가 자신이 머무는 곳까지는 올 수 없으리라 여겨서 술에 취해 있었다. (그러나) 한나라 군사들이 한밤중에 진격해 우현왕을 에워싸자, 우현왕은 놀라서 야음을 타고 달아났는데, 오로지 애첩 1명과 건장한 기병 수백만 데리고 내달려서 포위를 무너뜨리고[潰圍] 북쪽으로 도망쳤다. 한나라 경기교위(輕騎校尉) 곽성(郭成) 등이 수백 리를 쫓아갔으나 따라잡지 못하고, 우현왕 아래의 비왕(裨王)[1] 10여 명과 남녀 1만 5,000여 명, 수천수백만에 이르는 가축을 노획해 군사를 이끌고 돌아왔다. 요새에 도착하자 천자는 사자로 하여금 대장군 인장을 가지고 가게 해서 나아가[卽=就] 군중에서 거기장군 청을 제배해 대장군(大將軍)으로 삼았으며, 여러 장수를 모두 병사들과 함께 대장군에게 배속시켰다. 대장군은 그곳에 관호(官號)를 세우고 (경사로) 돌아왔다[2].

1) 【색은(索隱)】 안사고(顏師古)가 말했다. "소왕(小王)으로, 비장(裨將)과 같다."

2) 【색은(索隱)】 살펴보건대, 대장군의 호령을 세우고 돌아왔다는 말이다.

천자가 말했다.

"대장군 청은 몸소 융사(戎士)들을 이끌고 큰 승리를 거둬 흉노 왕 10여 명을 사로잡았으니, 청에게 6,000호를 익봉한다."

그리고 청의 아들들을 봉해 강(伉)[1]을 의춘후(宜春侯)로, 불의(不疑)를 음안후(陰安侯)로, 등(登)을 발간후(發干侯)로 삼으니, 청이 굳게 사양하며 말했다.

"신이 요행히 행군 도중에 대죄(待罪)[2]를 하게 되어 폐하의 신령(神靈)스러움에 힘입어서 군대가 큰 승리를 거두었으니, 이는 모든 교위가 힘껏 싸운 공로 덕분입니다. 폐하께서는 황공하게도 이미 신 청에게 익봉해주시고서는 신의 아들들이 아직 포대기에 싸여 아무런 공로도 세우지 못했건만 황공하게도 땅을 떼어[裂地] 3명을 후로 삼으셨으니, 이는 행군 도중에 대죄하게 되어 병사들을 힘껏 싸우게 독려한 뜻이 아니옵니다. 강을 비롯한 세 아이가 어찌 감히 봉작을 받을 수 있겠습니까?”

천자가 말했다.

“나는 여러 교위의 공로를 잊은 것이 아니니, 이제 정말로 그들에게 상을 내리려 한다.”

1) 【정의(正義)】 伉은 발음이 (항이 아니라) 구(口)와 낭(浪)의 반절음이다.

2) 관직을 맡게 되는 것을 겸양해 이렇게 표현했다.

마침내 어사(御史)에게 조(詔)해 말했다.

“호군도위(護軍都尉) 공손오는 세 차례 대장군을 따라가 흉노를 칠 때마다 항상 군대를 호위하고 교위들을 단결시켜 흉노의 비왕들을 사로잡았으니, 1,500호로 오를 봉해 합기후(合騎侯)로 삼는다. 도위 한열(韓說)은 대장군을 따라 유혼(窳渾)[1]에서 출진해 우현왕의 왕정(王庭)에 이르렀고 대장군의 휘하에서 격전 끝에 비왕들을 사로잡았으니, 1,300호로 열을 봉해 용액후(龍頟侯)[2]로 삼는다. 기장군 공손하는 대장군을 따라가 흉노의 비왕들을 사로잡았으니, 1,300호로 하를 봉해 남표후(南窌侯)[3]로 삼는다. 경거장군 이채는 두 차례 대장군을 따라가 흉노의 비왕들을 사로잡았으니, 1,600호로 채를 봉해 낙안후(樂安侯)로 삼는다. 교위 이삭(李朔), 교위 조불우(趙不虞), 교위 공손융노(公孫戎奴)는 각각 세 차례 대장군을 따라가서 흉노의 비왕들을 사로잡았으니, 1,300호로 삭을 봉해 섭지후(涉軹侯)로 삼고 불우를 봉해 수성후(隨成侯)로 삼으며 융노를 봉해 종평후(從平侯)로 삼는다. 장군 이조(李沮), 이식, 교위 두여의(豆如意)도 공로가 있으니, 관내후(關內侯) 작위를 내려주고 식읍을 각각 300호로 한다.”

그해 가을에 흉노가 대(代)에 침입해 도위 주영(朱英)을 죽였다.

1) 【집해(集解)】서광(徐廣)이 말했다. "유혼은 삭방군에 있다. (窳의) 발음은 유(庾)
다." 【색은(索隱)】복건(服虔)이 말했다. "유혼은 요새 이름이다." 『한서(漢書)』에
서는 전혼(窴渾)이라고 했다.

2) 안사고(顏師古)가 말했다. "額을 액(額)으로 쓰기도 한다."

3) 【집해(集解)】서광(徐廣)이 말했다. "篍는 발음이 (교가 아니라) 필(匹)과 효(孝)의
반절음이다."

그 이듬해 봄에 대장군 청이 정양에서 출진했는데, 합기후 오를 중(中)장
군, 태복 하를 좌장군, 흡후(翕侯) 조신(趙信)을 전(前)장군, 위위 소건을 우
장군, 낭중령 이광을 후(後)장군, 좌내사 이조를 강노 장군으로 삼아 모두
대장군에 소속시켜서 수천 급의 머리를 베고 돌아왔다. 한 달 남짓 후에 모
두[悉] 다시 정양에서 출진해 오랑캐 1만여 명을 목 베거나 사로잡았으나
우장군 소건과 전장군 조신이 함께 3,000여 기병을 이끌고 독자적으로 선
우의 군대와 맞붙어서 하루 남짓 교전을 벌였다가 한나라 군사들이 거의
전멸했다[盡=全滅]. 조신은 원래 흉노 사람으로 한나라에 투항해서 흡후가
되었는데, 상황이 급해지자, 흉노의 꾐에 빠져 결국 800 기병을 거느리고 선
우에게 달려가 투항하고 말았다[奔降]. 우장군 소건은 자신의 군대를 다 잃
고 혼자 몸으로 빠져나와 스스로 대장군에게로 돌아왔다.

대장군이 군정(軍正) 굉(閎), 장사(長史) 안(安), 의랑(議郎) 주패(周霸) 등
에게 물었다.

"소건을 어떻게 처리하면[當] 좋겠는가?"

패(霸)가 말했다.

"대장군께서 출전한 이래로 아직까지 비장을 목 베신 적이 없지만, 이
번에는 건이 군대를 버렸으니 마땅히 참수해 장군의 위엄을 밝히셔야 합
니다."

굉과 안이 말했다.

"그렇지 않습니다. 병법에도 '소군은 아무리 견고해도 대군에게 사로잡힌다'라고 했습니다. 이번에 건은 수천의 병사로써 선우의 수만 병사와 맞붙어 하루가 넘도록 힘껏 싸웠으나 병사들은 모두 감히 두 마음을 품지 않았습니다. 그리고 스스로 돌아와 보고했는데도 그의 목을 벤다면, 이는 앞으로는 (전투에서 지면) 돌아오지 말라는 뜻을 드러내 보이는 것입니다. 그의 목을 베어서는 안 됩니다."

대장군이 말했다.

"청은 요행히 폐하의 인척[肺腑]으로서 행군 도중에 대죄했기 때문에 위엄이 있고, 없고는 신경 쓰지 않는다. 그러니 패가 내게 위엄을 밝히라 했으나 그것은 심히 내[臣] 뜻과는 무관한 것이다. 비록 내 직권으로 장수를 목 벨 수 있다고는 하지만, 폐하의 총애를 받는 신하로서 감히 국경 밖에서 부하를 제멋대로 주살해서는 아니 되는 일이다. 사정을 천자께 보고해 천자께서 직접 결재하시도록 함으로써 남의 신하 된 자가 감히 함부로 권력을 행사하지[專權] 않는다는 것을 간접적으로라도 보여주는 것[風=諷]이 진실로 좋지 않겠는가?"

군리들이 모두 좋다고 했다. 드니어 건을 가둬 행재소(行在所-천자의 임시 거처)로 보낸 뒤 요새로 들어감으로써 싸움을 끝냈다.

이해에 대장군의 누나 소아의 아들 곽거병(霍去病)이 천자의 총애를 받아서 18세에 시중이 되었다. 말타기와 활쏘기가 뛰어나서 두 차례나 대장군을 종군하니 대장군이 조서를 받고 그에게 장사(壯士)를 주고 표요교위(剽姚校尉)[1]로 삼았는데, 경무장한 용감한 기병 800명과 함께 대장군 본대에서 수백 리나 떨어진 곳까지 진격해 전리품을 챙겼다. 이때 참수하거나 사로잡은 적이 적정 수준보다 많았으니[過當][2], 이에 천자가 말했다.

"표요교위 거병이 목 베거나 사로잡은 적이 2,028급(級)인데, 그중에는 (적의) 상국(相國)이나 당호(當戶)도 있다. (또) 선우의 친척으로서 조부의 항렬에 해당하는 적약후(藉若侯) 산(産)의 목을 베었고 선우의 계부 나고비(羅姑比)를 생포했다. 그의 전공이 두 차례나 전군에서 으뜸이었으니[冠軍], 이에 2,500호를 갖고서 거병을 봉해 관군후(冠軍侯)로 삼는다. 상곡(上谷) 태수 학현(郝賢)은 네 차례나 대장군을 따라가서 사로잡은 적이 2,000여 급이었으니, 1,100호로써 현을 봉해 중리후(衆利侯)로 삼는다.”

이해에 두 장군의 군대를 잃고 흡후는 (흉노로) 도망쳤으며 전공이 많지 않아 대장군은 익봉을 받지 못했다. 우장군 건이 경사에 도착하자 천자는 그를 주벌하지 않고 속죄금을 내게 하여 서인으로 삼았다.

1) 안사고(顏師古)가 말했다. “표요(票姚)란 강하고 빠른[勁疾] 모습을 뜻한다.”

2) 【색은(索隱)】 안사고(顏師古)가 말했다. “이끌고 간 자기 병사보다 더 많은 수를 포로로 잡는 것을 과당(過當)이라고 한다. 일설에는 한나라 군대가 잃어버린 군사는 적고 죽이거나 붙잡은 흉노의 수가 많은 것을 과당이라고 하기도 한다.”

대장군이 이미 돌아오자 1,000금을 내려주었다. 이때 왕부인(王夫人)이 마침 천자의 총애를 받고 있었는데, 영승(甯乘)[1]이 대장군을 설득해 말했다.

“장군께서 공로가 아주 많지는 않은데도 본인은 1만 호의 식읍을 하사받고 세 아들이 모두 후(侯)가 된 까닭은 황후 때문입니다. (그런데) 지금은 왕부인이 총애를 받고 있으나 일족들은 아직 부귀를 누리지 못하고 있으니, 바라건대 장군께서는 하사받은 1,000금을 받들어서 왕부인 어머니[親=母]의 축수(祝壽)에 내놓으십시오.”

대장군이 마침내 500금을 왕부인 어머니의 축수를 위해 바쳤다. 천자가 이를 듣고서 대장군에게 묻자, 대장군이 있는 그대로 대답하니[實對], 상은 마침내 영승을 제배해 동해(東海)도위로 삼았다.

1) 안사고(顏師古)가 말했다. "『사기(史記)』에서는 영승이 제(齊)나라 사람이라고 했다."

(교위) 장건(張騫)은 일찍이 대하(大夏)[1]에 사신으로 가서 오랫동안 흉노에게 억류된 경험이 있었기 때문에 대장군을 따라 출병해 군대를 인도할 때 좋은 물과 풀이 있는 곳을 잘 알았고, 그래서 군대(의 군사와 말들)는 기갈을 면할 수 있었다. 게다가 예전에도 먼 나라[絕國] 에 사신으로 갔던 공로가 있었기에, 건을 봉해 박망후(博望侯)로 삼았다.

1) 【정의(正義)】 대하는 대원 서쪽에 있다.

관군후(冠軍侯) 거병은 이미 후(侯)가 된 지 3년이 지난 원수(元狩) 2년 봄에 표기장군(驃騎將軍)이 되었고, 기병 1만을 이끌고 농서(隴西)에서 출진해 공이 있었다. 천자가 말했다.

"표기장군은 용사들을 이끌고 오려(烏盭)[1]를 넘어[隃=踰] (흉노의) 속복(遬濮) 부락을 토벌한 뒤 호노수(狐奴水)를 건너 다섯 왕국을 지났는데, 군수물자와 짐믹고 떨고 있는 사람들을 약탈하지 않고 오직 선우의 아들만 잡으려 했다. 여기저기 옮겨 다니며 6일 동안 연이어 전투하면서 언지산(焉支山)을 넘어 1,000여 리를 갔는데, 흰 칼날을 부딪쳐가며 절란왕(折蘭王)을 죽이고 노호왕(盧胡王)을 목 베면서 정예의 강병들을 주살했으며 혼야왕(渾邪王)의 아들과 상국·도위를 비롯해 8,000여 급을 목 베거나 사로잡고 휴도왕(休屠王)이 하늘에 제사 지낼 때 쓰는 금인(金人)[2]을 거둬왔다. 이에 거병에게 2,000호를 익봉한다."

1) 【집해(集解)】 盭는 戾(려)의 옛글자다. 오려는 산 이름이다.

2) 【집해(集解)】 여순(如淳)이 말했다. "하늘에 제사를 지낼 때 신주로 쓰는 동상이다."

그해 여름에 거병은 합기후 공손오와 함께 북지(北地)에서 출진해 다른 길로 갔고, 박망후 장건과 낭중령 이광이 함께 우북평에서 출진해 다른 길로 갔다. 모두 흉노를 공격하기 위함이었다. 낭중령 광(廣)은 기병 4,000을 이끌고 먼저 갔고, 건(騫)이 기병 1만을 이끌고 뒤따랐다. 흉노의 좌현왕(左賢王)이 기병 수만을 이끌고 광의 부대를 에워싸자, 광이 이틀 동안 전투를 벌였는데, 전사자가 절반을 넘었으나 사살한 적군 또한 그보다 훨씬 많았다[過當]. 박망후의 부대가 도착하자 흉노는 병사들을 이끌고 물러갔다. 박망후는 행군을 지체한 죄[行留]에 걸렸는데, 그 죄가 참수에 해당했으나 속죄금을 내고 서인이 되었다. 한편 표기장군은 북지군에서 출진해 드디어 적진 깊숙이 들어갔는데, 합기후가 길을 잃어 합류하지 못했다. 그러나 표기장군이 거연을 지나 기련산(祁連山)에까지 목을 베거나 포로로 잡은 자가 대단히 많았다.

천자가 말했다.

"표기장군은 거연(居延)¹⁾을 건너 드디어 소월지국(小月氏國)을 지나서 기련산(의 흉노)을 공격해 (흉노 왕) 추도왕(酋涂王)을 사로잡았는데, 무리 지어 투항한 자가 2,500명이었고 목 베거나 사로잡은 자가 모두 3만 200명이었으며 다섯 왕과 그들의 어미, 선우의 연지(閼氏-부인)와 왕자 59명, 상국, 장군, 당호, 도위 63명을 사로잡았으나 아군은 대략 10분의 3을 잃어버릴 뿐이었다. 이에 거병에게 5,000호를 익봉하고, 거병을 따라 소월지국까지 진격한 교위에게는 좌서장(左庶長-제10작)의 작위를 내려준다.

응격사마(鷹擊司馬) 파노(破奴-조파노)는 두 차례에 걸쳐 표기장군을 따라가 속복왕(遫濮王)의 목을 베고 계저왕(稽沮王)과 천기장(千騎將)을 사로잡았다. 왕과 왕의 어미 각각 1명, 왕자 이하 41명을 붙잡아 포로가 3,330명이고 선봉 부대가 1,400명을 사로잡았기에 1,500호로 파노를 봉해 종표후(從票侯)로 삼는다.

흉노의 구왕(句王)이던 교위 고불식(高不識)은 표기장군을 따라가 호우도왕(呼于屠王)과 왕자 이하 11명을 붙잡고 1,768명을 포로로 잡았기에 1,100호로 불식을 봉해 의관후(宜冠侯)로 삼는다.

교위 복다(僕多)[2]도 전공이 있으니 봉해 휘거후(輝渠侯)로 삼는다."

합기후 오는 행군을 지체해 표기장군과 약속한 시간에 도착하지 못한 죄로 참수형을 받아야 했으나 속죄금을 내고 서인이 되었다.

여러 노련한 장수[宿將=舊將]가 거느리는 그 어떤 병마(兵馬)들도 표기장군만은 못했다.

표기가 거느린 병사들이 항상 엄선한 병사들이기도 했지만, 병사들이 적진에 감히 깊숙이 들어갈 때는 (표기장군)도 항상 용맹한 기병들과 함께 본대의 선봉에 섰고, 그의 부대 역시 천운이 있어 일찍이 한 번도 곤경에 빠지거나 고립된 적이 없었다. 더욱이 여러 노련한 장수는 늘 진격 속도가 지체되어 전공을 세울 기회를 만나지 못했다[不耦=不遇]. 이로 인해 거병은 날로 천자로부터 총애를 받았으니, (마침내) 귀한 신분이 되어 대장군과 어깨를 나란히 했다[比=比肩].

1) 【집해(集解)】 장안(張晏)이 말했다. "상 이름이다."

2) 【색은(索隱)】 한나라 「백관표(百官表)」에는 복명(僕明)으로 되어 있으니, 여기에 다(多)는 옮겨 쓰는 이가 잘못한 듯하다."

그해 가을에 선우는 혼야왕이 서쪽에 있으면서 여러 차례 한나라에 격파당하고 표기의 군대에 의해 수만 명을 잃은 것에 격분해 혼야왕을 불러 주살하려고 했다. 이에 혼야왕은 휴도왕 등과 함께 한나라에 투항하기로 모의한 뒤 먼저 사람을 변경으로 보내 이를 통보했다. 이때 대행(大行) 이식이 황하 가에 성을 축조하고 있었는데, 혼야왕의 사자를 만나보고는 즉시 파발마를 보내 조정에 보고했다.

천자가 보고받고는 이에 그들이 거짓으로 투항해 변경을 습격하려는 것이 아닌가 걱정해, 마침내 표기장군에게 군사를 거느리고 가서 그들을 맞이하라고 명했다.

표기는 이미 황하를 건너고 나자 혼야왕의 무리와 서로 멀리서 바라보았는데, 혼야왕의 비장들은 한나라 군사를 보자 투항하지 않으려고 뿔뿔이 흩어져 숨거나 도망치는 자들이 자못 많았다. 표기가 마침내 말을 달려 들어가서 혼야왕을 만나보았다. 그러고는 도망치려는 자 8,000명을 목 베고 드디어 혼야왕만 파발마에 태워서 먼저 행재소로 보낸 뒤, 혼야왕을 따라온 자들을 인솔해 황하를 건넜다. 항복한 자들이 수만 명이었으나 (그 수를) 10만으로 보고했다.

혼야왕의 무리가 장안(長安)에 이미 도착하자 천자는 수십 거만(鉅萬)을 상금으로 내려주었다. 혼야왕은 1만 호를 봉해주고 탑음후(漯陰侯)[1]로 삼았으며, 그의 비왕(裨王) 호독니(呼毒尼)를 하마후(下摩侯)에, 응비(鷹庇)를 휘거후(煇渠侯)에, 금리(禽梨)를 하기후(河綦侯)에, 대당호(大當戶) 동리(銅離)를 상락후(常樂侯)에 봉했다.

이에 천자는 표기의 공로를 가상히 여겨 이렇게 말했다.

"표기장군 거병이 군사를 이끌고 흉노를 정벌해서 흉노 서부 지역의 왕인 혼야왕과 휘하의 많은 병졸로 하여금 서로 이끌어 투항하게 한 뒤 군량으로 그들을 먹였고, 아울러 궁수(弓手) 1만여 명을 거느리고서 투항을 거부하는 거칠고 사나운 흉노의 군사 8,000여 명을 주살하고 다른 오랑캐 나라의 왕 32명을 항복시켰다. 그리하여 아군은 부상당하지도 않은 채 10만의 흉노 무리를 모두 모아서 항복시켰다. 거병이 빈번하게 출병한 노고로 말미암아 우리의 군사력이 황하 유역의 요새에까지 이르게 되어, (이제) 근심은 거의 없어졌고 다행히 이미 평안을 누리게 되었다. 1,700호를 가지고 표기장군을 익봉하라."

(그러고는) 농서·북지·상군의 수자리 병력을 반으로 줄이고 천하 백성의 요역을 덜어주었다[寬=減].

1) 【색은(索隱)】 살펴보건대, 「지리지(地理志)」에 따르면 탑음은 현 이름이며 평원군
(平原郡)에 있다.

얼마 후에 마침내 투항한 무리를 변경 지방의 다섯 군(郡)과 예전의 새외
(塞外) 지역에 나눠 살게 하니[1], 그들은 모두 하남 일대에 살면서 과거 풍습
을 유지한 채로 한나라의 속국이 되었다.

그 이듬해에 흉노가 우북평(右北平)과 정양(定襄)에 쳐들어와서 한나라
사람 1,000여 명을 죽이거나 붙잡아 갔다.

1) 【정의(正義)】 다섯 군은 농서·북지·상군·삭방·운중이며, 아울러 예전의 새외
외에 북해(北海) 서남쪽도 있었다.

그 이듬해에 천자가 여러 장수와 토의하며 말했다.

"흡후(翕侯) 조신(趙信)이 선우(單于)를 위한 계책을 세우고 있는데, 그
자는 늘 한나라 군대가 사막을 건너게 되면[度幕] 잠시도 머물기가 어렵다
고 여긴다. 이럴 때 대규보로 군사를 발동한다면 형세로 보아 반드시 얻고
자 하는 바를 이루게 될 것이다."

이해는 원수(元狩) 4년이었다.

(그리하여) 원수 4년 봄에 상은 영을 내려 대장군 청과 표기장군 거병으
로 하여금 각각 5만 기병을 이끌게 한 뒤 보병과 군수품 운반 인원 수십만
명이 그 뒤를 따르게 했는데[踵], 과감하게 힘써 싸우며 적진 깊숙이 들어
갈 병사들은 모두 표기 밑에 소속시켰다. 표기가 처음에는 정양(定襄)에서
나아가 선우와 맞서려 했으나 포로가 선우는 동쪽으로 갔다고 말하니, 마
침내 천자는 다시 영을 내려 표기를 대군(代郡)에서, 대장군을 정양(定襄)
에서 출진하게 했다. 낭중령(郞中令-이광)을 전장군(前將軍), 태복(太僕-공

손하)을 좌장군, 주작도위(主爵都尉) 조이기(趙食其)를 우장군, 평양후(平陽侯) 양(襄-조양(曹襄))을 후장군으로 삼아 모두 대장군(大將軍)에 소속시켰다. 병사들이 곧바로 사막을 건너니 사람과 말의 수효가 5만 기였는데, 표기장군 등과 함께 모두 흉노의 선우를 치게 했다. 조신(趙信)이 선우에게 계책을 말했다.

"한나라 군대는 사막을 건너왔으니, 병사와 말이 지쳤을 것입니다. 흉노는 가만히 앉아서 포로들을 거둬들이기만 하면 될 뿐입니다."

그래서 (선우는) 흉노의 군수물자를 전부 멀리 북쪽으로 옮기고는 정예병사만으로 사막 북쪽에서 기다렸다가 때마침 대장군의 군대와 마주쳤다. (대장군의) 군대는 요새에서 1,000여 리를 나와서야 선우의 군대가 진을 친 채 기다리는 것을 발견했다. 이에 대장군은 영을 내려 무강거(武剛車)[1]를 군영의 주변에 둥글게 포진시켜놓은 다음 기병 5,000명을 내보내 가서 흉노와 대적하게 했다. 흉노도 1만 기병을 내놓았다. 마침, 해가 저물어가는데다 큰바람이 일어 모래와 자갈이 얼굴에 몰아치기까지 하니 양쪽 군사들은 서로를 볼 수 없었는데, 한나라는 좌우의 날개를 더욱더 벌려 선우를 둘러쌌다[繞]. 선우가 보기에 한나라는 병력이 많고 병사나 군마가 오히려[尙] 막강해서 싸워도 흉노가 불리할 것 같았기에, 땅거미가 질 무렵 선우는 드디어 노새 6마리가 이끄는 전차[六贏=六騾]에 오른 후 용감한 기병 수백만 데리고 곧장 한나라의 포위를 뚫고 서북쪽으로 내달려 도망쳤다. 날이 이미 어두운 상태에서 한나라와 흉노가 서로 뒤엉켜 싸우는[紛挐=紛挐] 바람에 양쪽의 사상자는 대개 비슷했다.

한나라 군대의 좌교(左校)가 잡은 포로가 말하기를 "선우는 해가 지기 전에 달아났다"라고 하므로, 한나라 군대는 곧바로 날랜 기병[輕騎]을 보내 선우를 뒤쫓게 한 뒤 대장군의 군대도 함께 그 뒤를 따랐다. 흉노 병사들은 흩어져 달아났다. 동틀 무렵까지 200여 리나 쫓아갔으나 선우를 잡지 못했지만 자못 목을 베거나 포로로 잡은 자가 1만여 명이나 되었다. 드디어 전안산(竇顔山)의 조신성(趙信城)에 이르러서 흉노가 쌓아둔 식량을 찾아내 한나라 병사들을 먹였다. 한나라 군대는 그곳에 하루를 머문 뒤에 돌아왔는데, (그에 앞서) 조신성에 남아 있던 곡식은 모두 불태우고 돌아왔다.

1) 뚜껑이 있어서 몸을 보호할 수 있는 전쟁용 수레를 말한다.

대장군이 선우와 교전하고 있을 때 전장군 광(廣)과 우장군 이기(食其)의 군사는 따로 갈라져 동쪽 길을 따라 진군했는데, 혹 길을 잃기도 하다가 선우를 공격할 시기에 늦었다. 대장군은 군대를 이끌고 되돌려 사막 남쪽을 지났을 때야 마침내 전장군과 우장군을 만날 수 있었다. 대장군이 사자를 보내 전투 결과를 조정에 보고하려고 하면서 장사(長史)로 하여금 문서에 입각해서 전장군 광을 심문하게 하자 광은 자살했다. 우장군은 장안에 이르러 형리에게 내려졌다가 속죄금을 내고 서인이 되었다. 대장군의 군대가 요새에 들어와서 전공을 살펴보니 목을 베거나 사로잡은 흉노 군사가 모두 1만 9,000급이었다.

이때 흉노의 무리가 10여 일 동안 선우의 행방을 알지 못하자 우녹려왕(右谷蠡王)은 스스로를 세워 선우가 되었다가, 뒤에 원래의 선우가 되돌아와서 그 무리를 얻게 되자 우왕(右王)은 마침내 선우 칭호를 버렸다.

표기장군도 (대장군과 마찬가지로) 기병 5만을 거느렸고 병거와 치중(輜重-군수 부대)도 대장군의 군대와 대등했지만, 비장(裨將)은 없었다. 그래서 이감(李敢) 등을 모두 대교(大校)로 삼아 비장 역할을 하게 한 뒤에 대군(代郡)과 우북평에서 출진해 2,000여 리를 나아가 흉노 좌익의 군대와 전투를 벌였는데, 이때 목 베거나 사로잡은 공로가 이미 대장군보다 많았다. 군대가 이미 장안으로 돌아오고 나자, 천자가 말했다.

"표기장군 거병은 군사를 거느리고 (또) 포로로 잡은 훈육(葷粥-흉노)[1]의 병사들을 친히 이끌고서 장비와 군수품을 최대한 가볍게 한 채 광대한 사막을 횡단하고[絶=橫] 강을 건넜다. 그리하여 선우의 (근신인) 장거(章渠)를 사로잡고 (흉노 왕) 비거기(比車耆)를 주살한 뒤 다시 방향을 돌려 좌대장(左大將)을 쳐서 그의 군기와 전고(戰鼓)를 빼앗았으며, 이어 이후산(離侯山)을 넘고 궁려수(弓閭水)를 건너서 둔두왕(屯頭王), 한왕(韓王) 등 3명과 장군·상국·당호·도위 등 83명을 사로잡았다. 또한 낭거서산(狼居胥山)에서 하늘에 제사 지내고[封] 고연산(姑衍山)에서 땅에 제사 지냈으며[禪] 한해(翰海) 부근의 산에 올랐는데, 사로잡은 흉노의 무리가 7만 443명이었으나 아군 병력은 10분의 3을 잃었을 뿐이고 적군에게서 식량을 조달함으로써 아주 먼 곳까지 행군하면서도 군량이 떨어지지 않았다. 표기장군에게 5,800호를 익봉한다.

우북평(右北平) 태수 노박덕(路博德)은 표기장군에게 배속되어 여성(與城)에서 합류할 때 만날 시기를 놓치지 않았고 그를 따라 도도산(檮余山)[2]에 이르러 2,700명을 목 베거나 사로잡았으므로 1,600호로 박덕을 봉해 부리후(符離侯)로 삼는다.

북지(北地)도위 형산(邢山)[3]은 표기장군을 따라가 (흉노의) 왕을 사로잡았으므로 1,200호로 산을 봉해 의양후(義陽侯)로 삼는다.

본래 흉노 사람으로 한나라에 귀의해 후(侯)가 된 인순왕(因淳王) 복육지(復陸支)와 누전왕(樓專王) 이즉간(伊卽軒)은 모두 표기장군을 따라가서 전공을 세웠으니, 1,300호로 복육지를 봉해 장후(壯侯)로 삼고 1,800호로 이즉간을 봉해 중리후(衆利侯)로 삼는다.

종표후 파노[4]와 창무후(昌武侯) 안계(安稽)도 표기를 따라가 전공을 세웠으므로 각각 300호씩 익봉한다.

교위 감(敢)[5]은 군기와 북을 빼앗았으므로 관내후로 삼고 식읍을 200호로 하며, 교위 자위(自爲)[6]에게는 대서장(大庶長)의 작위를 내린다."

(그 밖에도 거병 휘하의) 군리와 병사 중에는 관직을 얻고 상사(賞賜)로 받은 것이 굉장히 많았다.

반면에 대장군은 익봉되지 못했고 (위청 휘하의) 군리와 병사 중에도 후로 봉해진 사람이 아무도 없었다.

1) 【집해(集解)】 서광(徐廣)이 말했다. "육(粥)은 판본에 따라 윤(允)으로 되어 있다."

2) 【색은(索隱)】 檮余의 발음은 (도여가 아니라) 도도(桃徒)다.

3) 【집해(集解)】 서광(徐廣)이 말했다. "판본에 따라 위산(衛山)으로 되어 있다."

4) 【집해(集解)】 서광(徐廣)이 말했다. "성은 조씨(趙氏)며, 옛 흉노 왕이다."

5) 【색은(索隱)】 이광(李廣)의 아들이다.

6) 【색은(索隱)】 살펴보건대, 서자위(徐自爲)다.

(청과 거병의) 두 군대가 요새를 나설 때 (대장군의) 관마(官馬)·사마(私馬)를 점검해보니 14만 필이었는데, 뒤에 요새로 돌아온 말은 3만 필을 넘지 못했다[不滿=不過]. 이에 대사마(大司馬)의 자리를 둬 대장군과 표기장군을 모두 대사마로 삼았고[1], 법령을 정해 표기장군의 품계와 봉록[秩祿]을 대장군과 똑같게 했다. 이때 이후로 대장군 청은 날로 쇠퇴해갔고 표기는 날로 더 존귀해졌다.

대장군의 오랜 친구들이나 문하 사람 중에는 대장군을 떠나 표기장군을 섬겨서 즉시[輒] 관작을 얻는 이들이 많았는데, 오직 임안(任安)[2]만은 그렇게 하지 않았다[不肯].

1) 진작(晉灼)이 말했다. "둘 다 대사마 직을 더해주었다는 것은 표기장군 거병과 대장군 청을 대등하게 하려고 한 것이었을 뿐이다."

2) 안사고(顔師古)가 말했다. "안은 형양(滎陽) 사람으로 뒤에 익주(益州) 자사가 되었는데, 이 사람이 바로 사마천과 편지를 주고받았던 장본인이다."

표기장군은 사람됨이 말수가 적었고 들은 것을 남에게 전하지 않았으며
[少言不泄] 기개가 있어 (필요할 때는) 과감하게 나아갔다. 상이 일찍이 그에
게 오기(吳起)와 손무(孫武)[吳孫]의 병법을 가르치려고 하자 표기장군은
이렇게 대답했다.

"방략이 어떠한지를 돌아볼 뿐이지, 옛날의 병법을 배울 것까지는 없습
니다."

상이 그를 위해 저택을 짓게 하고 그에게 가서 보라고 하자, 이렇게 말
했다.

"흉노가 아직 멸망하지 않았기에 저택은 필요가 없습니다."

이 때문에 상은 그를 더욱 소중히 여기고 아꼈다. 그러나 젊어서부터 (천
자의) 시중(侍中)을 지내서 신분이 높았기에 병사들을 살필 줄 몰랐다. 그가
전쟁터에 나갔을 때 천자가 그를 위해 태관(太官)을 시켜 수레 수십 대 분량
의 음식물을 보내주었으나 이미 돌아온 후에 보니 물품 수레에는 버려지거
나 남은 식량과 고기가 있는데도 병사 중에는 굶주린 자가 있었다. 그가 변
경의 요새 밖에 있을 때 식량이 떨어져서 어떤 병사는 허기져서 일어나 움
직일 수조차 없는 지경이었는데도 표기는 오히려 땅에 줄을 그어 구역을 표
시해두고 공차기에 몰두했다. 그에게는 이와 같은 일들이 다반사였다. (반면
에) 대장군은 사람됨이 어질고 선량해 스스로를 낮춰 겸손했고[仁善退讓]
상에게도 부드럽게 대해 환심을 샀지만, 천하 사람들은 그를 칭찬하지 않
았다.

표기장군은 원수(元狩) 4년의 출정이 있은 지 3년 뒤인 원수 6년에 졸
(卒)했다. 천자는 그를 애도해 변경 속국의 현갑군(玄甲軍)[1]을 동원해 장안
에서 무릉(茂陵-훗날 무제의 릉)까지 도열시켜 장례 행렬에 함께하게 했고,
그를 위해 기련산을 본뜬 분묘를 만들도록 했다. (그리고) 시호법에 따라 무
용(武勇)을 뜻하는 경(景)자와 영토를 넓혔다는 뜻의 환(桓)자를 합쳐 경환

후(景桓侯)라는 시호를 내렸다.

아들 선(嬗)이 후작을 이어받았는데, 선은 나이가 어렸다. 자(字)를 자후(子侯)라 했고 천자가 그를 아껴 장성하면 장군으로 삼으려고 했는데, 6년 후인 원봉(元封) 원년에 선이 졸하니 시호를 애후(哀侯)라고 했다. 아들이 없어 봉국을 없앴다.

1) 【정의(正義)】 속국이란 변경의 다섯 군(郡)을 말한다. 현갑이란 철갑이다.

거병이 죽은 후에 대장군의 장남 의춘후(宜春侯) 강(伉)이 법에 걸려 후의 작위를 잃었고[失侯], 5년 뒤에는 강의 두 동생 음안후(陰安侯) 불의(不疑)와 발간후(發干侯) 등(登)이 모두 주금(酎金)의 법에 걸려 후의 작위를 잃었다. 2년 후에 관군후(-거병)의 봉국도 끊어졌고, 4년 후에 대장군 청이 졸했다[1]. 시호를 내려 열후(烈侯)라고 했고, 아들 강이 뒤를 이어 장평후(長平侯)가 되었다.

1) 【집해(集解)】 서광(徐廣)이 말했다. "원봉(元封) 5년이다."

대장군은 선우를 포위한 지 14년 만에 졸(卒)했다. 그사이에 끝내 흉노를 다시 치지 못했으니, 한나라에 말이 적은 데다 마침 남쪽으로 동월(東越)과 남월(南越)을 주벌하고 동쪽으로 조선(朝鮮)을 정벌하며 (서쪽으로) 강족(羌族), 서남의 오랑캐[西南夷]를 치느라고 오랫동안 흉노를 정벌하지 않은 것이었다.

대장군은 평양장공주를 아내로 맞이했기 때문에 장평후 위강이 대신해서 후가 되었다.

6년 후 법에 걸려 후의 작위를 잃었다.

이하[左]는 두 장군, 여러 비장에 관한 내용이다.

대장군 청은 총괄하자면[最=凡計] 모두 7번 출진해 흉노와 싸워서 5만 여 급의 목을 베거나 사로잡았으며, 선우와 한 차례 교전을 벌여서 하남 땅을 탈취하고 삭방군을 설치했다. 두 차례 익봉되어 식읍이 모두 1만 1,800호였다. 세 아들도 봉해져 후가 되었는데, 후마다 1,300호였으니 이들 부자의 식읍을 합하면[幷之] 1만 5,700호였다. 그의 비장과 교위 중에서 후에 봉해진 자는 9명, 장군이 된 자는 14명이다. 비장 중에 이광(李廣)이 있는데, 그는 별도의 전(傳)이 있다.

전이 없는 사람은 다음과 같다.

장군 공손하(公孫賀)는 의거(義渠)[1] 사람으로, 선조는 흉노의 종족이다. 하의 아버지 혼야(渾邪)는 경제(景帝) 때 평곡후(平曲侯)가 되었으나 법에 걸려 후의 작위를 잃었다. 하는 무제가 태자일 때 사인(舍人)이었다가, 무제가 세워진 지 8년째 되던 해에 태복(太僕) 신분으로 경거(輕車)장군이 되어 마읍(馬邑)에 주둔했다. 4년 뒤에 경거장군으로서 운중(雲中)에서 출진해 흉노를 공격했다. 5년 후에 기(騎)장군이 되어 대장군을 따라가 공로를 세움으로써 남표후(南窌侯)에 봉해졌다. 1년 후에 좌장군으로서 두 차례 대장군을 따라 정양(定襄)에서 나가 싸웠지만 공을 세우지 못했고, 4년 후에 주금(酎金)을 위반해 후의 작위를 잃었다. 8년 후에 부저장군(浮沮將軍)[2]이 되어 오원(五原)에서 2,000여 리를 진격했지만, 공을 세우지 못했으나 8년 후[3] 태복에서 승상으로 승진해 갈역후(葛繹侯)에 봉해졌다. 하는 일곱 차례 장군이 되어 출격해서 흉노와 전투를 벌였는데, 큰 공을 세우지는 못했지만, 두 차례 후에 봉해졌고 승상이 되었다. 아들 경성(敬聲)이 양석공주(陽石公主)와 사통하고 무고(巫蠱)를 행한 죄에 걸려들어서 족멸당하고 후사가 끊어졌다.

1) 【정의(正義)】 지금의 경주(慶州)로, 본래 의거는 융국(戎國-오랑캐 나라)이었다.

2) 【색은(索隱)】 沮의 발음은 자(子)와 여(餘)의 반절음이다.

3) 【집해(集解)】 서광(徐廣)이 말했다. "태초(太初) 2년이다."

장군 이식(李息)은 (북지(北地)의) 욱질(郁郅)현 사람이다. 경제(景帝)를 섬겼다가, 무제가 세워진 지 8년이 되었을 때 재관(材官)장군이 되어 마읍(馬邑)에 주둔했다.

6년 후 장군이 되어 대군(代郡)에서 출진했고 3년 후에 장군이 되어 대장군을 따라 삭방(朔方)에서 출진했는데, 공을 세우지 못했다. 모두 세 차례 장군이 되었고, 그 뒤에는 늘 대행(大行)을 맡았다.

장군 공손오(公孫敖)는 의거(義渠) 사람이다. 낭(郞)으로 무제를 섬겼다. 무제가 세워진 지 12년이 되던 해에 기장군(騎將軍)[1]이 되어 대군(代郡)에서 출진했는데, 사졸 7,000명을 잃어 그 죄가 참형에 해당했으나 속죄금을 내고 서인이 되었다. 5년 후에 교위로서 대장군을 따라갔고, 공로가 있어 합기후(合騎侯)에 봉해졌다. 1년 후에 중장군(中將軍)으로서 대장군을 따라가 정양에서 출진했으나 공로가 없었다. 2년 후에 장군으로서 북지(北地)에서 출격했는데, 표기장군과 약속한 기일을 못 맞춰[失期] 그 죄가 참형에 해당했으나 속죄금을 내고 서인이 되었다. 2년 후에 교위로서 대장군을 따라갔으나 공로가 없었다. 14년 후에 인우장군(因杅將軍)으로서 수항성(受降城)을 쌓았다. 7년 후에 다시 인우장군으로서 재차 흉노를 치러 나가 (삭방 북쪽에 있는) 여오수(余吾水)에 이르러 많은 사졸을 잃고 형리에게 넘겨져 참형 판결을 받았는데, 죽은 것처럼 거짓으로 꾸미고[詐死] 도망쳐서 5~6년 동안 민간에 숨어 지냈다. 뒤에 발각되어 구금되었고, 아내가 무고(巫蠱)를 저지른 죄에 연루되어 멸족되었다[族=族滅=族夷]. 모두 네 차례 장군이 되어 흉노를 치러 출격했고, 한 차례 후(侯)가 되었다.

1) 원문에는 표기장군으로 되어 있는데, 착오인 듯하다.

　장군 이조(李沮)[1]는 운중(雲中) 사람이다. 경제를 섬겼다가, 무제가 세워진 지 17년이 되던 해에 좌내사(左內史)로서 강노장군(彊弩將軍)이 되었고, 1년 후에 다시 강노장군이 되었다.

1) 〔색은(索隱)〕沮의 발음은 (저가 아니라) 조두(俎豆)의 조(俎)다.

　장군 이채(李蔡)는 성기(成紀)[1] 사람이다. 효문제와 경제와 무제를 섬겼다. 경거장군으로서 대장군을 따라가 공을 세워 낙안후(樂安侯)에 봉해졌다. 얼마 후에 승상이 되었지만, 법에 걸려 죽었다.

1) 〔정의(正義)〕진주(秦州)의 현이다.

　장군 장차공(張次公)은 하동(河東) 사람이다. 교위로서 위장군 청을 따라가 공을 세워 안두후(岸頭侯)에 봉해졌고, 그 후에 태후(太后)가 붕(崩)하자 장군이 되어 북군(北軍)에 주둔했다. 1년 후에 다시 장군이 되어 대장군을 따라갔고, 다시 장군이 되었으나 법을 걸려 후의 작위를 잃었다. 차공의 아버지 륭(隆)은 경거(輕車)부대의 사수였는데, 활을 잘 쏘아 경제가 그를 총애하고 가까이했다.

　장군 소건(蘇建)은 두릉(杜陵) 사람이다. 교위로서 위장군 청을 따라가 공을 세워 평릉후(平陵侯)가 되었고, 장군으로서 삭방군에 요새를 쌓았다. 1년 후에 우장군으로서 다시 대장군을 따라가 정양군에서 출격했는데, 흡후 조신이 달아나고 군사를 잃어 그 죄가 참형에 해당했으나 속죄금을 내고 서인이 되었다. 그 후에 대군 태수가 되었다가 졸했으니, 무덤[冢=冢]은 대유향(大猶鄕)에 있다.

장군 조신(趙信)은 흉노 상국으로 있다가 투항해 흡후(翕侯)가 되었다. 무제(武帝)가 세워진 지 18년이 되던 해에 전(前)장군이 되었는데, 선우와 싸워 패하자, 흉노에 투항했다.

장군 장건(張騫)은 사신으로 대하(大夏)에 갔다가 돌아와서 교위가 되었다. 대장군을 따라가서 공을 세워 박망후(博望侯)에 봉해졌다. 3년 후에 장군이 되어 우북평에서 출진했으나 약속한 기일을 지키지 못했으니, 그 죄가 참형에 해당했으나 속죄금을 내고 서인이 되었다. 그 뒤에 사신으로서 오손(烏孫)과 국교를 통하게 했다. 대행(大行)으로 있다가 졸했으니, 무덤은 한중(漢中)에 있다.

조이기(趙食其)는 달후(䄹祤)[1] 사람이다. 무제(武帝)가 세워진 지 18년이 되던 해에 주작 도위(主爵都尉)로서 우장군이 되어 대장군을 따라갔는데, 길을 잃고 헤매는 바람에 (약속 시간에 늦고 말았다.) 그 죄가 참형에 해당했으나 속죄금을 내고 서인이 되었다.

1) **[색은(索隱)]** 현 이름으로, 풍익(馮翊)에 있다. 䄹의 발음은 (대가 아니라) 도(都)와 활(活)의 반절음이고, 정(丁)과 외(氻)의 반절음이다. 祤의 발음은 (우가 아니라) 후(詡)다.

장군 조양(曹襄)은 평양후(平陽侯)로서 후장군이 되어 대장군을 따라가 정양군에서 출진했다. 양(襄)은 조참(曹參)의 손자다.

장군 한열(韓說)은 궁고후(弓高侯-한퇴당(韓頹當))의 서손이다. 교위로서 대장군을 따라가 공을 세워 용액후(龍頟侯)가 되었으나 주금(酎金)에 걸려 후의 작위를 잃었다. 원정(元鼎) 6년 대조(待詔)로서 횡해장군(橫海將軍)이 되어 동월(東越)을 공격했고, 공을 세워 안도후(按道侯)가 되었다. 태초(太初) 3년 유격장군(游擊將軍)이 되어 오원(五原) 주변 지역의 여러 성에 주둔했다. 광록훈(光祿勳)이 되었으나 태자궁에서 나무 인형[蠱]을 파내다가 위태자(衛太子)에게 피살되었다.

장군 곽창(郭昌)은 운중(雲中) 사람이다. 교위로서 대장군을 종군했고, 원봉(元封) 4년에 태중대부로서 발호(拔胡) 장군이 되어 삭방에 주둔했다. 돌아와 곤명(昆明)을 쳤으나 공로가 없어 장군 인장을 빼앗겼다.

장군 순체(荀彘)는 태원(太原) 광무(廣武) 사람으로 어거(御車)를 잘 몰아 천자를 뵙고 시중(侍中)이 되었고 교위로서 여러 차례 대장군을 따라갔다. 원봉(元封) 3년에 좌장군이 되어 조선(朝鮮)을 쳤으나 공로가 없었고, 누선(樓船)장군(=양복(楊僕))을 (무단으로) 체포한 죄로 법에 걸려 죽었다.

표기장군 거병은 총괄하자면[最] 모두 6차례 출진해 흉노를 쳤는데 그 중 4차례가 장군의 신분이었으며, 11만여 급을 목 베거나 사로잡았다. 수만에 달하는 혼야왕의 무리를 투항시킴으로써 드디어 하서(河西)·주천(酒泉)의 땅을 열고 서쪽 흉노의 침입을 크게 줄였다. 4차례 익봉되어 (식읍이) 모두 1만 5,100호였다. 그의 교위와 군리 중에서 공로가 있어 후가 된 자는 6명이며, 뒤에 장군이 된 자는 2명이다.

장군 노박덕(路博德)은 평주(平州) 사람이다. 우북평 태수로서 표기장군을 따라가 공을 세워 부리후(符離侯)에 봉해졌다. 표기가 죽은 후에 박덕(博德)은 위위(衛尉)로서 복파(伏波)장군이 되어 남월(南越)을 깨뜨리고 익봉되었으나 그 후 법에 걸려 후의 작위를 잃었다. 강노도위(彊弩都尉)가 되어 거연(居延)에 주둔하던 중 졸했다.

장군 조파노(趙破奴)는 본래 구원(九原)[1] 사람이다. 일찍이 도망쳐서 흉노로 들어갔다가 얼마 가지 않아서[己而] 한나라로 돌아와 표기장군의 사마(司馬)가 되었다. 북지에서 출진해 공을 세워 종표후(從票侯)에 봉해졌으나, 주금(酎金)을 어긴 죄에 연루되어 후의 작위를 잃었다. 1년 후에 흉하(匈河) 장군이 되어 오랑캐를 쳐서 흉하수(匈河水)까지 이르렀지만 공이 없었고, 2년 후에 누란왕(樓蘭王)을 쳐서 사로잡아 다시 착야후(浞野侯)에 봉해졌다. 6년 후에 준계(浚稽) 장군으로서 2만 기병을 거느리고 흉노 좌현왕(左賢王)을 쳤으나 좌현왕이 그를 맞아 8만 기병으로 에워싸는 바람에 파노는 오랑캐에게 붙잡혔고 그의 군대는 전멸했다. 흉노 속에서 10년 동안 지내다가 흉노의 태자 안국(安國)이 도망칠 때 함께 한나라로 돌아왔다. 후에 무고(巫蠱)의 죄에 연루되어 멸족되었다.

1) 【정의(正義)】 지금의 승주(勝州)다.

위씨(衛氏)가 일어나서 대장군 청이 처음으로 후에 봉해지고 난 뒤로부터 그 집안[支屬]에서 5명이 후가 되었으나 대략 24년 동안 5명이 모두 후의 작위를 빼앗기고 나자, 그 후로는 위씨 중에서 후가 된 자가 없었다.

태사공(太史公)이 말한다.

"소건(蘇建)은 일찍이 청(靑-위청)을 설득해 이렇게 말했다.

'대장군(大將軍)께서는 지극히 존귀하고 무거운 지위에 있지만 천하의 뛰어난 선비나 대부 중에 대장군을 칭송하는 자가 없으니, 바라건대 장군께서는 옛날의 명장들이 뛰어난 이들을 골라서 초빙한 일을 살펴보시어,

그렇게 하기를 힘쓰십시오.'

대장군이 사절하며 말했다.

'이전에 위기(魏其-두영)와 무안(武安-전분)이 빈객들을 (불러 모아) 두텁게 대하자, 천자께서 항상 그에 대해 절치부심하셨소[切齒]. 그처럼 사대부들을 가까이해 대우해주며[親待] 뛰어난 이를 부르고 불초한 자들을 물리치는 것[招賢黜不肖]은 다른 사람의 주군 된 자[人主=人君]가 쥐어야 할 칼자루[柄-權柄]요. 다른 사람의 신하 된 자[人臣]는 법을 받들어 직무에 충실하면 그만일 뿐 무엇 하러 선비들을 초빙하려 한다는 것이오!'

표기 또한 이러한 대장군의 뜻과 비슷했으니[方=比類], 장군으로서 그들의 마음가짐이 이와 같았다."[1]

1) 【색은술찬(索隱述贊)】 군자는 표변할 때가 있으니[君子豹變][『주역(周易)』 혁괘(革卦, ䷰) 맨 위의 음효에 대한 효사(爻辭)에 나오는 말이다. "주공(周公)이 말하기를 '군자는 표범이 변하듯이 하고, 소인은 얼굴만 변한다'라고 했다." 군자는 잘못을 고침에 있어 표범의 털처럼 선명하고 뚜렷하게 선한 쪽으로 옮겨간다는 말이다.]/귀함과 천함에 어찌 일정함이 있으랴[貴賤何常]/위청은 본래 집안의 종이었으나[青本奴虜]/하루아침에 군사를 이끌게 되었지[忽總戎行]/큰누이 황제의 배필이 되자[姊配皇極]/위청 자신도 평양공주와 혼인했다네[身尚平陽]/총애와 영예 이에 흘러넘쳤지만[寵榮斯僭]/떳떳한 도리의 길 잃지 않았지[取亂彝章]/표요 교위 연이어 맡아[剽姚繼踵]/다시 변방을 안정시켰도다[再靜邊方]!

권112 ─ 평진후주보열전(平津侯主父列傳) 제52

권112 평진후주보열전(平津侯主父列傳) 제52

승상(丞相) 공손홍(公孫弘)은 제나라 치천국(菑川國) 설현(薛縣)[1] 사람으로 자(字)는 계(季)다. 젊었을 때 설현 옥리(獄吏)로 있었는데, 죄를 지어 쫓겨났다. 집안이 가난해 바닷가에서 돼지를 치다가[牧豕], 40세가 넘어서 마침내 『춘추(春秋)』의 제반 학설을 배웠다[2]. 계모를 봉양하면서 효도와 공경을 다 했다.

1) **【색은(索隱)】** 살펴보건대, 설현은 노나라에 속했는데 한나라가 치천국을 두고서 뒤에 제나라에 편입시켰다.

2) 공손홍은 그중에서도 『춘추공양전(春秋公羊傳)』을 주로 파고들었다. 『춘추공양전』은 『춘추(春秋)』를 해석한 책으로, 모두 11권으로 되어 있다. 공자(孔子)가 저술한 것으로 전해지는 『춘추』는 간결한 서술을 특징으로 하며, 명분(名分)에 따라 용어들을 엄격히 구별하고 있다. 그래서 수많은 학자가 의미를 해석하고 풀이하는 주석서(註釋書)인 전(傳)을 지음에 따라 춘추학(春秋學)이 나타났는데, 반고(班固)의 『한서(漢書)』 「예문지(藝文志)」에서는 『춘추』에 대한 전(傳)이 모두 23가(家) 948편(篇)이라고 기록하고 있다. 이 가운데 『공양전』은 곡량숙(穀梁俶)의 『곡량전(穀梁傳)』, 좌구명(左丘明)의 『좌씨전(左氏傳)』과 함께 춘추삼전(春秋三傳)으로 꼽히며 중시된다. 춘추삼전은 모두 유가(儒家)의 핵심 경서(經書)인 13경(經)에 포함된다. 춘추삼전에서 『좌씨전』은 『춘추』에 기록된 사실(史實)에 대한 역사적·실증적 해석을, 『공양전』과 『곡량전』은 경문(經文)의 해석을 중심으로 한다. 특히 『공양전』은 문답(問答) 형식으로 경문의 의미를 설명하고 있어 예로부터 『춘추』의 경문에 숨겨져 있는 공자의 뜻, 곧 미언대의(微言大義)를 밝히는 중요한 서적으로 여겨져왔다.

건원(建元) 원년에 천자(天子-무제)가 막 자리에 나아가자, 현량(賢良)과 문학(文學-유학)을 아는 선비들을 불러들였다. 이때 홍(弘)은 나이 60세에 현량으로 불려 와서 박사(博士)에 올랐다. 흉노에 사신으로 갔다가 돌아와 보고했는데[還報=復命] 상의 뜻에 부합하지 않았으니, 상은 화를 내며 그를 무능하다고 여겼고 홍은 마침내 병을 핑계로 그만두고 고향으로 돌아갔다.

원광(元光) 5년에 조서를 내려 다시 현량(賢良)과 문학(文學-유학)을 부르니, 치천국에서 또 공손홍을 위에다 추천했다. 홍이 나라 사람들[國人]에게 거절하며 말했다.

"(저는) 일찍이 전에 이미 서쪽으로 갔다가 무능하다고 해서 파면되었으니, 저 말고 다른 사람을 다시 뽑아주시기를 바랍니다."

그러나 나라 사람들이 굳게 홍을 추천하자 홍은 태상(太常)에게 나아갔다. 태상(太常)이 천거되어 온 학자 100여 명에게 책문을 내어 대책을 짓게 했는데, 홍의 성적은 맨 끝이었다. 그러나 대책을 천자에게 아뢰자, 천자는 홍의 대책을 1등으로 뽑았다. (천자가) 홍을 불러 만나보았는데, 용모가 심히 수려해서 그를 제배해 박사(博士)로 삼았다.

이때 마침 서남이(西南夷)로 통하는 길을 내고 군(郡)을 설치하고 있었는데, 파촉(巴蜀)의 백성이 부역 때문에 고통스러워했다. 이에 조서를 내려 홍으로 하여금 현지를 돌아보고 오게 했는데, 돌아와서 일을 아뢰면서 서남이는 쓸모없는 땅이라고 심하게 폄하했으나[盛毁] 상은 그의 말을 들어주지 않았다.

홍은 사람됨이 넓고 비범하며[恢奇] 견문이 많았는데, 늘 임금 된 자는 넓고 크지[廣大] 못한 것을 근심거리로 삼아야 하며 신하 된 자는 검소하거나 절약할 줄 모르는 것을 근심거리로 삼아야 한다고 말했다. 홍은 베로 이

불을 만들어 덮었고 밥 먹을 때는 고기반찬을 두 가지 이상 놓지 않았으며 계모가 죽자 3년 동안 상복을 입었다. 매번 조회 때마다 토의할 때면 어떤 사안의 실마리만 진술해 임금으로 하여금 스스로 결정하게 했으며, 조정에서는 면전에서 다른 사람의 의견을 꺾으며 논쟁하려 하지 않았다. 이에 천자는 그가 행실이 신중하고 두터우며 변론에 여유가 있고 문서·법령·관리의 공무에 익숙할 뿐 아니라 그것을 유학의 이론으로 잘 꾸며내는 것을 꿰뚫어 보고서[察] 그를 크게 좋아했으니, 2년도 안 되어[1] 좌내사(左內史)까지 승진했다.

1) 【집해(集解)】 서광(徐廣)이 말했다. "판본에 따라 '1년 만에'라고 되어 있다."

홍은 일을 아뢰었다가 윤허되지 않더라도 조정에서 따지지 않았다. 일찍이 주작도위(主爵都尉) 급암(汲黯)과 함께 천자의 한가한 때를 틈타서 알현하기를 청했는데, 그때마다 암(黯)이 먼저 말을 꺼내면 홍은 그 뒤를 덧붙여서 찬성할 뿐이었다. 이에 상은 늘 기뻐하면서 그가 하는 말은 모두 들어주었고, 이 때문에 홍은 날로 천자와 가까워져서 귀하게 되었다. 그는 일찍이 공경들과 어떤 일을 건의하기로 약속해놓고는 상 앞에 이르자 그 약속을 저버린 채 상의 뜻만 따른 적이 있었다. 이에 급암이 조정에서 그를 힐난하며 말했다.

"(그) 제(齊)나라 사람은 거짓말을 많이 하고 솔직하지 못합니다[無情=無實]. 애초에 그는 신 등과 어떤 의견을 함께 내기로 했다가는 이제 와서 그 약속을 저버렸으니, 그는 충직한 자가 아닙니다."

상이 홍에게 그 까닭을 묻자, 홍이 사죄하며 말했다.

"무릇 신을 아는 자는 저를 충직하다 하고, 신을 모르는 자는 신을 충직하지 못하다고 합니다."

상은 홍의 말이 맞다고 여겨서, 좌우의 총애 받는 신하들이 매번 홍을 헐뜯을 때마다 상은 더욱더 그를 두텁게 대우했다.

원삭(元朔) 3년에 장구(張歐)가 면직되자 홍을 어사대부(御史大夫)로 삼았다. 이때 한나라는 서남이와 통하려 했고 동쪽으로 창해군(蒼海郡)을, 북쪽으로 삭방(朔方)의 군을 두고자 성을 쌓고 있었다. 홍이 여러 차례 간언을 올려 이는 중국(中國)을 피폐하게 할 뿐 아무짝에도 쓸모없는 땅이라고 하면서 폐지할 것을 바랐다. 이에 천자는 마침내 주매신(朱買臣) 등에게 삭방군 설치의 이점을 들어 말함으로써 홍을 비판하게 했다. 주매신 등이 열 가지 이점을 제시했는데, 홍은 한 가지도 반박하지 못했다[1]. 홍이 마침내 사과하며 말했다.

"산동(山東)의 비루한 사람이라 이점이 이런 정도인지 몰랐습니다. (다만) 바라건대, 서남이와 창해 쪽의 일은 (끝내) 중지하고 오직 삭방에만 힘쓰셨으면 합니다."

상이 마침내 그것을 허락했다.

---

1) 【집해(集解)】 위소(韋昭)가 말했다. "홍의 재주라면 능히 한 가지도 반박하지 못할 리가 없으니, 다만 불가능하다고 여겨 감히 상을 거스르지 않았을 뿐이다." 【정의(正義)】 안사고(顔師古)가 말했다. "장단점 열 가지를 말하자 홍은 대응할 수 없었다."

급암(汲黯)이 말했다.

"홍은 지위가 삼공(三公)에 있어 봉록이 아주 많은데도 포의(布衣)를 입고 다니니, 이는 위선[詐]입니다."

상이 홍에게 물으니 홍은 사죄해 말했다.

"그런 적이 있습니다. 무릇 구경(九卿) 가운데 신과 사이가 좋기로는 암(黯)만 한 사람이 없습니다. 그런데 오늘 그가 조정에서 이 홍을 힐난했으니, 참으로 홍의 병통을 콕 짚어낸 것입니다. 무릇 삼공에 있으면서 포의를 입고 다니는 행위는 확실히 거짓으로 꾸며서 명성을 낚고자[釣名] 하는 짓입니다.

그러나 신이 듣건대, 관중(管仲)은 제나라 재상이 되어 대(臺)를 3개[三歸] 두었으니 사치함이 거의 군주와 같았다고 합니다. (그의 보필을 받은) 환공(桓公)은 패자(覇者)라고 칭했는데, 이 또한 천자를 넘보는 참람한 짓이었습니다. (반면에) 안영(晏嬰, ?~기원전 500년)[1]은 (제나라) 경공(景公)의 재상이 되어 두 가지 고기반찬을 겹쳐 먹지 않았고 시첩들에게 비단옷을 입지 못하게 했는데도 제나라는 잘 다스려졌습니다. 이는 아래 백성과 비슷하게 생활을 한 것입니다.

지금 신 홍은 어사대부에 있으면서 포의를 입고 다녔으니, 구경부터 말단 관리까지 귀천 고하의 차등을 없앤 것은 진실로 암이 말한 것과 같은 행동 때문이었습니다. 그러나 암의 충직함이 없었다면 폐하께서 어찌 이런 말을 들으실 수 있었겠습니까?"

이에 천자는 (공손홍이) 겸양의 미덕을 갖추었다고 여겨 더욱더 두텁게 대우하더니, 결국은 홍을 승상으로 삼고 평진후(平津侯)에 봉했다[2].

---

1) 중국 춘추시대(春秋時代) 제(齊)나라의 정치가로, 이름은 영(嬰)이고 자(字)는 중(仲)이다. 시호(諡號)는 평(平)인데, 보통 평중(平仲)이라고도 불리고 안자(晏子)라고 존칭되기도 한다. 제(齊)나라 영공(靈公)·장공(莊公)·경공(景公) 3대에 걸쳐 검소하게 생활하면서 나라를 바르게 이끌어 관중(管仲)과 더불어 훌륭한 재상(宰相)으로 후대에까지 존경을 받았다. 재상이 된 뒤에도 옷 1벌을 30년이나 입을 정도로 검소해서 백성의 존경을 받았다고 한다. 여기에서 안영호구(晏嬰狐裘)라는 말이 비롯되었는데, 이는 고관(高官)이 매우 검소하게 생활하는 것을 말한다. 벼슬에 있으면서 어떤 상황에서도 충간(忠諫)과 직언(直言)을 하는 데 머뭇거리지 않았으며 의롭게 행동해 이름을 떨쳤다. 장공(莊公)이 신하인 최저(崔杼)에게 살해당했을 때도 두려워하지 않고 신하로서 도리를 다해 곡(哭)하고 문상(問喪)하는 용기를 보였다.

2) **【집해(集解)】** 서광(徐廣)이 말했다. "「대신표(大臣表)」에 따르면 원삭(元朔) 5년 11월 을축일에 공손홍이 승상이 되었고, 「공신표(功臣表)」에 따르면 원삭 3년 11월 을축일에 평진후에 봉해졌다." 배인(裴駰)이 살펴보건대, 『한서(漢書)』에서는 고성(高成)의 평진향(平津鄕)이라고 했다. **【색은(索隱)】** 살펴보건대, 『한서』에서 말했다. "한나라가 일어난 뒤로 모두 열후 중에서 승상이 되었는데, 홍은 본래 작위가 없었기에 마침내 조서를 내려 고성의 평진향 650호를 갖고서 봉해 평진후로 삼았다. 승상이 되면 후(侯)에 봉해지는 것은 홍에서 시작되었다."

그의 사람됨은 속으로 남을 꺼려[意忌], 겉으로는 너그러운 척했으나 속마음은 각박했다[外寬內深]. 평소 자신과 틈이 있는 자들에 대해서는 비록 겉으로는 사이가 좋은 것처럼 꾸며댔지만 뒤에는 끝내 남몰래 보복을 가했다. 주보언(主父偃)을 죽게 하고 동중서(董仲舒)를 교서(膠西)로 좌천시킨 것도 모두 홍이 힘을 쓴 때문이다. (그러나) 그는 고기반찬 한 가지에 현미밥을 먹으면서도 옛 친구나 친한 빈객들이 입을 것과 먹을 것을 얻으러 오면 녹봉을 모두 털어서 주었기 때문에 집에는 남는 것이 없었다. 그래서 장부와 선비들은 그를 뛰어나다[賢]고 여겼다.

회남왕(淮南王)과 형산왕(衡山王)이 모반을 일으켜 바야흐로 이들의 당여를 색출하느라 여념이 없을 때였다. 홍은 심한 병을 앓고 있었는데, 스스로 이렇게 생각했다.

'아무런 공로도 없이 후(侯)에 봉해져서 재상의 지위까지 이르렀으니, 마땅히 밝은 군주를 잘 보필해서 국가를 어루만져 안정시키고 사람들로 하여금 신하 된 도리를 지키게 해야 한다.

(그런데) 지금 제후가 반역의 음모를 꾀했으니, 이는 모두 대신이 자기 직책을 제대로 받들지 못한 탓이다. 이대로 아무도 모르게 병들어 죽어서[竊

病死]¹⁾ 아무런 책임도 다하지 못할까 두렵구나.'

1) 【색은(索隱)】 살펴보건대, 신하는 임금에게 예물을 바쳐서 기용되고 나면[委質] 죽고 사는 것이 임금에게 달리게 되니, 지금 병들어서 하루아침에 죽게 된다면 이것이 바로 아무도 모르게 죽는[竊死] 것이다.

마침내 글을 올려서 다음과 같이 말했다.

"신이 듣건대, 천하에 두루 통하는 도리[通道]가 다섯 가지 있고 이것을 행하는 세 가지 방법이 있다고 했습니다. 군신·부자·형제·부부·장유(長幼), 이 다섯 가지 질서가 천하에 두루 통하는 도리며 인(仁)·지(智)·용(勇), 이 세 가지가 천하에 두루 통하는 다움[通德]입니다. 그래서 말하기를 '묻기를 좋아하는 것[好問]은 지에 가깝고, 힘써 행하는 것[力行]은 인에 가까우며, 부끄러움을 아는 것[知恥]은 용에 가깝다. 이 세 가지를 알면 스스로를 다스리는 법을 알게 되고, 스스로를 다스리는 법을 알게 된 연후에야 남을 다스리는 법을 알게 된다¹⁾'라고 했습니다. 자신을 다스리지 못하면서 남을 다스릴 수 있는 자는 없습니다.

폐하께서는 몸소 효도와 공순함[孝弟]을 행하시고 삼왕(三王)을 본보기로 삼아 주(周)나라의 도리를 세우시며 문왕(文王)과 무왕(武王)의 다움과 재능을 겸비하셨으니, 사방의 선비들을 불러서 오게 하여 뛰어난 이에게 일을 맡기고 능력에 따라 벼슬을 내리심으로써 백성을 격려하고 뛰어난 인재들을 권면하고 계십니다. (그런데) 지금 신은 어리석고 우둔하며 전쟁터에서 세운 공로도 없는데, 폐하께서는 파격적으로 신을 졸개들 가운데서 발탁해서 열후(列侯)로 봉하시어 삼공의 지위에 오르게 했습니다. 신 홍은 행실과 능력 면에서 이렇다 할 것을 보여주지도 못한 데다가 평소 가난할 때 얻은 병이 있어, 주군에게 충성을 다하기도 전에 쓰러져 폐하로부터 입은 은덕에 보답해 소임을 다하지 못할까 두렵습니다. 바라건대 후의 인장을 반납하고[歸侯] 사임함으로써 뛰어난 이들에게 길을 터주고자 합니다.”

1) 【색은(索隱)】『예기(禮記)』「중용(中庸)」[지금은 『중용』이 독립되어 사서(四書)의 하나로 꼽힌다.]편에 나오는 말이다.

천자가 답해 말했다.

“예로부터 공로가 있는 자에게는 상을 내리고[賞] 다음이 있는 자는 널리 기렸으며[襃] 이뤄놓은 것을 지킬 때는 문(文)을 높이고 환란을 만났을 때는 무(武)를 존중했으니[守成上文 遭禍右武]1), 지금까지 이를 바꾼 적은 없었다. 짐이 아침저녁으로 늘 그렇게 하고자 해서 지존의 자리[尊位]를 이어받은 이래로 늘 두려워하느라 평안할 수 없었다. 그리고 오직 누구와 함께 잘 다스릴 수 있을까만을 생각하고 있다는 것을 그대 또한 마땅히 알고 있을 것이다. 대개 군자는 좋은 사람(혹은 일)을 좋아하니[善善], 그대가 바로 그러하다는 것을 짐은 한시도 잊은 적이 없다. 그대가 불행하게도 서리와 이슬을 맞아 병에 걸렸다고 하지만, 어찌 낫지 않겠는가? 그런데도 마침내 글을 올려 후의 작위를 반납하고 자리에서 물러나겠다고 하니, 이는 짐의 황제답지 못함[不德]을 드러내는 것이다. 지금은 나랏일이 조금 여유로우니, 그대는 정신을 가다듬고 염려하는 마음을 그친 채 의약의 도움을 받아 자신을 잘 지키도록 하라.”

그 참에 그에게 휴가[告]를 주고 쇠고기와 술, 각종 비단을 내려주었다. 몇 달이 지나 병이 낫게 되자[有瘳=有差] (다시) 일을 보았다[視事].

1) 【색은(索隱)】 안사고(顏師古)가 말했다. “우(右)는 ‘높이다[上]’이다.”

원수(元狩) 2년에 홍은 병들어 끝내 승상으로서 생을 마쳤다[終]1).

아들 도(度)가 후작을 이어받아 평진후가 되었으나 도는 산양군(山陽郡)

태수가 된 지 10여 년 만에 죄에 걸려 후의 작위를 잃었다.

1) 【집해(集解)】『한서(漢書)』에서 말했다. "그때 나이 80세였다."

주보언(主父偃)은 제나라 임치(臨菑) 사람이다. 장단종횡(長短縱橫)의 온갖 학술을 두루 배우다가 만년에 마침내 『역(易)』과 『춘추(春秋)』, 백가(百家)의 학술을 배웠다. 제나라 유생 사이에서 어울렸지만 제대로 대우해주는 이가 없었으니, 제나라 유생들이 서로 짜고서[相與] 그를 배척해 제나라에서는 용납받지 못했기[不容] 때문이다. 집안이 가난해 돈을 빌리려 해도 아무도 빌려주지 않자 마침내 북쪽으로 연(燕)·조(趙)·중산(中山)의 여러 나라를 떠돌았는데, 어디에서도 제대로 대우해주는 곳이 없어 객(客)으로 지내며 크게 힘들었다.

효무(孝武) 원광(元光) 원년에 빈객[游士]으로서 유세하기에는 제후들이 맞지 않다고 생각해 마침내 서쪽으로 함곡관에 들어가 위(衛) 장군(=위청)을 만나보았다. 위 장군이 여러 차례 상에게 그를 추천했으나[言] 상은 부르지 않았다. 밑천도 떨어진 상태에서 오래 머물다 보니 제공(諸公)과 빈객들은 대부분 그를 싫어하자, 마침내 궐 아래에 나아가 (천자에게) 글을 올렸다. 아침에 아뢰었는데, 날이 저물 무렵에 불려 가서 알현했다. 그가 말한 것은 아홉 가지 일에 관한 것이었는데 그중 여덟 가지 일은 율령(律令)에 관한 것이고 한 가지 일은 흉노 정벌에 관한 간언이었다.

내용은 아래와 같다.

"신이 듣건대, 밝은 군주[明主]는 절절한 간언을 미워하지 않음으로써 널리 살피고 충성스러운 신하[忠臣]는 주살 당하는 것을 피하지 않음으로써 곧게 간언하니, 이 때문에 일에 실책이 없고 공은 만세에 전해진다고 했습니다. 지금 소신이 감히 충성스러움을 숨기거나 죽음을 피하려 하지 않고 어리석으나마 계책을 바치오니[效=獻], 바라건대 폐하께서는 다행히 신을 용서하시고 잠시나마 살펴봐 주십시오.

『사마법(司馬法)』[1]에 이르기를, '나라가 아무리 커도 전쟁을 좋아하면 반드시 멸망하고, 천하가 아무리 태평스러워도 전쟁을 잊으면 반드시 위태로워진다'라고 했습니다. 천하가 이미 태평스러워도 천자가 (군대가 개선할 때 연주하는 개선곡인) 「대개(大凱)」를 연주하면서 봄에는 수(蒐), 가을에는 선(獮)이라는 사냥을 하는 것이나 제후들이 봄에 군대를 정비하고 가을에 군대를 훈련하는 것은 전쟁을 잊지 않기 위해서입니다.

그러나 무릇 화를 내는 것은 다움을 거스르는 것[逆德]이며, 군대란 흉기이고 전쟁은 지엽말단의 일[末節]에 불과합니다.

옛날에는 군주가 한 번 화를 내면 반드시 시체를 뒹굴게 하고 피를 흐르게 하기 때문에 빼어난 임금은 이런 일에 신중했던 것입니다. 무릇 싸워서 이기는 데만 힘쓰면서 함부로 무력을 쓰는 자치고 후회하지 않은 자가 없었습니다.

옛날에 진나라 시황제가 싸워서 이긴 위세에 기대어 천하를 야금야금 먹어 들어가더니[蠶食] 전국(戰國)을 삼켜버렸습니다. 천하를 하나로 통일한 공적은 삼대(三代)의 공적과 나란히 할 정도였지만, 진시황이 싸워서 이기는 데만 힘을 써서 쉬지 않고 흉노를 공격하려 하자 이사(李斯)가 간언했습니다.

'그것은 안 됩니다. 무릇 저 흉노는 성곽을 쌓아놓고 일정한 곳에서 살거나 식량을 쌓아놓고서 지키는 것이 아니라 새 떼처럼 이리저리 옮겨 다니므로 제압하기란 어렵습니다. (우리가) 가볍게 무장한 군사로써 적진 깊숙이 쳐들어간다면 반드시 식량이 떨어질 것이고, 군량을 잇달아 보급하면서 행군하면 행동이 둔해져서 막중한 일을 제대로 할 수 없을 것입니다. 흉노의 땅을 얻는다고 할지라도 이익이 될 만한 것이 없으며, 흉노의 백성을 두

터이 대우한다고 할지라도 그들을 계속 부려서 지키게 할 수는 없을 것입니다. 그렇다고 반드시 싸워 이겨서 그들을 죽인다면 백성의 부모 된 자의 도리가 아닙니다. 중국을 황폐하게 하면서까지 흉노와 마음껏[快心] 싸우는 것은 장구한 계책이라고 할 수가 없습니다.'

1) 옛날부터 전해져오던 사마병법(司馬兵法)에 사마양저(司馬穰苴)의 병법을 추가한 것이다. 흔히 '사마양저병법'이라고 하는데, 이것을 말한다.

진나라 황제는 이 말을 듣지 않고 드디어 몽염(蒙恬)으로 하여금 군대를 이끌고 오랑캐를 치게 해서 땅 1,000리를 개척하고 황하를 경계로 삼았습니다. 그러나 그 땅은 염분이 많은 소택지여서 오곡이 자라지 못했습니다. 진나라는 그런 뒤 천하의 장정들을 징발해 북하(北河) 일대를 지키게 했는데, 병사들을 뜨거운 햇볕과 비바람 속에 내놓은 10여 년 동안에 죽은 자는 헤아릴 수 없이 많았습니다. 결국은 황하를 건너 북쪽으로 진격하지도 못했으니, 이것이 어찌 병력이 부족하고 군사의 장비가 갖춰지지 않은 탓이 있겠습니까? 형세상으로 불가능했던 것입니다. 또 천하 사람들에게 말먹이와 군량을 운반시켰는데, 황현(黃縣)·수현(腄縣)·낭야(琅邪) 등 바다와 인접한 곳에서 북하(北河)까지 수송하면 대략 30종(鍾)¹)을 보냈을 때 겨우 1석(石) 정도 남아서 도착할 뿐이었습니다. 남자들이 죽자고[疾] 농사를 지어도 군량이 부족했고, 여자들이 (아무리) 길쌈질을 해도 군막을 만들기에는 모자랐습니다. 백성이 황폐해져서 고아와 과부와 노인과 허약한 사람들을 부양할 수 없게 되었고, 길바닥에는 죽은 자들이 서로 이어져 바라보고 있었습니다. (이렇게 되자) 천하의 대부분이 진나라를 배반하기 시작했습니다.

1) 부피 단위인데, 정확한 양이 얼마인지는 불분명하다.

고조 황제께서 천하를 평정한 뒤 변경 지대를 공격할 즈음에 흉노가 대(代)의 산골짜기 밖에 모여 있다는 말을 듣고 이들을 치려고 하자, 어사(御史) 성(成)이 나아가 이렇게 간언했습니다.

'그리하시면 안 됩니다. 무릇 흉노의 습성은 짐승처럼 모였다가 새처럼 흩어지는 습성이 있으니, 이들을 뒤쫓는 것은 마치 그림자를 치는 것과 같습니다. 지금 폐하의 빼어나신 다움으로 흉노를 친다고 해도 신은 남몰래 그것이 위태롭다고 여깁니다.'

(그러나) 고제께서는 이 말을 듣지 않고 드디어 북쪽으로 대(代)의 골짜기까지 이르렀다가 과연 평성(平城)에서 포위를 당하고 말았습니다. 고황제께서는 대개 이 일을 몹시 후회하셨고, 이에 유경(劉敬)을 보내 화친의 약속을 맺게 한 뒤에야 천하는 전쟁을 잊게 되었습니다.

그러므로 병법(兵法)에 이르기를 '군사 10만 명을 일으키면 하루에 1,000금을 쓰게 된다'라고 했습니다. 무릇 진나라에서는 언제나 백성을 모아서 군사들을 변방으로 내보냈는데 그 수가 수십만 명이나 되었으니, 비록 적군을 뒤엎고 적장을 죽이며 흉노의 선우를 사로잡은 공은 있다고 할지라도 실로 마침내는 그로 인해 적에게 원한을 사고 복수심만 깊게 했을 뿐 천하에서 소비한 것을 보상하기에는 부족했던 것입니다. 무릇 위로는 국고를 탕진하고 아래로는 백성을 황폐하게 하면서 나라 밖을 정벌하는 달콤한 일에 몰두하는 것은 일을 온전케 하는[完事=全事] 방법이 아닙니다.

무릇 저 흉노를 제압하기 어렵다는 것은 한 세대에 국한된 문제가 아닙니다. 그들이 감히 도둑질을 자행하며 쳐들어와서 백성을 쫓아내기를 업으로 삼는 것은 저들의 천성이 그렇기 때문입니다. 멀리 우(虞)에서 하(夏)·은(殷)·주(周)까지 본래부터 규범을 둬서 감독한 적[程督]이 없으니, 그저 금수처럼 길러주었을 뿐 저들을 사람으로 취급하지 않았습니다. 무릇 위로 우나 하·은·주가 그들을 다루던 방법을 살펴보지 않고 아래로 가까운 시대의 실책을 따르려는 것, 이것은 신이 몹시 우려하는 바이며 백성이 더없이 힘들고 괴로워하는 일입니다.

더구나 무릇 전쟁이 오래 지속되면 변란이 일어나게 되고, 사태가 어려워지면 생각이 바뀌게 될 것입니다. 마침내 변방 지역의 백성은 지치고 시름에 잠겨서 괴로워지면 모반할 마음을 품게 되고, 장군과 관리들은 서로 의심하면서 나라 밖과 거래를 하게 됩니다[外市]^{외시}[1]. 그랬기 때문에 위타(尉佗)와 장한(章邯)이 그들의 사사로운 야심을 이룰 수 있었던 것입니다. 무릇 진나라의 정사가 행해질 수 없게 된 것은 권력이 위타와 장한 두 사람에게로 나눠 주어졌기 때문이니, 이것이 바로 얻고 잃음[得失]^{득실}의 효과입니다.

그러므로 (『서경(書經)』의) 「주서(周書)」에 말하기를 '나라의 안위(安危)는 임금이 내는 명령에 달려 있고, 나라의 존망(存亡)은 인물을 어떻게 쓰느냐에 달려 있다'라고 했던 것입니다.

바라건대, 폐하께서는 이런 점을 자세히 살피시어 잠시라도 여기에 뜻을 두시고 깊이 생각해주십시오."

1) 【집해(集解)】 장안(張晏)이 말했다. "외국과 연을 맺어 자기의 이익을 구하는 것이니, 예를 들면 (진나라 장수) 장한(章邯)이 그에 해당한다."

이때 조나라 사람 서악(徐樂)과 제나라 사람 엄안(嚴安)[1]도 함께 글을 올려 당대의 현안[世務]^{세무}에 대해 각각 한 가지씩 말했다. 서악이 올린 글은 이렇다.

1) 【색은(索隱)】 樂은 발음이 (락이 아니라) 악(岳)이고, 엄(嚴)은 본래 성이 장(莊)인데 후한 명제(明帝)를 피휘한 것이다. 엄안과 서악은 나란히 낭중(郎中)에 제배되었고, 서악은 뒤에 중대부(中大夫)가 되었다.

"신이 듣건대, 천하의 근심은 흙이 무너지는 토붕(土崩)에 있는 것이지

기왓장이 깨지는 와해(瓦解)에 있지 않다고 했습니다. 예나 지금이나 마찬가지입니다.

　무엇을 일러 토붕이라고 하는 것이겠습니까? 진(秦)나라 말기가 바로 그것입니다. 진섭(陳涉)은 천승의 높은 지위도 없었고 1척 땅도 없었습니다. 신분도 왕공(王公)이나 대인(大人)이나 명문가 후손이 아니었고 향리에서는 명예가 없었으며 공자나 묵자나 증자 같은 뛰어남[賢]도 없었고 도주(陶朱)[1]나 의돈(猗頓)[2] 같은 부유함도 없었습니다. 그러나 그가 가난한 골목에서 일어나 갈래 진 창[棘矜]을 휘두르면서 한쪽 팔을 걷어붙이고 큰소리로 외치자, 천하의 사람들이 바람에 휩쓸리듯이 그를 따랐습니다. 이는 무엇 때문이겠습니까? 백성이 괴로워해도 군주가 그들을 불쌍히 여길 줄 모르고, 아래에서 원망해도 위에서 알아주지 않으며, 풍속이 이미 어지러워져 정치를 제대로 하지 못했기 때문입니다. 이러한 세 가지가 진섭의 밑천이 된 까닭입니다. 이를 일러 토붕(土崩)이라고 하는 것이니, 그래서 말하기를 '천하의 근심은 토붕(土崩)에 있다'라고 하는 것입니다.

　무엇을 일러 와해(瓦解)라고 하는 것이겠습니까? 오(吳)·초(楚)·제(齊)·조(趙) 나라의 반란이 바로 이것입니다. 일곱 나라가 대역(大逆)을 도모해 저마다 만승의 천자라고 일컬으며 무장한 병사가 수십만 명이었으니, 위세는 그들의 영내를 압도할 만했고 재력은 사민(士民)들을 끌어들이기에 충분했습니다. 그러나 서쪽으로 한 자 한 치의 땅도 빼앗지 못했고, 그랬기에 몸은 중원에서 사로잡히는 처지가 되고 말았습니다. 이는 무엇 때문이겠습니까? 그들의 권세가 보통 사람보다 가벼웠거나 병력이 진섭보다 약했기 때문이 아닙니다. 이런 때를 당해 선제(先帝-효문제)의 은택이 아직 쇠하지 않았고 그 땅에서 편안히 살면서 풍속을 즐기는 백성이 많았기 때문에 제후들에게는 (그들의 봉국) 밖에서 도움을 주는 자가 없었습니다. 이를 일러 와해(瓦解)라고 하는 것이니, 그래서 말하기를 '천하의 근심은 와해에 있지 않다'라고 하는 것입니다.

이로 말미암아 살펴보건대, 천하에 진실로 토붕의 형세가 있게 되면 비록 지위나 벼슬이 없이 궁핍하게 지내는 사람[布衣窮處之士]일지라도 혹 가장 나쁜 짓을 하여 (얼마든지) 천하를 위태롭게 할 수가 있는 것입니다. 진섭이 바로 그런 경우이니, 하물며 (위(魏)·한(韓)·조(趙)처럼 강대한) 삼진(三晉)의 군주와 같은 자가 혹 천자의 자리를 탈취하려 한다면 어찌 되겠습니까?

천하가 비록 아직 잘 다스려지지 않았다고 할지라도 진실로 토붕(土崩)의 형세를 없게 할 수만 있다면 (제후국 중에서) 아무리 강한 나라와 강한 병사가 있어도 발뒤꿈치를 돌릴 겨를도 없이 그 자신은 사로잡히고 말 것입니다. 오(吳)·초(楚)·제(齊)·조(趙) 나라가 바로 그런 경우이니, 하물며 일반 신하나 백성은 어떻게 난을 일으킬 수 있겠습니까?

이 중요한 두 가지는 국가의 안위에 관계되는 명백하고도 긴요한 일이니, 뛰어난 군주[賢主]라면 여기에 뜻을 두고서 깊이 살펴야 할 것입니다.

---

1) 중국 월왕(越王) 구천(句踐)의 신하였던 범려(范蠡)를 가리킨다. 재산을 모으는 재주가 있어 많은 재산을 모으고 부호의 표본이 되었다. 화식(貨殖)의 재능에 뛰어나 3번 천금(千金)을 모았다고 한다. 도주공(陶朱公)의 순발이다.

2) 춘추시대 노(魯)나라 사람으로, 대부호(大富豪)이며 이름은 돈(頓)이다. 의씨(猗氏)라는 고을에서 재산을 일으켜 의돈으로 불린다.

요사이[間者] 함곡관 동쪽에서는 오곡이 잘 여물지 않고[不登] 한 해의 수확이 예전처럼 회복되지 못해서 백성이 어려움을 많이 겪고 있습니다. 그에 더해 변방에는 일이 발생하고 있습니다. 이것을 사리에 따라서 살펴보면 백성 중에 그곳에서 사는 것을 편안하게 여기지 못하는 자가 있는 것이니, 편안하게 여길 수 없으면 쉽게 동요하게 됩니다. 쉽게 동요한다[易動]는 것은 곧 토붕(土崩)의 형세입니다. 그러므로 뛰어난 군주는 만 가지 변화의 근원을 살펴서 국가 안위의 기틀[安危之機]을 밝히고 조정에서 이것을 해결함

으로써 우환이 형세를 드러내기 전에 미리 없애버리는데, 핵심은 (미리) 천하에 토붕의 형세가 생겨나지 않도록 하는 것뿐입니다.

그러므로 이렇게만 한다면 비록 강한 나라와 강한 군사가 있다고 하더라도 폐하께서는 달리는 짐승을 쫓고 나는 새를 활로 쏘시며 연회를 여는 장소를 넓혀 마음껏 즐기시면서 사냥의 즐거움을 누리며 태연자약하실 수 있을 것이요, 종과 북과 거문고와 피리 소리가 귀에서 끊이지 않으며 휘장 안에서의 사랑놀음과 배우들과 난쟁이 주유(侏儒)들의 웃음소리가 앞에서 이어지더라도 천하에는 오래도록 근심이 없을 것입니다. 명망이 어찌 반드시 우왕이나 탕왕과 같기를 바랄 필요가 있을 것이며, 풍속이 어찌 반드시 주나라 성왕(成王)과 강왕(康王)의 시대와 같을 필요가 있겠습니까? 더욱이 신이 가만히 생각건대 폐하께서는 타고나신 자질이 너그럽고 어지시니[寬仁], 열렬하게[誠] 천하를 다스리기에 힘쓰기만 하신다면 우왕이나 탕왕 같은 명망을 얻는 일은 어렵지 않고 성왕과 강왕 때의 풍속을 다시 부흥시키지 못할 까닭도 없습니다.

토붕과 와해라는 두 가지를 피할 수 있는 근본을 확립한 연후에 안전한 상태에서 당대에 명망과 영예를 드높여서 천하를 제 몸과 같이 여기시고[親天下] 사방의 오랑캐들을 복종시킨다면[服四夷] 은혜와 덕택이 여러 대에 걸쳐 융성하게 될 것이니, 폐하께서는 그저 조정에서 남면하시어 도끼 무늬가 그려진 병풍을 의지해 소매를 걷어붙이고 왕공과 대인들로 하여금 읍하게 만들기만 하면 되십니다. 신이 듣건대, 왕업을 도모하면 비록 그것이 이뤄지지 않더라도 지엽 말단의 일들을 안정시키기에는 충분하다고 했습니다. 천하가 안정되기만 한다면 폐하께서 구하시는데 어찌 얻지 못할 것이며, 무슨 일을 하든 어찌 이뤄지지 않을 것이며, 정벌하는데 어찌 복종하지 않겠습니까!"

엄안이 올린 글은 이렇다.

"신이 듣건대, 주(周)나라가 천하를 소유했을 때 다스려진 기간이 300여 년인데 성왕(成王)과 강왕(康王) 때 가장 융성했으니, 형벌이 있었지만 내버려두고서 40여 년이나 사용하지 않았습니다. 쇠퇴함에 이른 기간도 역시 300여 년으로, 그래서 그 기간 동안 다섯 패자[五伯=五覇]가 번갈아가면서 일어났습니다.

패자가 된 다섯 사람은 항상 천자를 도와서 이익이 되는 일을 일으키고 해악을 제거했으며 난폭한 자를 주벌하고 간사한 일을 막아내며 나라 안을 바로잡음으로써 천자를 높였습니다. 하지만 다섯 패자가 다 죽고 나자 뛰어나거나 빼어난 임금이 이어지지 않으니, 천자는 고립되고 약해져서 호령(號令)을 시행하지 못했으며 제후들이 제멋대로 행동하면서 강한 자는 약한 자를 업신여겼고 큰 무리는 작은 무리를 사납게 대했습니다. 이윽고 전상(田常)이 제(齊)나라를 찬탈하고 여섯 경[六卿]이 진(晉)나라를 나눠 가지면서부터 동시에 전국시대로 들어섰습니다. 이것이 백성의 괴로움의 시작이었습니다. 이에 강한 나라는 침략을 일삼고 약한 나라는 지키기에 급급해서 혹은 합종하고 혹은 연횡해 바퀴를 부딪쳐가며 수레를 달리게 되니, (오랜 전쟁으로) 투구와 갑옷에는 이가 늘끓건만 백성은 호소할 곳이 없었습니다.

진나라 임금[秦王]에 이르러 천하를 서서히 먹어들어가서[蠶食] 전쟁 중이던 여러 나라[戰國]를 집어삼키더니, 황제(皇帝)라고 일컬으며 천하의 정사를 주재하면서 제후들의 성을 파괴하고 그들의 무기를 녹여 종과 종틀을 주조함으로써 다시는 무기를 쓰지 않는다는 뜻을 (천하에) 보여주었습니다. 일반 백성[元元黎民]은 전국시대에서 벗어나 밝은 천자를 맞이했다고 하면서 사람 사람마다 다시 태어났다[更生]고 생각했습니다. 만일 그때 진나라가 형벌을 느슨하게 하면서 부세를 줄여주고 부역을 덜어주며, 어짊과 마땅함[仁義]을 귀하게 여기고 권세와 이익을 가볍게 여기며, 독실함과 두터움

[篤厚]을 높이고 간사함과 교묘함[智巧]을 낮춤으로써 좋지 못한 풍속을 바꿔 천하를 교화시켰더라면 대대로 반드시 편안케 되었을 것입니다. (그러나) 진나라는 이 같은 새로운 풍속의 교화를 행하지 못한 채 그저 옛 습속을 고분고분 따름으로써, 간사함과 교묘함과 권세와 이익을 좇는 자를 (벼슬길로) 나아가게 하고 독실하고 두터우며 충성스럽고 신의 있는 자를 (관직에서) 물리쳤으며, 법은 엄중하고 정치는 살벌했습니다.

아첨꾼이 넘쳐나서 날마다 자신을 찬미하는 말만 듣다 보니 (진시황은) 뜻이 커지고 마음이 교만해져서 나라 밖까지[海外] 위세를 마음껏 떨치고자 했습니다. 마침내 몽염(蒙恬)으로 하여금 군대를 이끌고 북쪽으로 오랑캐를 쳐서 영토를 개척하고 국경을 넓히게 한 뒤, 북하(北河)에 군대를 주둔시키고 말먹이와 군량을 실어 그 뒤를 따르게 했습니다. 또 위타(尉佗)와 도수(屠睢)로 하여금 누선(樓船)의 수군을 이끌고 남쪽으로 백월(百越-여러 월나라)을 치게 했고 (군(郡)을 감찰하던) 감록(監祿)으로 하여금 운하를 파고 양식을 옮겨서 월나라 깊숙이 쳐들어가게 하니, 월나라 사람들이 모두 달아났습니다. (그러나 진나라 군대는) 하는 일 없이 오랫동안 버티다 보니 식량이 떨어져서 (때마침) 월나라 사람들이 공격을 하자 진나라 군대는 크게 패했습니다. 진나라는 이에 위타를 시켜 군대를 거느리고서 월나라 군대를 방어하게 했습니다. 이런 상황이 되자 진나라의 화(禍)는 북쪽으로는 오랑캐 땅에 걸치고 남쪽으로는 월나라에 뻗쳐서 군대를 쓸모없는 곳에 주둔시키는 바람에 나아가지도 못하고 물러서지도 못하는 곤경에 처했습니다. 10여 년간의 싸움에 장정들은 갑옷을 입어야 했고 여자들은 물자를 실어 날라야 했으니, 그 괴로움을 견딜 수가 없어 삶을 마다한 채 스스로 길가의 나무에 목을 매어 죽은 자들이 (굉장히 많아) 서로 바라볼 정도였습니다.

진나라 황제가 붕하자마자 천하에는 큰 반란이 일어났습니다. 진승(陳勝)과 오광(吳廣)은 진(陳)에서, 무신(武臣)과 장이(張耳)는 조(趙)나라에서, 항량(項梁)은 오(吳)나라에서, 전담(田儋)은 제(齊)나라에서, 경구(景駒)는 영(郢)에서, 주불(周市)은 위(魏)나라에서, 한광(韓廣)은 연(燕)나라에서 군대를 일으켰습니다. 궁벽한 산속과 깊은 계곡에서까지 호걸들이 일어나 수는 이루 기록할 수가 없을 정도였습니다. 그러나 그들은 모두 공후(公侯)의 후손도 아니고 고위 관리도 아니었습니다. 그들은 한 자 한 치의 조그마한 세력도 없이 시중의 거리에서 일어나 갈래 진 창[棘矜]을 잡고 시대의 흐름에 응해 모두 움직였습니다. 그들은 서로 모의하지 않았으나 함께 일어났고 약속하지 않았으나 함께 모였으니, 점거한 지역이 점점 커지고 넓어짐에 따라 패왕(霸王)이 되기에 이르렀던 것입니다.

그 시대는 당시 진나라(의 포악한 정치)가 그렇게 만든 것입니다. 진나라가 귀하기로는 천자의 자리에 있었고 부유하기로는 천하를 소유했으면서도 후손이 끊기고 조상의 제사조차 끊어진 것은, 전쟁을 지나치게 일삼은 데서 비롯된 재앙이었습니다. 주나라가 천하를 잃은 것은 약해진 때문인 반면 진나라가 천하를 잃은 것은 강해진 때문이었으니, 시대의 변화에 제대로 응하지 못한 데서 비롯된 우환[不變之患]이었습니다.

(한나라는) 지금 남쪽 오랑캐를 불러들이려 하고, 야랑(夜郞)을 조정으로 들여 복종케 하고자 하며, 강북(羌僰)을 항복시키고 예주(濊州)를 공략해서 성읍(城邑)을 세운 뒤 흉노 땅 깊숙이 쳐들어가서 그들의 용성(龍城)[1]을 불태우고자 합니다. 정사의 의견을 내는 자[議者]들은 이를 좋다고 하지만, 이것이 남의 신하 된 자[人臣]의 이익이 될지는 모르겠으나 천하를 위한 장구한 계책은 아닙니다. 지금 중국은 개 짖는 소리가 나도 놀랄 일이 없을 만큼 태평스러운데 (굳이) 나라 밖 먼 곳의 방비에 얽혀 나라를 황폐하게 하는 것은 백성을 자식처럼 여기는[子民=慈民] 도리가 아니며, 끝없는 욕망을 실행에 옮기기 위해 달콤한 마음으로 마음껏 행동해 흉노와 원한을 맺는 것은 변경을 편안하게 하는 길이 아닙니다. 재앙이 맺혀 풀어지지 않고 전쟁이 그쳤는가 싶더니 다시 일어나게 될 경우, 가까이 있는 자는 걱정하고 괴

로움을 겪을 것이며 멀리 있는 자는 놀랄 것이니 이는 천하를 오래도록 지탱하는 길이 아닙니다.

지금 천하는 갑옷을 입고 칼을 갈며 화살을 바로잡고 활줄을 매며 군량을 나르느라 쉴 틈을 볼 수가 없으니, 이는 천하 사람들이 모두 함께 근심하는 바입니다. 무릇 전쟁이 오래 지속되면 변란이 일어나게 되고, 일이 번잡해지면 근심거리가 생기게 됩니다. 지금 바깥 군(郡)의 땅이 혹 수천 리쯤 되고 줄지어 있는 성이 수십 개나 되어 형세로써 속박하고 토지로써 제어하며 제후들을 위협하고 있는데, 이는 공실(公室)의 이익이 아닙니다. 저 위로 옛날에 제(齊)나라와 진(晉)나라가 멸망한 까닭을 살펴보면, 공실은 낮아지고 쇠약해진 반면 여섯 경[六卿]은 매우 성대했기 때문입니다. 또 아래로 최근에 진(秦)나라가 멸망한 까닭을 살펴보면, 법령이 각박하기가 심한 데다가 (황제의) 욕심 크기가 끝이 없었기 때문입니다.

지금 군수(郡守)의 권한은 (옛날의) 여섯 경들보다 훨씬 무겁고, 땅이 사방 몇천 리쯤 되는 것은 (진승 등이) 동네 마을을 근거지로 삼은 것과 비교할 바가 못 되며, 갑옷과 무기의 정교함도 갈래 진 창의 쓰임에 비교할 바가 못 됩니다. 만일 만세의 큰 변란이라도 만나게 된다면 나라가 망하는 것을 피할 수 없을 것입니다."

1) 【색은(索隱)】 흉노의 성 이름이다. 발음은 (롱이 아니라) 룡(龍)이다.

글이 올라가자, 상은 세 사람을 불러보고는 "공들은 모두 지금까지 어디에 있었는가? 어찌하여 이토록 늦게 만나게 되었단 말인가"라고 말한 다음 주보언·서악·엄안 3명을 모두 낭중(郎中)으로 삼았다. 언이 여러 차례 소를 올려 일을 말하자 조서를 내려 언을 제배해 알자(謁者)로 삼았고, 서악을 제배해 중대부(中大夫)로 승진시켰다. 주보언은 1년 사이에 네 차례 승진했다.

언(偃)이 상을 설득해 말했다.

"옛날에 제후는 봉지(封地)가 (사방) 100리를 넘지 않아 강하고 약한 형세를 제재하기 쉬웠습니다. (그런데) 지금의 제후들은 혹 성읍 수십 개를 연결하고 있어서 땅의 넓이가 사방 1,000리나 되니, (통제를) 늦추면 교만하고 사치해서 음란한 짓을 하기가 쉽고 (통제가) 급하면 그 강함을 믿고 합종해 경사(京師-황제)에 거역합니다. 지금 법으로 땅을 떼어내고 깎으려 하면 반역하는 일이 싹터 일어날 것이니, 지난날 조조(鼂錯-晁錯)[1]가 바로 이것입니다.

지금 제후의 자제들이 혹 십수 명에 이르기도 하는데 적자(嫡子)만 왕위(王位)를 대신해서 서고 나머지는 땅 1자도 봉해줌이 없으니, 어질고 효도하는 도리[仁孝之道]가 제대로 펼쳐지지 못합니다. 바라건대 폐하께서 제후들로 하여금 은혜를 미뤄[推恩] 자제들에게 땅을 나눠주게 해서 후(侯)로 삼으신다면 저들은 사람마다 원하는 바를 얻게 되어 기뻐할 것입니다. 상께서는 다움을 베푸시나 실은 그 나라를 나누는 것이니, (굳이) 그들의 땅을 깎지 않더라도 점차 약해질 것입니다[2]."

이에 상이 그 세책을 따랐다[3].

다시 상을 설득해 말했다.

"무릉(茂陵)을 처음으로 세웠으니, 천하의 호걸, 겸병하는 부호, 세상을 어지럽히는 백성을 모두 무릉으로 이주해야 합니다. 그러면 안으로는 경사(京師)를 알차게 하고 밖으로는 간사하고 교활한 무리를 없앨 수 있으니, 이것이 주살하지 않고도 해악을 제거한다[不誅而害除]는 것입니다."

상이 또 그의 계책을 따랐다.

---

1) 원문에는 조(鼂)가 조(朝)로 되어 있는데, 잘못이다.

2) 이것이 추은령(推恩令)의 실질적 효과다.

3) 【집해(集解)】 서광(徐廣)이 말했다. "원삭(元朔) 2년에 비로소 영을 내려 제후 왕

들로 하여금 자제들에게 분봉하도록 했다."

위(衛)황후를 높여서 세우고[尊立] 연왕(燕王) 정국(定國)의 음모를 적발하는 데도 언(偃)은 공로가 있었다.

대신들이 모두 그의 입을 두려워해서 가져다 바친 뇌물이 수천 금이었으니, 어떤 사람이 언에게 "전횡이 너무 지나칩니다[太橫]"라고 했다. (이에) 주보가 말했다.

"신은 머리를 묶고 40여 년 동안이나 떠돌아다니며 배웠지만 이 몸이 뜻한 바를 이루지 못해 부모는 자식으로 여기지 않았고 형제들은 거둬주지 않았으며 빈객들은 나를 버렸습니다. 나는 오랜 세월 어렵게 살았습니다. 또 장부로 태어나서 오정(五鼎)의 진미[1]를 먹을 수 없다면 죽을 때 곧장 오정에 삶기는 형벌을 당할 뿐입니다. 내 인생의 날들이 저물어가는데 길은 멀기[日暮途遠]에 순리를 거스르며 급하게[暴＝急] 이렇게 하는 것입니다."

1) 장안(張晏)이 말했다. "다섯 가지 쇠솥의 진미란 소고기·양고기·돼지고기·물고기·사슴고기를 말한다."

언은 또 삭방(朔方)은 땅이 비옥하고 밖으로 하수(河水)에 둘러싸여 있으며 몽염이 거기에 성을 쌓음으로써 흉노를 쫓아버렸으므로 안으로 물자와 군수품의 운송, 조운(漕運) 등의 수고로움을 덜어줄 수 있으며 중국을 넓혀주고 오랑캐를 멸망시킬 근본이 될 수 있다고 힘주어 말했다[盛言]. 상이 그의 설을 듣고서 그것을 공경들에게 내려보내 토의하게 하자 그들은 모두 좋지 않을 것[不便]이라고 말했다.

공손홍이 말했다.

"진(秦)나라 때 일찍이[常＝嘗] 30만 대군을 동원해 북하(北河)에 성을 쌓도록 한 적이 있는데, 결국 완성하지 못하고 오랫동안 버려진 땅이 되어 있었습니다."

(그러나) 언이 그 편리함을 힘주어 말하자 상은 결국 주보의 계책을 써서 삭방군을 세웠다[立=置].

원삭(元朔) 2년에 주보는 제왕(齊王)이 내부적으로 음란한 짓을 벌이고 제멋대로이며 편벽된 행동을 일삼고 있다고 아뢰었다. 이에 상이 언을 제배해 제나라 재상으로 삼으니, 언은 제나라에 도착해 형제와 빈객들을 두루 불러놓고 500금을 나눠주면서 이렇게 꾸짖었다[數=責].

"예전에 내가 가난할 때 형제들은 내게 옷과 음식을 주지 않았고 빈객들은 우리 집을 찾아오지 않았는데, 이제 내가 제나라 재상이 되니 여러분 중에서 나를 맞이하러 혹 1,000리 길을 달려온 자도 있었다. 내 당신들과는 절교할 것이니, 다시는 내 집 문을 들어오지 말라!"

드디어 사람을 시켜서 제나라 왕이 그 누나와 간통한 일을 가지고서 왕을 몰아세우니[動] 왕은 끝내 죄에서 벗어날 수 없다고 여겼고, 예전의 연(燕)나라 왕처럼 사형당하게 될까 두려워서 마침내 자살했다. 유사(有司)에서 이 일을 천자에게 보고했다.

주보가 애초에 포의(布衣) 시절에 일찍이 연나라와 조나라를 떠돌면서 지냈는데, 뒤에 그는 귀한 신분이 되자 연나라의 일을 들춰냈다[發]. 조나라 왕은 언이 자기 나라에도 화근이 될 수 있다고 두려워해 상에게 글을 올려서 언의 불미스러운 일[陰事]을 말하고 싶었으나 언이 늘 궁중에 있어 감히 고발하지 못하고 있었다.

(그런데) 언이 제나라 재상이 되어 함곡관을 나가자 즉시 사람을 시켜 글을 올려서, 주보언이 제후들에게 뇌물을 받았기 때문에 제후의 자제로서 봉후(封侯)된 자들이 많다고 아뢰었다. 때마침 상은 제왕이 자살했다는 소

식을 듣고서 크게 화가 났고, 주보가 왕을 자살하도록 겁박했을 것이라고 여기고 있었다. 마침내 불러서 형리에게 내려 언의 죄를 심문하게 하니, 언은 제후들의 뇌물을 받은 것은 인정했으나 실제로 제왕을 자살하도록 겁박한 것은 아니라고 했다. 상은 언을 주살하고 싶지 않았으나 이때 어사대부 공손홍이 마침내 말했다.

"제나라 왕이 자살하고 후손이 없어, 나라는 없어져서 군(郡)이 되어 한나라에 귀속되었습니다. 언은 본래 악의 우두머리인데도 죽이지 않으신다면 천하에 사죄할 방법이 없습니다."

마침내 드디어 언을 족멸했다[族=族滅].

주보가 귀한 신분이 되어 한창 총애를 받을 때는 빈객이 천(千) 단위를 헤아릴 정도였지만 그가 멸족당하자 어느 한 사람도 거두지 않았고, 오직 효현(洨縣)[1]의 공차(孔車)[2]만 홀로 시신을 거둬 장례를 지내주었다. 천자가 그 말을 듣고는 차(車)를 덕망 있는 자[長者]라고 여겼다.

1) 【집해(集解)】 서광(徐廣)이 말했다. "공거는 효(洨) 사람이다. 패군(沛郡)에 효현이 있다."

2) 【색은(索隱)】 차(車)는 척(尺)과 사(奢)의 반절음이다.

태사공(太史公)이 말한다.

"공손홍(公孫弘)은 비록 행의(行義)를 잘 닦기도 했지만, 때를 잘 만나기도 했다. 한나라가 일어난 지 80여 년[1]에 상이 바야흐로 문학(文學-유학)을 좋아해서[鄕=嚮] 뛰어난 인재[俊乂]들을 불러 모아 유학(儒學)[儒墨][2]을 널리 펴고자 했으니, 이때 공손홍이 첫째로 뽑혔기 때문이다.

주보언(主父偃)은 요직에 있을 때[當路] 여러 공이 모두 그를 칭송했지만, 명성이 실추되고 사형을 당하고 나자, 장부와 선비들은 다퉈 그의 나쁜 점만 말했다. 서글프도다!"

1) 【집해(集解)】 서광(徐廣)이 말했다. "한나라가 처음 일어난 때로부터 원삭(元朔) 2년까지가 80년이다."

2) 무제가 묵자를 높였다는 기록이 없는 것으로 보아서 그냥 유학으로 옮겼다.

태황태후(太皇太后)가 대사도(大司徒)와 대사공(大司公)에게 조서(詔書)를 내렸다[1].

"대개 듣건대, 나라를 다스리는 도리는 백성을 부유하게 만드는 데서 시작하고 백성을 부유하게 하는 요체는 절약과 검소함에 달렸다고 했다. 『효경(孝經)』에 이르기를 '윗사람을 편안하게 하고 백성을 잘 다스리는 도리로는 예(禮)만큼 좋은 것이 없다'라고 했고, '예는 사치스럽기보다 차라리 검소한 편이 낫다[2]'라고 했다.

옛날에 관중은 제나라 재상이 되어 환공을 보필해서 제후의 패자로 만들고 제후들을 아홉 차례 규합해 한 번에 천하를 바로잡은 공이 있지만, 중니(仲尼)는 관중이 예를 알지 못한다[不知禮]고 하셨다. 그것은 관중의 호사스러움이 임금에 비길 만큼 지나쳤기 때문이다[3]. 하(夏)나라 우왕(禹王)은 누추한 궁실에 살면서 남루한 의복을 입었는데, 이 점은 후세의 빼어난 임금들도 따라 하지 못했다. 이로부터 미뤄 말하자면, 성대한 다스림이란 다움으로 하는 정사를 두텁게 펼쳤다[德優]는 것이고, 그러려면 검소함보다 높여야 할 것은 없다. 검소함으로써 풍속과 백성을 교화시킨다면 높고 낮은 존비(尊卑)의 질서가 바로 서고 골육 간에 은의(恩意)가 도타워져서 다투고 쟁송하는 근원이 사라지게 될 것이니, 이것이 바로 집안이 넉넉해지고 사람마다 풍족해져서 형벌을 필요 없게 하는 근본일 것이리라! 이를 위해 힘쓰지 않을 수 있겠는가?

무릇 삼공(三公)은 모든 관리의 모범이요 만백성의 사표다. 지금까지 곧은 막대를 세워놓고 굽은 그림자를 얻은 자는 없었다. 공자가 말하지 않았던가?

'그대가 (먼저) 바르게 된다면 누가 감히 바르지 않을 수 있겠습니까?'

'능한 이를 들어 쓰고 능하지 못한 이를 가르친다면 권면하게 될 것입니다.'4)

아! 한나라가 일어난 이래로 수족 같은 신하 중에서 몸소 근검절약을 실천하면서 재물을 가벼이 여기고 마땅함을 무겁게 여김이 세상에 두드러지게 나타난 사람으로는 지난날의 승상 평진후 공손홍만 한 사람이 없었다. 승상 자리에 있으면서도 베 이불을 덮고 현미밥에 고기반찬은 한 가지를 넘지 않았으니, 옛 친구를 비롯해 사이좋은 빈객들에게 봉록을 모두 털어 나눠주고 자기 집에는 아무것도 남기지 않았다. 진실로 안으로는 스스로 능히 검약할 줄 알았고 밖으로는 제도를 따랐으니, 급암이 이를 힐책하자 마침내 공손홍은 조정에 있는 대로 보고했다. 이는 정해진 제도보다 낮은 것이기는 하지만 시행할 만한 것이라고 할 수 있다. 다움이란 넉넉하면 행해지고 그렇지 못하면 그친다. 안으로 사치를 일삼으면서 겉으로 허름한 옷을 걸치고 헛된 명예를 낚으려는 자와는 부류가 다르다.

공손홍이 병으로 벼슬을 그만두기를 청하자 효무제(孝武帝)께서 말씀하셨다.

'공로가 있는 자에게 상을 주고 다움이 있는 자를 표창하며 선을 좋아하고 악을 미워함은 그대가 잘 알 것이다. 근심을 덜고 정신을 한데 모아 의약으로 몸을 돌보라.'

그러고는 휴가를 주어 병을 치료하게 하고 쇠고기·술·비단을 내려주시니 몇 달이 지나자, 그는 병이 나아 일을 보았고, 원수(元狩) 2년에 마침내 승상 재직 중에 삶을 잘 마쳤다[善終]. 무릇 신하를 알아보는 데는 임금만 한 사람이 없다고 했는데, 이것이 바로 증거다.

공손홍의 아들 공손도는 작위를 물려받고 훗날 산양군(山陽郡) 태수가

되었으나 법에 걸려들어 후의 작위를 잃었다. 무릇 다움을 표창하고 마땅
함을 흰히 드러내는 것[表德章義]은 풍속을 이끌어 교화에 힘쓰는 것으로,
이는 빼어난 왕의 법도이자 바꿀 수 없는 도리다. 이에[其] 공손홍 후손으
로서 서열상 그 뒤를 이어야 할 자에게 관내후(關內侯) 작위와 식읍 300호
를 내려주노라. 불러서 공거(公車)5)에 이르게 하여 상서(尙書)에 이름을 올
리면 짐(朕)이 친히 조정에 나아가 제배할 것이다!"

1) 【집해(集解)】 서광(徐廣)이 말했다. "이 조서는 평제(平帝) 원시(元始) 연간에 원래
   황후가 내린 것이었는데, 후세 사람이 이 조서와 반고의 평을 추가해서 권말
   에 붙였다." 【색은(索隱)】 살펴보건대, 서광의 말은 맞는 것도 있고 틀린 것도 있
   다. 이는 저(褚)선생이 수록한 것이다.

2) 『논어(論語)』「팔일(八佾)」편에 나오는 이야기다.

   공자가 말했다. "예는 사치스럽기보다 차라리 검소함이 낫고, 상(喪)은 요란하기보다 차라리
   (진정으로) 슬퍼함이 낫다."

3) 『논어(論語)』「팔일(八佾)」편에 나오는 이야기다.

   공사가 발했다. "관중(管仲)은 그릇이 작았도다!" 어떤 사람이 말했다. "관중은 검박했습니
   까?" 공자가 말했다. "관중은 삼귀(三歸)를 두었고 가신들 일을 통합해 겸직시키지 않았으니,
   어찌 검박했다고 하겠는가?" "그렇다면 관중은 예를 알았습니까?" 공자가 말했다. "나라의 임
   금이라야 병풍으로 문을 가릴 수 있는데 관중도 그렇게 했고, 또 나라의 임금이라야 두 임금이
   만났을 때 술잔을 되돌려놓는 자리를 만들어놓을 수 있는데 관중도 그렇게 했다. 만일 관중을
   가리켜 예를 안다고 한다면 누가 예를 알지 못하겠는가?"

4) 모두 『논어(論語)』에 나오는 말이다. 둘 다 계강자(季康子)에게 해준 말인데, 앞의 말은 「안연
   (顔淵)」편에, 뒤의 말은 「위정(爲政)」편에 있다.

5) 궁궐의 사마문을 관리하고 상서와 공물 등을 관리하는 직책이다.

반고(班固)가 평해 말했다.

"공손홍(公孫弘)·복식(卜式)·아관(兒寬)은 모두 큰 기러기의 점차 날아오르는 날개[鴻漸之翼][1]를 가졌으면서도 제비와 참새의 시달림을 받아 멀리 가서 양이나 돼지의 무리 속에서 살아야 했다[2]. 때를 만나지 못했다면 어찌 능히 이런 자리에 이를 수 있었겠는가?

이때는 한나라가 일어난 지 60여 년으로, 온 천하가 잘 다스려져 평안하고[乂安=治安] 국고가 가득 찼지만, 사방의 오랑캐는 아직 복종하지 않았고 각종 제도도 결여한 것이 많았다.

상(上-무제)은 바야흐로 문무의 인재들을 쓰고자 해서 그러한 인재들을 얻지 못할까 애태우며 구했기에, 처음에 포륜(蒲輪)[3]으로써 매승(枚乘)을 (사부(師傅)로) 맞이했고 주보언(主父偃)을 보고서는 (늦게 만난 것을) 탄식했다. 여러 장부와 선비가 (상을) 흠모해 찾아왔고[慕嚮], 특별한 능력을 갖춘 인재들이 잇달아 나왔다.

복식(卜式)은 꼴을 먹이던 목동으로 있다가 뽑혔고, 상홍양(桑弘羊)은 장사치[賈豎]에서 발탁되었으며, 위청(衛青)은 종의 신분에서 떨쳐 일어났고, 김일제(金日磾)는 항복한 흉노 출신[降虜]이었다. 이들은 진실로 옛날에[曩時] 판(版)으로 담을 쌓거나 소에게 꼴을 먹이던 친구들[4]이었다. 한나라가 사람을 얻은 것은, 이때가 가장 성대했다.

고매한 유자(儒者)로는 공손홍(公孫弘)·동중서(董仲舒)·아관(兒寬)이, 독실한 행실로는 석건(石建)·석경(石慶)이, 질박하고 곧은[質直] 인사는 급암(汲黯)·복식(卜式)이, 뛰어난 이를 추천한 면에서는 한안국(韓安國)·정당시(鄭當時)가, 법령 제정에는 조우(趙禹)·장탕(張湯)이, 문장(文章)은 사마천(司馬遷)·상여(相如-사마상여)가, 골계(滑稽)는 동방삭(東方朔)·매고(枚皋)가, 응대(應待-일 처리)는 엄조(嚴助)·주매신(朱買臣)이, 역수(曆數)는 당도(唐都)·낙하굉(落下閎)이, 음률(音律)과 조화(調和)는 이연년(李延年)이, 산수(算數)와 회계(會計)는 상홍양(桑弘羊)이, 외국에 가는 사신으로는 장건(張騫)·소무(蘇武)가, 장수로는 위청(衛青)·곽거병(霍去病)이, 유조

(遺詔)를 받아 어린 천자를 보좌하는 데는 곽광(霍光)·김일제(金日磾)가 있었다. 그 밖의 인물은 이루 다 기록할 수 없다. 이 때문에 공업(功業)을 일으켜 세우고 제도와 문물을 남기게 되었으니, 후세에는 이때 미칠 만한 시대가 없었다.

효선제(孝宣帝)가 황통을 이어 대업[洪業]을 맡아 다스리게 되었는데, 그 또한 육예(六藝)를 연마 강론하고 뛰어난 인재들[茂異]을 부르고 뽑았다. 소망지(蕭望之)·양구하(梁丘賀)·하후승(夏侯勝)·위현성(韋玄成)·엄팽조(嚴彭祖)·윤갱시(尹更始) 등은 유학(儒學)의 학술로 나아왔고, 유향(劉向)·왕포(王襃)는 문장(文章)으로 이름을 드높였으며, 장상(將相)으로는 장안세(張安世)·조충국(趙充國)·위상(魏相)·병길(邴吉)·우정국(于定國)·두연년(杜延年)이 있었고, 백성을 다스림에서는 황패(黃霸)·왕성(王成)·공수(龔遂)·정홍(鄭弘)·소신신(邵信臣)·한연수(韓延壽)·윤옹귀(尹翁歸)·조광한(趙廣漢) 등이 있었는데, 이들은 모두 공적이 있어 후세에 전해졌다. 명신(名臣)들이 많았다는 점에서는 실로 효무제 때 다음이라고 하겠다."5)

1) 큰기러기의 날개가 커서 1,000리의 먼 길도 날아갈 수 있듯이 한 시대의 의표(儀表)가 될 만한 그릇임을 비유한 것이다.

2) 【색은(索隱)】 살펴보건대, 공손홍은 돼지를, 복식은 양을 쳤다.

3) 부들 풀[蒲]로 바퀴를 감아 흔들리지 않게 만든 수레인데, 그만큼 정중하게 인재를 맞이하려 했다는 것이다.

4) 은나라의 부열(傅說)과 위(衛)나라의 영척(甯戚)을 가리킨다.

5) 【색은술찬(索隱述贊)】 평진후는 큰 유학자였으나[平津巨儒]/말년에야 비로소 임금의 알아줌을 만났다네[晚年始遇]/겉으로는 너그러움과 검소함 보였으나[外示寬儉]/안으로는 질투심 품었구나[內懷嫉妬]/총애받아 영예로운 작위 얻었고[寵備榮爵]/몸은 천자의 복심이 되었다네[身受肺腑]/주보언은 추은령 실

시케 하면서[主父推恩]/(경제 때 조조와 달리) 때를 살펴 제도를 설치했지[觀時設度]/살아서는 오정(五鼎)의 음식 먹었으나[生食五鼎]/죽어서는 당대의 해로운 자라고 비난받았도다[死非時蠹]!

권113 ― 남월위타열전(南越尉佗列傳) 제53

권113 남월위타열전(南越尉佗列傳) 제53

남월왕(南越王)¹⁾ 위타(尉佗)는 진정(眞定) 사람²⁾으로 성은 조씨(趙氏)다. 진(秦)나라 때 이미 천하를 병탄하고 나자 양월(楊粵)³⁾을 공략해 평정하고 계림군(桂林郡)·남해군(南海郡)·상군(象郡)을 둔⁴⁾ 뒤 죄를 지은 자들을 이곳으로 유배 보내[謫] 월나라 사람과 섞여 살게 했는데, 어언 13년이 흘렀다. 타(佗)는 진나라 때 남해군 용천(龍川) 현령에 임용되었다. 2세황제 때 남해위(南海尉) 임오(任囂)⁵⁾가 병들어 죽음이 임박하자, 당시의 용천 현령 조타(趙佗)를 불러서 말했다.

1) 【정의(正義)】 도광주(都廣州) 남해현(南海縣)이다.[월(越)은 월(粵)로도 쓴다.]

2) 【색은(索隱)】 위(尉)는 관직이고 타는 이름이다. 성은 조(趙)다. 『십삼주기(十三州記)』에서 말했다. "큰 군의 책임자를 수(守), 작은 군을 위(尉)라 한다." 위소(韋昭)가 말했다. "옛날의 군 이름인데, 뒤에 현(縣)으로 바뀌었고 상산군(常山郡)에 있다."

3) 【집해(集解)】 장안(張晏)이 말했다. "양주(楊州)의 남월이다." 【색은(索隱)】 살펴보건대, 『전국책(戰國策)』에 이르기를 오기(吳起)가 초나라를 위해 양성을 거둬들였다고 했다.

4) 【색은(索隱)】 「지리지(地理志)」에 이르기를, 무제 때 계림을 고쳐 울림(鬱林)이라고 했다. 「진본기(秦本紀)」 시황 33년에 육량(陸梁) 땅을 공략해서 남해·계림·상군을 두었다고 했다.

5) 【집해(集解)】 서광(徐廣)이 말했다. "이때는 아직 도위(都尉)라고 말하지 않았

다.”【색은(索隱)】囂는 발음이 (효가 아니라) 오(五)와 도(刀)의 반절음이다.

“내가 듣건대, 진승(陳勝) 등이 난을 일으켰다고 하오. 진나라는 무도해 천하가 힘들어하더니 항우(項羽)·유계(劉季)·진승·오광(吳廣) 등이 주군(州郡)에서 각기 군대를 일으키고 무리를 모아서 천하를 두고 호랑이처럼 싸우고 있소. 중원이 소란스러워 언제 안정될지 알 수가 없는데, 호걸들은 진나라를 배반하고 서로 자기를 세워 왕이 되려고 하고 있소. 남해군(南海郡)은 한쪽으로 치우쳐 있고 중원에서 거리가 멀지만, 나는 그 도적 떼의 군대가 이곳까지 쳐들어오지 않을까 걱정이오. 그러므로 군사를 일으켜 신도(新道-진나라에서 월나라로 통하는 새 길)를 끊고 스스로 방비해 제후들의 변란에 대비할 생각이었는데, 마침 병이 깊이 들었소. 게다가 이곳 반우(番禺)는 험한 산들을 등지고 있고 남해에 막혀 있으며 동쪽에서 서쪽으로 수천 리에 걸쳐 뻗어 있는 데다 중국 사람들이 자못 많아서 서로 힘을 보태고 있으니, 이 또한 한 주(州)의 중심으로서 나라를 세울 만하오. 군 안에 있는 장리(長吏) 중에는 이런 일을 함께 말할[與言] 사람이 없어서 공을 불러 말하는 것이오.”

그러고는 곧장 타에게 문서를 주어 남해위(南海尉)의 일을 맡아보게 했다. 오(囂)가 죽자 타는 곧바로 횡포관(橫浦關)·양산관(陽山關)·황계관(湟谿關)[1])에 격문을 돌려 통고했다.

“도적 떼의 군대[盜兵]가 장차 쳐들어오려 하니, 서둘러 길을 끊고 군사들을 모아서 각자 지키도록 하라!”

그러고 나서 차근차근 진나라가 임명한 장리(長吏-고을 수령)들을 법망에 얽어 죽이고는 자기편 사람들을 임시 수령[假守]으로 삼았다[2]). 진나라가 이미 깨져 멸망하고 나자 타는 곧바로 계림군(桂林郡)과 상군(象郡)을 공격해 병합한 뒤 스스로를 세워 남월 무왕(武王)[3])이 되었다.

(한나라) 고제(高帝)가 이미 천하를 평정하고 나서도 중국은 여전히 전란에 시달렸기 때문에 타를 내버려두고 주벌하지 않았다. 한나라 11년에 (고제는) 육가(陸賈)를 보내 타를 세워서 남월왕(南越王)으로 삼고 부절(符節)을 쪼개주어 서로 사신이 오가게 하니 그는 온갖 월족(越族)을 화목하게 안정시켜[和集] 한나라 남쪽 변경에서 근심거리나 해악이 생겨나지 않게 했다.

1) 【집해(集解)】 서광(徐廣)이 말했다. "계양(桂陽)에 있는데, 사방으로 통한다."

2) 【색은(索隱)】 살펴보건대, 타는 자기와 친한 무리에게 군현의 직위를 주거나 임시 수령으로 삼았다.

3) 【집해(集解)】 위소(韋昭)가 말했다. "살아 있으면서 무(武)라는 시호를 쓴 것은 옛 제도에 무지해서다."

(남월은 장사(長沙)와 국경을 맞대고 있었는데) 고후(高后) 때 유사(有司)에서 남월의 각종 철 기구를 관시(關市-국경 관문 시장)에서 교역하는 것을 금지할 것을 청했다. 이에 타가 말했다.

"고제(高帝)께서는 나를 왕으로 세워 사신을 오가게 하고 물자를 교역하도록 하셨는데, 지금 고후(高后)는 (남월을) 중상모략하는 신하[讒臣] 말을 듣고는 오랑캐라고 차별하며 기물의 교역을 끊어버렸다. 이는 분명 장사왕(長沙王)의 계략으로, 중국에 기대어 남월을 쳐 없앤 다음 이곳 왕이 되어 자기 공로로 삼으려는 것이다."

이에 타는 마침내 스스로 칭호를 높여 남월무제(南武武帝)라고 부르면서 군대를 발동해 장사의 변방 고을들을 쳐서 현 몇 개를 꺾은 뒤 돌아갔다. 고후가 장군 임려후(隆慮侯) 조(竈)1)를 보내 치게 했으나 더위와 습기를 만나 많은 병졸이 전염병에 걸리는 바람에 군대는 고개2)를 넘을 수 없었다. 1년쯤 지나 고후가 붕하자 곧바로 군대를 해산했다.

타는 이를 틈 타서 군대를 보내 변경을 위협하고 민월(閩越-동월)·서구(西甌-구월)·낙월(駱越)에 뇌물을 주어 속국으로 만드니, 동서의 길이가 1만여 리가 되었다. 마침내 좌독(左纛-천자의 수레 왼쪽에 꽂는 큰 깃발)을 꽂은 황옥(黃屋-노란 비단으로 덮은 천자의 수레)을 타고서 황제라 칭하며[稱制] 중국과 나란히 했다[侔=對等].

1) 【색은(索隱)】 위소(韋昭)가 말했다. "성은 주(周)다. 임려는 현 이름으로 하내(河內)에 속하니, 발음은 (융려가 아니라) 임려(林閭)다."
2) 【색은(索隱)】 살펴보건대, 고개는 곧 양산령(陽山嶺)이다.

효문제(孝文帝) 원년에 이르러 한나라는 처음으로 천하를 진무(鎭撫)하며 사자들을 제후들과 사방 오랑캐[四夷]에게 보내 효문제가 대(代)나라에서 들어와 천자 자리에 나아간 뜻을 알리고 천자로서의 성대한 다움[盛德]을 일깨워주었다. 마침, 타의 부모 무덤[親塚]이 진정(眞定)에 있었으므로 그곳에 무덤을 지키는 동네[守邑]를 둬 세시(歲時)에 제사를 받들도록 했고, 타의 사촌 형제들을 불러 벼슬을 높여주고 두터운 상을 내려줌으로써 총애를 보였다. 승상 진평(陳平) 등에게 조서를 내려 남월에 보낼 만한 사람을 천거하게 하니, 평은 호치(好畤) 사람 육가(陸賈)가 선제(先帝-유방) 때 남월에 사자로 간 적이 있어 그 지역 사정에 익숙하다고 말했다. 마침내 가(賈)를 불러 태중대부(太中大夫)로 삼고 남월에 사자로 보내 타가 스스로를 세워 제(帝)가 되고서는 일찍이 한 차례도 사자를 보내 그 일을 알리지 않았음을 꾸짖게 했다. 육가가 남월에 도착하자, 왕이 몹시 두려워하며 글을 지어 사죄했다.

"만이(蠻夷)의 대장(大長) 노부(老夫) 신(臣) 타(佗)는 지난날 고후께서 남월을 차별했을 때 장사왕이 신을 참소했다고 남몰래 의심했습니다. 또 멀리서 듣건대 고후께서 제 종족들을 모조리 베어 죽이고 조상의 무덤을 파내 불태웠다고 했으니, 그래서 자포자기하는 심정으로 장사 변경을 침범했습니다. 또 남방은 지대가 낮고 습하며 오랑캐 사이에 있는데, 동쪽의 민월(=동월)은 1,000명의 무리를 거느리고서는 왕이라고 했으며 서쪽의 구월이나 낙월의 나국(裸國)도 왕이라고 부르고 있습니다. 노신이 망령되게 제라는 칭호를 훔친 것은 잠시 재미 삼아 한 것일 뿐인데, 어찌 감히 천왕(天王)께 보고할 수 있겠습니까!"

마침내 머리를 조아리며 사과하며 바라건대 한나라 번신(藩臣)으로서 조공을 바치는 직분을 다하겠다고 하면서, 이에 마침내 나라 안에 영을 내려 말했다.

"내가 듣건대 두 영웅은 함께 설 수 없고 두 현인(賢人)은 같은 세상에 있을 수 없다고 했다. 황제(皇帝)는 뛰어난 천자이시니, 지금 이후로는 황제의 칭호를 버리고 칭제(稱制)하지 않겠으며 황옥(黃屋)과 좌독(左纛)을 사용하지 않을 것이다."

육가가 돌아와서 보고하니 효문제는 크게 기뻐했다. 드디어 효경(孝景) 때 이르러 신하를 칭하며 사신을 보내서 조청(朝請)했다. 그러나 자기 나라 남월 안에서는 이전과 같이 제의 칭호를 사용했고, 천자에게 사신을 보낼 때만 다른 제후들처럼 왕을 칭하며 조정의 명을 받들었다. (타는) 건원(建元) 4년에 이르러 졸(卒)했다[1].

1) 【집해(集解)】 서광(徐廣)이 말했다. "황보밀(皇甫謐)이 말하기를, 조타가 건원 4년에 졸했다면 이때는 한나라가 일어난 지 70년이니 타는 100세쯤 된다고 했다."

타(佗)의 손자 호(胡)가 남월왕이 되었다. 이때 민월왕(閩越王) 영(郢)이 군사를 일으켜 남월의 변방 고을들을 공격하니, 호가 사신을 보내 글을 올렸다.

"양월(兩越-남월과 동월)은 모두 한나라의 번신(藩臣)이 되었으니 함부로 군대를 일으켜 서로 공격할 수 없는데, 지금 동월(東越)이 함부로 군대를 일으켜 신(臣)의 나라를 침범했습니다. 신이 마음대로 군대를 일으킬 수 없으니, 부디[唯] 천자께서 조서를 내려주시옵소서!"

이에 천자는 남월이 의리가 있고 맡은바 직분을 잘 지켰음을 중히 여겨서[多=重], 남월을 위해 군사를 일으켜 장군 2명[1]을 보내 가서 민월을 토벌하게 했다. 군대가 영(嶺)을 넘기도 전에 민월왕의 동생 여선(餘善)이 영을 죽이고 항복했고, 이에 군대를 해산했다.

1) 【색은(索隱)】 왕회(王恢)와 한안국(韓安國)이다.

천자가 장조(莊助)[1]를 사자로 보내, 한나라 조정의 뜻을 알리자, 남월왕 호가 머리를 조아리며 말했다.

"천자께서 군사를 일으켜 민월을 토벌하셨으니, 죽어도 그 은덕에 보답할 길이 없사옵니다!"

그러고는 태자 영제(嬰齊)를 한나라로 들여보내 천자를 숙위(宿衛)하게 했다. 호가 장조에게 말했다.

"나라가 적에게 침략당한 지 이제 얼마 되지 않았으니, 사신은 먼저 돌아가시오. 저 호는 가까운 시일 내에 행장을 꾸려 입조해서 천자를 알현토록 하겠소."

조가 떠나고 나자, 남월의 대신들이 호에게 간언해 말했다.

"한나라가 군사를 일으켜 영(郢)을 주살했는데 다시 (왕께서) 입조하기 위해 한나라에 가신다면, 이 역시 남월에는 경천동지(驚天動地)할 일입니다. 또 선왕(先王-조타)께서 옛적에 말씀하시기를 '천자를 섬기되 예를 잃지 않도록 힘쓸 뿐'이라 하셨으니, 요컨대 사신의 달콤한 말에 기꺼워하며[怵=誘] 입조해서 알현할 것까지는 없다라는 말씀입니다. 입조해 천자를 알현하러 가면 다시는 돌아올 수 없으니, 이는 망국(亡國)의 지름길입니다."

이에 호는 병을 핑계로 끝내 들어와 천자를 알현하지 않았다. 그 후 10여 년이 흘러 호가 정말로 심한 병이 들자, 태자 영제는 귀국을 청했다. 호가 훙(薨)하자, 시호를 문왕(文王)이라고 했다.

1) 『한서(漢書)』에서는 엄조(嚴助)라고 했다.

영제가 뒤를 이어 세워졌는데, 그는 곧바로 선조 무제(武帝)의 옥새를 창고에 넣어버렸다[1]. 한나라에 들어와 장안에서 숙위하던 시절에 영제는 한단(邯鄲)의 규씨(樛氏) 딸을 아내로 맞아서 아들 흥(興)을 낳았는데, 영제는 왕위에 오르자, 조정에 글을 올려서 규씨의 딸을 왕후(王后)로 삼게 하고 소생 흥을 후계자로 인정해주기를 청했다. 한나라는 여러 차례 사자를 보내 영제에게 입조해서 천자를 알현토록 은근히 권유했으나 영제는 제멋대로 사람을 죽이고 맘대로 사는 것을 좋아하던 차에 입조하면 한나라 법[漢法]을 적용받고 내제후(內諸侯)들과 똑같이 취급될까 두려웠다. 그래서 병을 핑계로 한사코 입조해 천자를 알현하지 않으면서, 대신 아들 차공(次公)을 들여보내 숙위토록 했다.

영제가 훙하자, 시호를 명왕(明王)이라고 했다.

1) 【색은(索隱)】 이합(李郃)이 말했다. "제를 참칭할 때의 옥새를 감춰버린 것이다."

태자 흥(興)이 뒤를 이어 세워졌고 어머니는 태후가 되었다. 태후는 영제(嬰齊)의 총희가 되기 전부터 일찍이 패릉(霸陵)의 안국소계(安國少季)[1]라는 자와 정을 통했다. 영제가 죽은 후인 원정(元鼎) 4년, 한나라는 안국소계로 하여금 남월왕과 태후에게 조정에 들어와서 중국의 제후들과 같이하도록 타이르게 하면서, 언변이 뛰어난 간대부(諫大夫) 종군(終軍) 등을 시켜 그 내용을 널리 알리게 했다. 그리고 용사(勇士)인 위신(魏臣) 등으로 하여금 왕과 태후가 결정을 내릴 수 있도록 돕게 하는 한편, 위위(衛尉) 노박덕(路博德)에게는 군대를 이끌고 계양(桂陽)에 주둔하면서 사신들을 기다리게 했다.

태후는 남월왕이 어린 데다가 자신은 중국인으로서 일찍부터 안국소계와 사사로이 정을 통했던 터라, 그가 사신으로 오자 다시 몰래 정을 통했다. 남월 사람들이 자못 그것을 알고 태후에게 복종하지 않는 사람들이 많았는데, 태후는 반란이 일어날까 두렵고 한나라의 위세에 의지할 생각으로 자주 왕과 신하들에게 한나라의 속국이 될 것[內屬]을 청했다. 그래서 사자를 통해 글을 올려 중국의 제후들과 마찬가지로 3년에 한 번 입조하겠다면서 변방의 관문을 없애달라고 청했다. 이에 천자가 그것을 허락하고 남월 승상 여가(呂嘉)에게 한나라의 은 도장[銀印]을 주고 내사(內史)·중위(中尉)·태부(大傅)에도 각각 한나라의 도장을 주었으며 그 밖의 벼슬은 그 나라가 스스로 알아서 하도록 했다. 또한 경형(黥刑)과 의형(劓刑)을 폐지하고 한나라 법을 쓰게 함으로써 중국 내의 제후들과 똑같게 했다. 한나라 사자들은 모두 그곳에 머물면서 그들을 진무했고, 왕과 왕태후는 행장을 꾸리고 예물을 두텁게 해서 조정에 들 채비를 했다.

1) 【색은(索隱)】 성이 안국이고, 소계는 자(字)다.

남월 승상 가(嘉)는 나이가 많고 3대에 걸쳐 왕을 모시면서 재상으로 있었기 때문에 종족(宗族) 중에 벼슬해 높은 지위에 오른 사람이 70여 명이나 되었다. 아들은 모두 왕의 딸을 아내로 맞았고 딸들은 모두 왕자나 왕의 형제 또는 종실로 시집을 갔으며, 창오(蒼梧)의 진왕(秦王) 조광(趙光)과는 인척(姻戚)간[連=連姻]이었다. 이 때문에 그 나라에서 가의 신망은 대단히 무거워서 월나라 사람들 가운데 그를 믿고 그의 눈과 귀가 되어 일하는 사람들이 매우 많았다. 많은 사람의 마음을 얻고 있다는 점에서는 왕보다 나았다[愈=賢]. 왕이 천자에게 글을 올리려고 하자 그는 왕에게 그만두도록 여러 차례 간언했는데, 왕이 끝내 듣지 않자, 그는 모반할 마음[畔心]을 품고 자주 병을 핑계로 한나라 사신을 만나지 않았다. 한나라 사신들은 모두 가를 눈여겨 살폈으나 형세상 아직 그를 베어 죽일 수 없었다.

왕과 왕태후는 가 등이 선수를 칠까 두려워해, 술자리를 열어서 한나라 사신들의 권세를 빌려 가의 무리를 주살할 음모를 꾸몄다. (주연이 열려) 한나라 사신들은 동쪽을, 태후는 남쪽을, 왕은 북쪽을, 승상 가와 대신들은 서쪽을 바라보고 앉았다. 그렇게 술을 마시는데, 가의 동생은 장수로서 군사들을 인솔해 궁 밖에 있었다.

술잔이 돌자, 태후가 가에게 말했다.

"남월이 한나라에 복속하는 것은 나라의 이익이오. 그런데 승상이 이롭지 않다고 염려하는 것은 무슨 까닭이오?"

이렇게 해서 한나라 사신들을 격동시키려고 했으나 사신들은 미심쩍은 듯 서로 미루며 감히 나서는 이가 없었다. 가는 분위기가 평상시와는 다르다는 것을 느끼고는 바로 일어나서 나갔고, 태후는 화가 나서 창으로 가를 찌르려고 했으나 왕이 태후를 말렸다. 가는 마침내 밖으로 나가서 동생의 군대를 나눠 거느리고 집으로 돌아간 뒤, 병을 핑계로 왕과 사신들을 만나려고 하지 않으면서 몰래 대신들과 함께 반란을 준비했다.

왕은 평소 가를 주살할 뜻이 없었고 가 또한 이를 알고 있었기에 몇 달 동안은 일이 터지지 않았다. 태후는 자신의 음란한 행동으로 나라 사람들이 따르지 않았고 자기 혼자서라도 가의 무리를 죽여 없애려 했지만, 힘으로는 더더욱 당해낼 수 없었다.

천자는 가가 왕의 명을 따르지 않고, 왕과 태후는 힘이 약하고 고립되어

가를 제어할 수 없으며, 사신은 두려워서 결단을 내리지 못하고 있다는 보고를 받았다. (이미) 왕과 왕태후가 한나라에 귀부하기로 했고 가 혼자서 반란을 일으킨다 해도 크게 군대를 동원할 만한 일은 아니라고 여겨서 장삼(莊參)에게 군사 2,000명을 주어 사신으로 보내려고 했는데, 삼(參)이 말했다.

"친선을 위해 가는 것이라면 몇 사람이면 되지만, 무위(武威)를 보이려고 가는 것이라면 2,000명으로는 부족합니다."

삼이 명령을 받아들이려 하지 않자, 천자는 삼을 파면했다. 겹현(郟縣)[1]의 장사이자 제북(濟北)의 옛 재상이던 한천추(韓千秋)가 의분에 떨며 말했다.

"월나라는 보잘것없는[區區] 나라이고 왕과 태후가 내응하고 있으니, 다만 승상 여가만이 방해가 될 뿐입니다. 바라건대, 용맹한 군사 200명만 주신다면 반드시 가의 목을 베어 보답하겠습니다."

이에 천자는 천추에게 남월 태후의 동생인 규락(樛樂)과 함께 2,000명을 이끌고 가도록 했다[2]. 월나라 국경으로 들어갔을 때, 여가 등이 마침내 반란을 일으키고 나라 안에 영을 내려 말했다.

"왕은 나이가 어리고, 태후는 중국 사람이면서 한나라 사신과 난잡한 짓을 했다. 오로지 한나라에 예속되기만 바라면서 선왕의 보배로운 그릇들을 모조리 가져다가 천자에게 바쳐 아첨하려 하고, 많은 사람을 장안으로 데리고 가서 돈을 받고 팔아 노예로 만들려 하고 있다. 그 자신은 한때의 화를 벗어나서 이익만 얻으려 할 뿐 조씨(趙氏)의 사직(社稷)을 돌아보지 않고 만세의 계책을 세우려는 뜻이 없다."

마침내 동생과 더불어 군대를 거느리고 왕과 태후, 한나라 사신들을 죽였다. 그러고는 사람을 보내 창오(蒼梧)의 진왕(秦王)과 그 밖의 군(郡)과 현(縣)에 알린 뒤, 명왕(明王)의 월나라 아내가 낳은 맏아들 술양후(術陽侯)[3] 건덕(建德)을 왕으로 추대했다.

1) 【집해(集解)】 서광(徐廣)이 말했다. "영천(潁川)에 속한다." 【색은(索隱)】 여순(如淳)이 말했다. "영주(潁州)에 속한다." 【집해(集解)】 지금의 여주(汝州) 겹성현(郟城縣)이다.

2) 【집해(集解)】 서광(徐廣)이 말했다. "천추는 교위(校尉)가 되었다."

3) 【색은(索隱)】 살펴보건대, 「공신표(功臣表)」에 따르면 술양은 하비(下邳)에 속한다.

한편, 한천추의 군대가 남월로 들어가서 작은 고을들을 몇 개 깨뜨리고 나자, 월나라 사람들은 길을 열어주고 식량을 제공했으나 반우(番禺)에서 40리쯤 떨어진 곳에 이르렀을 때 월나라는 군대를 이끌고 천추 등을 쳐서 마침내 전멸시켰다. 그러고는 사람을 시켜 한나라 사신의 부절을 함에 넣어서 요새 위에 놓아두게 한 뒤, 그럴듯하게 말을 꾸며 사죄하는 한편 군대를 보내 요충지를 지키게 했다. 이에 천자가 말했다.

"한천추가 비록 공을 이루지는 못했지만 참으로 군대의 최선봉[軍鋒之冠]이었다."

천추의 아들 연년(延年)을 봉해 성안후(成安侯)로 삼았고, 규락의 누이인 왕태후가 앞장서서 월이 한에 내속하도록 시도했다고 해서 규락의 아들 광덕(廣德)을 봉해 용항후(龍亢侯)로 삼았다.

마침내 사면령을 내려 말했다.

"천자가 미약해서 제후들이 힘으로 정벌을 일삼을 때 신하 된 자로서 난적을 토벌하지 않는 것을 (『춘추(春秋)』에서는)[1] 비판하고 있다. 지금 여가(呂嘉)와 건덕(建德) 등이 반란을 일으켜서 스스로를 세워 태연히 왕이라고 일컫고 있으니, 죄인들, 강수(江水)와 회수(江水)의 남쪽에 있는 수군(水軍) 10만 명으로 하여금 나아가 토벌케 하라!"

1) 『한서(漢書)』에는 괄호 부분이 추가되어 있다.

원정(元鼎) 5년 가을에 위위(衛尉) 노박덕(路博德)은 복파장군(伏波將軍)이 되어 계양(桂陽)을 출발해서 황수(匯水)로 내려갔고, 주작도위(主爵都尉) 양복(楊僕)은 누선장군(樓船將軍)이 되어 예장(豫章)을 출발해서 횡포(橫浦)로 내려갔으며, 이전에 투항한 월후(越侯) 두 사람은 각각 과선장군(戈船將軍)과 하려장군(下厲將軍)이 되어 영릉(零陵)을 출발해서 한 사람은 이수(離水)로 내려갔고 한 사람은 창오(蒼梧)에 이르렀다. 또 치의후(馳義侯)에게는 파(巴)와 촉(蜀)의 죄인들을 모으고 야랑(夜郎)의 군사를 발동시켜서 장가강(牂柯江)으로 내려가게 해 모두 반우(番禺)에서 모이도록 했다.

원정(元鼎) 6년 겨울에 누선장군은 정예 부대를 이끌고 먼저 심협(尋陜)을 함락시키고 석문(石門)을 깨뜨림으로써 월나라 배와 곡식을 얻었고, 이어 앞으로 나아가 월나라의 선봉을 꺾은 뒤 수만 명을 거느리고 복파를 기다렸다. 복파장군은 죄인들을 거느린 데다 길까지 멀어서 약속한 날짜에 늦었고, 누선과 만났을 때는 겨우 1,000여 명이었다. 두 군대가 드디어 함께 나아갔는데, 누선이 앞장서서 먼저 반우에 도착했다. 건덕(建德)과 가는 모두 성안으로 들어가서 굳게 지키고 있었다. 누선은 스스로 편한 곳을 골라 동남쪽에, 복파는 서쪽에 진을 쳤다. 마침 날이 저물자, 누선이 공격해 월나라 군대를 패퇴시켜 불을 놓아 성을 불태웠다.

월나라는 평소 복파의 명성을 들었을 뿐 날이 저물어 그 병력이 얼마나 되는지 알지 못했다. 복파는 마침내 군영을 만들고 사자를 보내 항복한 사람들을 불러서 인끈을 내려준 뒤 다시 그들을 성안으로 보내 항복을 권하게 했다. 누선이 힘껏 적을 공격하고 불을 질러 반격하면서 남월의 군사들을 복파의 군영으로 내몰자, 새벽이 되면서 성안에 있던 군사들은 모두 복파에게 항복했다.

여가와 건덕은 한밤중에 부하 수백 명과 함께 달아나 바다로 들어가서 배를 타고 서쪽으로 도망쳤는데, 복파는 다시 자신에게 항복해 온 귀인(貴

人)들에게 물어서 여가가 달아난 곳을 알아낸 뒤에 사람을 보내 그를 뒤쫓게 했다. 그 때문에 교위사마(校尉司馬) 소홍(蘇弘)은 건덕을 사로잡은 공로로 봉해져 해상후(海常侯)[1]가, 남월의 낭관(郎官) 도계(都稽)[2]는 여가를 사로잡은 공로로 봉해져 임채후(臨蔡侯)[3]가 되었다.

1) 【집해(集解)】 서광(徐廣)이 말했다. "해상은 동래(東萊)에 있다."

2) 【집해(集解)】 서광(徐廣)이 말했다. "「표(表)」에서는 손도(孫都)라고 했다."

3) 【색은(索隱)】 살펴보건대, 「공신표(功臣表)」에 따르면 임채는 하내(河內)에 속한다.

창오왕(蒼梧王) 조광(趙光)은 월나라 왕과 성씨가 같았는데, 한나라 군대가 온다는 소식을 듣고는 남월 게양현(揭陽縣) 영사(令史) 정(定)과 함께 스스로 한나라에 항복했다. 남월 계림(桂林)의 현감(縣監) 거옹(居翁)은 구(甌)와 낙(駱) 두 나라를 설득해 한나라에 항복하게 함으로써 모두 후가 되었다. 과선(戈船)과 하려(下厲) 두 장군의 병사와 치의후가 징발한 야랑의 병사가 미처 (남쪽으로) 내려가기도 전에 남월은 이미 평정되었으니, 드디어 아홉 군을 두었다[1]. 복파장군은 익봉되었으며, 누선장군은 그 군대가 견고한 적의 진지를 함몰시킨 공로로 장량후(將梁侯)에 봉해졌다.

위타(尉佗)가 처음 왕이 된 이래 5대 93년 만에 나라가 망했다.

1) 【집해(集解)】 서광(徐廣)이 말했다. "담이(儋耳)·주애(珠崖)·남해(南海)·창오(蒼梧)·구진(九眞)·울림(鬱林)·일남(日南)·합포(合浦)·교지(交阯)다."

태사공(太史公)이 말한다.

"위타(尉佗)가 왕이 된 것은 본래 임오(任囂)에게서 비롯되었다. 한나라가 막 천하를 평정했을 때라 위타는 반열에 올라 제후가 될 수 있었는데, 임려후(隆慮侯)의 군대가 습한 기후를 만나 전염병에 걸리자 타는 더욱 교만해졌다. 구월(甌越)과 낙월(駱越)이 서로 공격하니 남월(南越)은 동요했고, 한나라 군대가 국경까지 이르자 태자 영제(嬰齊)를 입조시켰다.

그 뒤에 남월이 멸망하게 된 조짐은 규씨(樛氏)에서 비롯되었으니, 여가(呂嘉)의 알량한 충성심[小忠]은 위타의 뒤를 끊어버렸다.

누선장군은 욕심만 좇아서 게으르고 오만해 미혹 속에 빠져들었고, 복파장군은 곤궁한 속에서도 더욱 지혜롭게 처신해 화를 복으로 만들었다. 성공과 실패가 서로 돌고 도는 것은 비유하자면 마치 노끈이 서로 뒤엉켜 꼬여 있는 것[糾墨=糾纆]1)과 같도다.”2)

1) 화복규묵(禍福糾纆)은 새옹지마(塞翁之馬)와 같은 뜻으로, 세상사는 변화무상해 길흉화복을 미리 알 수 없다는 말이다.

2) 【색은술찬(索隱述贊)】 중원이 혼란해져 사슴들이 내달릴 때[中原鹿走][사슴은 제위(帝位)를 뜻한다.]/여러 영웅 아무도 제어할 수 없었다네[群雄莫制]/한나라가 서쪽 정벌에 힘쓰는 사이[漢事西馳]/월나라는 머나먼 남쪽 땅에서 임금을 추대했구나[越推南裔]/육가가 치달려 가서 설득하니[陸賈騁說]/위타는 제의 칭호 버렸도다[尉佗去帝]/태후는 입조하려 했으나[嫪后內朝]/여가는 거칠고 도리를 어겼다네[呂嘉狼戾]/임금과 신하 화합하지 못하니[君臣不協]/끝내 멸망의 길 따라갔도다[卒從剿棄]!

권114 ― 동월열전(東越列傳) 제54

권114 동월열전(東越列傳) 제54

민월(閩越)[1]왕 무제(無諸)와 월나라 동해왕(東海王) 요(搖)는 선조가 모두 월왕 구천(句踐)의 후예로, 성은 추씨(騶氏)다. 진(秦)나라가 이미 천하를 병탄하고 나서 이들을 모두 폐해 군장(君長)으로 삼고 그 땅에 민중군(閩中郡)[2]을 설치했는데, 제후들이 진(秦)나라에 반기를 들자, 무제와 요는 월나라 백성을 이끌고 파양령(鄱陽令) 오예(吳芮)에 귀순했다. 오예는 파군(鄱君)이라고까지 불렸던 자로, 제후들을 따라 진나라를 멸망시키는 데 기여했다. 이때 항적(項籍)이 제후들을 호령했는데, 이들을 왕으로 대접하지 않자[3] 이 때문에 초(楚)나라에 붙지 않았다[不附]. 한나라가 항적을 공격하자 무제와 요는 월나라 사람들을 이끌고 한나라를 도왔다.

한 고조 5년에 다시 무제를 세워 민월왕으로 삼아 민중(閩中)의 옛 땅에서 왕 노릇하면서 동야(東冶)에 도읍하게 했다. 효혜제(孝惠帝) 3년에는 고제(高帝) 때 월나라가 세운 공을 높이 추켜세워 "민군(閩君) 요(搖)의 공이 크다"라고 칭찬하니, 그 백성이 곧바로 한나라에 귀부했다. 마침내 요를 세워 동해왕(東海王)으로 삼아 동구(東甌)[4]에 도읍하게 하니, 세상에서는 그를 일러 동구왕(東甌王)이라 했다.

1) 【집해(集解)】 동월의 별칭이다.

2) 【색은(索隱)】 소안(小顔-안사고)은 지금의 천주(泉州) 건안(建安)으로 보았다.

3) 【집해(集解)】 『한서음의(漢書音義)』에서 말했다. "항적이 명을 주관하면서도 무제와 요를 왕으로 삼지 않았다는 말이다."

4) 【집해(集解)】 서광(徐廣)이 말했다. "지금의 영령(永寧)이다." 【색은(索隱)】 요씨(姚氏)
가 말했다. "구(甌)는 강 이름이다." 『영가기(永嘉記)』에서 말했다. "강은 영령
산(永寧山)에서 발원해 30리쯤 흘러가다가 장강으로 들어간다."

그 뒤 몇 대가 지나 효경제(孝景帝) 3년에 이르러 오(吳)나라 왕 비(濞)가
반란을 일으켰을 때 오왕은 민월을 반란에 동참시키려 했으나 민월은 이에
응하지 않았고, 오직 동구만이 오나라에 동참했다. 오나라가 깨지고 나자,
동구는 한나라의 뇌물을 받고 오나라 왕을 단도(丹徒)에서 살해했다. 이 때
문에 동구 사람들은 모두 주살되지 않고 자기 나라로 돌아갈 수 있었다.

오왕의 아들 자구(子駒)는 민월로 도망갔는데, 동구가 자기 아버지를 죽
인 것을 원망해 늘 민월에게 동구를 칠 것을 권유했다. 건원(建元) 3년에 마
침내 민월이 군사를 일으켜 동구를 에워쌌다. 동구는 식량이 다 떨어져서
곤경에 처해 장차 항복해야 할 지경에 이르자, 마침내 급히 사자를 보내 천
자에게 위급함을 알렸다. 천자가 태위(太尉) 전분(田蚡)에게 대책을 묻자,
분이 대답했다.

"월나라 사람들끼리 서로 공격하는 것은 본래 늘 있는 일이고 자주 배반
을 일삼으니, 중국을 번거롭게 하면서까지 가서 구원할 필요는 없습니다."

이에 중대부(中大夫) 장조(莊助-엄조)가 전분을 힐난하면서 말했다.

"오직 걱정해야 할 것은 구원해줄 힘이 없는 것이 아니라 덮어줄 덕이 없
는 것입니다. 만일 참으로 할 수만 있다면 어찌 그냥 내버려두겠습니까? 또
한 진나라는 함양을 버렸는데 (저 멀리 떨어져 있는) 월나라야 어떠하겠습니
까! 지금 작은 나라가 곤궁에 처해 천자께 달려와 위급함을 알렸는데도 천
자께서 떨쳐 구원하지 않으신다면 저들이 어디에 가서 호소하겠습니까? 이
러고도 어떻게 만국을 자식처럼 여긴다고 하겠습니까?"

상이 말했다.

"태위는 더불어 계책을 논할[與計] 만한 사람이 아니다. 나는 자리에 나아온 지 얼마 되지 않았기에 호부(虎符)[1]를 내어 군과 국에서 군사들을 징발하고 싶지 않다."

마침내 장조를 보내 절(節)[2]을 갖고서 회계군(會稽郡) 병사를 징발하게 했다. 그러나 회계 태수가 (호부가 없다며) 이에 저항하면서 군사를 내주려 하지 않으니, 장조는 휘하의 사마(司馬) 1명의 목을 베어 천자의 뜻을 알린 다음에야 마침내 군사를 징발해서 배를 타고 바다를 통해 동구를 구원하러 갈 수 있었다. 군대가 미처 이르기도 전에 민월이 군사를 이끌고 물러가니 동구는 온 나라를 바쳐 중국으로 옮겨 가서 살 수 있도록 청했고, 그 무리를 이끌고 와서 장강(長江)과 회수(淮水) 사이에 거처하게 되었다[3].

1) 구리로 범 모양(模樣)을 본떠 만든 징병(徵兵)의 표지(標識)다.

2) 절(節)은 처음부터 지방관의 수중에 있었고, 그 자체가 발병의 징표이기도 해서 절을 가진 지방관은 수시로 병사를 동원할 수 있었다. 호부의 사용은 지역의 엄격한 통제를 받아 한 지역에서 한 부만 가능했지만, 절은 다양한 지방의 병사를 동원할 수 있었다.

3) 【집해(集解)】 서광(徐廣)이 말했다. "「연표(年表)」에 따르면, 동구왕 광무후(廣武侯) 망(望)이 무리 4만여 명을 이끌고 와서 항복하고는 여강군(廬江郡)에서 살았다고 한다."

건원(建元) 6년에 이르러 민월이 남월을 공격했다. 남월은 천자와의 약조를 지키기 위해 감히 마음대로 군사를 일으켜 공격하지 않고 이 사실을 한 나라에 알렸다. 상은 대행(大行) 왕회(王恢)를 보내 예장(豫章)에서, 대사농(大司農) 한안국(韓安國)을 보내 회계(會稽)에서 출병하도록 했는데 두 사람 모두 장군으로 삼았다. 군대가 미처 고개를 넘지 못했을 때 민월왕 영(郢)은 군사를 동원하고 험한 지세에 의지해 맞섰다. 그러자 영의 동생 여선(餘善)이 마침내 (민월의) 재상·종친들과 모의해 말했다.

"왕이 (천자에게) 주청하지 않고 마음대로 군사를 일으켰으니, 그 때문에 천자의 군대가 정벌하러 왔소. 지금 한나라 군대는 수가 많고 강하오. 지금 운이 좋아 이긴다 해도 뒤에 오는 군사는 더 많을 터이니, 결국은 나라가 망해야 끝날 것이오. 지금 왕을 죽여 천자에게 사죄합시다. 천자가 이를 받아들여 군사를 물리면 온전히 나라를 보전할 수 있을 것이오. 만약 이를 받아들이지 않으면 마침내 힘을 다해 싸우고, 그래서 이기지 못하면 도망쳐서 바다로 들어갑시다."

모두 "좋습니다"라고 찬성했다. 즉각 왕을 창으로 찔러[鏦] 죽이고 그 머리를 사신에게 들려 보내 대행(大行)에게 바치도록 하니, 대행이 말했다.

"우리가 여기에 온 것은 왕을 주벌하기 위해서인데 지금 왕의 머리를 내 앞에 보내 사죄했으니, 이는 싸우지 않고도 적을 제거한 것이다. 이보다 더 큰 이익은 없다."

마침내 적당히 군대를 멈춘 뒤 대사농(大司農)의 군대에 연락을 취하는 한편, 사신에게 민월왕의 머리를 가지고 말을 달려서 천자에게 이 사실을 보고하게 했다. 천자는 두 장군의 군대를 해산하도록 하고서는 조서를 내려 말했다.

"영(郢) 등이 원흉이고, 저 무제(無諸)의 손자 요군(繇君) 축(丑)만은 홀로 모의에 가담하지 않았다."

마침내 낭중장(郎中將)을 보내 축을 세워 월나라 요왕(繇王)으로 삼아서 민월 선조의 제사를 받들게 했다.

여선(餘善)이 이미 영(郢)을 살해한 뒤로 그 나라에 위엄을 떨쳐서 나라 백성이 모두 그를 따르자 몰래 스스로를 세워 왕이 되었다. 요왕(繇王)은 그 무리를 휘어잡고서 바른길로 인도할 줄을 몰랐기에 천자 또한 이 소식을 들었지만, 여선 때문에 다시 군사를 일으킬 필요는 없다고 여겨 이렇게 말했다.

"여선이 수시로 영과 반란을 모의하기는 했지만, 뒤에 가서는 가장 앞장
서서 영(郢)을 베었으니, 군대를 일으켜 우리 병사들을 힘들게 할 필요는
없다."

그리하여 여선을 세워 동월왕으로 삼아서 요왕과 병립하게 했다[並處=
並立].

원정(元鼎) 5년에 이르러 남월이 반란을 일으키자 동월왕 여선이 글을
올려서 병졸 8,000명을 이끌고 누선장군(樓船將軍)을 따라 여가(呂嘉) 등을
치겠다고 청했다. (그러나) 군대가 게양(揭陽)에 이르자 바다에 바람과 파도
가 심하다는 핑계로 더는 나아가지 않은 채 두 마음을 품고서[持兩端] 은밀
히 남월에 사자를 보냈고, 한나라가 반우(番禺)를 깨뜨릴 때까지 도착하지
않았다. 이때 누선장군(樓船將軍) 양복(楊僕)이 사람을 보내 글을 올려서
곧바로 군대를 이끌고 동월을 칠 수 있게 해달라고 청했다. 상은 사졸들이
지쳐 있다고 말하며 허락하지 않고 군대를 해산하게 했으며, 교위들에게 영
을 내려 예장군(豫章郡) 매령(梅嶺)[1]에 주둔하면서 명을 기다리도록 했다
[待命].

1) 【집해(集解)】 서광(徐廣)이 말했다. "회계(會稽)의 경계에 있다."

원정 6년 가을에 여선은 누선장군이 자기를 치게 해달라고 청했으며 한
나라 군대가 국경에 주둔했다가 곧 쳐들어올 것이라는 소문을 듣자 마침내
반기를 들고 군사를 징발해 한나라와 통하는 길을 막아섰고, 장군 추력(騶
力) 등을 탄한장군(吞漢將軍-한나라를 삼킬 장군)이라 부르면서 이들로 하여
금 백사(白沙)·무림(武林)·매령(梅嶺)으로 쳐들어가게 해서 한나라 교위
(校尉) 3명을 죽였다. 이때 한나라에서는 대사농 장성(張成)과 산주후(山州
侯)였던 치(齒)[1]가 장수가 되어 주둔해 있었는데, 이들은 감히 공격하지 못

하고 도리어 안전한 곳으로 후퇴했기에 둘 다 적을 두려워하고 나약한 죄
[畏懦]에 걸려 주살되었다.

1) 【집해(集解)】 서광(徐廣)이 말했다. "성양공왕(成陽共王)의 아들이다."

여선은 '무제(武帝)'라는 옥새를 새겨 스스로를 세우고는 백성을 속이며
망언(妄言)을 일삼았다. 천자는 횡해장군(橫海將軍) 한열(韓說)을 보내 구
장(句章)[1]에서 출격해 바다에서 배를 타고 동쪽으로 나아가게 했다. 누선
장군 양복은 무림에서, 중위(中尉) 왕온서(王溫舒)는 매령에서, 월후(越侯)
두 사람은 각각 과선장군과 하뢰장군이 되어 약야(若邪)와 백사(白沙)에서
출격하게 했다.

원봉(元封) 원년 겨울에 이들은 함께 동월로 쳐들어갔다. 동월은 평소대
로 군대를 일으키고 험한 곳에 의지해서 순북장군(徇北將軍)으로 하여금
무림(武林)을 지키게 했다. (순북장군이) 누선장군의 몇몇 교위를 괴멸시키
고 장사(長史)를 죽였으나 누선장군 휘하의 전당(錢唐) 출신 원종고(轅終古)
가 순북장군을 베니 그를 어아후(語兒侯)에 봉했다. (한나라) 군대가 미처
도착하기도 전의 일이었다.

고 월나라 연후(衍侯) 오양(吳陽)이 전에 한나라에 머문 적이 있었기에
한나라에서는 그를 돌려보내 여선을 회유했으나 말을 듣지 않았다. 그러다
가 횡해장군이 당도하자 월나라 연후 오양은 읍인(邑人) 700여 명과 함께 여
선에게 반기를 들고 한양(漢陽)에서 월나라 군대를 공격했다. 그리고 월나
라 건성후(建成侯) 오(敖)를 따라 그 무리와 함께 요왕(繇王) 거고(居股)에게
로 가서 서로 모의해 말했다.

"여선은 수악(首惡)으로서 우리를 겁박해 지키게 했으나 지금 한나라 군
대가 이르렀는데 수도 많고 강합니다. 계책을 세워서 여선을 죽이고 스스로
한나라 장군들에게 귀순한다면 만에 하나 요행히 죽음을 면할 수 있을 것

입니다."

마침내 드디어 함께 여선을 죽인 뒤 그 무리를 이끌고 횡해장군에 투항했다. (한나라는) 요왕 거고를 봉해 동성후(東成侯)[2]로 삼고 식읍을 1만 호로 했으며, 건성후 오(敖)를 봉해 개릉후(開陵侯)[3]로, 월나라 연후 오양(吳陽)을 봉해 북석후(北石侯)로, 횡해장군(橫海將軍) 한열(韓說)을 봉해 안도후(按道侯)로, 횡해교위(橫海校尉) 유복(劉福)을 봉해 요영후(繚嫈侯)로 삼았다. 복은 성양공왕(城陽共王)의 아들로서 이전에 해상후(海常侯)였다가 법에 걸려 후의 작위를 잃었고 그전에도 종군해 공을 세우지는 못했으나 종실인 까닭에 후가 되었다. 동월의 장수 다군(多軍)[4]은 한나라 군대가 도착하자 자신의 군대를 버리고 투항했기에 무석후(無錫侯)에 봉해졌다.

1) 【색은(索隱)】 회계군의 현이다.

2) 【색은(索隱)】 위소(韋昭)가 말했다. "동성은 구강(九江)에 있다."

3) 【색은(索隱)】 서광(徐廣)이 말했다. "오는 동월의 신하다." 위소(韋昭)가 말했다. "개릉은 임회(臨淮)에 속한다."

4) 【집해(集解)】 『한서음의(漢書音義)』에서 말했다. "다군은 이름이다." 【색은(索隱)】 위소(韋昭)가 말했다. "다는 성이고 군은 이름이다."

이에 천자가 말했다.

"동월은 땅이 좁고 험하며, 민월 사람들은 사납고 여러 번 배반했다."

군리(軍吏)들에게 조서를 내려 그 백성을 모두 옮겨서 장강(長江)과 회수(淮水) 사이에 살게 하니 동월(東粵) 땅은 드디어 텅 비어버렸다.

태사공(太史公)이 말한다.

"월(越)나라는 비록 만이(蠻夷)이기는 하지만 선조가 어찌 일찍이 백성에게 큰 공덕을 베풀지 않았으랴! (그렇지 않고서야) 어찌 그리 오랫동안 나라를 유지할 수 있었겠는가! 여러 대에 걸쳐 언제나 군왕(君王)이 있었고, (그중에) 구천(句踐)은 한 차례 패자(覇者)로 일컬어졌다. 여선(余善)에 이르러 대역을 저질러서 나라는 멸망하고 백성은 옮겨 살아야 했으나 같은 선조의 후손인 요왕(繇王) 거고(居股) 등은 오히려 만호의 후(侯)에 봉해졌다. 이로써 보자면 월나라가 대대로 공후(公侯)가 될 수 있었던 것은 대개 우왕(禹王)이 남긴 공덕[餘烈] 때문임을 알 수 있다.”[1]

1) **【색은술찬(索隱述贊)】** 구천의 후예[句踐之裔]/이 사람이 무제라네[是曰無諸]/이미 한나라 총애를 받았던 것[旣席漢寵]/이는 진나라가 남긴 여파 때문이리라[寔因秦餘]/추씨와 낙씨를 성으로 삼아[騶駱爲姓]/민월 속에 살았도다[閩中是居]/왕 요가 세워지자[王搖之立]/이에 동쪽 구석에서 거처하게 되었다네[爰處東隅]/후사가 무도해[後嗣不道]/스스로 서로 죽여 없애고 말았도다[自相誅鋤]!

권
115

조선열전(朝鮮列傳) 제55

권115 조선열전(朝鮮列傳) 제55[1]

조선(朝鮮)[2]왕 만(滿)은 본래 연(燕)나라 사람[3]이다. 애초에 연나라의 전성기 시절[全燕時][4]에 일찍이 진번(眞番)과 조선(朝鮮)을 침략해 복속시킨 뒤[5] 관리를 둬 장벽과 요새를 쌓았고, 진(秦)나라는 연나라를 멸망시키고서 요동(遼東) 외요(外徼-국경 밖 먼 곳)에 소속시켰으며, 한(漢)나라가 일어나자, 그곳이 멀어서 지키기 어려웠기 때문에 다시 요동의 옛 요새들을 손질한 뒤 패수(浿水)까지를 경계로 삼아[6] 연나라에 속하게 했다. 연나라 왕 노관(盧綰)이 한나라를 배반하고 흉노로 들어가자, 만(滿)도 망명했는데, 무리 1,000여 명을 모아서 상투에 오랑캐 복장을 하고 동쪽으로 달아났다. 요새를 나가 패수를 건너서 진(秦)나라의 옛 비어 있던 땅 상하장(上下障)[7]에 살면서 점차 진번과 조선의 만이(蠻夷), 옛 연나라와 제나라의 망명자를 복속시켜 거느리고서 왕이 되어 왕검(王險-王儉)[8]에 도읍을 정했다.

1) 【집해(集解)】 장안(張晏)이 말했다. "조선에는 습수(濕水)·열수(洌水)·산수(汕水)가 있어 세 강이 합쳐져서 열수가 되는데, 아마도 낙랑(樂浪)이나 조선(朝鮮)은 이름을 여기에서 취한 듯하다." 【색은(索隱)】 鮮은 발음이 선(仙)이다. 산수(汕水)가 있어, 그래서 그렇게 선(鮮)이라고 이름 지은 것이다. 汕의 발음은 산(訕)이다.

2) 【정의(正義)】 『괄지지(括地志)』에서 말했다. "고려(高驪) 도읍 평양성(平壤城)은 본래 한나라 낙랑군(樂浪郡) 왕검성(王儉城)인데, 옛날에는 조선 땅이었다고 한다."

3) 【색은(索隱)】『한서(漢書)』를 살펴보건대, 만은 연나라 사람으로 성은 위씨(衛氏)인데 조선을 쳐서 깨뜨리고 스스로 왕이 되었다고 했다.

4) 【색은(索隱)】 시전연시(始全燕時)란 전국시대에 연나라가 바야흐로 전성기(全盛期)를 누리던 때를 말한다.

5) 【집해(集解)】 서광(徐廣)이 말했다. "요동에 반한현(番汗縣)이 있었다. 番의 발음은 (번이 아니라) 보(普)와 한(寒)의 반절음이다." 【색은(索隱)】 전성기를 누리던 연나라는 늘 이 두 나라를 침략해 자기에게 복속시켰다. 응소(應劭)가 말했다. "현토(玄菟)는 본래 진번국이다."

6) 안사고(顔師古)가 말했다. "패수는 낙랑현(樂浪縣)에 있다."

7) 【색은(索隱)】「지리지(地理志)」를 살펴보건대, 낙랑에 운장(雲鄣)이 있다.

8) 【집해(集解)】 서광(徐廣)이 말했다. "창려(昌黎)에 검독현(險瀆縣)이 있다." 【색은(索隱)】 응소(應劭)가 주를 달아 말했다. "「지리지(地理志)」에 따르면, 요동 검독현은 조선왕의 옛 도읍이다." 신찬(臣瓚)이 말했다. "왕검성은 낙랑군 패수(浿水) 동쪽에 있다."

마침 (한나라) 효혜(孝惠)와 고후(高后) 때 천하가 처음으로 안정되었다. 이에 요동 태수는 만을 외신(外臣)으로 삼겠다고 약속한 뒤 요새 밖의 오랑캐들을 보호해 변경을 노략질하지 못하게 했고, 오랑캐의 군장들이 중국으로 들어와 천자를 알현코자 하면 막지 않도록 했다. 이를 보고하자 상도 허락했다. 이로써 만은 군대의 위세와 재물을 얻게 되어 주변의 소읍들을 공략해 항복시켰으니, 진번과 임둔(臨屯)[1]도 모두 와서 복속해 그 땅이 사방 수천 리나 되었다[2].

1) 【색은(索隱)】 동이(東夷)의 소국들인데, 뒤에 군(郡)이 되었다.

2) 【정의(正義)】『괄지지(括地志)』에서 말했다. "조선(朝鮮)·고려(高驪)·맥(貊)·동옥저(東沃沮) 등 다섯 나라의 땅이다. 나라는 동서로 1,300리, 남북으로

2,000리로 경사(京師-도읍) 동쪽에 있으며 동쪽으로 400리를 가면 큰 바다에, 북쪽으로 920리를 가면 영주(營州) 경계에, 남쪽으로 600리를 가면 신라국(新羅國)에, 북쪽으로 1,400리를 가면 말갈국(靺鞨國)에 이른다."

(왕위가) 아들에게 전해졌다가 손자 우거(右渠) 때 이르러서는 유인해낸 한나라의 망명자 수가 점점 더 많아졌는데, (우거는) 천자에게 들어와 조현하지 않았을 뿐만 아니라 진번 주변의 여러 나라가 글을 올려 천자를 알현하려는 것 또한 가로막고 한나라와 통하지 못하게 했다.

원봉(元封) 2년에 한나라는 사신 섭하(涉何)를 보내 우거를 회유했으나 우거가 끝내 천자의 명을 기꺼이 받들려고 하지 않으니, 하(何)는 돌아가는 길에 국경인 패수에 이르러 마부로 하여금 전송 나온 조선의 비왕(裨王) 장(長)[1]을 찔러 죽이게 했다. 이어 곧바로 패수를 건너서 국경 요새[2]로 내달려 들어간 뒤에, 드디어 천자에게 보고했다.

"조선 장수를 죽였습니다."

상이 그 공을 기려서 꾸짖지 않고 하를 제배해 요동동부도위(遼東東部都尉)[3]로 삼았으나 조선은 하에게 원한을 품고 군사를 출동시켜서 습격해 하를 죽였다.

1) 【정의(正義)】 안사고(顏師古)가 말했다. "장은 비왕의 이름이다. 섭하를 전송하러 패수에 이르자 섭하가 그를 찔러 죽인 것이다." 살펴보건대 비왕, 장사(將士)의 장(長)을 말한 것이니, 안사고 주석은 틀린 듯하다.

2) 【정의(正義)】 평주(平州) 유림관(榆林關)이다.

3) 【정의(正義)】 「지리지(地理志)」에 이르기를, 요동군 무차현(武次縣)이 동부도위가 다스리는 곳이라고 했다.

천자는 죄인들을 모집해 조선을 쳤다. 그해 가을에 누선장군(樓船將軍)

양복(楊僕)을 보내 제(齊)나라에서 배를 타고 발해(勃海)로 건너가게 했는데 병력이 5만이었고, 좌장군 순체(荀彘)에게는 요동에서 출격해 우거를 토벌하게 했다. 우거는 군사를 일으켜 험준한 곳에서 맞섰다. 좌장군의 졸정(卒正) 다(多)가 요동의 군사를 거느리고 먼저 진격했다가 싸움에 패해 흩어졌고, 다(多)는 도망쳐 돌아왔지만, 법에 따라 참형을 당했다.

누선장군은 제나라 병사 7,000명을 거느리고 먼저 왕검에 도착했는데, 우거가 성을 지키고 있다가 누선의 군사가 적은 것을 엿보아 알고서는 곧바로 성을 나와 누선을 공격했다. 누선의 군사가 패배해 뿔뿔이 흩어져 달아나니, 양복은 군사를 잃고서 열흘 넘게 산중에 숨어 지내다가 점차 흩어진 군사를 다시 거둬 모았다. 좌장군은 조선 패수 서쪽의 군대를 공격했으나 깨뜨리지 못해 앞으로 나아가지를 못했다.

천자는 두 장군으로는 전세가 유리하지 못하다고 여겨서, 마침내 위산(衛山)으로 하여금 군사의 위엄을 갖추고 가서 우거를 달래게 했다. 우거는 사자를 보자 머리를 조아리며 사죄했다.

"항복하기를 원했으나 장군들이 신을 속여서 죽일까 두려웠는데, 이제 신절(信節)을 보았으니 항복하기를 청합니다."

태자를 한나라에 들여보내 사죄하게 하고 말 5,000필을 바쳤으며, 군량을 공급했다.

무리 1만여 명이 무기를 지니고 막 패수를 건너려는데, 사자와 좌장군은 그들이 어떤 변을 일으킬까 두려워서 태자에게 말했다.

"이미 항복했으니, 사람들에게 명을 내려 병기를 휴대하지 못하게 하는 것이 마땅합니다"

태자는 또한 사자와 좌장군이 속이는 것이 아닌가 의심해, 드디어 패수를 건너지 않고 다시 부하를 인솔해 되돌아가 버렸다. 산(山)이 돌아와서 천자에게 보고하자 천자는 산을 주살했다.

　좌장군은 패수 근처에 있던 군사를 격파하고 마침내 앞으로 나아가서 왕검성 아래에 이르러 서북쪽을 에워쌌고, 누선도 가서 좌장군과 합세해 성의 남쪽에 주둔했다. (그러나) 우거가 끝내 성을 굳게 지키니 몇 달이 지나도 함락하지 못했다.

　좌장군은 평소 시중(侍中)으로서 천자의 총애를 받고 있는 데다가 연(燕)나라와 대(代)나라의 굳센 군사를 거느리고 있었으나 싸움에 이긴 기세를 타고 군사들이 대부분 교만해져 있었다. (반면) 누선은 제나라 군사를 거느리고 바다로 출병했다가 실로 여러 번 패한 적이 있었고, 앞선 우거와의 싸움에서 곤욕을 치른 패잔한 군사들이었기에 병사들은 모두 두려움에 떨었고 장군은 마음으로부터 부끄럽게 여기고 있었다. 그래서 (누선의 군사는) 우거를 포위하고서도 항상 화평을 유지했기에, 좌장군이 맹렬하게 성을 공격하자 조선의 대신들은 마침내 몰래 사람을 보내 사사로이 누선에게 항복을 약속했다. 말만 오갈 뿐 아직 확실한 결정을 보지는 못하고 있었다.

　좌장군이 여러 차례 누선과 싸울 시기를 정했으나 누선은 조선과의 약속을 빨리 성취하고자 해서 좌장군을 만나주지 않았다. 좌장군도 틈을 봐서 사람을 보내 조선이 항복해 올 때를 탐문 했으나 조선은 이를 반기지 않고 누선에게만 마음을 둘 뿐이었으므로 이런 까닭으로 두 장군은 서로 합심해 작전을 할 수가 없었다. 좌장군은 마음속으로 '누선이 저번에 군사를 잃은 죄가 있는 데다 지금은 조선과 사이가 좋으면서도 조선을 항복시키지 않고 있으니, 그에게 모반할 계획이 있는 것은 아닌가' 하고 의심하면서도 아직 감히 발설하지는 못하고 있었다.

　천자가 말했다.

　"장수가 잘 전진하지 못하므로 이에 위산으로 하여금 우거를 달래 항복하도록 시켰더니, 단독으로 결정하지 못하고 좌장군과 계책이 서로 달라서 끝내 항복의 약속이 깨어지고 말았다. 지금 두 장군이 성을 에워싸고 있으면서도 의견이 맞지 아니하므로 오랫동안 결판이 나지 않는다.”

전(前) 제남(濟南) 태수 공손수(公孫遂)를 보내 이를 바로잡고 상황에 맞게 알아서 처리하도록 했다.

드디어 수(遂)가 도착하니, 좌장군이 말했다.

“조선이 마땅히 항복해야 할 형편에 이른 지 오래되었는데도 항복하지 않는 것은 뭔가 그럴 만한 사정이 있습니다.”

그리고 여러 차례 누선과 만나서 싸울 시기를 약속하려 했으나 만나지 못했다고 말한 뒤에 평소 품고 있던 생각을 수에게 낱낱이 고하면서 말했다.

“지금 사정이 이와 같으니, 누선을 체포하지 않으면 큰 해가 될까 두렵습니다. 누선 혼자서 또한 조선과 함께해서 우리 군대를 멸망시킬 것입니다.”

수도 이를 옳다고 여겨 부절(符節)로써 누선장군을 좌장군 군영으로 불러서 들어와 일을 계획하자고 하고서는 곧바로 좌장군 부하들에게 명해 누선을 붙잡아 결박하게 한 뒤 그의 군사를 좌장군 군사에 합병했다. 이를 보고하자 천자는 수를 주살했다.

좌장군은 이미 두 부대를 합병한 뒤에 곧바로 맹렬히 조선을 공격했다. 조선의 재상 노인(路人)과 한음(韓陰), 이계(尼谿)의 재상 삼(參)과 장군(將軍) 왕협(王唊)[1] 등이 서로 모의해 말했다.

“애초에 누선에게 항복하려 했으나 지금 누선은 잡혀 있고 좌장군 단독으로 장졸을 합해서 전투가 더욱 맹렬하다. 맞서 싸우기가 두렵거늘 왕(王)은 또한 항복하려 하지 않는다.”

한음·왕협·노인이 모두 도망쳐서 한나라에 투항했는데, 노인은 도중에 죽었다.

원봉(元封) 3년 여름에 이계의 재상 삼이 마침내 사람을 시켜 조선왕 우거를 죽인 뒤 와서 항복했다. (그러나) 왕검성은 아직 함락되지 않았고, 죽은 우거의 대신(大臣) 성사(成巳)가 다시 반기를 들고 (한나라의) 관리들을 공격했다. 이에 좌장군은 우거의 아들 장항(長降)과 재상 노인의 아들 최(最)로 하여금 백성을 달래고 성사를 주살하게 했다. 이렇게 해서 드디어 조선이 평정되니, 4군(郡)²⁾을 두었다. 삼(參)을 봉해 획청후(澅淸侯)³⁾로, 음(陰)을 적저후(荻苴侯)⁴⁾로, 협(唊)을 평주후(平州侯)⁵⁾로, 장항을 기후(幾侯)⁶⁾로 삼았으며 (노인의 아들) 최(最)는 아버지가 죽은 데다 자못 공이 있었으므로 온양후(溫陽侯)⁷⁾로 삼았다.

1) 【집해(集解)】『한서음의(漢書音義)』에서 말했다. "모두 5명인데, 융적(戎狄-오랑캐)은 관직명을 알지 못하므로 모두 상(相)이라고 한 것이다. 唊의 발음은 (겹이 아니라) 협(頰)이다."

2) 【집해(集解)】 진번·임둔·낙랑·현도다.

3) 【집해(集解)】 위소(韋昭)가 말했다. "획청은 제나라에 속한다." 【색은(索隱)】 고씨(顧氏)가 말하기를, 澅는 발음이 (홰가 아니라) 획(獲)이라고 했다.

4) 【집해(集解)】 위소(韋昭)가 말했다. "적저는 발해에 속한다."

5) 【집해(集解)】 위소(韋昭)가 말했다. "평주는 양보(梁父)에 속한다.

6) 【집해(集解)】 위소(韋昭)가 말했다. "기는 하동(河東)에 속한다."

7) 【집해(集解)】 위소(韋昭)가 말했다. "온양은 제나라에 속한다."

좌장군을 불러들여 그가 (도성에) 이르자, 공을 다투고 서로 시기해 계획을 어그러지게 한 죄로 기시(棄市)했다. 누선장군도 병사를 거느리고 열구(列口)¹⁾에 이르렀을 때 좌장군을 기다렸어야 마땅한데도 먼저 군사를 함부로 풀었다가 많은 병사를 잃어버렸으므로 죄가 주살에 해당했으나 속죄금을 내고 서인(庶人)이 되게 했다.

1) 【색은(索隱)】 열구는 현 이름이다. 바다를 건너자마자 가장 먼저 차지한 곳이다.

태사공(太史公)이 말한다.

"우거(右渠)는 (지형과 요새의) 험고함만 믿다가 나라의 제사가 끊어지게 했다.

섭하(涉何)는 공로를 속였다가 싸움의 실마리를 연 장본인이다.

누선장군은 적은 군사를 이끌다가[將狹]¹⁾ 재난을 만나 죄를 얻었고, 반우(番禺)에서 겪은 실패를 후회하다가 마침내 도리어 의심을 샀다.

순체(荀彘)는 공로를 다투다가 공손수와 함께 주살되었다.

두 장군의 군대는 모두 곤욕을 당했기에 (조선과의 전쟁에 참여한) 장수 중에 후가 된 자는 없었다."²⁾

1) 【집해(集解)】 서광(徐廣)이 말했다. "그가 이끄는 병사들이 적었다는 말이다."

2) 【색은술찬(索隱述贊)】 위만은 연나라 사람으로[衛滿燕人]/조선에서 왕이 되었다네[朝鮮是王]/왕검을 도읍으로 삼고[王險置都]/노인을 재상으로 삼았지[路人作相]/우거가 오랑캐 우두머리 되니[右渠首羌]/섭하는 임금을 속였구나[涉河罔上]/재앙의 조짐 여기서 생겨나더니[兆禍自斯]/두 장군을 의심했다네[狐疑二將]/위산과 공손수 법에 엎어져 죄받았으나[山遂伏法]/실상은 어지러워 알 수가 없도다[紛紜無狀]!

권
116
서남이열전(西南夷列傳) 제56

권116 서남이열전(西南夷列傳) 제56

서남이(西南夷)[1]의 군장(君長)은 십수 명이나 되는데, 그중에 야랑(夜郎)[2]이 가장 크고, 서쪽에는 미막(靡莫)의 족속이 수십이나 되는데 전(滇)이 가장 크며, 전의 이북에도 군장이 수십 명이나 되는데 공도(邛都)가 가장 크다. 이들은 모두 추계(魋結-몽치 모양의 상투)를 하고 밭을 갈며 읍취(邑聚)의 마을이 있다. 그 바깥에 서쪽으로 동사(同師)[3] 동쪽으로부터 북쪽으로 엽유(楪楡)[4]에 이르는 지역을 이름하여 수(嶲)[5]와 곤명(昆明)이라고 했다. 모두 변발(編髮-머리를 땋아 내림)을 하고 가축을 따라 옮겨 다녀서 일정한 거처가 없고 군장도 없는데, 땅이 사방 수천 리(里)나 된다. 수(嶲)에서 동북쪽으로 군장이 수십 명이나 되는데, 사(徙)와 작도(筰都)가 가장 크고, 작도에서 동북쪽으로도 군장이 수십 명이나 되는데, 염망(冉駹)[6]이 가장 크다. 풍속은 어떤 부류는 정착해서 살고 어떤 부류는 옮겨 다니는데, 촉(蜀)의 서쪽에 있다. 염망 동북쪽에도 군장이 수십 명이나 되는데 백마(白馬)가 가장 크며, 모두 저족(氐族)과 같은 무리다. 이들은 모두 파촉(巴蜀)의 서남 바깥에 있는 만이(蠻夷)다.

1) 【정의(正義)】 촉(蜀)의 남쪽에 있다.

2) 【색은(索隱)】 위소(韋昭)가 말했다. "나중에 한나라 현(縣)이 되어 장가군(牂柯郡)에 속하게 되었다."

3) 【집해(集解)】 위소(韋昭)가 말했다. "읍 이름이다." 【색은(索隱)】 『한서(漢書)』에서는 동향(桐鄕)이라고 했다.

4) 【집해(集解)】 위소(韋昭)가 말했다. "익주(益州)에 있다. 楪의 발음은 (접이 아니라) 엽(葉)이다."

5) 【집해(集解)】 서광(徐廣)이 말했다. "영창(永昌)에 수당현(巂唐縣)이 있다."

6) 【색은(索隱)】 살펴보건대, 응소(應劭)가 말하기를 "문강군(汶江郡)은 본래 염망이 었다. 駹은 발음이 (방이 아니라) 망(亡)과 강(江)의 반절음"이라고 했다.

애초에 초(楚)나라 위왕(威王) 때 장군(將軍) 장각(莊蹻)[1]으로 하여금 군대를 이끌고 장강(長江)을 따라 올라가서 파촉(巴蜀)과 검중(黔中)[2]의 서쪽 지역을 경략(經略)하게 했다. 장각이라는 자는 옛 초나라 장왕(莊王)의 먼 후손이다. 각이 전지(滇池)에 이르렀는데, (못의 넓이는) 사방 300리(里)였으며 그 곁으로 기름지고 넉넉한 평지가 수천 리였다. (장각이) 군대로 위협해 (이 땅을) 평정하고 초나라에 속하게 한 뒤 귀국해서 보고하려 했으나 마침 진(秦)나라가 초나라의 파군(巴郡)과 검중군(黔中郡)을 쳐서 빼앗으니 길이 막혀서 돌아갈 수 없었다. 이리하여 끝내 그 부하들을 데리고서 전(滇)에서 왕이 되었는데, 옷을 바꿔 입고 풍속을 따르며 그들의 우두머리가 되었다.

진(秦)나라 때는 상안(嘗頞)[3]이 (이 땅을) 경략해 오척도(五尺道)[4]를 개통하고는 이 국(國)들에 관리를 자못 많이 두었는데, 10여 년이 지나 진나라가 멸망하고 한(漢)나라가 일어나자 (관리들이) 모두 이 국(國)을 버리고 촉(蜀)의 옛 요(徼)에 관(關)을 설치했다. 파와 촉의 백성 가운데 많은 이가 몰래 나와서 교역했는데, 작(筰)의 말, 북(僰)의 노비, 모우(旄牛)를 가져왔기 때문에 파와 촉은 크게 풍성해졌다[殷富].

1) 【정의(正義)】 蹻은 (발음이 교가 아니라) 기(其)와 약(略)의 반절음이다. 낭주(郎州) 와 곤주(昆州)는 곧 장각이 왕 노릇하던 곳이다.

2) 안사고(顏師古)가 말했다. "검중(黔中) 곧 지금의 검주(黔州)가 바로 그 땅이다."

3) 【집해(集解)】 頞은 발음이 (알이 아니라) 안(案)이다.

4) 【정의(正義)】 안사고(顔師古)가 말했다. "그곳이 험하고 막힌 까닭에 길의 너비가 5척(尺)에 불과했다."

건원(建元) 6년에 대행(大行-귀순자 담당) 왕회(王恢)[1]가 동월(東越)을 공격하자 동월은 그 왕 영(郢)을 죽이고 (항복 의사를) 알렸다. 회(恢)는 군사적 위세를 바탕으로 파양령(番陽令)[2] 당몽(唐蒙)을 남월(南越)로 보내 넌지시 [風=諷] 귀순하도록 일러 깨우치게 하니, 남월은 몽(蒙)에게 촉에서 나는 구장(枸醬)을 대접했다. 몽이 그 구장을 어디서 구했는지 묻자, 이렇게 말했다.

"서북쪽 장가강(牂柯江)에서 가져오는데, 강은 너비가 수리(里)이며 반우성(番禺城) 아래에서 나옵니다."

몽이 장안(長安)으로 돌아와서 촉(蜀) 땅 상인에게 그 사정을 물으니, 이렇게 답했다.

"오직 촉 지방에서만 구장이 나는데, 대부분 몰래 가지고 나가서 야랑(夜郎)에 팝니다. 야랑은 장가강 가에 있는데, 그 강은 너비가 100여 보(步)로 배로 족히 건널 수 있습니다. 또 남월은 재물을 가지고 야랑을 역속(役屬-귀속)시켜서 (그 영향력이) 서쪽으로 동사(同師)에 이르지만, 또한 동사를 신하로 부리지는 못합니다."

1) 전한 때의 연(燕)나라 사람이다. 여러 차례 변방의 관리로 있어 소수민족의 풍습을 잘 알았기에 무제(武帝) 때 대행(大行)이 되었다. 일찍이 한안국(韓安國)을 따라 병사를 이끌고 민월(閩越)을 평정했고, 원광(元光) 2년에는 흉노를 유인해 마읍(馬邑)을 끌어들여서 공격할 계획을 세웠다. 그러나 흉노는 복병이 있을 것을 미리 알고 회군해버렸으며, 무제가 이로 인해 왕회를 정위(廷尉)에 넘기자 자살했다.

2) 【정의(正義)】 番의 발음은 (번이 아니라) 파(婆)다.

몽은 마침내 글을 올려 천자를 설득해 말했다.

"남월왕은 황옥(黃屋)과 좌독(左纛)의 제도를 시행하고 있으며 (다스리는) 땅이 동서로 1만여 리(里)라 하니, 이름은 외신(外臣)[1]이라고는 하나 실은 한 주(州)의 주인(主人)입니다. 지금 장사(長沙)와 예장(豫章)의 군사를 동원해서 가더라도 물길이 끊기는 경우가 많아 가기 어렵습니다. 하지만 신이 가만히 듣건대 야랑이 보유한 정예 군사가 10여만은 족히 된다고 하니, 그들을 이끌고 장가강에 배를 띄워 내려가서 불시에 저들을 공격한다면 이는 남월을 제압할 수 있는 하나의 기책(奇策)입니다. 진실로 한(漢)나라의 강성함과 파촉(巴蜀)의 넉넉함이라면 야랑(夜郎)에 이르는 길을 개통해 (군현을 설치하고) 관리를 두는 것은 매우 쉬운 일입니다."

상이 허락했다. 마침내 몽을 제배해 낭중장(郎中將-중랑장)으로 삼고서 군사 1,000명과 보급부대[食重=輜重] 1만여 명을 이끌고 파촉의 작관(笮關)으로부터 야랑으로 들어가게 했다.

몽이 드디어 야랑후(夜郎侯) 다동(多同)을 만나서 하사품을 넉넉하게 내려주고 천자의 위세와 덕망[威德]으로 타이르고 훈계하니, (군현을 설치해) 관리를 두기로 약속하고 야랑후의 아들을 현령(縣令)으로 삼았다. 야랑 주변의 작은 읍(邑)들은 모두 한(漢)나라의 증백(繒帛-비단)을 탐내고 있었는데, 한나라에서 이곳에 이르는 길이 험해 끝내 얻을 수 없으리라 여겨 마침내 몽의 약속을 받아들였다. 귀환해 보고하자 마침내 그곳을 건위군(犍爲郡)으로 삼았고, 파와 촉의 군사들을 징발해 길을 닦았는데 북도(僰道)에서 장가강까지 통하도록 했다.

촉 출신인 사마상여(司馬相如) 또한 말하기를 서이(西夷)의 공(邛)과 작(笮)에는 군(郡)을 설치할 만하다고 했다. 이에 상여를 낭중장(郎中將)으로 삼아 가서 깨우치게 하니, 모두 남이(南夷)와 같이 도위(都尉) 1명과 10여 현(縣)을 두고서 촉군(蜀郡)에 속하게 했다.

---

1) 중국 군현 바깥에 있으면서 중국의 황제와 군신 관계를 맺은 자를 지칭한다.

이때 파(巴)와 촉(蜀)의 4군(郡)[1]은 서이도(西夷道)와 남이도(南夷道)의 개통을 위해 서로 돌아가면서 군량을 실어 날랐는데, 몇 해가 지나도 길이 통하지 않자, 병사들은 지쳐 굶주렸고 무더위와 습한 기운을 만나 죽는 자가 매우 많았다. 서남이(西南夷) 또한 여러 차례 반란을 일으켰는데, 군대를 일으켜 쳤으나 비용만 소모할 뿐 공(功)이 없었다.

천자가 그것을 걱정해 공손홍(公孫弘)에게 가서 조사해 알아보도록 하니, 그는 돌아와 보고하기를 서이도와 남이도의 개척이 국가에 불편(不便)을 끼친다고 말했다.

공손홍이 어사대부(御史大夫)가 되었을 때 마침 막 삭방군(朔方郡)에 성(城)을 쌓아서 황하(黃河)를 경계로 호(胡-흉노)를 축출하려고 했다. 공손홍 등은 이를 기화로, 서남이 경략은 해로우니 장차 서남이의 경략을 포기하고 흉노 문제에 전력(專力)하는 것이 좋다고 말했다. 이에 상은 서이(西夷) 경략을 포기하고 오직 남이와 야랑 두 현(縣)에 도위 하나만 두었고, 점차 건위군(犍爲郡)으로 하여금 스스로 지키면서 (군현을) 이뤄가도록 했다[葆就].

1) 【집해(集解)】 서광(徐廣)이 말했다. "한중(漢中)·파군·광한(廣漢)·촉군이다."

원수(元狩) 원년에 이르러 박망후(博望侯) 장건(張騫)이 대하(大夏)[1]에 사신으로 갔다가 돌아와서 이렇게 말했다.

"대하에 있을 때 촉(蜀)의 베와 공(邛)의 대나무 지팡이[2]를 보고는 들여온 곳을 물었더니, 어떤 이가 말하기를 '동남쪽의 신독국(身毒國)[3]에서 오는데, 수천 리(里)는 족히 될 터이지만 촉(蜀) 상인이 파는 것을 얻을 수 있다'라고 했습니다."

또 어떤 이에게 듣기를 공(邛)에서 서쪽으로 2,000리 정도에 신독국이 있다고 했는데 건(騫)은 이를 근거로 조금 과장해서 말하기를, 대하는 한(漢)

나라 서남쪽에 있으며 중국을 흠모하고 있는데 흉노가 그 길을 막아버리는 것을 걱정하고 있으니, 진실로 촉(蜀)을 통하면 신독국에 이르는 길은 편하고 가까워서 해로울 것이 없다고 했다. 이에 천자는 마침내 왕연우(王然于)·백시창(柏始昌)·여월인(呂越人) 등을 사자로 삼아서 가만히 서이(西夷) 서쪽으로 나가 신독국을 찾아보게 했다.

전(滇)에 이르렀는데, 전왕(滇王) 상강(嘗羌)[4]이 마침내 사자들을 억류하고는 그들을 대신해서 길을 찾기 위해 서쪽으로 10여 무리를 내보냈다. 한 해 남짓 지났으나 모두 곤명(昆明)에게 길이 막혀 끝내 신독국과 교통할 수 없었다.

1) 힌두쿠시(Hindu Kush)산맥과 아무다리야(Amu Darya)강 사이, 즉 오늘날의 아프가니스탄 북부에 고대 그리스인이 세운 나라로, 박트리아를 가리킨다.

2) 【집해(集解)】 위소(韋昭)가 말했다. "공현(邛縣)의 지팡이인데, 공현은 촉군에 속한다." 신찬(臣瓚)이 말했다. "공(邛)은 산 이름이다. 이 대나무는 마디가 길고 속이 텅 비어 지팡이를 만들 수 있다."

3) 안사고(顔師古)가 말했다. "(신독국은) 곧 천축(天竺)이다. 연독(捐篤)이라고도 부른다."

4) 【집해(集解)】 서광(徐廣)이 말했다. "판본에 따라 상(嘗)이 상(賞)으로 되어 있기도 하다."

전왕이 한나라 사자와 더불어 이야기하면서 말했다.

"한나라와 우리 중에 어느 쪽이 더 큰가?"

그리고 (한나라 사자가 야랑후에게 가자) 야랑후 또한 그렇게 말했다. 길이 통하지 않았기 때문에 이들은 각기 스스로를 한 주(州)의 왕(王)으로 여기면서 한나라의 광대함은 알지 못했던 것이다. 사자들이 돌아와서 과장되게 칭찬하며 전(滇)은 큰 나라로서 가까이해 귀부시킬 만하다[親附]고 말하니, 천자가 관심을 보였다[注意].

　　남월이 반란을 일으키자[1] 상은 치의후(馳義侯)에게 건위군을 근거지로 삼아서 남이(南夷)의 군대를 동원하게 했는데, 저란군(且蘭君)[2]은 멀리 군대를 움직일 경우 주변 나라들이 (남아 있는) 노약자들을 사로잡을까 두려워서 마침내 자신의 무리와 함께 배반해 사자와 건위 태수를 죽였다. 이에 한나라는 일찍이 파촉(巴蜀)의 죄인들을 징발해 남월을 공격한 적이 있는 여덟 교위(校尉)를 보내 그들을 격파하게 했다. 마침 월이 이미 격파된 까닭에 한나라의 여덟 교위는 남하하지 않은 채 군사를 이끌고서 돌아와 두란(頭蘭)[3]을 정벌했으니, 두란은 늘 전으로 가는 길을 가로막던 나라다. 이미 두란을 평정한 다음에는 드디어 남이도 평정해 장가군(牂柯郡)을 두었다. 야랑후는 원래 남월에 의지하고 있었는데, 남월이 이미 멸망하고 마침 한나라 군대가 돌아와서 반란을 일으킨 자들을 주살하니 야랑이 드디어 입조했다. 상은 그를 야랑왕으로 삼았다.

1) 남월의 재상 여가(呂嘉)가 반란을 일으킨 것은 원정 6년 여름 4월의 일이다.

2) 【색은(索隱)】 且는 발음이 (차가 아니라) 자(子)와 여(餘)의 반절음이다. 저란은 소국 이름으로, 뒤에 현이 되어 장가군(牂柯郡)에 속했다.

3) 【색은(索隱)】 곧 저란이다.

　　남월이 깨진 뒤에 한나라가 저란군과 공군(邛君)을 주살하고 아울러 작후(筰侯)를 죽이자, 염망(冉駹)은 두려움에 벌벌 떨면서 칭신(稱臣)하며 (군현을 설치해서) 관리를 둘 것을 요청했다.

　　마침내 이렇게 해서 공도(邛都)를 월수군(越巂郡), 작도(筰都)를 침리군(沈犁郡), 염망(冉駹)을 민산군(汶山郡)[1], 광한군(廣漢郡) 서쪽의 백마(白馬)를 무도군(武都郡)으로 삼았다.

1) 【집해(集解)】 응소(應劭)가 말했다. "지금의 촉군(蜀郡) 민강(岷江)이다."

상은 왕연우(王然于)를 사자로 보내 월나라를 깨뜨리고 남이를 주멸한 (한나라의) 군사적 위세를 들어서 전왕(滇王)에게 넌지시 깨우쳐 입조하도록 했다. (그러나) 전왕이라는 자는 무리가 수만 명에 이르고 그 곁으로 동북쪽에 동성(同姓)인 노침(勞浸)과 미막(靡莫)이 있어서 서로 의지하고 있는 까닭에 기꺼이 들으려 하지 않았다. 노침과 미막은 여러 차례 (한나라) 사자와 관리, 사졸을 침범했다.

원봉(元封) 2년에 천자가 파촉의 군대를 일으켜 노침과 미막을 쳐서 멸망시킨 뒤 그 군대로써 전을 압박했으나, 전왕이 처음 한나라와 관계를 맺은 이래로 늘 선의(善意)를 가졌기 때문에 주살할 생각은 없었다. 전왕(滇王)이 서남이(西南夷)의 전례를 좇아 나라를 들어서[擧國] 항복하고 군현의 설치와 입조를 요청하니, 이에 익주군(益州郡)을 설치한 뒤 전왕에게 왕(王)의 인(印)을 내려서 다시 그 백성을 다스리게 했다[長].

서남이의 군장이 수백 명이나 되었지만 오직 야랑(夜郎)과 전(滇)만이 왕인(王印)을 받았는데, (특히) 전은 작은 읍(邑)이었지만 가장 많은 총애를 받았다.

태사공(太史公)이 말한다.

"초(楚)나라 선조는 어쩌면 하늘의 복록[天祿]을 받았을지도 모르리라! 주(周)나라 때 (초나라 선조 육웅(鬻熊)이) 문왕(文王)의 스승이 되어 초나라에 봉해진 이래로, 주나라가 쇠미했을 때도 초나라 땅은 5,000리나 되었다고 한다. 진(秦)나라가 제후들을 멸망시켰을 때도 오직 초나라의 후손(-장각)만은 여전히 전왕(滇王)으로 있었고, 한나라가 서남이(西南夷)를 토벌해 많은 나라를 멸망시켰지만, 오직 전(滇)만은 다시 천자에게 총애받는 왕이 되었다.

그러나 남이(南夷) 정벌의 발단이 반우(番禺)에서 구장(枸醬)을 본 것, 대하(大夏)의 지팡이, 공(邛) 지역의 대나무 지팡이에서 비롯되었고, 서이(西夷)는 뒤에 서쪽과 남쪽 둘로 갈라져서 마침내 7개 군(郡)[1]이 되었다."[2]

1) 【집해(集解)】 서광(徐廣)이 말했다. "건위(犍爲)·장가(牂柯)·월수(越嶲)·익주(益州)·무도(武都)·침리(沈犁)·민산(汶山)의 땅이다."

2) 【색은술찬(索隱述贊)】 서남쪽 밖 머나먼 지역[西南外徼]/장각이 가장 먼저 통하게 했다네[莊蹻首通]/한나라는 대하의 일로 인해[漢因大夏]/마침내 당몽에게 명을 내렸도다[乃命唐蒙]/노침과 미막은[勞浸靡莫]/풍속이 서로 달랐다네[異俗殊風]/야랑은 가장 컸고[夜郎最大]/공과 작도 만만치 않았도다[邛筰稱雄]/군현을 두기에 이르자[及置郡縣]/자손만대에 걸쳐 공로를 치하했다네[萬代推功]!

KI신서 16202

이한우의 사기 9
열전(列傳) 권99-권116

1판 1쇄 인쇄 2026년 3월 13일
1판 1쇄 발행 2026년 4월 1일

지은이 사마천
옮긴이 이한우
펴낸이 김영곤
펴낸곳 ㈜북이십일 21세기북스

서가명강팀 팀장 양으녕 **책임편집** 서진교 **마케팅** 김주현
디자인 푸른나무디자인
마케팅영업부문 정지은
영업팀 김지윤 강경남 김도연
e-커머스팀 장철용 명인수 황성진
제작팀 이영민 권경민

출판등록 2000년 5월 6일 제406-2003-061호
주소 (10881) 경기도 파주시 회동길 201(문발동)
대표전화 031-955-2100 **팩스** 031-955-2151 **이메일** book21@book21.co.kr

(주)북이십일 경계를 허무는 콘텐츠 리더

21세기북스 채널에서 도서 정보와 다양한 영상자료, 이벤트를 만나세요!
페이스북 facebook.com/jiinpill21 **포스트** post.naver.com/21c_editors
유튜브 youtube.com/book21pub **인스타그램** instagram.com/jiinpill21
홈페이지 www.book21.com

당신의 일상을 빛내줄 탐나는 탐구 생활 〈**탐탐**〉
21세기북스 채널에서 취미생활자들을 위한 유익한 정보를 만나보세요!